天涯文库

本书受到海南师范大学中国语言文学省级A类重点学科、中国语言文学一级学科博士点资助
海南省哲学社会科学2017年规划课题【HNSK（YB）17－43】

唐胄与岭南历史文化考论

郭皓政　刘一梅　著

中国出版集团　東方出版中心

图书在版编目（CIP）数据

唐胄与岭南历史文化考论 / 郭皓政，刘一梅著. —
上海：东方出版中心，2022.11
ISBN 978-7-5473-2100-3

Ⅰ. ①唐… Ⅱ. ①郭… ②刘… Ⅲ. ①唐胄-人物研究②地方文化-文化研究-中国 Ⅳ. ①K827=48②G127

中国版本图书馆 CIP 数据核字（2022）第 215713 号

唐胄与岭南历史文化考论

著　　者　郭皓政　刘一梅
策划编辑　潘灵剑
责任编辑　赵　明
封面设计　钟　颖

出版发行　东方出版中心有限公司
地　　址　上海市仙霞路 345 号
邮政编码　200336
电　　话　021-62417400
印 刷 者　上海万卷印刷股份有限公司

开　　本　890mm × 1240mm　1/32
印　　张　13.75
字　　数　336 千字
版　　次　2022 年 12 月第 1 版
印　　次　2022 年 12 月第 1 次印刷
定　　价　66.00 元

养优赋

阮忠

秦皇拓疆南溟，汉武固土奇甸，历唐盛至宋末，唐氏奉命涉海，栖南渡江畔，居攀丹之村。“诗书衣冠，为郡望族。”攀丹唐祖名震，自桂入琼，献身报国，瓜瓞绵延。及胄，逾二百载，仍慕周孔而续文教，好礼义再缘旧业。家习儒风，震兴“攀丹义学”；步踵继武，胄立“养优书院”。

胄号西洲，颖悟博学，孝友清廉。外和内劲，器识足资贞亮；周贫恤患，淡泊力振靡俗。蟾宫折桂，为礼经魁首；重学养优，致黉宇香浓。立朝府循成宪而明典制，居庙堂遵祖训以隆治安，耿介磊落，拯溺济困，毅然丈夫；《琼台府志》，补遗考异，垂范百年。胄僻居声闻遐迩，归琼名冠岭南，后讲缅怀，念胄思本，更“养优书院”为“西洲书院”。而唐门多士，科甲蝉联，辈有英才；扬儒厚德，崇实广用，功莫大焉。

日卷月舒，斗换星移，胄之后裔唐捷，就攀丹故地，书院旧址，奋前世余烈，掌工商职院[①]；竖唐胄雕像，昭敬祖嗣宗。且伴古榕劲拔，竹根泉涌；纵彩鳞游弋，西洲湖漾，遂秉先公古训，举“养优”巨旗，养优秀品德、优容胸怀、优良习惯、优异学业；承祖宗遗业，吹

---

① 工商职院：海南工商职业学院。海南省属全日制高等职业院校，坐落在海口市明代唐胄创办的“养优书院”原址——琼州攀丹村。学校前身为2004年创办的海南万和信息职业技术学院，2010年4月，海南万和信息职业技术学院更名为“海南工商职业学院”。2012年，唐胄后裔唐捷出任该校董事长。

校园“三风”，育自强不息、弘毅刚健、潜心向学、立志笃行。师生同心，共襄并举，习德强体，改革创新，工学结合，产教相融。

治校者，广纳四方英才，遍施有效管理，尚人才强校、质量立校、特色兴校、管理优校；求学者，戒浮躁主专一，积细流成江海，务学多思，温故知新，提要钩玄，锲而不舍。故杏坛上下，志存高远；爱国敬业，诚信友善；勤学睿智，一技多能，终成社会精英，国家栋梁。“道因事显，荣与名偕。”抚今追昔，景仰先祖；步踵继武，福泽一方。

颂曰：修身独立，养优自强。忠孝节义，德技必双；学以致用，意气飞扬。海阔天空，鲲化鹏翔。

序

陈文新

2022年大年初三，皓政陪我在海滨散步，提及他的新著《唐胄与岭南历史文化考论》即将杀青，请我作序。皓政的精进不已，令我高兴，这本新著的内容，也引发了我的兴趣，遂欣然命笔。

我虽不是岭南人，但每年都会来博鳌小镇度假。这里位于海南岛东部海岸线的中部，是万泉河、九曲江、龙滚河等三江的入海口。隔着万泉河，可以看到中国改革开放的象征之一——博鳌亚洲论坛永久会址，紧贴海边的是一座妈祖庙。现代与传统的对比如此鲜明，却又如此和谐地并存，也是海南文化的一个特色吧。风从海上来，极目远眺，海天一色，视线仿佛可以穿越南海，穿越巴林塘海峡，直抵无边无际的太平洋。在这里生活，挺惬意的。

皓政也不是岭南人。他是北方人，2005年考入武汉大学攻读博士学位，毕业后到海南师范大学任教，一晃已是十余年。皓政长期研究明清文学与科举文化，深耕细作，在明代状元别集的研究方面创获尤多。海南在明代隶属于广东，海南文化也是岭南历史文化的一个组成部分。皓政将自己的专业知识与本地历史文化研究相结合，完成了这样一部洋洋洒洒的新著；作为他的博士导师，内心的喜悦不言而喻。

唐胄这个名字，如果不是海南人的话，恐怕很少听说过；就算是海南本地人，如果不是对历史文化有一定研究的学者，也不见得有多少了解。这种情形，并不意味着《唐胄与岭南历史文化考论》

的选题意义不大,恰恰相反,该书的问题意识和研究特色,正因此而得以凸显。

不论在海南文化史上,还是在明代文化史上,唐胄都是卓有贡献的。《明史》对唐胄评价极高,称其为“岭南人士之冠”。明代《万历琼州府志》也将唐胄与丘濬、海瑞并列为海南一流人物,丘濬以“博”著称,唐胄以“识”著称,海瑞以“直亮”著称。近代以来,丘濬、海瑞成了海南历史文化最著名的代言人,唐胄则渐渐不为世人所知,原因何在?文献的缺乏是主因之一。首先,唐胄本人不肯自编文集。就唐胄而言,这是其务实精神的体现;对后世研究者来讲,却是一个难以弥补的缺憾。其次,如皓政在“绪论”中所指出的,明万历三十三年(1605),琼州发生过一场大地震,成为海南文献史上的一场浩劫。明前期是海南文化史上的黄金时代,许多珍贵文献毁于地震,令人叹惋。第三,方志和家谱每隔若干年都会续修或重修,旧方志和旧家谱难以得到妥善保存,有些地方官员为了突出自己的政绩,甚至会刻意隐瞒、毁损旧志。比如,唐胄在正德年间主编过一部《正德琼台志》,这是海南现存最早的一部方志,是研究海南历史文化的宝藏,可惜明代万历年间便长期失传,直到中华人民共和国成立后,才在天一阁藏书中被发现。唐胄还主持编纂过其他方志,如《广西通志》等,可惜大都失传已久。唐胄在方志学方面的贡献,也因此不为世人所知。

《唐胄与岭南历史文化考论》一共四章,包括前、后两大部分。前面三章,分别是唐胄的家世考论、交游考论、著述考论,侧重于实证研究和文献的梳理、考辨。第四章为唐胄思想考论,侧重于文化阐释。

皓政在文献搜集、整理、考辨方面,用力颇勤。例如,唐胄诗文传世数量极少,主要见于近代王国宪搜集、整理的《传芳集》,其中有文 14 篇、诗 42 首。诗的部分,几乎完全照录自晚明陈是集编的总集《溟南诗选》。皓政在《传芳集》之外,又搜集文 23 篇,并加以点校、整理，另有存目 4 篇、诗 7 首。其中，新搜集的文章数量超过了《传芳集》，这对研究唐胄生平、思想大有帮助。

《唐胄与岭南历史文化考论》还对许多文献、史实作了深入考辨：如将“攀丹唐氏”世系上溯至北宋名臣唐介，指出唐氏入琼始祖唐震与《宋史》有传的唐震并非一人，肯定了文天祥为“攀丹唐氏”家谱作序的真实性。顺便说一句，“攀丹唐氏”是海南著名文化世家，其文脉从宋代一直延续至今。《唐胄与岭南历史文化考论》卷首所冠阮忠兄作的《养优赋》，就提到唐胄后人在当代兴学重教的事迹。

《唐胄与岭南历史文化考论》视野宏阔，没有囿于对唐胄个人的研究，而是将唐胄与海南文化、岭南文化、中原文化结合起来加以考论。例如，该书第一章列举了海南的许多著名文化世家，这些文化世家大都是汉代以来从中原地区陆续迁入海南的；第二章对唐胄与海南士人、岭南士人、中原士人的交流作了全面考察；第三章梳理了唐胄在整理、传播海南文献与岭南文献及明太祖《御制文集》方面所做的贡献；第四章分析唐胄思想，注重与岭南思想传统和中原文化传统的研究相结合。“结语”部分，分别从中原文化、岭南文化、海南文化三个角度，揭示了《明史》高度评价唐胄为“岭南人士之冠”背后的文化密码。

皓政在论述唐胄思想时，还特别从“天人观”角度作了较为深入的阐发。天人关系是中国思想文化史上的一个核心命题，以此为切入点，可以将许多文化现象、文化事项加以整合。这一研究视角，比较贴近中国传统文化，具有中国特色，在思想史、文学史和文化史等研究领域都值得推广。

皓政将历史人物研究、地域文化研究和传统文化研究相结合，通过比较分析，深化了对不同历史人物、不同文化传统如小传统与大传统的认识。皓政还将文献考辨、实证研究与思想阐释、文化阐释相结合，兼具汉学、宋学两种色彩。本书引用文献比较丰富，对文献的选择也很有眼光，如明太祖朱元璋《设大官毕职馆阁山林辩》一文，有助于深化对明代台阁体文学的认识，这条材料是前人未曾留意到的。当然，本书也有不足之处，这里就不详细论列了。

从《唐胄与岭南历史文化考论》，我看到了皓政的笃学慎思和学术进境，也看到了他的潜力和新的可能，期待他的学术气象，更加浩瀚、更加高远。

2022 年辛丑、壬寅之交，于博鳌小镇

目　　录

绪　论

明代，海南名贤辈出，群星璀璨。提起海南文化名人，世人首先想到的，往往是丘濬[①]、海瑞。其实，在海南文化史上，唐胄也是一位值得关注的人物。作为海南文化世家"攀丹唐氏"的杰出代表，唐胄不仅主持修纂过海南现存最早的方志《正德琼台志》，而且交游广泛，与当时思想界、文化界的名流保持着密切联系，并在嘉靖政坛上具有重要影响，在丘濬与海瑞之间起到了桥梁、纽带作用。《明史》对唐胄有较高评价，称其为"岭南人士之冠"。迄今为止，在海南历史文化研究领域，唐胄研究仍是一个比较薄弱的环节，亟待加强。

本书在文献整理、史实考辨的基础上，对唐胄的思想特色和文化贡献略陈管见，希望能够对海南文化、岭南文化、明中叶思想文化等相关领域的研究有所助益。

---

① 丘濬的名字有各种写法。作为姓氏，"丘"字在清代避圣人讳，统一改成"邱"。民初，台湾诗人丘逢甲主张改回"丘"字，但不少地方仍沿用"邱"。"濬"作为"浚"的异体字，在《简化字总表》（1986 年新版）中已经停止使用。但作为人名，大部分论著仍沿用"濬"。本书也遵循惯例，统一写作"丘濬"。另外，唐胄的"胄"，在古代有两种写法，其字义也不相同。一为"胄"，从"冃"（下面的两横不到边），与服饰有关，意为头盔；二为"胄"，从"肉"，与血统有关，意为帝王或者贵族的后代。唐胄有两位同胞兄弟，分别名为唐冕、唐旒。"冕"是前后悬有珠串的礼冠，"旒"是礼冠上垂下的珠串。其字义均与帽子有关。因此，严格说来，唐胄的名字，应是"甲胄"的"胄"，而非"贵胄"的"胄"。在现代的规范汉字系统中，从"冃"的"胄"已经成为历史的不规范异体字。所以，本书仍统一写作"唐胄"。

一、唐胄其人

唐胄(1471—1539),字平侯,号西洲,明代琼州人,弘治十一年(1498)参加广东省乡试,夺得"礼魁"(即《礼经》考试第一名)、亚元。弘治十五年(1502)赴京参加会试,再夺"礼魁"。殿试以二甲进士登第,授户部主事,旋遭逢父丧,归家守制。因不满于正德时期(1506—1521)的黑暗政治,加之母亲年迈多病,迟迟不肯复出,在故乡隐居长达二十年之久。嘉靖元年(1522),年过半百的唐胄应召复起。此后十余年间,历任户部河南司主事,广西按察司佥事,云南按察司副使、右参政、右布政使,广西左布政使,都察院右副都御史(提督南赣汀漳等处军务),山东巡抚等职。所到之处,政绩卓著。嘉靖十三年(1534),内迁为南京户部右侍郎。不久又改调北京,升户部左侍郎。唐胄立朝耿介,屡次上疏纵论天下大事,器识卓越。嘉靖十七年(1538),因议明堂之礼,触怒皇帝,被下狱、削职为民,回到海南,次年病逝。隆庆改元,获得平反,被追赠为都察院右都御史(正二品),赐祭葬。《明史》有传,称其"耿介孝友,好学多著述,立朝有执持,为岭南人士之冠"①。

与丘濬、海瑞等海南历史文化名人研究相比,唐胄研究进展较为迟缓。文献基础薄弱,是唐胄研究难以深入的一个重要原因。

唐胄研究文献可以分为两大类:一是唐胄本人的著述;二是同时代人或者后人对唐胄事迹的记载、评价等。前者可视为"言",后者为"事"或"功"。评价一个历史人物,既要"察其言",也要"观其行"。只有将两者结合起来,才能得出较为贴近实际的评价。

中国古代素有"左史纪言,右史纪事"之说,也有相反的说法,即"右史纪言,左史纪事"。左史也罢,右史也罢,其实都无关紧要。左史和右史,或许有职能之分、地位之别,但都在史官文化中扮演

① 张廷玉等:《明史》卷二百零三,中华书局2000年版,第3570页。

着重要角色。而“言”与“事”，是后人接近历史真相的两条重要途径。研究一国之史、一代之史，应将“言”和“事”结合起来考量。研究具体的历史人物，同样要注意“言”与“事”的结合。

下面，我们首先从文献角度，简单梳理一下唐胄的“言”与“事”。对于某些具体问题，则留待正文诸章中详加讨论。

二、唐胄之“言”

唐胄之“言”，主要见于唐胄本人的著述。著述形式有多种，可大致区分为著作、编述、抄纂等。著作往往被视为“成一家之言”，因而倍受重视。其实，在编述、抄纂等形式中，编纂者的思想也同样能够有所体现。

唐胄出身于海南文化世家“攀丹唐氏”，自幼颖敏，博通经史百家。在故乡隐居期间，兴建书院，主持编纂了《正德琼台志》。嘉靖初复出，在各地游宦期间，公务之暇，勤于著述。除《正德琼台志》外，其参与修纂的地方志还有《广西通志》《柳城志》《江闽湖岭都台志》等，整理编选的海南名人别集有宋代白玉蟾《海琼摘稿》、明代诗人王佐《王桐乡摘稿》等，刊行的其他岭南先贤别集有唐代广西诗人曹邺的《曹祠部集》(后附曹唐诗集)、宋代名臣余靖《武溪集》及崔与之《宋丞相崔清献公全录》等。在云南期间，他还刊行了明太祖《御制文集》。唐胄一生致力于整理出版岭南文献，传播和弘扬岭南文化，并以此激励自己，体现出经世致用的思想。

明代，别集编纂之风盛行。当时稍通文墨者，都爱吟诗作赋，并将自己的诗文编纂成集，希冀在生前或者身后刊行，借此流芳百世。由于正式刻版刊行费用不菲，许多别集只能以抄本形式流传。饶是如此，明人别集的存世数量也已经非常可观。明朝嘉靖年间的著名文学家唐顺之曾经尖锐地讽刺过这一现象：“宇宙间有一二事，人人见惯而绝是可笑者：其屠沽细人，有一碗饭吃，其死后则必有一篇墓志；其达官贵人与中科第人，稍有名目在世者，其死后则必有一部诗文刻集，如生而饮食、死而棺椁之不可缺。此事非特三代以上所无，虽汉唐以前，亦绝无此事。"幸而此等所谓诗文集者，"皆不久泯灭"。虽然"往者灭矣，而在者尚满屋也……若皆存在世间，即使以大地为架子，亦安顿不下矣"①。当然，诗文在当时的社会作为一种交际应酬的工具，或者仅仅作为一种爱好，并非不可以为之。若是将其作为追名逐利、沽名钓誉的工具，则难免会遭到嗤议。清代诗人赵翼，也曾在七律《有以明人诗文集二百余种来售，余所知者乃不及十之二三，深自愧闻见之陋，而文人仰屋著书，不数百年间，终归湮没，古今来如此者何限，既悼昔人，亦行自叹也，感成四律》中讽刺过明代文人的这一陋习："准拟惊人都有句，谁知点鬼也无名。""姓氏争期著述留，百年难驻况千秋。"②别集编刻之风，不仅在明代盛行，在清代依旧流行。赵翼在诗中感慨道："只为名心鉥肺肝，纷纷梨枣竞雕刊。岂知同在恒沙数，谁独能迴大海澜？后代时逾前代久，今人传比古人难。如何三寸锥毛笔，便作擎天柱地看。"③

站在文史研究的立场看，明代别集编纂之风并非一无是处。作为一代文献、一方文献的历史见证，哪怕是不出名的作者，其别集也有一定的保存价值。从文学角度看，任何文学作品都有一个经典化过程，大浪淘沙，经过岁月的洗礼，大量平庸之作终将湮没无闻，优秀的作品则会脱颖而出，熠熠生辉。然而，汗牛充栋的明清别集，无疑加重了优秀文学作品经典化的负担。倘若那些平庸的作者有自知之明，自觉地不刻或者少刻文集，未尝不是一件好事。

唐胄一生基本上是"述而不作"。虽然他本人也写过大量诗文，并且为不少岭南先贤编刻过文集，但却从未想过将自己的诗文

① 唐顺之：《荆川先生文集》卷六"答王遵岩书"，见马美信、黄毅点校《唐顺之集》，浙江古籍出版社 2014 年版，第 276 页。

② 赵翼：《瓯北集》卷三十五，上海古籍出版社 1997 年版，第 801 页。

③ 赵翼：《近日刻诗集者又十数家，翻阅之余，戏题一律》，《瓯北集》卷三十八，上海古籍出版社 1997 年版，第 908 页。

结集,临终时还戒令子孙不要为其编行文集。事实上,唐胄的诗文成就并不低,其奏疏在当时尤其脍炙人口。

明代前期,岭南地区文教日兴,已有“海滨邹鲁”之誉。海南虽然地处偏远,但“为士者咸务诗书,秋闱春榜科不乏人……风俗丕变,为岭南望郡”①。“今不患其不文也,特患文之太过,流而弊耳。”②从现存资料看,当时海南文献数量已经相当可观,海南文人编刻别集者不在少数。

受时代风气的影响,唐胄去世后不久,其子唐穆终究还是未能免俗,为寄托哀思,不惜违背父命,搜集唐胄遗文,编成《西洲存稿》。可惜,这部《西洲存稿》未能保存下来。据笔者推测,大概是毁于万历年间琼州一场史无前例的大地震。

万历三十三年(1605),琼州发生了一次大地震,不仅给人民的生命财产造成巨大破坏,也成为海南文献史上的一场浩劫。

关于这次地震,万历四十五年(1617)重修的《琼州府志》有记载:“三十三年五月二十八日亥时,地大震,自东北起,声响如雷,公署、民房崩倒殆尽,郡城中压死者几千。地裂,水沙涌出,南湖水深三尺,田地陷没者不可胜纪。调塘等都田沉成海计若干顷。二十九日午时,复大震,以后不时震响不止。”③《万历琼州府志》还附有当时琼州府上呈的一篇申文,详细描绘了这次大地震的惨状:“窃照地震之变,考往载籍,代不乏闻,未有招扬摇簸,或划然而龟裂,或颓然而壁沉者,未有声鸣如雷,水沙从裂陷处上涌,喷射出木石,累累见存者。城池、廨宇、仓库、庐舍未有尽行倒塌,一望平地,以至巍然高楼凹陷而下,仅露椽瓦者。人民覆压,未有一家老幼佥为

① 唐胄:《正德琼台志》卷七“风俗”引王佐《琼台外纪》之语,海南出版社2006年版,第138页。

② 戴熺、欧阳灿总裁,蔡光前等纂修:《万历琼州府志(上)》卷三“地理志·风俗”,海南出版社2003年版,第114页。

③ 戴熺、欧阳灿总裁,蔡光前等纂修:《万历琼州府志(下)》卷十二“杂志·灾祥志”,海南出版社2003年版,第927页。

齑粉，或数十余口仅存二三口者。田地禾苗，未有高下迁移、沙石嘴起，至寸草不留者。即有之，或见于一时一处，未有积至浃旬，日甚一日，延袤千里，有如一辙者。乃琼州府自五月二十八日亥时忽然震动，初如奔车之辗，继如风楫之颠，腾腾掣掣，若困盘涡，若遭拆轴，寐者魂惊，醒者魄散。须臾之倾，屋倒墙颓，幸生者裸体带伤而露立，横死者溘焉碎骨以如泥，藏覆压中偷存者喘息。职犹以为公廨中之偶难耳。旋闻哭声喊声喧传远近，始知城内外一时俱灾矣。少选，传城东门为流沙壅闭矣。再传望云楼忽没不见，而四门无睥睨之旧观矣。达曙，徒跣奔祷于文庙、城隍庙、社稷坛及各神祠，则又见金璧威仪荡然澌败，而明昌塔且斩焉如截矣。及查视东门内外一带，则裂拆十余处，而海口所裂陷最多。总总居民，死者死，徙者徙，而人烟且断绝矣。及查各乡村，则陡谷变迁，鸡犬寂寞，仳离死丧，父子茫然，而田苗之青青者且为黄沙掩，而蚓螺乘木且从中迸起矣。尸骸枕藉，腥血熏沾，触目摧心，恸哭流涕。职犹以为一方偶难耳……岂知东西州邑同是遭罹，颠倒死伤，处处大变。”①

清末海南文人王国宪为其先祖王承烈刊刻别集《纶初堂文存》，在该书“后序”中曾提及：“海南风雅，盛于有明。其时人文蔚起，出而驰誉中原，垂声海内。自丘文庄、王桐乡、唐西洲、钟筠溪、海忠介、王忠铭而后，有专集者数十家，海外风雅之盛，莫盛于是时。”②然而，时至清代，明代海南文人别集大都已荡然无存，“乃不数传而专集之存于今者，文庄、桐乡、忠介、忠铭诸集外，皆不传于世”③。

王国宪毕生致力于搜集、整理海南文献，但始终未见《西洲存稿》。后来，他偶然发现了晚明陈是集编纂的《溟南诗选》抄本，其

① 戴熺、欧阳灿总裁，蔡光前等纂修：《万历琼州府志（下）》卷十二“杂志・灾祥志”，海南出版社 2003 年版，第 928 页。

② 朱为潮主修，李熙、王国宪总纂：《民国琼山县志》卷二十“艺文志”，邓玲、邓红点校，海南出版社 2006 年版，第 1216 页。

③ 同上。

中有唐胄、唐穆、唐秩父子三人的作品，王国宪大喜过望，将其汇为一编，又添加了唐胄的几篇遗文，将其作为"海南丛书"之一种付印出版，聊补缺憾。

王国宪所编唐胄诗文集，系与邢宥别集合刻，封面题为《邢湄丘唐西洲集》。唐胄诗文部分，正文页眉处则标为《传芳集》，共收录了唐胄的文章 14 篇、各体诗歌 42 首。诗歌部分，几乎全录自《溟南诗选》。王国宪编辑的《传芳集》所收唐胄之文，虽开列了疏、序、记、论、墓碑等名目，但每种文体只有寥寥数篇，聊备一格而已。《传芳集》是王国宪仅凭一己之力搜辑而成，疏漏在所难免。例如，在唐胄主持修纂的《正德琼台志》中，就附有他本人的不少诗文，其中有些作品被收入《传芳集》，有些则未收。如：《正德琼台志》卷五"山川上"有唐胄所作《竹根井铭》一文；卷十二"桥梁"有唐胄所作《青云桥路记》一文；卷十五"学校上"有唐胄所作《重修琼州府学记》一文；卷二十五"坊表"有唐胄所作《吴氏贞节坊记》一文；卷二十六"坛庙"之"景贤祠"条下附有唐胄所作七言律诗一首；卷二十七"寺观"有唐胄所作《老佛庙记》一文；卷二十七"冢墓"之"唐颐庵舟墓"条、"苟夫人墓"条下，各附有唐胄的七言律诗一首，等等。这些诗文均未收入《传芳集》。

王国宪不仅无缘得睹《西洲存稿》，也没有见到原本《正德琼台志》。在万历三十三年(1605)的琼州大地震中，《正德琼台志》刊本也遭到严重毁损。不仅晚清的王国宪未睹《正德琼台志》，就连明朝万历四十五年(1617)，在地震后不久，海南道提学副使戴熺等人重修《琼州府志》时，也未能亲眼看到《正德琼台志》。关于这一点，《万历琼州府志序》有明确记载："索之学官子弟，咋舌莫举，第云丘文庄常以郡碟未修为恨，王桐乡为《外纪》而未就。至唐司徒纂之，后朱司李补之，及至地震，而诸籍沉湮，无有存者。"①《万历琼州府

① 戴熺、欧阳灿总裁，蔡光前等纂修：《万历琼州府志》，海南出版社 2006 年版，第 1 页。

志》编纂时，主要是“参之国史与通志”①。

幸运的是，《正德琼台志》在宁波天一阁还藏有一部残本，这部残本直到中华人民共和国成立后才重见天日。20世纪60年代，上海古籍书店印行了广东七种明代志书，《正德琼台志》是其中之一，出版后备受学界推重。

此外，唐胄编刊的《王桐乡摘稿》、《白玉蟾海琼摘稿》、《曹祠部诗集》、明太祖《御制文集》、《武溪集》、《宋丞相崔清献公全录》等，王国宪也大都未经眼，有些只是耳闻，有些则压根没有提及过。唐胄为这些刊本所作的序文，只有两篇被收入《传芳集》，其他则湮没无闻。

1996年，韩林元编注的《唐胄诗文集注》由政协海南省琼山市委员会出版，该书所收作品不出《传芳集》范围之外。

21世纪初，海南省十分重视地方古籍文献的搜集、整理、出版工作，推出了《海南地方志丛刊》(2006)、《海南先贤诗文丛刊》(2006)两套大型丛书，分别收入了经今人点校整理的唐胄的《正德琼台志》和《传芳集》以及其他相关文献，为唐胄研究提供了便利。《海南先贤诗文丛刊》所收《传芳集》，仍以“海南丛书”本为底本，未进行辑佚。

2012年，海南师范大学历史系研究生朴维波的硕士论文《唐胄研究》(由李勃教授指导)，对《传芳集》作了初步补遗工作，搜集到唐胄在广西提学佥事、云南提学副使、南京户部侍郎等任上4篇诗文，分别是：《劝古田诸生归学诗》②《楚雄府新迁儒学记》③《淮安户部分司题名记》④《谨天戒以隆盛治疏》⑤，但只列出篇目，未加点校整理。

笔者在上述文献整理工作基础上，将《正德琼台志》中的唐胄诗文一一摘录，又查阅了大量其他方志、总集、别集等，从明人张邦翼

---

① 戴熺、欧阳灿总裁，蔡光前等纂修：《万历琼州府志》，海南出版社2006年版，第2页。
② 汪森编：《粤西诗载》卷五，《文渊阁四库全书》本。
③ 张方玉主编：《楚雄历代碑刻》，云南民族出版社2005年版，第51—52页。
④ 黄训：《名臣经济录》卷二十四，《文渊阁四库全书》本。
⑤ 孙旬：《皇明疏钞》卷二十二“修省六”，万历十二年刻本。

所编的《岭南文献》中辑得《传芳集》未收之文 11 篇，从明人焦竑《国朝献征录》中辑得唐胄为他人所作传记 1 篇。笔者还搜集到唐胄编刊的明太祖《御制文集》、《白玉蟾海琼摘稿》，从中辑得唐胄所作的序文 2 篇。

另外，唐胄还有一些文章，笔者尚未查得原文。本书"附录"中暂作存目处理。据相关文献记载，唐胄在家乡隐居时，曾为王弘《海南稿》作序。唐胄在广西时，曾刊行《唐祠部诗集》并为之作序。唐胄还曾经为云南著名诗人张含《张禺山诗文选》作序。唐胄临终时曾作《十戒》一文。这些文章存世与否，尚有待进一步访查。

从现存唐胄文章看，大部分为奏疏。在《皇明经世文编》《皇明疏钞》《明臣经济录》《御选明臣奏议》《明文海》以及大量史书、政书中，都收录了唐胄奏疏。其中，流传最广的，还是《传芳集》所收的《谏讨安南疏》《驳郭英配享庙祀疏》《明堂享礼疏》。这几篇奏疏在《明史》《广东通志》等重要文献的唐胄传记中经常被全文收录，其重要性可见一斑。《正德琼台志》中的序、论，也大都见解不凡。史称唐胄"素以器识自负"，言论"切于事理"(《明史》)，为文不事浮靡，洵非虚言。唐胄一生意在经世，不求立言。其流传至今的诗文，如吉光片羽，值得后人珍惜。

三、唐胄之"事"

唐胄本人著述，是其主观之"言"。研究一位历史人物，仅凭其主观之言是不行的，还要参考他人的客观记录与评论。唐胄之"事"与"功"，主要见于他人著作中。这类文献，最值得注意的有两种：一是交游资料(即唐胄与同时代人的诗文往来)；二是传记资料。这类文献虽然属客观视角，但不应一视同仁。时代有先后，视角有不同，研究者对相关文献应予以仔细考辨。

就交游情况看，唐胄长期僻居海南，又一度在广西、云南等边远地区为官，在京时间并不长，但其思想并不保守，交游也十分广泛。唐胄与当时的思想家如湛若水、吕柟、欧阳德,文学家如都穆、何景明、顾璘、张含等都有诗文往来。由于唐胄本人生前未编文集,诗文散佚严重,所以这方面保存下来的资料不多,还有待深入发掘。本书第二章“唐胄交游考论”在这个方面进行了初步研究。

就传记资料而言,按照成文的时间顺序,可分为行状、墓志碑铭、家传、志传、史传,等等。行状最为详尽,其他形式的传记则各有侧重,可以互相补充。

传记资料不仅有助于人物生平事迹考证,还涉及对人物思想和历史地位的评价。例如,《明史》对唐胄评价很高,称其为“岭南人士之冠”。这一评价是否恰当?其依据是什么?是否符合公论?对唐胄传记资料的梳理,有助于我们寻求此类问题的答案。

现存唐胄传记资料,散见于家谱、地方志、正史、文人别集、笔记等文献中,数量虽然不少,但大都是陈陈相因、转相抄袭。文献价值最高、最值得注意的唐胄传记资料有四篇,依时代先后顺序,分别是:钟芳《故户部左侍郎唐公墓志铭》(以下简称《唐公墓志铭》或《墓志铭》)、黄佐《户部左侍郎唐公胄传》、王弘诲《通议大夫户部左侍郎赠都察院右都御史西洲唐公神道碑》(以下简称《唐公神道碑》或《神道碑》)以及《明史·唐胄传》。

(一)钟芳《唐公墓志铭》

《唐公墓志铭》见于唐胄同乡友人钟芳的别集《钟筠溪集》卷十七,是钟芳应唐胄之子唐穆所请,作于嘉靖十九年(1540),系唐胄去世次年的入土安葬之时。墓志铭用于埋葬死者时,刻在石上,埋于坟前。墓志铭由志和铭两部分组成。明代徐师曾《文体明辨序说》云:“按志者,记也;铭者,名也。”[①]志是用散文记叙死者姓名、字号、籍贯、官级、功德事迹的。铭是用韵文概括全文,并对死者致

① 吴讷、徐师曾:《文章辨体序说 文体明辨序说》,人民文学出版社1962年版,第148页。

以悼念、安慰、褒扬之情。

《唐公墓志铭》文末提到，唐胄于去世后的第二年，即嘉靖十九年，被安葬于陶公山。墓碑也应当是立于此年。所以，我们将《唐公墓志铭》的写作时间定为嘉靖十九年。

《唐公墓志铭》开头部分还提到了一桩值得注意的重要事实，即周世昭曾经为唐胄撰写《行状》。行状一般会详细完整地记载逝者的生平，供他人作传时采择。说白了，行状就是传记的草稿。周世昭，原名纂，琼山东洋（今海南省琼山区）人，明嘉靖十四年(1535)乙未进士，曾任户部主事。周世昭是唐胄的学生。周世昭撰写的《行状》，笔者没有查到，前人也很少引及，大概很早就已经失传了。除《行状》之外，现存最早的唐胄生平的完整传记当首推《唐公墓志铭》了。

据文中记载，唐胄门生周世昭曾经为唐胄撰《行状》。唐胄临终之际，特意叮嘱儿子唐穆，要请钟芳为自己作墓志铭。唐胄去世后，唐穆便持周世昭撰写的《行状》来请铭。

《唐公墓志铭》全文共 2 100 余字，以叙事、议论为主，没有像后来的传记那样大段地直接引用唐胄奏疏原文。但文中对唐胄直言敢谏的形象作了生动刻画："子弟求疏稿，唯唯而已。凡廷议大政，先有定画，至期会众联，佥谓各有专职，莫敢折诘，以为常。公独曰：'会以采言，当罄所见。'连抗疏，援据该博，无所顾忌，虽于时义未协，而敢言之气，为人所难，亦伟矣。公外和内劲，以器识忠亮自负，使能少贬，嫜阿随俗，名位岂止若是。而所志者远，得丧利害无介于中。"①文中还评论道："公事亲孝，冠婚丧祭一遵家礼，周贫恤患，诱后进如弗及，服食澹泊，足振靡俗。所至勤小物，大事则身任之。在金腾，已改提学，为镇巡留讫木邦事始去，论功则推共事者，曰：'于我无与。'每去任，供账什器纤毫皆案委籍记，事事不苟

① 钟芳：《钟筠溪集》卷十七，见洪寿祥、周伟民主编《海南先贤诗文丛刊》，周济夫点校，海南出版社 2006 年版，第 370 页。

如此。”文学方面，则曰：“公为文有源委理致，不尚浮靡。”①

钟芳除作有《唐公墓志铭》外，在其别集《钟筠溪集》中，还有两篇对唐胄研究而言非常有价值的文章：一是作于嘉靖十八年（1539）唐胄去世时的《祭唐西洲文》②，二是应唐穆之请所作的《西洲文集序》③。

嘉靖年间曾经重修《琼州府志》，钟芳《唐公墓志铭》一文大概也收入其中。可惜，这部嘉靖重修《琼州府志》已经毁于地震。嘉靖间重修的《广东通志》，也将《唐公墓志铭》收入其中。

近代王国宪在整理海南文献时，既没有见到《嘉靖琼州府志》和《嘉靖广东通志》，也没有见到钟芳《钟筠溪集》。《四库全书》将钟芳《钟筠溪集》列入存目，王国宪据此在《民国琼山县志》的“艺文志”中也著录了“《钟筠溪集》三十卷”（《民国琼山县志》卷二十），但此书他并未真正经眼。在王国宪主编的《海南丛书》中，有《筠溪集》一卷，系辑佚而成，未收《唐公墓志铭》。在《民国琼山县志》的“金石志”中，王国宪甚至还将王弘诲《唐公神道碑》与钟芳《唐公墓志铭》混为一谈，认为“旧志”著录有误。④ 对这一问题，我们将在后文予以详细考辨。

（二）黄佐《户部左侍郎唐公胄传》

黄佐《户部左侍郎唐公胄传》，见焦竑《国朝献征录》卷二十九。⑤ 该文与黄佐嘉靖三十六年（1557）至嘉靖四十年（1561）所修《广东通志》卷六十二中的唐胄传记文字几乎完全相同。《嘉靖广

---

① 钟芳：《钟筠溪集》卷十七，见洪寿祥、周伟民主编《海南先贤诗文丛刊》，周济夫点校，海南出版社2006年版，第370页。

② 同上书，卷十六，第345页。

③ 同上书，卷七，第127—128页。

④ 朱为潮主修，李熙、王国宪总纂：《民国琼山县志》卷十五，邓玲、邓红点校，海南出版社2006年版，第840页。

⑤ 焦竑：《国朝献征录》（二），见周骏富编《明代传记丛刊》第110册，综录类26，明文书局1991年版，第419—421页。

东通志》在唐胄传记之后，注有“据《琼州志》修”。这里所说的《琼州志》，当指毁于万历琼州大地震的嘉靖重修《琼州府志》。“据《琼州志》修”云云，应是黄佐在参阅《琼州府志》中所收《唐公墓志铭》等文献的基础上亲自写定，故这篇传记的作者仍应认定为黄佐。

这篇传记长达3 700余字。其中，重点突出了两件事，一是谏证安南，二是沮武定侯郭勋之祖配享。文中引用唐胄的《谏证安南》一疏，长达1 700余字。引用《沮武定侯之祖配享》一疏，长达1 400余字。而明堂议礼之事，则一语带过。这部《广东通志》修于嘉靖年间，嘉靖皇帝尚在世，自然不敢触及时讳。文中也引用了钟芳《唐公墓志铭》中所载唐胄罢官家居之后，对嘉靖皇帝依然忠心耿耿的事迹。文末，对唐胄作了如下评价：“胄秉性耿介，素以器识自负，尤孝于事亲。家居服食澹泊，足振靡俗。为文有理致源委，不尚浮靡。惟笃嗜白玉蟾诗文，为之精选，名《海琼摘稿》，此其异也。”①文字较钟芳《唐公墓志铭》更为简洁。

此传流传甚广，后来多次续修的《广东通志》《琼州府志》《琼山县志》中的唐胄传记，大都是在此文的基础上删改而成。此文除见于焦竑《国朝献征录》卷二十九外，亦见于其他载籍，如郭棐《粤大记》、何乔远《名山藏》等，但大多未标明作者。

（三）王弘诲《唐公神道碑》

《唐公神道碑》作于隆庆初年，是王弘诲应唐胄的孙子唐恪所请而作，见《天池草》卷十九。神道碑是立于墓道前的石碑。明人陈继儒《大司马节寰袁公（袁可立）家庙记》：“家有状，墓有铭，神道有碑，有传有诔有颂有赞有墓祠，而犹未已也。”②可见，古人的传

---

① 黄佐：《户部左侍郎唐公胄传》，见焦竑著《国朝献征录》（二），周骏富编《明代传记丛刊》第110册，综录类26，明文书局1991年版，第421页。

② 陈继儒：《大司马节寰袁公家庙记》，《陈眉公先生全集》卷二十二，载沈乃文主编《明别集丛刊》第4辑第53册，黄山书社2016年版，第556页。

记形式五花八门，均是以各种形式表达对死者怀念之情，死者家属也希望传主借此流芳百世。然而，并不是所有人都有资格在墓前修建神道并树立神道碑的。明代，只有三品以上的官员，才有资格树立神道碑。唐胄晚年罢官为民，死时并没有树立神道碑。直到隆庆初，朝廷追赠唐胄为都察院右都御史，这才树立了神道碑，以示纪念。

王弘诲（1541—1617），字绍传，号忠铭，广东琼州府（现海南省）定安县人，二十岁时乡试中举人第一名，嘉靖四十四年（1565）登进士，被选为庶吉士，曾在翰林院任职，官至南京礼部尚书。王弘诲出生时，唐胄去世已有两年之久。王弘诲的家乡在海南定安，并非琼州，但他从小便从长辈口中听说过唐胄的事迹，对唐胄心怀敬仰。进入官场之后，他更加感受到唐胄精神之难能可贵。王弘诲在文章开头部分首先抒发了个人对唐胄的敬仰之情，接下来才开始介绍这篇传记写作的原因。和《唐公墓志铭》一样，文中也提到了唐胄罢官和去世的时间，以及唐胄安葬的时间和地点（《唐公墓志铭》在文末提及）。至于《唐公神道碑》的写作原因，则是因为隆庆元年（1567），唐胄被朝廷追赠为都察院右都御史，赐祭葬。唐胄的孙子唐恪写了一封信，给在北京翰林院为官的王弘诲，请王弘诲写一篇“碑铭”。这个碑，指的是神道碑，而非墓志。王弘诲《唐公神道碑》的写作时间，最早在隆庆元年（1567），此时距唐胄去世已有 28 年。

王弘诲的这篇《神道碑》文，共有 2 400 余字，其中第一部分讲了他对唐胄的崇敬之情以及这篇《神道碑》文的由来，约 280 字。去掉这一部分，正文部分与钟芳的《唐公墓志铭》的字数相当。

王弘诲是海南人，又在京城为官，没有理由不知道《唐公墓志铭》的存在。所以，《唐公神道碑》在写作过程中，应当是参考了《墓志铭》。值得注意的是，《神道碑》在第一段文字之后，进入传记正文之前，有“按状”二字。可见，王弘诲也见到了周世昭撰写的《行状》。唐恪在写信给王弘诲，请他撰写碑铭的时候，大概也曾经把《行状》寄给王弘诲，供其参考。和《墓志铭》相比，《行状》毕竟更加原始，也更加具体，所以王弘诲将其作为主要的参考资料，而没有提及《墓志铭》。《神道碑》中记载的有些事迹，是《墓志铭》没有的。《墓志铭》和《神道碑》都源于《行状》，两者的记载可以互为补充。

例如，钟芳《唐公墓志铭》中记载了唐胄青年时代未入仕时，"由郡学有声，督学宋公首奖拔之"①。王弘诲《唐公神道碑》对此没有提及，但却更加详细地介绍了唐胄考取进士后，隐居于家乡的情形："益肆力于学，盖家食者几二十年。"②

唐胄复出之初，便敢于上疏言事，《墓志铭》提及两次上疏，一是谏"差内臣苏杭织造"，二是为赵汝珞请谥立祠。《神道碑》补充了一桩事迹，即"请出内象"。

唐胄任广西提学佥事时的事迹，《墓志铭》的记载比《神道碑》多出两事：一是购书，二是修志。

唐胄任广西左布政使任内的政绩，《墓志铭》与《神道碑》的记载各有侧重。对于《墓志铭》记载较为详细的"戢令过境官兵不敢为暴"一事，《神道碑》一语带过，但补充了疏请不随王府庆贺、不行王府叩头朝礼等事迹。

《唐公墓志铭》提到唐胄任山东巡抚期间肃清巨盗的事迹，而《唐公神道碑》则提到了唐胄意欲疏通黄河故道一事。

在介绍唐胄日常生活琐事时，《唐公神道碑》提到了一件奇事："(唐胄)疏归侍养时，会陈淑人有疾，公手调药，朝夕不解带。舍傍忽产麻菰，取以供母，人以为孝感。"③这件事，钟芳《唐公墓志铭》没有提及。《唐公墓志铭》称唐胄有"孙女三"，《唐公神道碑》则称"孙女一"，应是记载有误。

---

① 钟芳：《钟筠溪集》卷十七，周济夫点校，海南出版社2006年版，第367页。
② 王弘诲：《天池草》卷十九，王力平点校，海南出版社2006年版，第413页。
③ 同上书，第416页。

总之，钟芳《唐公墓志铭》与王弘诲《唐公神道碑》在细节方面存在不少差异。王弘诲《唐公神道碑》虽然后出，但无法取代钟芳《唐公墓志铭》。同时，《神道碑》也没有简单地模仿《墓志铭》，两者是相互补充的关系。

《唐公神道碑》和《唐公墓志铭》，两者都要刻石。受文体限制，文字需力求简洁，因此，两者都没有大段地引用唐胄奏疏原文。

《唐公神道碑》文末对唐胄的评论主要有："公天性至孝……治家严而有方。冠婚丧祭，一遵古礼行之。素性俭，衣履不择敝好，处滇中数年，珍宝之物一无所携。所至解任之日，廨中供帐器皿，悉署借以俟来者……为文章根本六经，不务绮丽。"①

《唐公墓志铭》和《唐公神道碑》的传记部分都是根据《行状》润色加工而成，所以大同小异。而铭文部分，则完全是出于撰者自己的手笔。两篇铭文，都用诗一般的语言，对唐胄的一生进行了总结，并予以热情的赞美。钟芳在铭文中结合自己对唐胄的了解，对唐胄的性格进行了深入分析，不愧为唐胄的知己。王弘诲的铭文则从赞美"攀丹唐氏"写起，突出了后人对唐胄的仰慕之情。在铭文之前，王弘诲还补叙了唐胄生前诏复冠带之事，借此淡化嘉靖皇帝与唐胄之间的矛盾，同时表明新皇追赠唐胄的合理性。另外，王弘诲还特意提到唐胄生平以范仲淹自期，这对于理解唐胄的生平和思想可谓是画龙点睛的一笔。

近代王国宪在编纂《民国琼山县志》时，将王弘诲《唐公神道碑》收入了《民国琼山县志》卷十五"金石志"。并加了一段按语：

> 案：碑佚已久，旧志以为钟筠庵侍郎撰文，遍求《筠庵集》，海外未有其书，无由考正。及阅王忠铭公《天池草》第十九卷，有西洲唐公神道碑文，系其孙恪请铭者，乃知碑文

① 王弘诲：《天池草》卷十九，王力平点校，海南出版社2006年版，第416页。

为忠铭公作，非筠庵侍郎，无可疑者。旧志考之不精，仍延前误，今改正。①

这段按语，将钟芳《唐公墓志铭》与王弘诲《唐公神道碑》混为一谈。

又，钟芳号筠溪，钟芳的别集为《钟筠溪集》，并非《筠庵集》。王国宪在没有见到钟芳《唐公墓志铭》的情况下，偶然在王弘诲《天池草》中发现了《唐公神道碑》，遂将两者混为一谈。《民国琼山县志》称"旧志考之不精"，却不知道恰恰是自己犯下了"张冠李戴"的错误。可见，文献考订不可轻下论断，必须慎之又慎。

(四)《明史》及其他明清文献

《明史》是清代修纂的"正史"，作为"二十四史"之一，其权威性、重要性自是不言而喻。当然，《明史》作为清代官方思想立场的体现，其中某些史评，以及史料的取舍，也会引起后人的争议和质疑。

《明史》的唐胄列传，见于《明史》列传第九十一，全文 1 100 余字，在《明史》列传中属于篇幅较长者。

尤其值得注意的是，《明史》对唐胄评价极高，称其"为岭南人士之冠"。须知，明代岭南人才辈出，政治家如丘濬、海瑞，等等；学者如陈献章、湛若水、黄佐，等等；其名望都在唐胄之上。如此一来，《明史》中的"唐胄传"，便值得我们认真寻味了。《明史》对唐胄的评价如此之高，究竟有无依据？是泛泛之谈，还是大有深意？

《明史》的修纂，始于清初，历经康熙、雍正、乾隆三朝，方告竣工。康熙年间编纂的徐乾学《明史》、王鸿绪《明史稿》(实为万斯同修纂)和乾隆年间作为最终定稿的张廷玉《明史》对唐胄的评价是一致的，均有"耿介孝友，好学多著述，立朝有执持，为岭南人士之

① 朱为潮主修，李熙、王国宪总纂：《民国琼山县志》卷十五，邓玲、邓红点校，海南出版社 2006 年版，第 840 页。

冠”这一句话。

笔者查阅了《明史》之前的一些早期文献资料，并未发现有称唐胄“为岭南人士之冠”这样的说法，故而基本可以认定，这是由《明史》修纂者对唐胄作出的评价。现存最早的唐胄传记资料，出自唐胄生前故交钟芳之手。钟芳《祭唐西洲文》(见《钟筠溪集》卷十六)有一句“岭海精英，公评端在”①，这大概就是《明史》所本。而此后钟芳为唐胄所作《墓志铭》、王弘诲所作《神道碑》，均无类似评语。自明代万历至清代康熙年间修纂的《广东通志》《琼州府志》《琼山县志》等各类地方志中，对唐胄的评价一般是“耿介有器识，尤孝于亲。服食澹泊，足振靡俗。为文尚理，不事浮华”，也没有“为岭南人士之冠”这句话。值得注意的是，雍正初修《大清一统志・琼州府》中对唐胄的评价是“胄耿介有器识，立朝执义不挠，海南推为冠冕”②。这与《明史》的论断已经比较接近了。《大清一统志》与《明史》同为清朝官方著作，两者相互影响，思想比较一致。只不过，《明史》的评价比《大清一统志》还要高一些。乾隆之后重修的各类地方志中，在评价唐胄时，有的就直接援引《明史》的论断了。

综上所述，《明史》称唐胄“为岭南人士之冠”，不是泛泛之谈，也不是援引他书，而是史家经过反复斟酌之后，对唐胄的“盖棺论定”。其背后隐含的思想史、文化史意义，值得深入探讨。目前，这一问题似乎还没有得到学界的充分重视。

在明代，唐胄是一位在全国范围内有着广泛性影响的海南历史文化名人，其传记见于明清时期各种私修和官修的传记类作品中。翻检《明代传记丛刊》(周骏富编，台湾明文书局出版)，就会发现，有不少文献收有唐胄的传记，包括：明代雷礼《国朝列卿记》、何乔远《名山藏・列传》、邓球《皇明泳化类编・列传》、焦竑《国朝

① 钟芳：《钟筠溪集》，周济夫点校，海南出版社 2006 年版，第 345 页。
② 李贤等纂修：《一统志・琼州府：四种》，董润丽、朱永慧点校，见洪寿祥、周伟民主编《海南地方志丛刊》，海南出版社 2006 年版，第 83 页。

献征录》、张萱《西园闻见录》、过庭训《本朝分省人物考》,清代的徐开任《明名臣言行录》、徐乾学《明史·列传》、王鸿绪《明史稿·列传》、张廷玉《明史·列传》等。

唐胄不仅是海南人的骄傲,也是在全国范围内有较大影响的人物。唐胄在各地为官时,政绩突出,深受当地百姓爱戴。因此,在不少地方志中,都有唐胄的小传。

结合唐胄的生平,追踪其宦游的足迹,通过检索《明代地方志传记索引》《天一阁藏明代方志选刊人物资料人名索引》等资料,笔者在明代中后期修纂的以下地方志当中,翻检到了唐胄的传记,分别是:《嘉靖广东通志》卷六十二"人物"、《万历广东通志》卷六十二"人物"、《万历琼州府志》卷十"乡贤"、《万历江西省大志》卷二"命使"、《天启赣州府志》卷八"统辖"、《万历南安府志》卷十六"宦绩"、《万历广西通志》卷二十五"名宦"、《隆庆云南通志》卷九"官师",等等。

清代和民国时期纂修的地方志中,唐胄的传记资料就更多了。后期方志中的传记资料大多是以早期方志中的资料为基础,有所删削、增补而成。虽然我们往往认为后出转精,但后出的方志,并不能完全取代早期的方志。

早期的方志,其价值就在于"早"。其中保存的许多文献资料,更接近于原始文献。后出的方志,理论上应该"转精",其实未必如此。因为后出的方志,主要是补充一些新的史料。这些史料,往往是在旧志编纂年限之后发生的历史事件。而对于旧志中保存的早期的史料,出于篇幅的考虑,可能会有所删减。即便没有删减,编纂者也不会花费太多的精力去逐条考证。即使考证,由于年代相隔久远,文献佚失严重,如果考证者的态度不够谨慎的话,反而会产生一些新的谬误。例如,民国时期,王国宪为编纂《琼山县志》,用力甚勤。饶是如此,《民国琼山县志》仍有不少疏漏和错误。

王国宪(1853—1938)原名国栋,字用五,号尧云,晚号更生老人，海南省琼山谭文镇青草村人。他对整理海南历史文献作出了突出贡献。李熙在《民国琼山县志》序文中称赞王国宪："兢兢持一保存国粹之心，金石艺文尤多搜辑。"①此言洵不虚也。

现存《琼山县志》，主要有康熙二十六年（1687）修《琼山县志》、康熙四十三年（1704）修《琼山县志》、乾隆十二年（1747）修《琼山县志》、咸丰五年（1855）修《琼山县志》、民国续修《琼山县志》等多个版本。

其中，康熙二十六年修《琼山县志》，是最早的版本。时任琼州府同知潘廷侯为该志作序，指出，直至清代康熙年间，琼山仍无县志："惟琼山则无志，每以府志充县志，相沿已久，不可问也。"②这也情有可原。海南地广人稀，琼山是琼州的府治所在，作为政治、经济、文化中心，是人文荟萃之地。《琼州府志》对琼山县的介绍，是较为详细的。所以，有了《琼州府志》之后，《琼山县志》的修纂，也就不那么急迫了。但琼州府辖下，毕竟有三州十县，琼山县只是其中之一。单独修一部《琼山县志》，也是很有必要的。

康熙二十六年（1687）所修的《琼山县志》卷九"人物志·乡贤"有唐胄的传记。但是，该志并无《金石志》，没有全文收录唐胄的墓志铭或神道碑的碑文，只是在卷四"建置志·冢墓"中，提及："侍郎唐胄墓：在陶公山下，有谕祭碑文。"③

康熙四十三年（1704），知县王贽、关必登将十二卷本的《琼山县志》修订为十卷。乾隆年间，知县杨宗秉对《琼山县志》重加修订，虽然体例有所调整，但也没有《金石志》，没有收入有关唐胄的碑文。

咸丰五年（1855），郑文彩主纂《琼山县志》，共三十卷，与之前的县志相比，内容有了较大扩充。其第二十九卷"杂志"部分，含有"金石"类目。其中有一条为"侍郎唐胄墓志铭（在琼山县东南五十

---

① 朱为潮主修，李熙、王国宪总纂：《民国琼山县志》，邓玲、邓红点校，海南出版社2004年版，第1页。

② 潘廷侯、佟世南修，吴南杰纂：《康熙琼山县志》（康熙二十六年本），海南出版社2006年版，第1页。

③ 同上书，第81页。

里陶公山，侍郎钟芳撰文）”[1]。此条之后，还注明了依据的是“黄《通志》”，即明嘉靖四十年（1561）黄佐纂修的《广东通志》。查黄佐《广东通志》，其《舆地志·陵墓》部分，有一条为“侍郎唐胄墓，在琼山县东南五十里陶公山，钟芳撰墓志铭”[2]。可见，在黄佐《广东通志》和《咸丰琼山县志》中，记载的都是钟芳撰写的《唐公墓志铭》，而非王弘诲撰写的《唐公神道碑》。因为，《唐公墓志铭》比《唐公神道碑》产生的时代更早，更具文献价值。

随着时间的推移，海南早期遗传下来的一些金石碑文，其文物价值和文献价值越来越受到关注。《民国琼山县志》共二十八卷，其中，卷十四至卷十八均为“金石志”。这大概是受《咸丰琼山县志》第二十九卷“杂志”“金石”类的启发。黄佐《广东通志》和《咸丰琼山县志》“金石”类存目的一些内容，《民国琼山县志》都尽可能地搜辑原文。

前文提到，《民国琼山县志》卷十五“金石志”收录了王弘诲的《唐公神道碑》。文后又加了一段按语，称“碑佚已久，旧志以为钟筠庵侍郎撰文”[3]。所谓旧志，应当是指《咸丰琼山县志》。《民国琼山县志》将《唐公墓志铭》和《唐公神道碑》混乱为一谈，称“旧志考之不精”云云，是没有任何道理的。

从明代到民国，历经两次改朝换代，文献佚失严重。《民国琼山县志》的记载出现一些错误，也是不足为奇的。

《民国琼山县志》由李熙、王国宪担任总纂，其中王国宪的贡献尤多。李熙在为《民国琼山县志》所作序中称：“先是志局之设，当时曾林诸老犹存，续修原非难事，因循不果。辛亥之变，耆宿半属凋零。承其役者，有粘璞斋孝廉，事经中沮。而今则王尧云广文，灵光岿然。佥谓总纂一职，非此老无能为役也。平日学有根柢，凡

---

① 李文烜修，郑文彩纂：《咸丰琼山县志》，海南出版社 2006 年版，第 1228 页。

② 黄佐纂修：《嘉靖广东通志·琼州府部》，蒋志华、李昭醇点校，海南出版社 2006 年版，第 313 页。

③ 朱为潮主修，李熙、王国宪总纂：《民国琼山县志》卷十五，邓玲、邓红点校，海南出版社 2006 年版，第 840 页。

是关于琼之事实，莫不手自抄录。及任是职，迭次会议，采访靡遗。又兢兢持一保存国粹之心，金石艺文尤多搜辑。余虽日与共事，特资商确(榷)，总揽其大要焉已。但当此易代之后，补遗订堕，不使海外之文献湮没于蔓草荒烟，是犹不幸之幸也夫!”①这段文字中提到的王尧云即王国宪。

王国宪对唐胄十分崇敬，为表彰唐胄的思想和学术，曾经为唐胄修过一部年谱。民国七年(1918)，年谱修成后，王国宪还专程到唐胄墓前去凭吊和实地考察了一番。唐胄墓距琼山县城有数十里之遥，王国宪不辞辛苦，一路打听，终于在郁郁苍苍的山野中，找到了唐胄墓，遂作有长诗一首，记载了凭吊唐胄墓的过程和感受。

王国宪在凭吊唐胄墓时，只提及神道碑和谕祭文：“起视神道碑，磨砻无勒铭。谕祭文何在，不是留墓庭。”②可见他并不知道还有一篇《唐公墓志铭》存在。在王国宪的那个时代，唐胄墓前的石碑，上面刻的文字受到风雨侵蚀，早已无法辨别了。至于那块无字石碑上面，刻的究竟是《唐公墓志铭》还是《唐公神道碑》，也无从知晓了。

王国宪给唐胄和钟芳都编过年谱。但他却不知道钟芳曾经为唐胄撰写过一篇《墓志铭》。其实这也并不奇怪，因为王国宪本人并未见到钟芳的别集。

王国宪在为其家遗集《扬斋集》作序时曾经感叹道：“海南风雅，盛于有明，其时人文蔚起，出而驰誉中原，垂声海内，自丘文庄、王桐乡、唐西洲、钟筠溪、海忠介、王忠铭而后，有传集数十家。海外风雅之盛，莫盛于此时，不仅理学经济、文章气节，震动一世也。而专集之存于今者，文庄、桐乡、忠介、忠铭诸集外，皆不传于世，是岂文字之不能历劫不磨耶?”③从这段文字看，王国宪知道钟芳曾

① 朱为潮主修，李熙、王国宪总纂：《民国琼山县志》，邓玲、邓红点校，海南出版社2004年版，第1页。

② 引自梁统兴：《琼台胜迹记·琼山卷》，南海出版公司2000年版，第309页。

③ 王承烈：《扬斋集》，见周显忠等点校《北泉草堂遗稿等七种》，海南出版社2004年版，第170页。

经有别集行世，但他本人只见到了“文庄、桐乡、忠介、忠铭诸集”，即丘濬、王佐、海瑞、王弘诲的别集，其他人的别集一概未见。王国宪在出版“海南文献”丛书时，没有亲眼见到钟芳别集的原本。他只是将自己搜辑的钟芳为数不多的佚文汇为一编，付印出版。而在王国宪搜辑的这些佚文中，并不包含《唐公墓志铭》。

钟芳的诗文，生前并未结集。直到他逝世后的嘉靖二十七年（1548），才由长子钟允谦编辑刻印。清代乾隆年间编集《四库全书》时，仅将《钟筠溪集》列入存目，所以此集流传不广。王国宪在民国时期，虽然极力搜求海南文献，但在那样一个动荡不安的时代，没有能够亲眼看到此集。齐鲁书社于1997年编印《四库全书存目丛书》时，据北京大学图书馆藏钟允谦刻本将此集影印出版。海南出版社又据《四库全书存目丛书》影印本加以标点，将《钟筠溪集》收入《海南先贤诗文丛刊》，于2006年整理出版。

我们今天研究唐胄，研究海南历史文化，得益于文献基础的日益巩固。在这个过程中，前辈学者辛勤地搜辑了很多资料，功不可没。王国宪编的《海南文献》，今人编的《海南地方志丛刊》《海南先贤诗文丛刊》，都为我们的研究工作提供了极大的便利。但是，在利用这些文献成果时，不能拿过来就用，一定要对其搜集、整理的过程有所了解，弄清其来龙去脉，多做一些考订工作，避免以讹传讹。我们既要尊重前人的劳动成果，又要保持严谨科学的探索精神。即使像王国宪这样严谨求实、博学多识的学者，也难免会有失误。历史留下的经验教训，值得我们认真汲取和总结。

从唐胄主修的《正德琼台志》到王国宪主修的《民国琼山县志》，正是经过一代代有识之士的辛勤耕耘和付出，世人才认识到，海南并非“文化沙漠”，而是一片文化沃土。文化需要创造，更需要传承。唐胄和王国宪们的默默付出，值得我们尊重。世人往往热衷于著书立说，轻视文献整理工作。其实，文献的发掘整理工作，并不比自己著书立说轻松，研究者需要有深厚的学养和更高的眼光。

唐胄修《正德琼台志》时，已注意到充分运用各种材料，如类书、碑刻，甚至小说、民间传闻，等等。但他在选取史料时，是站在史家的立场高度，有所取舍、辨别的。唐胄在序文中指出："余惟志，史事也。例以史，而事必尽乎郡，故以《外纪》备旧志，以史传备《外纪》，以诸类书备史传，以碑刻、小说备类书，以父老刍荛备文籍。"①正是由于唐胄的眼光独到，才使得《正德琼台志》体例精严，资料详备，成为地方志中的精品。

王国宪作为海南地方志的集大成者，本应后出转精。他在资料搜集上也用力甚勤，但学养、见解较唐胄还是略逊一筹。《民国琼山县志》虽然厚度增加了不少，但存在的问题也很多。当然，时代愈久远，文献搜集、整理的难度也越大。王国宪搜集、整理海南文献的自觉意识，还是值得我们钦佩的。

在唐胄研究文献中，由王国宪搜辑的《传芳集》影响较大，今人在搜集唐胄传记资料时，视野也往往受到《传芳集》的局限。《传芳集》"附录"部分，有明人夏道南的《谕祭文》、王弘诲的《通议大夫户部左侍郎赠都察院右都御史西洲唐公神道碑》（简称《唐公神道碑》），清人黄表衷的《西洲先生像赞并引》、徐琪《西洲侍郎像赞》和王国宪自编的唐胄《本传》等资料，其中年代比较早的是《谕祭文》和《唐公神道碑》，两文均作于隆庆元年（1567）朝廷为唐胄平反之时。曾见有学者将《谕祭文》和《唐公神道碑》视为最原始的唐胄传记资料，这大概是受到了王国宪的影响，没有对唐胄传记资料作进一步搜求。

总之，目前对唐胄著述、传记等资料的搜集、整理工作，虽然取得了一些成绩，但还远远不够。进一步夯实文献基础，仍是当务之急。历史上，海南文献搜集、整理工作取得了不少成绩，但也留下了不少教训，贻误后人不浅，在今天更需要引以为戒。

---

① 唐胄修：《正德琼台志》，彭静中点校，海南出版社 2006 年版，第 4 页。

四、研究概况

20世纪的很长一段时期，唐胄研究一直不受重视，处于不温不火的状态，进展比较缓慢。以往，关于唐胄的研究，主要集中于两个方面：一是对唐胄家世背景和生平事迹的研究，这类文章大多流于表面化，不够深入。由于缺乏学术规范，在文献发掘方面下的功夫不足，在考证方面存在不少空白和误区，亟待正本清源，去伪存真。二是关于《正德琼台志》的研究，这类文章学术性较强，但关注的重点不在于唐胄本人，而是利用《正德琼台志》中的资料去研究解决各种具体问题。

进入21世纪后，伴随着地域文化研究的升温，海南文献整理工作不断推进，特别是《海南先贤诗文丛刊》《海南地方志丛刊》于2006年推出后，海南历史文化研究面貌为之一新，唐胄研究也逐渐受到学界关注。

2012年，论文集《唐胄及其攀丹村唐氏名人研究文集》出版，其内容涉及唐胄研究的各个方面。近年来高校的硕士论文选题中，也有一些与唐胄及《正德琼台志》相关者，如补维波《唐胄研究》（海南师范大学，2012年）等。另外，汪韶军《唐胄与儒学》（《南海学刊》2016年第4期）对唐胄思想提出了独到见解。刘祥学《论唐胄的边疆情怀与治边功绩》（《海南热带海洋学院学报》2017年第1期）一文，对唐胄在广西、云南等南疆地区任职时的功绩进行了充分肯定。这些论文预示着唐胄研究开始逐渐步入学术研究的正轨。

2015年，“海南历史文化名人”丛书陆续出版，该丛书强调学术性、可读性并重，第一辑中包括笔者编写的《岭海精英　青史传芳：岭南人士之冠唐胄》，这是第一部全面、系统地研究唐胄生平的专著，此书在编写过程中搜集了不少新材料，提出了一些新见解。但该套丛书追求的是学术化与普及化、通俗化并重，且编写时间较紧。限于丛书的体例，有些问题只能点到即止，未能深入地展开讨论。

2016年，海南大学海南历史文化研究基地主编的《海南历史文化（第6卷）》[①]出版了唐胄专辑，从思想与实践、诗文研究、生平家世、影像志录四个方面全面展现了唐胄的思想与成就。在思想与实践方面，重点论述了唐胄礼制思想、儒学思想、外交观念与海洋意识；在诗文研究方面，谈到了唐胄诗歌的满纸高风、别样情怀、对“仁”思想的诠释等；在生平世家方面，对唐胄的生平事迹、文献年谱等进行了考察；在影像志录方面，通过艺术化的方式描绘了唐胄的一生。

2018年，唐捷、符勇主编的《唐胄养优文化读本》[②]出版，该读本主要用于海南工商职业学院的学生素质教育，笔者亦参与了其中部分章节的编写。

目前，唐胄研究已取得了不少可喜硕果，但整体而言，仍有较大发展空间。研究唐胄，不是为了人为地抬高其历史地位。不论历史人物研究，还是地域文化研究，都不能敝帚自珍或夜郎自大。以唐胄为切入点，加深对海南文化、岭南文化乃至中国优秀传统文化的认识，才是合理途径。欲达到这一目的，就要将唐胄放到明代中叶特殊的历史文化背景下进行考察。

文献资料是学术研究的基础。但纯粹地为考证而考证，也是不可取的。唐胄研究的意义何在？只有明确了这一点，研究者才会有方向、有动力。

今后，应继续夯实文献基础，拓宽研究视野，以唐胄研究为切入点，加强对海南文化、岭南文化、中国传统文化的比较研究，从而弘扬中华传统美德，在增强文化自觉、文化自信的同时，促进多元文化之间的平等对话和交流。

---

① 闫广林主编：《海南历史文化（第6卷）》，社会科学文献出版社2016年版。
② 唐捷、符勇主编：《唐胄养优文化读本》，海南出版社2018年版。

作为唐胄研究首部学术专著，本书力求以严谨、求实的态度，对现存唐胄研究相关文献进行深入考辨，充分发掘、整理资料，从而深化对唐胄研究思想、文化意义的认识。

在唐胄家世考论方面，本书将海南“攀丹唐氏”世系追溯至北宋名臣唐介，以及唐介第六代裔孙、雷州唐氏始祖唐菽林。现存《唐氏家谱》，始于唐氏入琼始祖唐震，对唐氏入琼之前的世系及唐震生平，均语焉不详。本书一定程度上填补了唐氏入琼之前的世系空白。关于唐震生平，本书指出其与《宋史》中的唐震并非一人。另外，文天祥曾为早期海南《唐氏族谱》作序，该家谱在明初毁于兵燹，但文天祥序却保存至今。以往对该序的标点和断句有误，导致种种误解，甚至有人怀疑该序为元代范椁所作。本书经过重新断句，对该文进行了合理阐释，认为文天祥序真实可信。本书还通过对榕树意象的解读，将“榕树公”唐逊、唐正（号榕庵，有《榕冈集》）等串联起来，探讨了唐胄家族与海南隐逸文化的关系。

在唐胄交游考论方面，本书对唐胄与入琼官员、海南士人、岭南士人、同年进士、同僚及其他同时代文化名流的交游情况进行了深入考察。重点考察了唐胄与宋端仪、方良永、王弘、王佐、陈实、钟芳、吴诚、唐绣、伦文叙、蒋冕、湛若水、周钥、李廷相、何景明、戴书、陈察、都穆、吕柟、欧阳德、顾璘、张含等21人的具体交游情况。

在文献发掘整理方面，本书在《正德琼台志》《传芳集》《唐氏家谱》等目前学界已注意到的文献之外，发掘、整理了大量与唐胄研究有关的重要文献，内容涉及唐胄的传记、著述、诗文辑佚、相关评论等。传记资料方面，指出以往为学界所忽视的钟芳《故户部左侍郎唐公墓志铭》《祭唐西洲文》《西洲文集序》以及黄佐《户部左侍郎唐公胄传》等资料对唐胄研究的重要价值。著述方面，指出唐胄“述而不作”与其经世致用思想之间的联系，考证了唐胄编刊《白玉蟾海琼摘稿》在白玉蟾诗文版本流变史上的重要价值，指出现存王佐《鸡肋集》实以唐胄编《王桐乡摘稿》为底本，指出唐胄除编刊《宋丞相崔清献公全录》、余靖《武溪集》外，还重刊了《曹祠部集》、明太祖《御制文集》等。后世这些文集的重刊本，大都以唐胄所编为底本。诗文辑佚方面，指出近代王国宪所编《传芳集》诗歌部分基本照录自晚明陈是集编《溟南诗选》。本书在《正德琼台志》、明人张邦翼编《岭南文献》及其他文献中，查到大量《传芳集》未收诗文。

本书还注重对已有研究文献进行订误、考辨。近代王国宪对搜集、整理海南文献作出了巨大贡献，今人点校整理的《海南先贤诗文丛刊》《海南地方志丛刊》等主要是以王国宪编《海南文献》为基础。但王国宪以一己之力搜辑海南文献，失误在所难免。如今，在海南文献的搜集、整理工作中，仍存在着考辨不精、以讹传讹等种种问题。本书指出了前人工作中的一些失误，如：将唐缣误认为陈缣（韩林元编注《唐胄诗文集注》）；将王佐编集的练子宁《金川玉屑集》误认为王佐本人著作；将临高诗人王佐与明初广州诗人王佐、明中叶黄岩诗人王佐混为一谈（如骆伟《岭南文献综录》），等等。笔者已经出版的《岭海精英 青史传芳：岭南人士之冠唐胄》一书，也因一时疏忽而犯了某些不应有的错误，如将位于广西的靖江王府误书为云南，在此特向读者致歉。

思想文化研究方面，《明史》称唐胄为“岭南人士之冠”，评价甚高。本书以唐胄为纽带，对海南文化、岭南文化、中原文化之间的交流与碰撞进行了考察，指出唐胄及其家族文化研究，对弘扬民族优秀传统文化、增强文化自觉、文化自信具有重要意义。

海南岛是中国南海上的一颗明珠，是中国对外开放的桥头堡之一。作为中国海洋文化、海岛文化的典型代表，海南的历史文化积淀十分丰厚，有待深入发掘。新的时代，赋予海南历史文化研究以新的意义。笔者相信，随着相关研究的深入，学界对唐胄研究的思想价值和文化意义将会有更加全面、深刻的认识。希望本书的写作能够为海南历史文化研究略尽绵薄之力。由于笔者学力有限，不足之处在所难免，恳请学界同仁不吝批评、指正。

第一章　唐胄家世考论

研究唐胄，应当从其家世背景谈起。虽说英雄不论出身，但家族文化基因对一个人的成长，其潜在影响不容忽视。更重要的是，唐胄出身于琼州著名文化世家"攀丹唐氏"，而这一家族的兴起是琼州历史文化发展的一个缩影，对研究海南文化、岭南文化和中原文化之间的交流而言，也是一个值得注意的文化样本。

第一节　"攀丹唐氏"与海南文化世家

与世人印象中的"文化沙漠"恰恰相反，孤悬海外、位于中国领土最南端的海南岛上，生活着很多汉族文化世家。这些文化世家以琼北地区最为集中。汉代以来，陆续有汉族移民南迁至岭南，进而来到海南，在这里落地生根，其中有军户，有难民，有商人，也有不少是名门望族、官宦之家。他们和当地的黎族及回族等少数民族一起，共同创造了丰富多彩的海南文化。琼州位于海南岛最北端，紧靠中国大陆，是海南岛的政治文化中心，因而也成为文化世家的集聚地。

唐胄主持编纂的《正德琼台志》中，对海南文化世家就有不少记载。《正德琼台志》卷七"风俗"的小序提及："琼僻居海屿，旧俗殊陋。唐宋以来，多名贤放谪、士族侨寓，风声气息后先濡染，不能无今古淳漓之别。”①指出了唐宋时期，那些贬谪到海南的文化名流，以及迁居、流寓此地的文化世家，对海南文化面貌的改变作出的贡献。由宋至明，作为海南政治文化中心的琼州府城一带，“习礼义之教，有华夏之风。衣冠礼乐班班焉”②。其风俗与中原地区已经十分接近了。《正德琼台志》还引用了不少文献，以证明琼州士人文化传统由来有自。北宋大文豪苏轼来到琼州，作《伏波庙记》云：“自汉末至五代，中原避乱之人多家于此，今衣冠礼乐盖班班然矣。”③宋庄方《琼州通守刘公创小学记》云：“琼环海为州，在天极南。文物彬彬，有中土风。”④《方舆志》云：“赵宋以来，闽越江广之人，仕商流寓于此者，子孙多能收家谱是征。至元戍守之士，又多中原人。及文宗潜邸时，公卿宰辅相从来琼者盖不少，而气化寖改。”⑤至明代前期，政治相对稳定，海南与中原地区的文化联系更加紧密。海南士人文化经过长期的酝酿，终于厚积薄发，进入了黄金时代。海南本土士人对琼州文化传统的影响有切身体会。丘濬曰：“魏晋以后，中原多故，衣冠之族或宦或商，或迁或戍，纷纷日来……今则礼义之俗日新矣。”⑥王佐《琼台外纪》在对上述文献进行总结之余，描绘了明代前期琼州文化的繁荣景象：“东坡作《记》时，乃在宋中叶，当时文物已有足称。逮南渡至今，又三百余年，中州迁谪、宦寓、商戍，多华胄子弟，乐其土地之善，占籍益众。百工技艺，奇巧精致。为士者咸务诗书，秋闱春榜科不乏人。仕宦外自州郡藩臬，内自翰苑、侍御、六卿、台阁，蝉联相属。其余男女，各务农桑织纴。风俗丕变，为岭南望郡。”⑦

据《正德琼台志》记载，明代前期，琼州府城和周边村落的风俗

---

① 唐胄等：《正德琼台志》，彭静中点校，海南出版社 2006 年版，第 137—138 页。
② 同上书，第 138 页。
③ 同上。
④ 同上。
⑤ 同上。
⑥ 同上。
⑦ 同上。

也不尽相同。府城中为五方杂凑之地，多军户以及新迁来的中原各处官吏，不怎么看重门第。而周围村落则多名门故家，门第观念极重。

唐胄本人出身名门，对琼州名门故家了如指掌："盖自五代以来，中原多故，衣冠之族类寓于此。建炎托名避太学上书之祸，于是有苍原陈家。汴都分飏，启万安文学之守，于是有水北邢家。纲使留了孙，大昌忠惠之宗，于是有叠村蔡家。帅守出台阁，盛衍肃质之脉，于是有蕃旦唐家。伯侄继职儒师，是为倘驿之李。祖孙袭秉兵柄，是为莫村之莫。锦山能承韩魏国之先，水南无愧裴晋公之后。黄龙派出曲江，承唐宰相之遥华；昌黎系分陇水，蕃元参政之近脉。黎廖衍文昌之陈于万州，潭榄分澄迈之吴于南建。烈楼之与调塘，拜名二王；东洋之于东岸，各称一周。他如西溪之林，莲塘之张，石门之吴，北戚之曾之类，名门故家，不可胜纪。宗衮宗盟，愈绵愈繁。世婚世姻，联瓜联葛。故枝派间有衰薄，虽败垣破屋，经一二代，闾里犹以官呼之。"①这里提及的名门世家有：苍原陈氏、水北邢氏、叠村蔡氏、蕃旦唐氏、倘驿李氏、莫村莫氏、锦山韩氏、水南裴氏、黄龙张氏、昌黎王氏、文昌陈氏分支、澄迈吴氏分支、烈楼王氏、调塘王氏、东洋周氏、东岸周氏、西溪林氏、莲塘张氏、石门吴氏、北戚曾氏等二十家，遍布琼北各个村落。

这些名门世家"竞持门第，有乍富乍贵者，经一二世，乡里犹下指目，耻与连婚。间有欲演援者，先与故族衰薄户丁为之，家长与他族犹明骂议"②。这种根深蒂固的门第观念，较内陆地区可谓有过之而无不及。其实，放眼整个岭南地区，对家族文化的重视，都不亚于中原。换一个角度看，门第观念背后隐含的，正是那些曾经背井离乡的南迁移民，对中原文化刻骨铭心的怀念和依恋之情。

众多名门故家定居琼州，一是由于海南岛虽长期被视为化外

---

① 唐胄等：《正德琼台志》，彭静中点校，海南出版社2006年版，第148页。
② 同上。

偏远、蛮荒瘴疠之地，但其实并没有传说的那样令人恐惧。相反，这里气候宜人，风光优美，土地肥沃，植被茂盛，如果不求仕进的话，这里不失为一个宜居之地。过去，唐宋名贤被贬谪到海南，诗文中的悲苦之音，更多抒发的是一种政治失意之感。北宋大文豪苏轼离开海南时，写下了"九死南荒吾不恨，兹游奇绝冠平生"(《六月二十日夜渡海》)的诗句，并非故作豪迈，而是发自内心的感受。特别是在中原板荡、战乱不息的年代，海南岛就像一个世外桃源，向流落至此的汉族人民敞开自己的怀抱。当然，并不是所有来到海南的内陆人口都乐意留下来。中国人依恋故土，讲究"落叶归根"，不像欧洲人那样喜欢寻找、开发新大陆。名门故家落户琼州的另一个重要原因，是交通阻隔。《正德琼台志》卷三十一"秩官下"指出，明代统治者虽然将海南与内地一视同仁，但海南毕竟地处偏远，"琼去京师万里，将与云贵相等，而隔涉鲸波，又云贵之所无者"①。朝廷派遣官员到云贵一带为官，考虑到路途遥远，"俱与脚力"。而被派遣到海南的官员，却享受不到与云贵地区同等的待遇，"脚力纵不能与之均一，至省量给以免航海之苦，亦不为过。惜当路者忍于漠然，而未以之上达也"②。《正德琼台志》还附录了知府谢廷瑞的一篇拟奏稿。谢廷瑞在海南地区为官将近三年，对当地官员的苦处深有体会："臣莅任将及三年，所属州县等衙门官员，或在途被风被盗，全家被害者；或至地方历官数月或一二年，妻孥失所，且债负逼迫。及询之地方，居人多系故官子孙。琼州虽称乐土，然岂皆恋于流寓而忘其乡土哉？官卑禄薄，囊箧空虚，无以为修途之费，是以淹留岁月，遂至以客为家。"③内地官员到海南为官，拖家带口，万里跋涉，途资花费不菲。朝廷给的微薄俸禄，根本不足以弥补其开销。许多官员在任内可能娶妻生子，添丁进口。

---

① 唐胄等：《正德琼台志》，彭静中点校，海南出版社2006年版，第672页。
② 同上。
③ 同上。

任职期满，如果携家北归，又是一笔巨大开支。于是，卸任者便干脆落户于此，或者留下子女在海南生活。

《正德琼台志》卷四十二"杂事"还记载了这样一个故事："南京冢宰林公瀚，闽人也。天顺间，有族侄炜者，以省舅杨巡宰至琼，因侨会同，遂纳室不归。后公官禁近，累致书司府促之，竟胶留死于客。弘治辛酉，子纲谒公于金陵，相见洒泪于邑。公累婉导归籍不得，乃书二绝别之还琼。祖宗骨肉之情，宛然可掬，读之令盟宗者笃合族之恩，流离者兴首丘之念矣。"后附诗二首，其一云："客途凉雨送新秋，万里烟波海上舟。不见甘泉在顶树，故乡谁道是琼州？"①

海南名门世家还有修家谱之风。明林汝有序《陈氏族谱》云："自宋苏文忠公来琼，教育人才，科第初兴，文风丕振。家兹土者，非故土之人，其世家巨族，各有谱牒，源流遥溯，斌斌可者也。"

有些名门世家的家谱始纂时间较早，如"攀丹唐氏"。有些则稍晚一些。特别是明代嘉靖之后，受一些大儒推行家礼、乡礼的影响，岭南地区宗族观念更盛，家谱编纂之风也更加普遍。

王国宪主持修纂的《民国琼山县志》卷十九"艺文略"，著录的海南家谱有15部，分别是：《丘氏家谱》《冯氏家谱》《海氏族谱》《黄氏家谱》《王氏家谱》《唐氏家谱》《（延陵）吴氏族谱》《（苍原）陈氏族谱》《梁氏家乘》《吴尚书壶丘公世谱》《郑氏族谱》《陈氏族谱》《官隆张氏族谱》《员山周氏族谱》《蔡氏族谱》。

这些家谱，有些是《正德琼台志》提及的名门望族的家谱，如苍原《陈氏族谱》等。《正德琼台志》首列苍原陈氏。其入琼始祖陈豪是福建晋江人。"尝受学于杨时，后在太学与陈东上书留李纲，及东被诛，遂变名游琼州，家于苍原，子孙繁盛。"②陈氏中科甲者，明

① 唐胄等：《正德琼台志》，彭静中点校，海南出版社2006年版，第876—877页。
② 朱为潮主修，李熙、王国宪总纂：《民国琼山县志》，邓玲、邓红点校，海南出版社2004年版，第1183页。

代有十三人，父子、祖孙、兄弟、叔侄、皆登第，其余岁贡代不乏人，为琼山衣冠鼎族。

《民国琼山县志》中还有一些家谱，涉及的名门世家，则与《正德琼台志》的记载不尽相同。《正德琼台志》是要是记载了遍布于琼州各乡村的名门世家，对海口府城内的文化家族没有一一详列。另外，有些是明清时期新兴的科举家族，如丘濬家族、海瑞家族。这些家族，是海南文化家族的后起之秀。

丘濬系琼山西厢金花村人，其祖先原籍福建，元末迁至琼州。据何乔新为丘濬撰写的《墓志铭》："其先世家泉州晋江，元季有官于琼者，遭乱不能归，遂籍焉。"虽然称其为入琼官员之后，但其始祖可能名位不显。正如丘濬祖父所言："吾先世，世以积善相承，然未有发者。"（《可继堂记》）丘氏入琼之后，三世单传，至第四代才出现了丘濬这样一个名人，此后便重视起修家谱，"由明及清，瓜绵椒衍，世序不戒者，以修谱之代有其人也"。（《丘氏家谱》六卷，丘廷佩重修）

《民国琼山县志》著录的《海氏族谱》，是嘉靖十三年（1534）由海瑚所修。海瑚是海瑞堂兄，修谱之时，海瑞年方二十二岁，尚未中举。在这部族谱之前，还有一部《海氏族谱》旧谱，其记事始于海答儿，至海瑞之父海瀚为止。但海答尔是否为入琼始祖，以及海氏入琼之前的情况如何，旧谱没有记载，海瑚深以为憾，后从长辈口中打听到其祖辈由广东番禺迁至海南。于是，海瑚借赴乡试之机，从番禺族人那里借得另一部旧谱，考得南宋时始祖海俅曾任指挥之职，由闽入广，三传至海答尔，洪武间（1368—1398），海答尔从军海南，著籍于琼，遂为入琼始祖。

丘濬、海瑞家族的祖先，虽然也有为官者，但名位不显，家势衰微。海瑞生于唐胄之后，唐胄在《正德琼台志》中历数琼州名门世家，没有提及海氏，情有可原。丘濬生于唐胄之前，名声显赫，但《正德琼台志》也未将丘氏视为名门旧族。丘濬、海瑞都出身寒门，据说他们在青年时代读书的时候，都曾依附攀丹唐氏。可见，《正德琼台志》中记载的文化世家，并非简单地以科举为标准，而是更加重视家族的文化传统。

另外，还有一些家族，《正德琼台志》没有提及。如琼山冯氏。邢宥曾为冯氏家谱作序，称“琼山冯氏，闽莆阳族也。乃祖握兵南征，因家澄迈”[①]。王国宪《民国琼山县志》著录的《冯氏家谱》之后，有一段按语：“冯氏为琼望族，自冯海始登科，冯颙登进士，官监察御史，有直声，以忤内监刘瑾，诬陷愤死，赐祭葬，祀乡贤。其后嗣科第蝉联，数百年书香勿替。”[②]又如琼山黄氏，清代探花张岳崧为《黄氏家谱》作序称：“琼之黄，著姓也。明永乐九年，其始祖孟刚公官于琼，因籍焉。嘉靖、万历间，巍科甲第，相望不绝。”[③]

海南文化世家，以琼北地区为多。在其他州县，也有一些文化世家，但为数较少，此处不再一一论列。

海南文化世家，不少是入琼官员的后裔，如官隆张氏，其入琼始祖为琼山县令，宋时由福建迁入，世居官隆，明有张缙、张作父子登科，张子翼乡荐，知陆川，循声卓著，子绍美明经，祀乡贤，为琼鼎族。清初，张岳崧祖父由琼山迁至定安，张岳崧为清代探花。还有一些家族，是贬谪官员的后代。有些家族则是中原板荡之时，避难来琼。如员山周氏，其入琼始祖为南宋翰林学士周秀梅，避难来琼，卜居东洋文山村，《员山周氏族谱》张岳崧之序称“前后数百年间诗书彬雅”[④]，子孙繁衍，科甲绵长，称巨族云。

家谱、族谱、宗谱等为研究海南文化世家提供了宝贵资料。但是，对于这类谱牒文献资料的某些记载，也应予以深入、细致地考辨。家谱和方志一样，都是要经过不断重修的。新的家谱修成以

---

① 朱为潮主修，李熙、王国宪总纂：《民国琼山县志》卷十九，邓玲、邓红点校，海南出版社 2004 年版，第 1141 页。

② 同上书，第 1143 页。

③ 同上书，第 1147 页。

④ 同上书，第 1166 页。

后，旧的家谱便不受重视，大多散佚无存了。其实，新谱未必完全可靠，旧谱亦有其不可替代的文献价值。何况，不是所有人在纂修、续修家谱的时候，都能秉持实事求是的原则。为祖先隐恶扬善，甚至攀附权贵，都是家谱中容易出现的问题。海南清代探花张岳崧为《员山周氏族谱》作序时，就曾经批评过纂修家谱过程中的某些华而不实的风气："否者，舍实则夸，非人则妄，何异核礼于伊川，张奏于洞庭，而艳组纂之精，过屠门而嚼，夫奚益哉！予既以是嘉周谱，且以告著姓之凡为谱者。"①纂修家谱，是为了保持和传承良好的家风，而不是为了夸耀门第，贪慕虚荣。

海南地区的文化家族，大多是宋、元时期或明初入琼。有些则更早，如吴氏家族，其入琼始祖为晚唐户部尚书吴贤秀。吴贤秀历仕四朝，"以名臣迁居海外者，惟吴尚书壶丘公。公历事四朝，勋垂史册，因闽境兵乱，避地琼山，御赐铜牌，俾子孙世守勿失，科名之盛，世族之昌，迄今千百余年，风流未沫"②（《吴尚书壶丘公世谱》王国栋序文）。文化家族对海南文化事业的发展功不可没，影响深远。它们落地生根，真正融入了海南热土，和那些客游海南的外地官员、文化名流一起，共同推动着海南文化事业的发展进步。

世人往往只留意流寓文人如苏轼等对海南文化的影响，而对海南本地名门世家的文化影响认识不足。探讨海南文化源流，论及海南士人文化的起步，世人往往追溯到苏东坡。王国栋（即王国宪）在为《吴尚书壶丘公世谱》作序时，则充分意识到家族文化在本地文化发展史上的重要意义。他在序文中说："吾琼文运之开，科第蝉联，至今勿替，论者追溯所自，首推苏文忠公。予谓不然。"③王国宪援引苏轼本人的说法："自五季天下丧乱，中原名宦多移家

① 朱为潮主修，李熙、王国宪总纂：《民国琼山县志》卷十九，邓玲、邓红点校，海南出版社2004年版，第1166页。

② 同上书，第1160页。

③ 同上。

于此，今衣冠礼乐班班然矣。”（苏轼《伏波庙记》）他认为海南士人文化其来有自，至少可以上溯到晚唐五代时期。但现存的名门世家，大多于宋元时期迁入琼州。唯一可考的由五代时期入琼的名臣，只有“吴尚书壶丘公”，即吴贤秀。于是，王国宪认为吴贤秀尚书才是首开海南文运之人，而苏轼《伏波庙记》赞美的对象主要是吴贤秀。在苏轼未谪琼时，海南已有姜君弼、黎子云诸公才名卓荦，望重一时，所谓：“教泽涵濡，海滨已成邹鲁。推原风化所由，始皆自公以中原文献之传，垂教海外，有以成衣冠礼乐之休风，开其化于当时，移其风于来世。文忠公之言，可谓信而有征也。”[①]“以公之蓄道德，能文章，八闽耆宿，为海邦儒宗，风流所被，蔚起群英，得文忠公叹赏之，遂流传于后世。”[②]上文中的“公”，指吴贤秀；“文忠公”，指苏东坡。王国宪认为，晚唐五代时期避难移居海南的吴贤秀，才是首开海南文运的“第一人”。王国宪撰写此文，是应吴氏后人之请，为吴氏族谱作序，其中难免有溢美之词。事实上，吴氏家族虽然也出现过不少举人、进士，但大都是在明清时期。吴贤秀对宋代海南文化的影响，并无直接证据可考。苏轼《伏波庙记》一文，也没有直接提及吴贤秀。

关于苏轼《伏波庙记》一文，王国宪也作过一番考证，他指出，琼州的伏波庙位于郡城北六里的龙岐村，而在与琼州海相望的广东雷州徐闻也有一座伏波庙。两座庙内都有镌刻着《伏波庙记》的石碑。海口伏波庙的石碑曾遭到毁坏，清代雍正年间又重新刻石。[③] 王国宪认为，琼州伏波庙的碑文系转抄自徐闻伏波庙。

从苏轼《伏波庙记》的文字看，该文是苏轼被贬至海南三年后，遇到大赦北还，渡海时风平浪静，顺利抵达徐闻，为感激海神（伏波

① 朱为潮主修，李熙、王国宪总纂：《民国琼山县志》卷十九，邓玲、邓红点校，海南出版社 2004 年版，第 1161 页。
② 同上。
③ 朱为潮主修，李熙、王国宪总纂：《民国琼山县志》卷十四，邓玲，邓红点校，海南出版社 2004 年版，第 745—746 页。

将军)护佑而作。这篇文章也是苏轼在离别海南之际,对海南文化乃至整个岭南文化发展史的总结和思考。文中写道:“自汉以来,珠崖儋万,或置或否。扬雄有言:‘珠崖之弃,捐之力也。否则介鳞,易我衣裳。’此言于当时,可也。自汉末至五代,中原避乱之人多家于此,今衣冠礼乐班班然矣。其可复言弃乎?四州之地,以徐闻为咽喉;南北之济者,以伏波为指南。事神其可不恭?某以罪谪儋耳三年,今获还海北,往返皆顺风。无以答神贶,乃碑而铭之。”[①]苏轼当时是站在徐闻的大地上回顾琼州,所云“自汉末至五代,中原避乱之人多家于此,今衣冠礼乐班班然矣”,应当是就整个岭南地区而言,并非单指海南的琼、崖、儋、万四州。结合上下文看,文中提及西汉贾捐之作《弃珠崖议》,认为珠崖郡虽然发生叛乱,但“非冠带之国”,不可劳师远征。扬雄也赞同贾捐之的意见,认为如果劳师动众,势必祸及整个岭南地区,导致“介鳞易我衣裳”。“介鳞易我衣裳”一语,应是就整个岭南地区而言。汉代,岭南是百越之地,汉族文化还不占主流,所以应以文化感召为主,不应盲目地动用武力去征服。与此相应,下文“自汉末至五代,中原避乱之人多家于此,今衣冠礼乐班班然矣”一语,也是就整个岭南地区而言。当然,这里的岭南,也包括海南。经过长时期的文化熏陶,特别是中原移民的努力,至宋代,岭南文化已不同于往日,时过境迁,当然也就不应再有将海南岛排斥于汉文化圈之外的想法了。既然《伏波庙记》一文中论及的文化世家不专指海南,当然也就不可能特指晚唐五代时过琼的吴贤秀。王国宪对《伏波庙记》一文的解读,可能是理解有误;也可能是出于为吴氏族谱作序的需要,对《伏波庙记》文本进行了刻意误读。

综上所述,汉末至唐五代时期,中原文化世家先是由北方陆续迁移至岭南地区。宋元以来,因宦游、贬谪、避难等原因,许多文化

---

① 朱为潮主修,李熙、王国宪总纂:《民国琼山县志》卷十四,邓玲,邓红点校,海南出版社 2004 年版,第 744—745 页。

世家进一步南迁，来到海南。那些落户于海南的文化世家，和苏轼等流寓文人一起，共同推动了海南士人文化的历史发展进程。《正德琼台志》对过琼文人的文化贡献，也同样予以高度赞扬。在某些著名流寓文人的带动和感召下，或许能够令海南一时“文风丕变”，但要将这种文化风气长期保持下去，还要依靠本土文士，特别是那些新兴的或者旧有的文化家族的共同努力。

南宋末年，落户于琼州的“攀丹唐氏”（蕃𠙶唐氏）家族，是海南首屈一指的衣冠望族。由于攀丹村距府城较近，这一家族和当地各级政府官员、流寓文人以及府城地区新兴的文化家族等，都保持着密切的交往和联系。更为难得的是，从宋末直至今日，唐氏家族一直重视教育，具有极强的家族观念，千年以来，名贤辈出，家风闻名遐迩。

明代嘉靖年间海南地方官员李寅惟为唐氏大宗祠的修建而撰写的《敬之公修大宗祠序》中，对攀丹唐氏的兴旺发达作了总结和描绘。文中写道：“琼南多著姓古族，于攀丹为盛；攀丹之籍居，于唐为盛。”海南岛有许多世家古族，“攀丹唐氏”是其中之一。“唐之族自宋特奏公刺琼，叔建公卜居攀丹，以导其源。”南宋末年，唐震、唐叔建父子来到海南，扎根于此，是“攀丹唐氏”的源头。“嗣若次道发解广西行省，若次翁、若誾、若阖、若阑、若闻，成仕文学，以浚其流。”到了元代，唐次道考中解元，其弟唐次翁和四个儿子均以文学安身立命，使“攀丹唐氏”的一脉书香得以保持，从未断绝。“递传而科甲蔚起，桂苑连芳。”①明代前期是海南文化史上的一个鼎盛阶段，也是“攀丹唐氏”家族最为鼎盛的时期，其家族的六位进士，全部产生于这一时期。其中包括唐舟、唐亮父子和唐胄、唐穆父子两对父子进士。“攀丹唐氏”的鼎盛阶段延续了相当长的一段时期，明嘉靖之后（包括清代在内），“攀丹唐氏”依然出了不少秀

① 唐汝梅：《唐氏族谱》，民国三年（1914）续修。

才、举人，但没再产生过进士。中晚明至清代，整个海南地区的科举情况也呈没落之势。

清末海南文化名人王国宪曾用一副长联将自宋迄清的唐氏功名进行了总结，上联写“攀丹唐氏”家族的科举之盛：“特奏肇开基，九征辟，六进士，二解元，十举人，累叶相承，礼乐诗书光甲第。”下联写唐氏文人品德之高尚：“生才多蔚起，五名贤，三儒林，两孝友，八循吏，联翩济美，文章气节振宗风。”①不唯追逐科举功名，更注重文章气节，这就是攀丹唐氏的家门宗风。

唐氏自南宋末年入琼之初，就开始留意修家谱。《唐氏家谱》经过多次续修，宋代文学家文天祥、明代名臣吴讷、晚清海南学者王国宪等都曾经为《唐氏家谱》作序，还有许多文化名人为“攀丹唐氏”题咏、撰文。这些文献，都是海南文化与中原文化交流史的珍贵记录。

攀丹村的历史，与唐氏家族在海南的发展史紧密地联系在一起。它见证了一个世家古族的兴衰，同时也是海南人文发展历程的一个缩影。下面，我们就以“攀丹唐氏”为例，对由宋至明，海南士族文化崛起的过程，以及海南文化、岭南文化与中原文化的联系，稍加剖析。

第二节　唐氏入琼始末考

据《唐氏家谱》《正德琼台志》等资料记载，“攀丹唐氏”入琼之前，原籍为广西桂林府兴安县之南乡，其入琼始祖名唐震，南宋淳祐元年（1241）来到海南，担任琼州帅守，卒于任。

在唐震之前，宋代还有一位名叫唐恭的人，也曾担任过琼州郡

① 唐汝梅：《唐氏族谱》，民国三年（1914）续修。

守，且颇有声望。但唐恭任满之后，大概没有留在海南，而是举家迁回了内地，而唐震的子孙留了下来，所以唐震才被尊为海南唐氏的入琼始祖。

唐震去世后，其子唐叔建荫授琼山县尉。当时中原动荡不安，唐叔建遂卜居于府城东门一里外的番疍里，从此定居于琼州，世代繁衍，逐渐发展成为琼州的名门望族。

番疍里紧靠海南第一大江——南渡江的入海口，曾经是番民、疍民的聚居地。

疍民，又称“蜑户”，是水上居民的旧称，他们世代生活在水上，以船为家，逐水而居，现代有人将其形容为“水上的吉卜赛人”。他们广泛生活在广东、广西、福建沿海一带和海南岛上。东晋时期，已有对疍民的记载。宋代《太平寰宇记》卷一百五十七记载：“蜑户，县所管，生在江海，居多舟船。随潮往来，捕鱼为业，若居平陆，亡即多，似江东白水郎业。”

《正德琼台志》中也有关于疍民的记载。《正德琼台志》卷七“风俗”条下，有“疍俗”目：“疍人各州县皆有，居海滨沙洲。茅檐垂地，或从屋山头开门。男子罕事农桑，惟缉麻为网罟，以渔为生。子孙世守其业，岁办鱼课。其在崖者，或种山园置产。自相婚娶。养牛耕种，妇女织纺布被为业。”①从这条记载看，明代，海南的疍民，大部分以渔业为生，但也有移居陆地，建房屋、置产业、事耕织者。

《正德琼台志》卷七“风俗”条下，还有关于“番俗”的记载。番人，指的是生活在琼山的占城（在今越南中南部）人。元代，曾经与占城交战，投降的番人，都发放到海口浦安置。在三亚海岸一带，还有些宋元间从海上漂泊至此的难民，也被称为番人，其风俗与回民相同。

可见，在唐氏定居于番疍里之前，这里的文化教育都还比较落

① 唐胄等：《正德琼台志》，彭静中点校，海南出版社2006年版，第149页。

后，尚未受到儒学之风的影响。后来，唐氏在此修建藏书楼，兴办义学，诗礼传家，“诗书衣冠，为郡望族，宋元版籍书儒户”①。可见在宋代、元代的户口登记册上，唐氏均为“儒户”。番亶里因为唐氏的到来，书香氛围日益浓厚。

明代永乐年间，唐家出了唐舟、唐亮这一对父子进士，监察御史吴讷作《寄喜唐颐庵子亮进宫僚》一诗以示祝贺。其诗曰：“朱崖拇琼山，名村琼首闾。海沧亶逐番，田桑桥荫梓。旧族分晋阳，床笏堆朝几。好学郑公乡，德光崔氏里。昔番亶坳洲，今蕃诞申甫。兰台旧绶章，鹤禁新剑履。马粪荣诸王，考亭名后主。番亶久辽辽，蕃诞今称始。”②

吴讷在诗中赞美唐氏将落后的番亶村变成了一个人文荟萃之地。从此，人们遂将番亶村更名为蕃诞村。

吴讷(1372—1457)，字敏德，号思庵，江苏常熟双溪人。自幼力学，为人刚介。明永乐年间，被举荐至京。洪熙元年(1425)，任监察御史。宣德年间，先后出按浙江、贵州；后任南京左副都御史。曾遭人诬陷而被关进监狱，平反、致仕后，家居十六年而卒，享年八十六岁。殁后，朝廷赠谥“文恪”。吴讷博览群书，学问有根柢。著有《小学集解》《文章辨体》《思庵集》等。

吴讷还送给唐氏家族一副对联，上联是：“文物彬彬入珂里，草木犹带书香，屈指名贤，若举若进若元魁，海外无双唐氏。”下联是：“风徽奕奕登华祠，几筵尚留英气，历稽世宦，而公而卿而守牧，天南第一攀丹。”

在这副对联的最后，吴讷又送给蕃诞村一个更加优美动听且寓意深长的称谓——攀丹。丹指丹桂，“攀丹”即折桂之意。在科举时代，人们常用“蟾宫折桂”形容考中进士，金榜题名。

“攀丹”这一称谓，最初只是一个美誉，还没有取代蕃诞而成为

---

① 唐胄等：《正德琼台志》，彭静中点校，海南出版社2006年版，第86页。
② 唐胄等：《正德琼台志》卷五，彭静中点校，海南出版社2006年版，第86页。

村名。直到明朝嘉靖年间，在出了唐胄、唐穆这一对父子进士之后，蕃诞村才正式更名为攀丹村。

唐胄是唐震的九世孙。从唐震到唐胄，其世系依次是：唐震（入琼始祖）—唐叔建（二世）—唐次道（又名唐文严，三世。大长房祖）—唐闾（四世，长房支祖）—唐祖寿（五世）—唐谊方（名逊，以字行。六世）—唐乾畀（七世）—唐正（八世）—唐胄（九世）。

唐胄官至户部侍郎，因为耿介正直、敢于触犯皇帝而蜚声海内。蕃诞村也因为唐胄而更加闻名遐迩，并在唐胄去世后不久，正式更名为攀丹村。蕃诞唐氏，也从此改称攀丹唐氏。

从南宋末年的番疍里，到后来的蕃诞村、攀丹村，位于南渡江口的这个古村落的千年变迁，成为海南历史文化发展的一个见证。

一、“攀丹唐氏”溯源

今人研究“攀丹唐氏”，大多只追溯至唐氏的入琼始祖唐震为止。对于唐震入琼之前的世系，则用“原籍广西桂林府兴安县之南乡人”①一语带过，语焉不详。在此，我们对“攀丹唐氏”入琼之前的世系，略加考论。

从《唐氏家谱》中的“原籍广西桂林府兴安县之南乡人”一语推断，唐氏的祖先，可以上溯至北宋名臣唐介。而唐氏后人每每自称衍“肃质之脉”，也印证了这一论断。

唐介（1009—1069），字子方，《宋史》有传。唐氏原籍钱塘（今浙江杭州），后徙家江陵（今湖北荆州）。《宋史》记唐介为江陵人，《广西通志》《桂林府志》均记为广西桂林府兴安县人。大概其子孙有迁居广西桂林者。

宋仁宗明道年间，唐介任侍御史。当时丞相文彦博推举皇后的哥哥张尧佐兼任宣徽等四地之使，唐介与包拯等人极力谏阻。

① 唐汝梅：《唐氏族谱》，民国三年（1914）续修。

宋仁宗百般回护张尧佐，唐介不为所动，说："臣忠愤所激，鼎镬不避，何辞于谪？"[1]仁宗大怒，将其贬为春州（今广东春阳）别驾。后仁宗省悟，次日改置英州（今广东英德）。在唐介离开京都的那天，朝中很多官员为他送行，李师中赠给他一首诗："去国一身轻似叶，高名千古重于山；并游英俊颜何厚，未死奸谀骨已寒。"唐介南下过淮河时，曾遭遇大风，小船险被吹翻，在船中作诗"圣守非狂楚，清淮异汨罗。平生仗忠信，今日任风波"以表明自己的坚定意志。唐介以"直声动天下"，朝中都称其为"真御史"。[2] 宋神宗熙宁元年（1068），唐介被拜为参知政事，宰执政府，地位相当于宰相。唐介卒后，朝廷给他的谥号是"质肃"。《正德琼台志》卷七提到"蕃旦唐家"乃是"盛衍肃质之脉"[3]，所谓"肃质之脉"，便是指唐介。唐介耿介正直、不畏权贵的精神，成为唐氏家族一笔宝贵的精神财富，一直激励着唐氏的子孙后代。从唐舟、唐胄等唐氏后人的身上，我们都可以看到其祖先唐介的影子。

唐介之子唐淑问，官至殿中丞，后任真州知州，改任湖北刑狱。他和父亲唐介一样直言敢谏。宋朝真宗至神宗时期，唐家出了五个有名的御史，分别是：唐肃、唐询（唐肃之子）、唐坰、唐介、唐淑问（唐介之子），史称"五豸唐门"。

唐介的第六代裔孙唐菽林（1159—1244），生于宋绍兴二十九年（1159），广西桂林兴安县高尚乡茗田村人，出身书香门第的官宦世家，其父唐筠为桂林府通判。宋嘉定元年（1208），唐菽林进士及第，钦任雷州府户禄推官。唐菽林一生廉洁奉公，勤政爱民，诰授承御银青大夫，卸任后留居雷州柯山岭村开基立业，成为雷州唐氏始祖。

唐菽林生有三子，长子唐扬勋、次子唐舆昭、三子唐文翁。唐扬勋与唐舆昭同登进士，扬勋授湖广太守、舆昭任南雄推官（后占

---

① 脱脱等：《宋史》卷三百一十六，中华书局 2000 年版，第 8317 页。
② 同上。
③ 唐胄等：《正德琼台志》卷七，彭静中点校，海南出版社 2006 年版，第 148 页。

籍始兴,成为粤北粤中宗支始祖);三子唐文翁任山西平阳分巡道。

唐震为唐扬勋之次子,后占籍海南,成为海南宗支始祖。自唐菽林开基雷州以来,粤琼唐氏历代人才辈出,累朝衣冠蝉联,成为对中国历史上的名门望族。

至今,在广东省湛江市雷州市唐家镇柯山岭一带,还保存着一个规模庞大的唐氏墓群。该墓群距湛江雷州雷祖祠西 27 公里,总占地面积约 343 100 平方米,为第七批全国重点文物保护单位。该墓群始葬于南宋咸淳五年(1269),以唐氏始祖唐菽林石墓为中心,周围分布着宋至清代 52 座祖墓的陵园。墓群座西北向东南,有保存完好的宋、元、明、清历代唐氏家族古墓 52 座,其中宋代石墓 6 座、元代石墓 17 座、明代石墓 6 座、明清土丘墓 23 座。陵园中轴线上有唐氏入雷始祖唐菽林及其三位夫人的石墓。墓前有五祀和石祭桌,墓后依次有清光绪三十年(1904)腊月重修的墓碑、唐菽林石雕像、碑记亭、溯源亭等建筑。

至近现代,唐菽林的后裔中,涌现出不少著名人物,如中华民国第一任内阁总理唐绍仪,洋务运动中科技实业救国先驱者唐廷枢和唐廷植,清华大学首任校长唐国安,日本早稻田大学教授、曾任全国律师总会会长唐宝锷等。

广东雷州唐氏墓群,以及雷州地区的方志、雷州唐氏家谱等文物资料,可弥补海南《唐氏族谱》之不足,对研究海南“攀丹唐氏”家族的历史具有重要的参考价值。

二、“入琼始祖”唐震身份考论

据现存《唐氏族谱》载:“唐二公讳震,字景声,原籍广西桂林府兴安县之南乡人,南宋由特奏名科出身,历任台阁,诰授光禄大夫,晋太傅。淳祐初年出为琼州帅守,管理本州、路等处军务,卒于任。”①

① 唐汝梅:《唐氏族谱》,民国三年(1914)续修。

前文已经指出，唐震是湖广太守唐扬勋的次子，排行第二，所以《唐氏族谱》称其为"唐二公"。"特奏名"，是两宋科举制度的一项特殊政策，又称恩榜，意谓那些以特奏名身份获得出身的人，是皇帝或朝廷赐予他们的一种特殊恩例。特奏名并非考试科目，而是一种身份。如进士科的考试，正式录取者称为"正奏名"，额外录取者称为"特奏名"。宋代，"特奏名"进士的数量几乎与"正奏名"进士相当。特奏名出身者，只有一小部分能够被正式授予官职，而且官职一般不高。唐震何以能够"历任台阁，诰授光禄大夫，晋太傅"，还有待进一步考证。

关于唐氏入琼始祖唐震，现存资料记载极为有限。唐胄编纂的《正德琼台志》，对唐震的记载也只有短短几句话："字景声，兴安人。淳祐初，自台阁出守琼。"①不难看出，这段话完全是摘录自《唐氏族谱》，并没有提供任何新的信息。

关于唐震的身份，一个最大的误解，是将其误认为《宋史》中记载的另一位唐震。

既然家谱、方志都语焉不详，那么，在国史中有无关于唐胄的记载呢？唐震"历任台阁，诰授光禄大夫，晋太傅"，《宋史》中应该有其传记。巧的是，《宋史卷四百五十·列传第二百九·忠义五》中确实有一篇《唐震传》，而且所记载的这位唐震也生活在南宋末年，为人正直，最后以身殉国。

《宋史》中的《唐震传》，全文如下：

> 唐震，字景实，会稽人。少居乡，介然不苟交，有言其过者辄喜。既登第为小官，有权贵以牒荐之者，震内牒箧中，已而干政，震取牒还之，封题未启，其人大愧。后为他官，所至以公廉称。杨栋、叶梦鼎居政府，交荐其贤。

---

① 唐胄等：《正德琼台志》卷二十九"秩官上"，彭静中点校，海南出版社2006年版，第609页。

咸淳中，由大理司直通判临安府。时潜说友尹京，恃贾似道势，甚骄蹇，政事一切无所顾让。会府有具狱将置辟，震力辨（辩）其非，说友争之不得，上其事刑部，卒是震议。

六年，江东大旱，擢知信州。震奏减纲运米，蠲其租赋，令坊置一吏，籍其户，劝富人分粟，使坊吏主给之。吏有劳者，辄为具奏复其身，吏感其诚，事为尽力，所活无算。州有民庸童牧牛，童逸而牧舍火，其父讼庸者杀其子投火中，民不胜掠，自诬服。震视牍疑之，密物色之，得童傍郡，以诘其父，对如初，震出其子示之，狱遂直。擢浙西提刑。过阙陛辞，似道以类田属震，震谢不能行，至部，又以疏力争之。赵氏有守阡僧甚暴横，震遣吏捕治，似道以书营救，震不省，卒按以法。似道怒，使侍御史陈坚劾去之。

咸淳十年，起震知饶州。时兴国、南康、江州诸郡皆已归附，大兵略饶。饶兵止千八百人，震发州民城守，昧爽出治兵，至夜中始寐，上书求援，不报。大兵使人入饶取降款，通判万道同阴使于所部敛白金、牛酒备降礼，饶寓士皆从之。道同风震降，震叱之曰："我忍偷生负国邪？"城中少年感震言，杀使者。民有李希圣者谋出降，械置狱中。明年二月，兵大至，都大提举邓益遁去，震尽出府中金钱，书官资揭于城，募有能出战者赏之。众惧不能战，北兵登陴，众遂溃。震入府中玉芝堂，其仆前请曰："事急矣，番江门兵未合，亟出犹可免。"震骂曰："城中民命皆系于我，我若从尔言得不死，城中民死，我何面目生邪？"左右不复敢言，皆出。有顷，兵入，执牍铺案上，使震署降，震掷笔于地，不屈，遂死之。兄椿与家人俱死。张世杰寻复饶州，判官邬宗节求震尸葬之。赠华文阁待制，谥忠介，庙号褒忠，官其二子。

> 震客冯骥、何新之，骥后守独松关，新之守闽之新垒，皆战死。①

将《宋史》中的《唐震传》，与《唐氏族谱》有关入琼始祖唐震的记载进行比较，明显可以看出，两个唐震，除了姓名相同外，几乎没有任何联系，完全是两个不相干的人。

《唐氏族谱》中的唐震，字景声；《宋史》中的唐震，字景实。虽然都带有一个"景"字，但后面的字却不一样，一为"声"，一为"实"，岂可混为一谈？

《唐氏族谱》中的唐震，原籍广西桂林府兴安县；《宋史》中的唐震，则是浙江会稽人。

《唐氏族谱》中的唐震，是"特奏名"出身；《宋史》中的唐震，则曾经登第，登第即为"正奏名"。

《唐氏族谱》中的唐震，历任台阁，诰授光禄大夫，晋太傅；《宋史》中的唐震，登第后"为小官"，后出任临安府通判等职，死后才被追赠为华文阁待制，并无"历任台阁，诰授光禄大夫，晋太傅"的经历。

《唐氏族谱》中的唐震，淳祐初年(1241)出为琼州帅守，后卒于任。《宋史》中的唐震，咸淳十年(1274)，知饶州，后在饶州殉国。

另外，《宋史》中的唐震谥"忠介"。如果《唐氏族谱》中的唐震真是他，就会被后人尊称为"忠介公"，而不是"特奏公"了。

还有最重要的一点，即：据《唐氏族谱》等资料记载，淳祐九年(1249)，唐震已经卒于琼州任内，他的尸骨被安葬在坟亭山。而《宋史》中的唐震，咸淳十年(1274)出知饶州，次年殉国。两人的卒年，相差足足有26年。

可见，除了姓名相同外，两者的经历等各方面完全无法吻合，不可能是同一人。

---

① 脱脱等：《宋史》卷四百五十，中华书局2000年版，第10305、10306页。

《唐氏族谱》与《宋史》中的唐震对照表

	《唐氏族谱》中的唐震	《宋史》中的唐震
名字	字景声	字景实
原籍	广西桂林府兴安县人	浙江会稽人
出身	“特奏名”	登第(“正奏名”)
历官	历任台阁,诰授光禄大夫,晋太傅,淳祐初年(1241)出为琼州帅守	登第后为小官,咸淳中,由大理司直通判临安府。先后知信州、饶州,殉国后追赠为华文阁待制
卒地	卒于任,葬于琼州坟亭山	饶州
卒年	淳祐九年(1249)	咸淳十年(1274)
谥号	无	谥“忠介”,祀于褒忠祠

同名同姓者,在中国历史上和现实生活中都屡见不鲜。例如,明代前期,海南临高有一位诗人王佐,是丘濬的弟子、唐胄的前辈。明初,“岭南诗派”有位著名诗人也叫王佐,乃“南园五子”之一,在广东诗歌史上占有重要地位。两人同名同姓,都生活在明代前期的岭南地区,又都以诗歌著称。但是,我们不能因此就将二人混为一谈。另外,明初还有一位叫王佐的,是山东海丰人,永乐十九年(1421)辛丑进士。官至户部尚书,正统十四年(1449)死于土木堡之难。成化、弘治年间,还有一位王佐,号古直,乃浙江黄岩人,游寓京师,以诗名,有《王古直集》一卷和《古直存稿》四卷存世。李东阳曾作《王古直传》。

唐胄博通经史,为了弄清楚入琼始祖唐震的事迹,肯定也翻阅过《宋史》。如果“攀丹唐氏”入琼始祖真是《宋史》中的殉国烈士唐震,唐胄肯定会在《正德琼台志》中为其大书一笔。须知,唐胄平生最推崇的就是有气节的人物。南宋末年的琼州安抚使赵汝珞坚持抗元,最后壮烈殉国,唐胄不仅在《正德琼台志》中对其事迹大书特书,而且复出为官后做的第一件事情,就是上疏朝廷,为赵汝珞请谥立祠。如果知道自己的祖先也是抗元英雄,唐胄又怎会漠然处之呢?

其实,"攀丹唐氏"根本不需要借《宋史》中的唐震壮大门面。"攀丹唐氏"家族的文化底蕴,在于其千年传承下来的优良家风。而这一家风,有一个真正辉煌的起点,那就是南宋末年,在海南《唐氏族谱》修纂之初,著名文学家文天祥曾经为之作序。

三、文天祥《唐氏家谱序》考论

唐氏在宋代为天下望族,累世不乏文人,非常重视修谱。唐震亦是如此,他在入琼之后,曾经派儿子唐叔建渡海,专程前往其祖唐菽林的故乡广西桂林南乡寻根,证宗联谱。唐叔建修成《唐氏家谱》后,又派儿子唐次道(字希圣)向文天祥求序。文天祥是南宋宝祐四年(1256)状元,该序作于南宋咸淳九年(1273)文天祥任湖南提刑时。其间,文天祥是否来过岭南,或者是唐次道北上湖南,不得而知。但宋亡于崖山,文天祥在最后的抗元岁月中,曾多次转战至岭南。

咸淳十年(1274),文天祥由湖南提刑调任赣州。德佑二年(1276),文天祥被任命为右丞相兼枢密使,进元营谈判,被扣留。押解北上途中,脱逃至福州,组织军队继续抗元。景炎二年(1277),文天祥从福建路转到广南东路,越过大庾岭进入江西南路,收复兴国。后兵败北上,转战至循州(今广东海丰),屯兵南岭山中。祥兴元年(1278),转战至海丰以北的五坡岭,兵败后再次被俘。祥兴二年(1279)正月,元朝水军大举进攻崖山,文天祥也被押在船上同行,船经伶仃洋时,文天祥回顾起兵勤王四年以来抗元斗争的艰辛历程,奋笔写下著名的《过零丁洋》一诗。

文天祥《唐氏家谱序》全文,见于民国时期王国宪编纂《琼山县志》卷十九“艺文略”。近年来，有人对该序的真实性提出了质疑。但质疑者提出的许多见解，都是站不住脚的。笔者认为，在没有充分证据的情况下，还是不要轻易推翻文天祥为《唐氏家谱》作序的可能性。

《民国琼山县志》卷十九“艺文略”著录的《唐氏家谱》共四卷，后附文天祥、吴讷[①]的两篇序文。文天祥序作于南宋咸淳九年(1273)，系为初修海南《唐氏家谱》而作。吴讷序作于明代宣德五年(1430)，系为唐舟重修《唐氏家谱》而作。此后，《唐氏家谱》在明清时期不断续修。《民国琼山县志》的修纂者王国宪本人，也曾经为续修《唐氏家谱》作序，但王序并没有收入《民国琼山县志》的“艺文略”。

南宋时期初修的海南《唐氏家谱》，应该对唐氏入琼始末有详细记载。可惜，这部《唐氏家谱》后来历经宋元易代和元明易代，大部分毁于兵燹。(参见吴讷序文)不过，文天祥为这部《唐氏家谱》所作的序，却幸运地保存了下来。从文天祥的序文中，我们可以对唐氏最初修谱的动机、过程和早期海南《唐氏家谱》的内容，大致有所了解：

> 当国朝淳祐年间，唐之先有太傅保和殿特奏出守琼州，叙其家谱，出忠肃公后。忠肃公常敦宗盟为修谱牒，因命子叔建奉谱逾海而来，与南乡兄弟证宗联谱，自为家乘，并述参政特建二公之意，授子希圣问序于余，且欲倡义建祠，为萃涣统宗计。[②]

由于年深岁久，这段话或有脱文、错乱之处。上面这段引文的标点，依据的是《海南地方志丛刊》。笔者未见旧版《民国琼山县

① 《民国琼山县志》误书为“吴纳”。
② 朱为潮主修，李熙、王国宪总纂：《民国琼山县志》卷十九，邓玲、邓红点校，海南出版社2006年版，第1151页。

志》原书，但结合《正德琼台志》《唐氏家谱》中关于唐震的记载看，这样的标点和断句，是符合明代以来地方志和唐氏后人的普遍认识的。

但是，如果按照这样来理解的话，文中的意思相当混乱。首先，文中出现了一个陌生的人物——忠肃公。其次，究竟是谁命唐叔建渡海联谱？是唐震，还是忠肃公？从“子叔建”看，当然应该是唐震无疑。那么行文中间，为什么忽然又冒来一个忠肃公呢？第三，是谁“自为家乘”？从前文看，似乎是唐震；但是从后文出现的“子希圣”看，又似乎是唐叔建。

如果我们将这段话重新标点，并将个别字句调整一下，意思就清楚多了。笔者认为，正确的标点和断句，应该是：

> 当国朝淳祐年间，唐之先有太傅（保和殿），特奏出守琼州，叙其家谱，出忠肃公后，忠肃公常敦宗盟，为修谱牒，因命子叔建奉谱逾海而来，与南乡兄弟证宗联谱。（叔建）自为家乘，并述参政、特、建二公之意，授子希圣问序于余，且欲倡义建祠，为萃涣统宗计。

文中的太傅，是古代官名，“三公”之一，隋唐之后一般用于加赠的荣誉头衔。北宋前期，承唐制，以太师、太傅、太保为三师，太尉、司徒、司空为三公。至宋徽宗，依三代旧制，改三公为太师、太傅、太保。“保和殿”，是“保和殿学士”的简称。按，宋代政和五年（1115）置宣和殿学士，以两制充任，次年又置宣和殿大学士。宣和元年（1119），改宣和殿为保和殿，学士名亦随改为保和殿学士。

笔者认为，文中出现的这位太傅、保和殿学士，并非唐震，很有可能是下文出现的“忠肃公”。这位“忠肃公”是唐震的祖先，其生活年代，大体应当在北宋宣和之后，南宋淳祐之前。

这位“忠肃公”是唐震的祖先，他对“敦宗盟”非常重视。唐震作为“忠肃公”之后，秉承祖意，准备编修家谱，所以才命唐叔建渡海联宗。文中，“唐之先有太傅（保和殿）”和“忠肃公常敦宗盟”均为插入语。如此，文意就连贯起来了。

又，后文“自为家乘”之前，大概脱落了“叔建”二字。“自”可以理解为“自从”，也可以理解为“自己”。即使没有脱文，这句话的主语，也应当是唐叔建。因为唐震卒于淳祐九年（1249），而这篇序作于咸淳九年（1273），作序之时，唐震已经去世二十多年了，他是不可能命子孙向文天祥求序的。何况后文还出现了“子希圣”。命“子希圣”向文天祥求序的，只能是唐叔建。

“并述参政、特建二公”一语中，“参政”指的也是上文中出现的太傅、保和殿学士、忠肃公。参政是参知政事，地位相当于副宰相。太傅、保和殿学士都是加衔，忠肃是谥号。这位唐氏祖先，位列“三公”，应当是一品官员，位极人臣。而“特建二公”，指的是特奏公、叔建公二人。所以，“参政、特建二公”实际上是三个人。还有一种可能，“特建”中的“建”，最初有可能是“奏”，后来在传抄过程中误写为“建”。“并述”，指在家谱中表明“自为家乘”的原因。

如此一来，关于唐震身份的另一个谜团，便可迎刃而解。这个谜团，与唐震的“台阁”身份有关，前文提及过，但并未展开分析。只有结合文天祥的这篇序，才能解开这个谜团。下面，我们就具体讨论一下这个问题。

唐震是特奏名出身，“特奏名”是宋代特有的说法，元明时期的科举考试中已经不存在“特奏名”之说，因此后人对这一身份的真实含义可能不太清楚。宋代的科举考试中，正式录取者为“正奏名”，“特奏名”指屡试不第者，朝廷在考试和录取时予以的额外恩典。宋代“特奏名”泛滥，人数几与“正奏名”相当。苏轼知贡举时，还曾经上疏，建议朝廷限制“特奏名”的录取名额（见《宋史·选举志》）。前文曾经指出，宋代“特奏名”出身者，只有一小部分能够被正式授予官职，而且官职一般不高。“特奏名”出身的唐震，能够

“历任台阁，诰授光禄大夫，晋太傅”，实在于理不合。

现在，我们终于找到了答案，《唐氏家谱》中“历任台阁，诰授光禄大夫，晋太傅”者，并不是唐震，而是另有其人。这个人就是那位官至太傅、保和殿学士的“忠肃公”。唐震“出忠肃公后”，他非常敬重这位祖先。唐震、唐叔建父子之所以要修家谱，也是受到“忠肃公”的影响，所以在修成的家谱中自然也提到了“忠肃公”的故事。

文天祥在序文中，将“忠肃公”的故事与特奏公、叔建公的话穿插在一起，难怪后人会产生误解。如果将这篇序文与早期的《唐氏家谱》合在一起来读，大概就不会产生这样的误会了。可惜，早期的《唐氏家谱》没有保存下来，流传至今的只有这篇序文。而这篇序文在流传过程中，个别文字可能也产生了一些脱讹。

笔者查阅《宋史》，没有找到完全具备“太傅、保和殿学士、忠肃、参政”这几个条件的唐氏人物。也许是文天祥在序文中的记载不够准确，或者传抄有误。由于弄不清“忠肃公”的身份，后人便将其附会为唐震本人了。

就笔者目前掌握的资料看，这位“忠肃公”，最有可能是唐介。治平二年（1065）唐介曾任龙图阁学士。按，当时尚无“保和殿学士”。熙宁元年（1068），唐介拜为参知政事。唐介去世后，刘挚（1030—1098）为其撰《唐质肃神道碑》，此文见刘挚《忠肃集》卷十一。刘挚的谥号是“忠肃”，唐介的谥号是“质肃”。因《唐质肃神道碑》见于刘挚《忠肃集》，后人有可能将二者混淆。

刘挚《唐质肃神道碑》对唐介家世作了介绍，兹摘录于下：

公讳介，字子方，姓唐氏。惟唐氏世谱，其始远矣。至汉初，厉从高祖起丰，为斥邱□。后十七世，彬仕晋，封上庸□。又二世，辉为前凉临江将军，始居晋昌。稍分徙太原、京兆、北海。北海之后，瑾仕周。开府仪同三司。临淄公临为唐礼部尚书，天宝之乱，子孙又散去。有为唐山令曰熊者，居余杭，生子曰希颜，天复中以明经为建威军推官，是为公之高祖。曾祖仁恭，为吴越盐铁巡官、尚书、水部员外郎。祖渭仕皇朝，至尚书、职方郎中，始自余杭家江陵，遂为江陵人。考拱左班殿直……熙宁元年正月，拜参知政事……以公正而不阿，刚而能断，谥曰质肃。以四年二月某日葬于江陵府江陵县龙山乡太师之茔次。①

这段话介绍了由汉代至北宋，唐氏家族的发展脉络。唐介的后人大概有迁徙桂林者，遂繁衍出唐震一支，后辗转来到海南。

从“忠肃公”到唐震，其间的世系，唐震所修《唐氏家谱》大概有所记载，可惜没有保存下来。明朝永乐至宣德年间，唐舟重修《唐氏家谱》时，对唐氏入琼之前的世系已经搞不清楚了。这也导致了对唐震本人身份的误会。据吴讷序文记载，唐舟本人回忆了重修家谱的过程：“舟夙承义方，入儒庠充弟子员，永乐甲申科擢进士第，扬历中外，垂三十年。尝忆先君子言族谱毁于兵燹，手录可知者，俾舟询访增辑，自是宦游南北，所至问求而未得其真。迄今年逾六十，恐先德日远日忘，将前遗笔重加修纂，自震府君始，凡生平卒葬，配偶隐显，悉谨备载。”②

我们注意到，唐舟修《唐氏家谱》，是重修，而不是续修。重修的家谱，是从唐震开始写起。对于“忠肃公”和唐震的关系，唐舟大概也心存疑惑，所以“宦游南北，所至问求而未得其真”。历经三十年，唐舟已年逾六十，心头仍有一些疑问没有澄清，但“恐先德日远日忘”，迫不得已，只好先动笔将自己了解到的情况记载下来。

关于唐震的身份，唐舟的说法是：“六世祖讳震，以特奏名出身，历任台阁。”③（吴讷序文）可见，唐舟对唐震的身份已经产生了

① 刘挚：《忠肃集》卷十一，《文渊阁四库全书》本。

② 朱为潮主修，李熙、王国宪总纂：《民国琼山县志》卷十九，邓玲、邓红点校，海南出版社 2004 年版，第 1152 页。

③ 同上。

误会。唐胄修《正德琼台志》，也是根据家谱的记载，称唐震“自台阁出守琼”。唐舟、唐胄只是说唐震有过一段台阁经历，这种表述还是比较谨慎、保守的。如果唐震真的曾经官至太傅，位列“三公”，他的墓碑上就不会只刻“特奏公”三字了。

由于对文天祥序文理解有误，唐氏后人对这篇序文的真实性也一直心存疑惑。近年来，“文天祥《序》的真实作者为范椁”的说法开始流行。

范椁(1272—1330)，字亨父，一字德机，元代诗人，与虞集、杨载、揭傒斯并称为“元诗四大家”。范椁曾任翰林院编修。后升为海北海南道廉访司照磨，曾亲历海南。

据2013年《海南日报》报道，唐氏后人藏有一部民国刻本《唐氏族谱》，也收入了这篇序文，但署名为范椁。据报道：“序文的抬头为‘攀丹唐氏家谱序’，并附一行小字‘为希圣公作’；落款则是‘元延祐二年荐举翰林院编修、擢海北海南道廉访司照磨、清江范椁亨父氏拜撰’，也附一行小字‘旧谱误为文天祥撰’。可以看出，两行小字应是修谱时添加的注脚。”①

这篇署名范椁的序文，在叙述作“序”过程时，文字上与文天祥序文也略有出入：“当淳祐年间，唐之先有由特奏任台阁，出为琼州帅守者，叙谱合族相沿至今，前此广西参政唐忠肃公常敦宗盟。为修谱序，顷叔建公奉谱逾海而来，与南乡兄弟证宗联谱，乃自辑家乘，并述参政、特奏二公之意，授子希圣问序于余，且欲倡义建祠，为萃涣宗计。”

这段表述，仍认为唐震“由特奏任台阁”，而我们在前文已经指出，宋代“特奏名”出身，是不可能有台阁经历的。南宋的状元文天祥清楚地知道这一点，晚清的秀才王国宪就不一定知道了。文天祥序文中，“唐之先有太傅(保和殿)”是插入语，后人误解为太傅即

① 《文天祥曾为攀丹唐氏撰写谱序？一段因错位而被误传的佳话》，《海南日报》2013年4月24日。

特奏。署名范梈的序文延续了这一误会，文字调整后，虽然语气更加顺畅，但意思上却起了变化，完全座实了唐震的“台阁”身份。范梈序文后文还用了“相沿至今”“前此”“顷”等词，将有关“忠肃公”的插入语合并，并将“忠肃公”改为“广西参政唐忠肃公”。

参政一职，在宋代为“参知政事”，相当于副宰相。元代设行中书省，相当于中央政府在各地的派出机构，各地的行中书省亦有“参知政事”一职。明初取消宰相制度，不再有“参知政事”的说法。明清时期的参政，指布政使的下属官员。“广西参政”云云，很容易让人误解为广西布政使属下的参政。如果照此理解的话，“广西参政唐忠肃公”的生活时代就应该在元明时期，晚于唐震。

可见，范梈序文延续了对文天祥序文的误读，对唐震、“忠肃公”的真实身份一无所知，以讹传讹。该序文只能出现在文天祥序文之后。该序文的作者由于对文天祥序文的文字没有读懂，于是自作聪明，加以润色。殊不知，如此一来，文天祥序文原文中可以解读出来的大量不同信息也随之被过滤掉，有关唐震有台阁身份的误会便进一步加深了。只有通过文天祥序文，才能把唐震和“忠肃公”彻底区分开，解决唐震由特奏出身而“历台阁”的困惑。

这篇报道还写道：“有意思的是，1917 年成书的《民国琼山县志》的总纂之一，是清末民初海南文化名人王国宪，而他与唐氏还是姻亲关系，1924 年刻印的唐氏谱，还有他题写的墨宝——‘攀丹唐氏大宗谱’，而且写了谱序。7 年之前，王国宪似乎没有看出旧谱序文的蹊跷之处，但在 7 年之后，仿佛是他摆平了这个问题。”①

从这篇报道看，“文天祥《序》的真实作者为范梈”的说法，大概是王国宪 1924 年为重刻的《唐氏族谱》作序时，顺便对文天祥序文作了一些考证，而提出的新的观点。这篇署名范梈的序文，有可能出自范梈的润色加工，也有可能出自王国宪的润色加工。

---

① 《文天祥曾为攀丹唐氏撰写谱序？一段因错位而被误传的佳话》，《海南日报》2013 年 4 月 24 日。

但这篇署名范梈的序文，完全抹去了文天祥序文的痕迹。包括文天祥序文中的“国朝淳祐年间”，范序文也变成了“淳祐年间”，去掉了“国朝”两字。如果现存范序文是最初原文的话，就没办法解释唐震由特奏出身而“历台阁”的难题了。

而且，文天祥序文冠于《唐氏家谱》之首的时间，应该比范序文更早、更久。所以王国宪才会将其载入县志。如果冠于旧谱之首的是范序文的话，“旧谱误为文天祥撰”的小注就无法解释了。将范序文冠于《唐氏家谱》之首，是民国十三年(1924)的事情。既然民国十三年(1924)之前的旧谱，并无范序文。从元朝至民国，近八百年的时间内，范序文又是如何保存、流传下来的呢?

正如《海南日报》报道中推断的那样，将署名范梈的序文冠于《唐氏家谱》之首，有可能是王国宪的“杰作”。那么，王国宪在编完《琼山县志》后，是如何又发现了这篇署名范梈的序文呢? 须知，范梈只有《范德机诗集》流传，并无文集存世。各种史志文献中，也没有关于这篇范梈序文的记载。范序文既不见于早期《唐氏家谱》的“旧谱”，又不见于其本人别集，更不见于各种史志文献，它究竟是从何而来呢?

另外，古代时名人所作的序跋，在正式刻版刊行时，一般会保留名人的字迹。民国十三年(1924)《唐氏家谱》之前的范梈序文，笔迹是否与范梈吻合? 这些方面，也还有待考证。

总之，民国十三年《唐氏家谱》也是后出的文献，在未经深入考证之前，不可轻易否定文天祥为《唐氏家谱》作序的真实性。

和文天祥序文相比，范梈序文才是最可疑的。或许存在这样一种可能性：范梈确实修改润色过文天祥序文，唐氏后人将其和文天祥序文原文一起保存下来。换句话说，即便范梈序文是真实存在的，也无法否定文天祥序文的真实性。

最大的问题是，“旧谱误为文天祥撰”的小注，究竟是何人何时所加? 虽然现存民国十三年《唐氏家谱》上有这样一条小注，但其出处却十分可疑。称其为王国宪所加，也只是一个推断，不一定可靠。而现存的这部民国十三年《唐氏家谱》，究竟是初刻本，还是后来的翻刻本？小注中的"旧谱"，指的又是哪一部家谱？这些都还有待考证。

《唐氏家谱》在 1982 年曾经续修过一次，以手抄本、复印本形式流传，共一册。该书对唐震的介绍是："迁琼始祖。震公，祚公次子。妣孙氏，生一子，叔建。"该书保存了唐氏十三世至二十五世的世系图，十五世至二十五世的世系实录。① 近年来，《唐氏家谱》又在进行第六次续修。以后还会不断续修。

族谱往往每隔若干年便会续修一次。在续修家谱的过程中，对以往旧谱中记载不清的地方，应慎重地加以考辨，不要擅自改动旧谱的记载。对旧谱中的存疑之处，可以注释、校勘形式加以补充，新旧记载并存。新谱修成后，旧谱仍具有重要的文献价值，应妥善保存，不要轻易损毁。除非是遭遇兵燹、水火之灾等特殊原因，旧谱不应随便废弃。如果对某些问题存有异议，后人也可以将新谱、旧谱相互对照，以便考证。如果因为人为原因，将旧谱随意损毁或者篡改，是对历史的不负责任。清代修《四库全书》，就是因为随意篡改、禁毁古籍，而招致许多非议。清人以考据学见长，仍不免出现许多错误。今人续修家谱，应借鉴其教训。如果随意篡改古籍的话，历史恐怕就真的变成一笔糊涂账了。

不清楚范梈序文早期流传情况及其文后小注的真实来源，就无法证实范梈序文的真实性，同时也就无法否认文天祥序文的真实存在。

文天祥和范梈都是历史名人。范梈为诗坛大家，文天祥不仅是诗人，还是文学家。证实文天祥为《唐氏家谱》作序，目的不在于"扯虎皮，作大旗"，借名人的影响为唐氏家族增光添彩。文天祥的

---

① 陈虹选编：《海南家谱提要》，三环出版社、海南出版社 2008 年版，第 95 页。

这篇序文,已经成为“攀丹唐氏”家族的一笔宝贵精神遗产。文天祥序文对文化传承的高度重视,及其对唐氏家族的精神感召力量,才是我们真正应该关注的问题。

即便退一步讲,最早为《唐氏家谱》作序的到底是不是文天祥,我们暂且不论。从明初直到现代,在很长一段时期内,文天祥序文一直冠于《唐氏家谱》之首,这是不可否认的事实。因此,文天祥序文对唐氏子孙的精神感召力量,仍是真实存在的。

在这篇序言中,文天祥首先回顾历史,“自秦罢封建,官无世卿,大小宗法废而不讲”,只有少数“志古之士”,仍有志于“修明谱系”。修谱的重要性,在于“维持宗法于不坠”。① 文天祥回溯了唐氏的起源。传说古代周成王与其弟叔虞玩耍,成王将桐叶剪成圭形交给叔虞,说:“我用这个封你。”但君无戏言,所以成王最终将唐地封给了叔虞。叔虞以国为姓,称唐叔虞。叔虞的儿子喜欢唐地的晋水,所以改唐为晋。因此,山西被后人视为唐姓的发祥地。

唐姓历史悠久,历代不乏文人。文天祥回忆“曩余在史局时,常与桂林知交谈及唐氏家乘,历历如指诸掌,始信忠肃公流风余韵,即千百世后犹可想见”②。南宋咸淳四年(1268)正月,文天祥兼学士院、国史院编修官、实录院检讨官。序中所谓“曩余在史局”,当是指这一时期。文中提到的“忠肃公”不知何人,待考。“忠肃公”重视修家谱,“常敦宗盟为修谱牒”。唐震是“忠肃公”的后代,所以也非常重视修家谱。

文天祥在文中感叹“宗法之不讲久矣,陋者徇俗,昧者袭非,世变江河,愈趋愈下”,称赞唐叔建有“卓然超世之识”,在修家谱的同时,还修建了宗祠,将族人团结凝聚在一起,“自仁率亲、义率祖”。文天祥希望唐氏族人从此可以像北宋名臣范仲淹一样购置义田,

---

① 朱为潮主修,李熙、王国宪总纂:《民国琼山县志》卷十九,邓玲、邓红点校,海南出版社 2004 年版,第 1151 页。

② 同上。

以接济族中贫困的人，遵循朱熹制订的家礼，“大挽颓风，尽返古始”，并且希望唐氏的子孙后代“皆得习其先世芳规，无忝于忠肃特奏二公之后”。①

初修《唐氏家谱》后来虽然毁于兵燹，但文天祥序文却奇迹般地保存下来。可见，这篇文章已被唐氏子孙铭刻在心，世代传诵。

明代宣德五年(1430)，进士唐舟又重修家谱，对唐氏迁琼以来的事迹进行了追溯，并请时任都察院佥都御史的吴讷作序。

吴讷序中指出，攀丹唐氏从唐震到唐舟，已历七世，世为衣冠之望族。北宋著名文人黄庭坚有一句经常挂在嘴边的名言：“人生生计厚薄自系时命，但不废读书种子耶。”吴讷用黄庭坚的这句话勉励唐氏子孙“登名是谱者，恪勤学问，勉继先业，将见孝弟之心油然而生，其于世科之荣，亦必能引之而弗替者矣”②。

在先祖训诫及名人序跋的感召下，“攀丹唐氏”形成了良好的家风。其家风的最大特点，一是重视气节，二是热爱读书。这一家风，维系着“攀丹唐氏”家族，走过了近千年的风雨历程。

根据《民国唐氏族谱》的记载，“唐氏大宗祠”由唐震、唐叔建父子始建于1260年。后经多次重修。如今的唐氏大宗祠门口，有一副对联，上联是：“晋汾世泽，乡贤崇祀光南国。”下联是：“台阁家声，青史流芳拱北宸。”“晋汾”是唐氏的发祥地，指“桐叶封唐”的故事。这副对联，点明了移居海南的“攀丹唐氏”与中原文化的传承关系。

攀丹唐氏的子孙，除世世代代生活在攀丹村外，还有不少迁居各地者。如：第三代子孙中，有名唐次翁者，是唐叔建的次子，字希文，因文学被荐举，任文昌教谕，于是迁居文昌南溪都蔚尾村，成为唐氏大二房祖。第七代子孙中，唐坚、唐恭、唐寅等，都迁居澄

---

① 朱为潮主修，李熙、王国宪总纂：《民国琼山县志》卷十九，邓玲、邓红点校，海南出版社2004年版，第1151页。

② 同上书，第1153页。

迈。第八代子孙中，有一位叫唐绢的，字有谅，迁居澄迈巷头村。他是成化五年(1469)己丑科进士，曾任江阴府知县。从第八代到第十代子孙中，迁居崖州、儋州、临高、万州、乐会、陵水、海北等地者，不胜枚举。时至今日，攀丹唐氏的子孙后代，更有不少迁往海外者。而在海南岛内繁衍生息的唐氏后人，迄今已超过五万人之众。

每年清明节前后，都会有唐氏后人从四面八方赶来琼山，参拜唐氏大宗祠，祭扫位于云亭山(今名狮子岭)的唐震、唐叔建墓和位于陶公山的唐胄墓，不仅是为了缅怀先世的荣耀，更是为了牢记祖训，"自仁率亲、义率祖"，"恪勤学问，勉继先业"，将攀丹唐氏家族的优秀传统世世代代地传承下去。

第三节　"榕树家"与海南隐逸文化

攀丹村的唐氏家门口有两株大榕树，据说是入琼始祖唐震亲手所植，历经数百年雨打风吹，有些枝干已渐渐枯萎，但依然硕大苍劲，古拙奇特。特别是榕树的根，盘结如座，当地人都称之为"榕座"。唐胄家也因为这两棵榕树而远近闻名，被呼为"榕树家"。

榕树是南方常见的一种高大乔木。西晋嵇含(263—306)所著的《南方草木状》对"榕树"介绍如下："树干拳曲，是不可以为器也。其本棱理而深，是不可以为材也。烧之无焰，是不可以为薪也。以其不材，故能久而无伤。其荫十亩，故人以为息焉。"①

曾经被贬至海南的南宋名臣李纲，作《榕木赋》云："闽广之间多榕木，其材大而无用。然枝叶扶疏，庇荫数亩，清阴人实赖之，故得不为斧斤之所剪伐。盖所谓无用之用也。感而为之赋其辞曰：……夏日方永，畏景驰空，垂一方之美荫，来万里之清风。靓

① 嵇含：《南方草木状》，见梁廷楠等著《南越五主传及其他七种》，广东人民出版社1982年版，第62—63页。

如帷幄，肃如房栊。为行人之所依归，咸休影乎其中。故能不夭斧斤，掊击是免。虽不材而无用，乃用大而效显。异文木之必折，类甘棠之勿剪。立乎无何有之乡，配灵椿而独远。不然则雁以不鸣而烹，漆以有用而割，犀象以齿角而毙，樗栎以恶木而伐。处夫材与不材之间，殆未易议其优劣也。”①

古人的诗文中，常将榕树与《庄子》中提到的“大而无用”的“不材之木”联系在一起，将其作为道家思想的象征。

海南地理位置偏远，却又不乏文化世家，元明以来，形成了独具特色的隐逸文化。王佐《东岳行祠会修志序》记载：“有以隐逸读书，辞大臣之聘；有以隐居教导，多门生之显。有以老儒避胡元乱华，小就学职，待明时者；有老儒能文，公署、学校记序多所著述者。”②

关于隐逸，唐胄在《正德琼台志》中给出了如下定义：“古称隐逸有三：上焉，身藏而德不晦，万乘寻轨而委聘；次则挈治世具弗得伸，或持峭行不可屈；其末，内审其材，终不可当世取舍，故逃丘园而不返，使人常高其风而不敢加訾，亦难矣。今自吾产概优者充之，其次亦附为耆旧。盖以远地圣教独迟，不敢言难以阻人进之意也。”③

由于海南地处穷边之岛，加之海上风涛险恶，士人多不求仕进。所以，《正德琼台志》对隐士定义比较严格，将隐士和耆旧加以区分，将耆旧附于隐士之后。同时，《正德琼台志》鼓励士人积极进取，认为除非环境不允许，或者自己能力有所不足，否则就不应放弃进取之意。唐胄本人考取进士后，曾在故乡隐居近二十年，主要是受正德年间黑暗政治环境的影响。在此期间，唐胄兴办“养优书院”，不断提高自己的修养，所以在晚年复出后，才能够大有作为。可以看出，在唐胄心里，经世致用是第一位的，隐逸只是一种迫不

---

① 曾枣庄、刘琳主编：《全宋文》第169册，上海辞书出版社2006年版，第26页。
② 唐胄等：《正德琼台志》，彭静中点校，海南出版社2006年版，第3页。
③ 同上书，第760—761页。

得已的选择。《正德琼台志》卷三十七“隐逸”之后，附有不少“耆旧”之士，亦具有隐逸情怀。

被称为“榕树家”的唐胄家族中，也产生过不少具有隐逸情怀的人物。比较著名的有：唐胄的曾祖父唐逊，他曾受到永乐皇帝的接见，因古道热肠，被乡民亲切地呼为“榕树公”；唐胄的叔祖父唐乾与，他是“榕树公”唐谊方之子，是“攀丹唐氏”唐氏第七代子孙，“安礼守静，精六书学”①；唐胄的父亲唐正，不求仕进，修筑榕冈以为畅游、吟咏之所，著有诗集《榕冈集》。此外，还有唐瑜父子等。

另外，南宋末年，琼州有一位著名隐士，名叫唐文严，似与唐氏家族也有密不可分的关系。

一、宋末隐士唐文严身份之谜

唐叔建有两个儿子，长子唐次道，字希圣，为大长房祖。次子唐次翁，字希文，入元考中举人后，被任命为文昌县教谕，遂迁居于文昌南溪都尉尾村，为大二房祖。

唐次道于元初至元年间参加广西行省乡试，考中解元，被授予迪功郎。曾担任过琼州户录之职。

据《正德琼台志》卷三十七“人物二·隐逸”记载，南宋末年，海南曾经有一位叫唐文严的隐士：“字克宽，琼山东厢人，任迪功郎。宋末隐德不仕，建一亭，名曰‘松轩’，日逸其中，留意经史。景炎间，翰林学士陈士薇、省郎谢少敏抵琼临访，合欢终日，改其轩名曰‘广荫’。”②

这位唐文严，是《正德琼台志》记载的海南历史上有文献可考的第三位隐士。在他之前的另两位隐士，分别是北宋时期的黎子云和符林。黎、符二人，都与苏轼有过交往，所以才名留史册。

---

① 唐胄等：《正德琼台志》，彭静中点校，海南出版社 2006 年版，第 764 页。
② 同上书，第 761 页。

唐文严小传中提到的“景炎”，是南宋年号，这个年号只用了短短不到三年，即公元1276年末至公元1278年初，大致相当于元代的至元十三年到至元十六年。仅仅过了一两年，即公元1279年，南宋便正式宣告灭亡了。

翰林学士陈士徽、紫薇郎谢少敏是朝廷派来的使者，“二人俱景炎间使琼赴崖”①。他们抵达海南后，专程登门拜访唐文严。唐文严请二人到松轩一起品茶聊天，畅谈终日。时值酷暑，但松轩位于茂密的树林中，被绿树浓荫覆盖，几乎不见阳光，凉爽宜人。三人抵掌而谈，纵论世事，桌上除泡了一壶浓茶外，没有任何美酒佳肴。陈士徽学士深深地为唐文严的才学和见识所折服，一时忘记了自己正置身于一个偏僻边远的海岛上。临别之际，陈士徽学士将轩名改为“广荫”，并赋长诗一首，诗云：“唐翁静者闭门饮水啜粥无知音，我能发尔一片冰清心。巨风吹天振海浪如屋，此翁林中眠正熟。中天渴乌吐火六合新开窑，此翁两鬓秋飕飕。小儿烂羊瓜果尽青紫，此翁临水洗双耳。蜩蟾蛙蚓聒乱昕夕雷无声，此翁宴坐观《黄庭》。编茅斫室大如斗，苍雪丝丝翳窗牖。忍饥学得西山夫，胸中有道癯不枯。木槲始花亦已实，百亩沉沉如栉密。露结风高霜气寒，润如美竹馨如兰。翁居巷南我巷北，况有薇郎能主客。书篚几杖皆清风，相看荫我冰雪容。琼州岁月不可度，此境中州亦衡遇。苦茗满碗谈兴亡，日长归来月满堂。明朝一舸崖州去，世事茫茫隔烟雾。袖携毫楮觅扁题，鸿飞冥冥留爪泥。为书广荫扁翁室，淡墨欹轻醉中笔。乘醉更作广荫诗，千载留与知音知。”②

南宋景炎年间，中原地区正处于风雨飘摇之中，元军已占领了宋室大部分地区，文天祥孤军奋战，仍在顽强抵抗，正如他在《过零丁洋》一诗中所写，“山河破碎风飘絮，身世浮沉雨打萍”。这个时期的海南岛，仿佛一片世外桃源。唐文严是有道之士，饱读诗书，

---

① 唐胄等：《正德琼台志》，彭静中点校，海南出版社2006年版，第679页。
② 同上书，第479—480页。

在乱世当中也只能做一名独善其身的隐士。而他的这种境遇，已令陈士徽十分羡慕了。陈士徽将唐文严的松轩改名为广荫亭，一是希望唐文严的才学能够有用武之地，二是祝福唐氏子孙后代福泽绵长。

入元之后，万户解珣将广荫轩迁建于大路之旁，改轩为亭，供过往行人休息。迁建后的广荫亭，高大明亮，成为琼州著名的一处名胜古迹。

唐文严是谁？笔者翻检《唐氏家谱》，并未查得此人。但从"琼山东厢人"看，其居住地正是"攀丹唐氏"世居地，应该是"攀丹唐氏"子孙。他生活于南宋末年，又曾任迪功郎，经历与唐次道非常吻合。如果唐文严就是唐次道的话，那么他可能在南宋末年有感于世乱，没有参加过科举考试，以隐士自居。直到元代初年，时局渐定，他才参加了广西行省乡试，考中解元，被授予迪功郎。

虽然唐次道与唐文严的生活时代、居住地、经历都比较吻合，但唐次道字希圣，唐文严字克宽，其名与字皆不合。唐文严可能是唐次道曾经用过的一个别名，也可能是其他人。关于唐文严的真实身份，仍有待进一步考证。

二、"榕树公"唐逊

进入明代以后，"攀丹唐氏"人丁兴旺，分支逐渐增加。唐胄这一支，从其父亲唐正，上溯到祖父唐乾畀、叔祖唐乾与，大都有一种隐逸之风。而这一家风，可以追溯到其曾祖父唐逊。

唐逊，字谊方，以字行。唐谊方生于元末至元五年(1268)。他从小喜欢钻研儒学，为人忠厚，古道热肠。元朝末年，官府屡次欲征辟他为官，都被他拒绝了。明朝建国后，唐谊方以"经明行修"被举荐，在洪武年间担任琼州府学训导，教学认真负责，为人师表，培养了不少人才。永乐三年(1405)冬天，唐谊方六十七岁，因年事已高，去北京叩见永乐皇帝朱棣，请求退休。永乐皇帝见到唐谊方模样清奇,举止不凡,十分欣赏他,说:“此老回去还有十年寿。”唐谊方致仕后,“绝迹城府,榕根盘结如座者,公朝夕杖履诗酒琴棋其间,乡人呼为榕树公”。虽然其家距府城不远,但唐谊方很少涉足城市,每天只在家门口的榕树下休憩,徜徉于“榕座”之间,吟诗饮酒,抚琴下棋。遇到下雨天,他还亲自去田间劳动。不光料理自己家的田地,还帮忙照料邻家的田地。遇到有家境贫寒、无力成家者,唐谊方便热心资助,代为嫁娶。乡里四邻八舍对这位老人家既亲近,又敬重,都称他为“榕树公”“真长者”。①

唐谊方的侄子唐舟,从小跟着唐谊方读书,后来考中进士,官至御史。唐舟为官期间,曾经写家书向唐谊方问安,唐谊方写了一首诗作为回复,诗中有句云:“勿忧吾有病,且喜汝无钱。”②既幽默风趣,又不失语重心长。唐舟以清正廉洁著称于时,与“榕树公”的谆谆教导有很大关系。

唐谊方卒于永乐十三年(1415),寿七十七,恰巧符合永乐皇帝预言的“十年寿”之数。《府志》将其载入《名贤传》。

广东省的著名才子、自幼有“神童”“鬼才”之称的广东南海县(现广东省佛山市)人伦文叙,是明代弘治十二年(1499)状元。他曾作长诗一篇,赞美“榕树公”。诗中写道:“我生不识榕隐翁,迩从隽胤廉仙踪。出守琼邦五叶祖,远溯忠肃成章缝。奈生不辰值胜国,餐芝茹檗灵山中。幸际昌朝拓景运,刷翰振羽思摩空。风云匝天地势隔,炎方桂海无逵鸿。横经姑事王郡博,怀文不遇田河东。陈辞阙下图归计,亲承天语谕从容。漱流转吸环海胜,枕石高眠绝岛峰。田畴惯与邻农植,诗辞未许时人工。神驰忽梦游旗导,天尽俄闻咏水穷。书香波润庇后裔,小同世业能兴宗。夙将三礼魁天下,涨洪经纬罗心胸。始知造物有远鉴,高贤下列非不逢。世无叔

① 唐胄等:《正德琼台志》,彭静中点校,海南出版社 2006 年版,第 741 页。
② 同上书,第 742 页。

誉观中野，九原可作当公从。”①

诗中的“榕隐翁”，虽然是名门之后，学富五车，无奈生不逢时。当胜朝之际，正思量着有所作为之时，偏已垂垂老矣。“陈辞阙下图归计，亲承天语谕从容。”这位与皇帝有过一面之缘的传奇老人，回到家乡之后，“田畴惯与邻农植，诗辞未许时人工”，过着和普通人一样的生活。但他为后人留下了一笔宝贵的精神财富，所以，在他的后代中，才出现了唐胄这样以“三礼”名闻天下的人才。

海阳人周钥也曾经写赋赞美“榕树公”。周钥，广东潮州府海阳县人，广东乡试亚元，弘治十五年（1502）进士，与唐胄是同年。其赋中写道：“粤琼海之沃壤兮，斯群材之奥区。”海南岛气候湿润，土地肥沃，生长着各种各样的植被。而唐氏祖先偏爱榕树，“入琼始祖”亲手栽植的榕树，历经数百年而不朽：“曰兹榕之不泯兮，噫乎何以有此？”榕树已经成为一种人格精神的象征，“榕树公”就是一个典范：“关德貌之冲粹兮，伟鬅佩之陆离。”“榕树公”的相貌清奇，受到皇帝亲切的接见。“朝予发于玄圃兮，夕予憩乎南溟。揽众芳以屏列兮，惟兹榕为世植。历童丱之相守兮，老徜徉以终日。”回到故乡后，“榕树公”不与众芳争艳，只有先祖留下的榕树，自幼至老与他相依相伴。“惟在吾有可久兮，乃夫子之所谓。”一切繁华都是过眼云烟，只有高尚的道德品格才是真正可以久恃的：“谁遗琼枝以蕤蕤兮，灿敷美于榕下。荷深恩于雨露兮，扬永闻于高风。”②“榕树公”的品德泽被后世，其故事名扬天下。

《正德琼台志》中，“榕树公”唐谊方没有被列入“隐逸”，而是被列为明代海南“名德”之首。在古人看来，“名德”较“隐逸”身份、地位更高，更能代表一方文化。但是，在“榕树公”唐谊方身上，我们可以感受到一种接近于隐逸之风的高尚人格力量，这种人格力量

① 唐胄等：《正德琼台志》卷二十四“楼阁上·榕座”，彭静中点校，海南出版社2006年版，第498页。

② 同上书，第498、499页。

融入唐氏子孙的血脉中，不论做官还是隐居，他们都能够保持一种淡泊名利、超脱世俗的冰雪人格，同时又并不与世隔绝，而是和蔼可亲，处处与人为善。

唐谊方生有二子三女。长子唐乾与，次子唐乾畀。长女许配黄祖生，次女许配洪武甲子科（1384）应天榜举人、瑞金教谕陈高。小女许配永乐辛丑科（1421）进士、义宁知县吴锜。

唐乾畀是唐谊方次子，字天锡，生于洪武三十年（1397）三月十四日。宣德九年（1434）因在府学成绩优异，被选拔到北京国子监读书，“积铨部资，恬退不仕以没”①（都穆《榕冈记》）。正统年间官至吏部尚书的王直小时候跟随父亲在琼州生活过一段时间，和唐乾畀是好朋友。据说，王直打算请唐乾畀出仕为官，赴京候选，不料唐乾畀却已经于正统四年（1439）三月二十五日忽然去世，享年四十三岁。王直听到讣闻后，为之伤悼不已。唐乾畀有一子三女，子名唐正，即唐胄的父亲。

三、唐正及其《榕冈集》

唐正，字处义，号榕庵，一生虽好读书，却不求仕进，以处士终老，因儿子唐胄而获赠主事之衔。唐正喜吟诗，有诗集《榕冈集》四卷。明人庄文玄为《榕冈集》作序，称：“公少孤，读书不为举子业，承累世家庭之余，负刚直不阿之气。族属繁盛。而诸父伯叔群从兄弟，挟艺登朝者彬彬可数，公自分韦布，固不为动，而亦不之非。培冈植榕，为督耕、祈社、游咏之所，于凡可喜可怒，可哀可乐之事，一于诗乎发之。”②

唐正家中有不少藏书。其子唐胄正是在这些藏书的基础上，兴建了西洲书院。唐正虽然一生没有功名，却培养出了唐胄这样

---

① 唐胄等：《正德琼台志》卷二十四“楼阁上·榕冈”，彭静中点校，海南出版社2006年版，第496页。

② 同上。

一位优秀的后代。唐胄考取进士之时，海南著名诗人王佐曾写诗给唐正，以示祝贺，诗云："榕树公家有后昆，故家文献百年存。于今子好万事足，但可怡情日弄孙。""椿株老祝八千龄，桂朵红攀第一茎。仙籍行看书具庆，白头榕下胜登瀛。"(《柬唐榕冈处士尚义二首》)①

唐正平时读书、务农，闲暇时喜欢游赏、吟咏，颇有晋人陶渊明之风致。他在家的南面修建了一座小山，上面种植着榕树，取名为榕冈。山下有一眼泉水，唐正将其扩大为池塘，蓄水养鱼，"中为小丘。四畔树柏列竹，以时游玩，求乐其志"(何景明《像池记》)②。

姑苏才子都穆曾经为唐胄的父亲唐正写过一篇《榕冈记》，赞美了唐氏以榕树为象征的家风。其文开头曰：

> 岭南之地多木。木之中有曰榕者，臃肿屈蟠，离奇偃蹇。小者数围，大者合抱。其柯叶郁茂，四时不易。其阴敷舒，可以庇人，而尤宜于炎月。其丝垂地，能复为根，久之乔然成林，若树艺者。③

岭南特殊的地理位置和自然环境，造就了特殊的风土人情。琼州的许多世家名门，就像榕树一样，枝繁叶茂，四季常青。十年树木，百年树人。这些世家名门的后代，就像榕树的须根一样，落地生根，独木成林。

接下来，都穆介绍了唐氏家风与榕树的关系。"唐氏世家琼州之琼山，其门有祖植大榕，土人呼榕树唐家，盖自宋至今数百年矣。唐氏有处士尚义，尝于所居之南，畚土培冈，袭植以榕，下因旧泉广

---

① 王佐：《鸡肋集》卷三，刘剑三点校，海南出版社 2006 年版，第 100 页。
② 唐胄等：《正德琼台志》卷二十四"楼阁上·像池"，彭静中点校，海南出版社 2006 年版，第 500 页。
③ 唐胄等：《正德琼台志》卷二十四"楼阁上·榕冈"，彭静中点校，海南出版社 2006 年版，第 495 页。

之为池。”①

榕冈不仅与唐氏家风有关，还受到琼州悠久历史文化传统的滋养和熏陶。“登冈四顾，西到苏长公之双来井，北为七星白峙诸屿岭，东为桐墩，其南宋姜公弼之雁塔峰在焉。”②

登上榕冈向四周眺望，无限风光尽收眼底。

榕冈的西面与双泉相连。双泉是宋代大文豪苏东坡谪居海南时所凿。两个泉眼相去咫尺，但泉水的味道却大不相同。宋代元符三年（1100），郡守陆公在双泉上面建起三座相连通的亭台，并在石上刻下“东坡双泉”四字。苏东坡应陆公之请，将中间的亭子命名为洞酌亭，两边是临清、濯缨二亭。并题诗一首。南宋名臣李光被贬谪海南后，曾在双泉边居住了九年，后移居昌化，李光《双泉亭》诗云“曾是双泉旧主人”。元代之后，双泉据说已被填废，所以丘濬《读东坡诗》有“双泉湮没不可见”之句。但唐胄随父亲游览时，当地父老曾经将洞酌亭残留下来的亭基指给唐正、唐胄父子看，亭基旁边有一泉，泉中不时有粟粒浮起，与古书中记载的“双泉游龙出粟”之说颇为吻合。唐正曾将苏轼为双泉题写的诗念给年幼的唐胄听。诗中写道：“酌彼两泉，挹彼注兹。一瓶之中，有渑有淄。以瀹以烹，众喊莫齐。自江徂海，浩然无私。岂弟君子，江海是仪。既味我泉，亦哜我诗。”③诗的意思是说：两种不同味道的泉水，注入同一个瓶子内，其味道很难再加以区分。混在一起的水，究竟是用来洗刷，还是用来煮茶，人们众口不一。作为一名君子，要有江海一样宽广的怀抱。希望喝过双泉之水的人，能够细细品味我诗中的意思。诗中饱含了苏轼自身的人生感受，颇富哲理。

榕冈的北面是茫茫大海，放眼望去，可见七星、白峙等岛屿于

---

① 唐胄等：《正德琼台志》卷二十四“楼阁上·榕冈”，彭静中点校，海南出版社2006年版，第495页。

② 同上。

③ 唐胄等：《正德琼台志》卷二十四“楼阁上·洞酌亭”，彭静中点校，海南出版社2006年版，第478页。

碧波之间若隐若现，让人胸襟也为之一宽。

榕冈的东面是著名的桐墩。成化年间，国子生陈文徽曾经在这里隐居授徒。陈文徽非常喜爱古琴，曾说："书以穷理道，琴以禁邪思。"①他认为，学者不仅要发奋读书，还要学会弹琴。弹奏古琴，对修身养性大有帮助。古琴一般是用桐木制成，而海南本地不产梧桐，所以海南的读书人虽有喜爱弹琴者，但真正能够拥有质地精良的古琴者并不多。陈文徽有感于此，遂筑成此墩，在上面种植了十几株梧桐，以作制琴之材。又在山坡上建起房子，藏书其间，名为桐墩书院。明代翰林学士刘俨应陈文徽之请，撰有《桐墩书院碑记》，称赞陈文徽建此书院，"以启迪乎后昆，旁及乎乡郡。吾知琼虽远在海滨，异时弦诵之闻，无间邹鲁，将必自兹始"②。陈文徽种植的梧桐，不仅是制琴的良材，也含有为海南培养、造就人才之意，一时传为佳话。

唐胄的堂伯唐亮也酷爱古琴，一生购买和收藏过很多琴。他珍藏有两张琴，其中一张琴声音甚是奇特动听，据说是入琼始祖唐震的遗物，乃无价之宝，后来落入郡中一位姓马的官员手中，被带到了福建。保留下来的一张琴，制作也十分精良，上刻"许飘音"三字。

榕冈的南面，是雁塔峰。雁塔峰因宋代海南进士姜唐佐而得名。姜唐佐曾从学于苏轼，苏轼赞其"有中州人士之风"，离琼时赠他两句诗："沧海何曾断地脉，白袍端合破天荒。"雁塔峰原本是平冈一峰，尖秀如笔，周围碧波环绕。元至正中，琼州帅守将山顶平掉，在山顶上建了一座雁塔亭。

榕冈建成后，唐正游处其间，自得其乐。"处士暇日杖屦游之，徜徉啸咏，或坐客以饮，或会景以吟，或扶杖以督耕，意甚乐也，遂

① 唐胄等：《正德琼台志》卷十七，彭静中点校，海南出版社 2006 年版，第 392 页。
② 同上书，第 393 页。

名之曰榕冈。”①

唐正去世六年之后，唐胄请都穆为榕冈作记，以寄托对父亲的哀思。都穆进一步挖掘出榕树的隐逸风格，以此作为唐正的象征。“世之贵乎木者，多取松柏杉桧楩楠豫章及桐梓之属，以其材适于用。而榕则否，且其产偏于一方，天下之人或未闻其名，或闻而未识，则人安得而贵重之？榕可谓无用于世者矣。夫不用之用，乃其用也。松柏杉桧等皆以材而见伐，榕惟为人所弃，故得遂生息以全其天。噫！此可以观乎人，以世之好自用者，逞其智谋，竭其心力，自谓人莫吾若，卒之贻讥笑，蹈灾患者，往往而是。此无他，自用者未见其能用也。处士蓄德器，涉猎书传，善为诗词，然未尝求人之知。今又得雄伟抱时望如户部者为之子，荣名事业方隆未艾，若有类乎榕者。”②

都穆还指出，唐氏的家风其来有自，唐正本人虽然偏于隐逸，但唐氏家族名人辈出，有着深厚的文化底蕴，就像榕树下面的山冈一样：“而况有冈，其助其高邪！抑闻之，琼山之唐，盖始于宋琼守震，其后族盛累朝，衣冠蝉联。在洪武初，处士之祖谊方首以经行荐，后为太宗皇帝赏，与诸父舟侍御重望闻世。从兄亮以仁庙宫僚恩定优耀。其父乾畀亦尝游太学，积铨部资，恬退不仕以没。处士复食荷今荣赠。邑之士族，盖莫有过之者也。因记榕冈故，并及之。正德壬申二月庚子。”③

都穆的这篇《榕冈记》，从榕树的枝繁叶茂联想到子孙繁盛和对后代的教育问题，以榕树作为唐正隐逸人格的象征，又以山冈作为唐氏家族文化底蕴的象征，将入世精神与出世精神结合在一起，构思极为巧妙。

① 唐胄等：《正德琼台志》卷十七，彭静中点校，海南出版社 2006 年版，第 495 页。
② 唐胄等：《正德琼台志》卷二十四“楼阁上·榕冈”，彭静中点校，海南出版社 2006 年版，第 496 页。
③ 同上书，第 495、496 页。

由于唐胄的祖父唐乾畀去世得很早，唐正在弱冠之年就肩负起家中的重担。他读过很多书，但从未参加过科举考试。唐正为人刚直不阿，看到族中的叔伯兄弟纷纷考中举人、进士，唐正淡然处之，宁静自守，既无艳羡功名富贵之心，也从不去诋毁非议他人。他喜欢吟诗，闲暇时常在榕冈上徜徉啸咏，内心凡可喜可怒，可哀可乐之事，一一发之于诗篇。唐正晚年，将平日所积诗篇汇为一编，题为《榕冈集》。

唐正去世将近二十年后，琼州府学教授庄文玄为《榕冈集》作序，将唐正的诗比作《诗经》中的国风，称赞其："不纂组以为工，不雕琢以为奇，因事写怀，援笔辄就，事于诗而忘乎诗。其辞语音响，虽或未能上轧盛唐，而美其所当美，刺其所可刺，于三百篇有遗意焉。公之诗实榕庵之诗，非写光景状物类之诗也。字煅句炼，公固不能为，而亦不必为也。昔者邵尧夫抱道不仕，而经世诸作可以自见平生，识者称为内圣外王之学。公其亦尝诵尧夫之诗，而有志于此者乎?"①唐正不但会写诗，还善于作文，曾经为母亲吴夫人撰写墓志铭，还有其他文章不下数十篇，皆明白可读，这些文章都没有收入《榕冈集》。

唐正临终之际，唐胄刚刚考中进士，正在远隔万里之外的京城。唐正在写给儿子的信中，有诗云："九重天近频依日，万里家遥莫望云。"②勉励儿子为国家效力，不要以自己为念。

穷则独善其身，达则兼济天下。唐氏的家风，是"淡泊以明志，宁静而致远"的出世精神，与"经世致用"的入世精神的结合。唐胄内心深处，其实也拥有一份与父亲唐正一样的隐逸情怀。

唐胄同年好友何景明所作的《像池记》，就指出唐胄对唐正精神的继承："门有像池者，唐子像其先人之池也。名之者，示无忘

---

① 唐胄等：《正德琼台志》卷二十四"楼阁上 · 榕冈"，彭静中点校，海南出版社 2006 年版，第 496 页。

② 同上书，第 497 页。

也。”唐正淡泊名利，在家门口修建水池：“以时游玩，求乐其志。时命唐子曰：‘池近于门甚隘，然予乐之弗能易，以终吾身。汝后当夷之，以浃吾志可也。’”池塘虽好，却妨碍了光大门楣。唐正不想让唐胄重蹈自己的旧辙，希望唐胄能够大有作为。唐胄遵从父命：“榕庵公既终，唐子从治命夷池，而门其上以继志。”从命夷池，象征着唐胄暂时放弃了闲情逸致，专心科举，光大门楣。但唐胄内心深处，始终保持着和父亲相似的情怀，于是，他在取进士之后，“复门外为池，广深像之，艺柏竹，复像之。以继事多年，归奉母太夫人之欢，暇亦畜鱼供玩，时游钓池上，曰：‘吾又无忘先人之所乐矣。’”何景明指出：“以唐子之修于家者，其于天下可以观矣。夫唐子学道者也，炳有质文，赫抱时誉，故所修靡不可尚已，斯池盖其一喜也。”此文作于正德七年(1512)春，当时权阉刘瑾伏诛，唐胄与何景明同时被召用，八年后又相会于京师，握手甚欢。但唐胄因母老多病，又乞还乡。唐胄不以功名富贵为念，淡泊名利，“吾柏吾竹俨然若在吾父池也”。何景明指出：“闻古有日养而不以三公换者，今目见之。天下之善，岂有先于孝者乎？他日之移于国者可量耶？池盖一念之发尔！”①

唐胄同年进士、探花李廷相，当时在翰林院任职，他曾作《追忆》一诗赠唐胄，诗中写道：“家声前宋远，科第圣朝深。紫诰回新宠，青冈忆旧吟。字奇怜载酒，义重愧怀金。榕树年年发，应多落日阴。”②

榕树，作为南国文化世家的象征，作为一种隐逸人格的象征，与唐氏家风紧紧联系在一起。榕树精神因唐胄而进一步发扬光大，成为唐胄同时代人反复吟咏的对象。

---

① 唐胄等：《正德琼台志》，彭静中点校，海南出版社2006年版，第500页。
② 唐胄等：《正德琼台志》卷二十四“楼阁上·榕冈”，彭静中点校，海南出版社2006年版，第497页。

第四节　科举世家与海南千年文脉

隐逸情怀只是“榕树精神”的一个侧面。代表“攀丹唐氏”家风的“榕树精神”，还有另外一些侧面，如重视教育、尊祖敬宗，等等。

榕树的生命力极强，一株榕树不仅可以生长得非常高大，还可以繁衍成一片小树林，即所谓“独木成林”。榕树的主干虽然臃肿、庞大，但其须根一旦植入大地，却又那般笔直、茁壮。榕树的须根，丝丝飘拂在风中，淋浴着阳光雨露的滋养。岭南人对中原传统文化的向往，对家族文化的热爱和尊重，也如榕树一般，古木参天，蔚然可观。

一、科甲鼎盛

蕃诞村位于琼州府城东门外，村前有条大路，是琼山南渡江东岸各都图和文昌等县商民进入府城的必经之路，平时车马行人来来往往，热闹非凡。这条路原本是一条土路，一遇雨天，便泥泞难行，交通十分不便。正德年间，唐胄考中进士，隐居在乡，佥宪汪尧章、知府上官崇等人听取唐胄的建议，将这条路加以重修，砌上石板，取名为青云桥路。

青云，有“平步青云”之意。青云桥路，因青云桥而得名。青云桥位于蕃诞村口，是一座石桥。在桥的东北侧，牌坊林立。这里最早建起的牌坊是“青云坊”，后来逐渐增多，有“天衢坊”“联璧坊”“联桂坊”“省魁坊”“会魁坊”“进士坊”“青云桥坊”等。这片石牌坊是官府和当地士民为旌表攀丹唐氏家族的进士、举人而立的，它们见证了唐氏家族科甲鼎盛时期的辉煌。

唐胄在《正德琼台志》中，详细记载了当时琼州府各地所立的坊表，并用一段小序说明其用意：“三代之表厥宅里，所以贤其人。

后世于科第官阶亦表之，衍周之遗意也。今于郡所表之坊历纪之，以见有司崇重激励之意，且使蒙表者有感而知警奋矣。”[1]据《正德琼台志》记载，当时除了青云桥路边的八座牌坊外，在琼山县的南桥、下田村以及澄迈县等地，也有为唐氏进士、举人所立的牌坊。

“青云坊”是为旌表进士唐舟而立。唐舟是唐震的第七代子孙，属于长房支。他字汝济，号熙庵，生于明洪武元年(1368)。他是唐震第七代子孙，是唐胄的伯祖父。唐舟的父亲唐英博通经史百家之学，曾经在乡里兴建义学，教书育人十余年，不在乎有没有报酬。遇到灾荒之年，他省吃节用，将全部积蓄拿出来赈济灾民。因为住在东厢，乡人都称其为“东善”。唐舟后来考取进士，人们都说这是唐英行善积德所致。唐舟于永乐元年(1403)中广东乡试亚元，次年考中进士，授新建知县。唐舟初上任的时候，好像无所作为。但随着时间推移，他的能力渐渐地体现出来，人们对他越来越佩服。有人向唐舟询问他当官的窍门，唐舟说：“古人所谓新任如居暗室，轻动必有触损，久坐自明。”[2]唐舟后来官至监察御史，直言敢谏，以风骨气节著称。他为人胸襟坦荡，处世很有原则，在外为官三十余年，所到之处，均寒苦自守。他曾经在门上贴了一副对联，以表白自己的心迹：“雪霜半染中午鬓，天地应知暮夜心。”[3]晚年致仕后，唐舟回到家乡，杜门不出。做官多年，家中几乎没有任何积蓄，唐舟处之泰然。正统十四年(1449)，唐舟八十二岁，无疾而终。去世后，葬于坟亭山二世祖唐叔建之坟的左侧，墓碑上刻着“御史唐公墓”。唐舟的高风亮节，深受乡人敬重，被祀为琼州府乡贤。唐舟有三个儿子，分别是唐亮、唐庸、唐宏。

唐舟是明代海南产生的第三位进士，是唐氏家族自南宋末年

---

① 唐胄等：《正德琼台志》卷二十五“坊表”，彭静中点校，海南出版社 2006 年版，第 518 页。

② 唐胄等：《正德琼台志》卷三十六“人物一”，彭静中点校，海南出版社 2006 年版，第 742 页。

③ 同上。

迁入琼州后产生的第一位进士，他推动了海南文教事业的发展，也带动了攀丹唐氏进士辈出的局面。

“天衢坊”是为旌表进士唐亮而立。唐亮是唐震的第八代子孙，属于长房支。字景明，生于永乐元年(1403)。唐亮自幼聪敏，随父亲在任所读书，于永乐十五年(1417)参加浙江乡试，考中举人，次年联捷进士，授江南凤阳府泗州判官。后被选为太子僚属，任詹事府主簿，明仁宗朱高炽继位后，曾召见唐亮，说：“我在青宫时，恁是我旧人，先皇帝法度严紧，恁每受了些惊怕，我一向忘了尔。”御手亲授缎子宝钞，赐羊酒米，遣光禄寺送至家，当日钦升直隶宁国府同知。唐亮作《谢恩诗》一首云：“内侍宣传出建章，东宫寮属被恩光。亲劳御手分文锦，又敕中官赐玉浆。五品大夫名不忝，万年天子寿无疆。小臣恋阙心常在，时望彤云捧玉皇。”后来，唐亮官至湖广布政，宣德四年(1429)卒，葬于特奏公墓前左侧。因为曾经由皇帝钦升同知，因此其墓碑镌刻“唐同知墓”。唐舟、唐亮是一对父子进士。唐亮曾经被选为宫僚，任詹事府主簿之职，陪太子读书。监察御史吴讷作《寄喜唐颐庵子亮进宫僚》一诗以示祝贺。

“联璧坊”是为旌表举人唐敬而立。唐敬是唐震的第八代子孙，属于四房支。字汝简，号履信，宣德元年(1426)丙午科举人，任湖广衡州府通判，与丘濬友善。

“联桂坊”是为旌表举人唐卿而立。唐卿是唐震的第九代子孙，属于三房支。字廷佐，号简易，成化四年(1468)戊子科举人。署江西吉安府永宁县训导，迁建昌府南城训导。成化十六年(1480)，被聘为浙江乡试房考官，他录取的考生中，有一位叫王华，还有一位叫李旻，都是当时名士，后来两人先后考中了状元，一时传为佳话。值得一提的是，王华就是明代大思想家、心学大师王守仁的父亲。

“文奎坊”是为举人唐虔立，位于琼州府城南桥。唐虔是唐震的第九代子孙，属于四房支。字惟一，宣德四年（1429）己酉科举人，任福建汀州府连城县教谕。

“双桂传芳坊”是为举人唐翱、唐辉叔侄立，位于府城西北门外的下田村。唐翱是唐震的第九代子孙，属于长房支，家住琼山西厢。字皋羽，号西田。弘治十一年（1498）戊午科举人，与唐胄同年中举。曾任宝庆同知、武昌同知、户部郎中、太平府知府等。唐辉字映光，弘治十四年（1501）辛酉科举人，任乐会县教谕。

“省魁坊”“会魁坊”“进士坊”都是为唐胄而立。“青云桥坊”则是为村头石桥而立。唐胄于弘治十五年（1502）中进士。嘉靖十七年（1538），其子唐穆也考中进士，被授予礼部主客司员外郎之职。继唐舟、唐亮父子之后，唐胄、唐穆父子成为攀丹唐氏家族中涌现出的又一对父子进士。

以上是明代前期海南唐氏家族的科举情况。明代后期直至晚清，唐氏家族的盛况虽然与明代前期无法相比，但依然出现过不少进士、举人、秀才。

二、文采风流

攀丹唐氏家族不仅涌现出许多举人、进士，还涌现出了不少才子、诗人。这些才子、诗人，或者有才无运，或者不乐仕进，虽然在科举考试中没有取得太高的功名，但依然受到世人瞩目。其中，就有被誉为“岭南秀士无双”“五岭南来第一人”的大才子唐濂伯。唐胄族兄唐继祖的妻子冯银，是海南著名女诗人。而唐胄本人及其父唐正、二弟唐冕和唐胄两子唐穆、唐秩，也都具有较高的诗学造诣，可谓满门风流。

（一）“岭南秀士无双”——唐濂伯

唐濂伯是攀丹唐氏第十代子孙，是唐胄的族侄。琼州府城南桥有一座“解元坊”，就是为唐濂伯而立。唐濂伯是唐虔的儿子，是唐震的第十代子孙，字必周，属于四房支。明宣德十年(1435)出生，景泰四年(1453)癸酉科广东乡试解元，唐濂伯考中解元时，年仅十八岁，是唐氏家族一位著名的才子。可惜后来还没有来得及参加会试，便英年早逝。

唐濂伯虽然辈分比唐胄低，但比唐胄早出生三十余年。唐胄从小就从亲友和乡邻那里听过许多唐濂伯的事迹和传说，这位同族的大才子对少年时代的唐胄也起到了重要的激励和表率作用。

据乡间传说，丘濬正统九年(1444)二十四岁举广东乡试第一，回家省亲，与琼州蒙童学子到文昌铜鼓岭郊游，当时年仅九岁的濂伯也在其中。铜鼓岭海边有一块石碑，伴随着潮水的涨落而时隐时现。大家熟知唐濂伯和丘濬都有过目成诵的才能，有人提议丘、唐二人进行默写碑文的比赛，要求二人在海水淹没碑文之前，默读碑文，然后各自提笔默写。丘濬从头到尾写出碑文，而唐濂伯则从碑文最后一字往前写，同样一字不漏地把碑文写出，众人大为称奇，都说濂伯是继丘濬之后的神童。

上述故事当然不一定可信。唐濂伯的父亲唐虔早年在福建为官，唐濂伯自幼跟随父亲游学于福建，长大之后才回到海南，不久便因为才华出众而名声远播。佥宪杨公来琼州视学，对唐濂伯的才学大为激赏，称赞他是“岭南秀士无双”。人们都对唐濂伯参加科举考试寄予重望。

景泰四年(1453)初春，府城枇杷井突有金鲤献瑞，人们竞相转告，茶余饭后纷纷谈论今年乡试谁将中解元，中举人。唐濂伯这一年将要赴省城参加广东乡试。临行前的一天，他的父亲在路上遇到了丘濬，硬把丘濬拉到自己家中，说：“所以烦旧解元至者，欲兆新解元尔。”①后果然如愿以偿。

唐濂伯是临高举人王佐的表侄，两人曾一起追随丘濬读书。

① 唐胄等：《正德琼台志》卷三十八“乡举”，彭静中点校，海南出版社2006年版，第778页。

唐濂伯赴省城应试，王佐有一首诗，题为《寄表侄唐濂伯必周》，诗中写道：

> 别后令人鄙吝萌，每临风月即伤情。
> 枕戈待旦君知否，不为功名为祖生。[①]

诗中激励唐濂伯要发愤图强，不是为了追逐功名富贵，而是要像六朝时期闻鸡起舞的祖逖一样，为国家建功立业。

唐濂伯在省城参加乡试时，也曾作诗一首，题为《秋闱会友》，诗中写道：

> 旅邸相逢喜气新，剪灯彻晓细论文。
> 皮肤学问应怜我，魁首文章独让君。
> 击楫渡江雄祖逖，枕戈待旦苦刘琨。
> 会须霹雳同声起，十郡英豪掩耳闻。

唐濂伯将自己和朋友比喻为晋朝时期的两位英雄豪杰祖逖与刘琨，洋溢着豪情满怀。

结果，唐濂伯此行果然不负众望，成为新科解元。回到家乡，人们纷纷登门祝贺，唐濂伯却淡淡地说："为儒当如吾榕隐族祖，抱道自重，累请仕而不就，乃为贵。若以文自求售，唾手尔。"[②]意思是："作为一名读书人，应当像我们族中的先祖榕隐公一样，抱道自重，朝廷屡次召他出仕，他都不肯轻就，这样才是最可贵的。如果只想靠文章来求取功名，不过是易如反掌的事情。"

次年是会试大比之年，唐濂伯进京赶考。传说，他与书童到雷

---

① 王佐：《鸡肋集》卷三，刘剑三点校，海南出版社 2006 年版，第 83 页。
② 唐胄等：《正德琼台志》卷三十八"乡举"，彭静中点校，海南出版社 2006 年版，第 778 页。

州府地界，错过投宿，看到一庙宇，想要借宿，而庙里的主持和尚自恃才高八斗，藐视群儒，知道濂伯是广东解元，歹毒之心暗生。当濂伯抬腿正要跨入寺庙门口时，和尚大声念道："唐濂伯啊唐濂伯！你前进三步是死！后退三步也是死！看你今晚怎么过这道门槛！"濂伯先是一愣，接口回答："唐濂伯啊唐濂伯！我前进三步是死！后退三步也是死！我横行三步就不死，看你今晚怎么着！"和尚恼羞成怒，不许唐濂伯进门投宿。濂伯只能连夜赶路，时值正月，天寒地冻，他受了寒气，一病不起，就此命殒黄泉。这一年，丘濬因中解元之后数科会考未第，正在北京国子监就读，为祭酒萧镃所重，以为必致大用。结果丘濬考中进士，名列二甲第一名（传胪），被选为翰林院庶吉士，一时名动京师。而唐濂伯却未及参加会试而卒，消息传来，人们纷纷替濂伯感到惋惜，攀丹唐氏更是举族悲戚。

王佐的母亲唐朝选也出身于攀丹唐氏，王佐替母亲作了一篇祭文《代母祭表侄唐濂伯解元》，寄托自己的哀思："呜呼濂伯，今日其何之兮，入门而弗见也，上堂而弗见也，入室而又弗见也。亡矣死矣，不可得见也。汝父未老，汝世未传，汝名未遂，汝节未完，胡为乎？置委形于大地，乃长往而不还。兴言及此，可恨可怜，使汝有知，永不瞑目于重泉。"①

王佐还写过一首诗，题咏《唐必周解元墓》：

洗马桥东水泊津，野田荒陌草如茵。
他时若问田边墓，五岭南来第一人。②

（二）女诗人冯银——唐继祖之妻

唐舟之孙唐继祖，字善继，曾任湖广长沙卫经历。唐继祖的妻子冯银，是一位著名的才女，王佐曾专门为之作传。

---

① 王佐：《鸡肋集》卷十，刘剑三点校，海南出版社 2006 年版，第 247 页。
② 王佐：《鸡肋集》卷三，刘剑三点校，海南出版社 2006 年版，第 83 页。

冯银，字汝白，是琼山县教谕冯源的女儿，善诗能文。冯银从小跟随父亲宦游四方。她出生于福建龙岩，曾经在江西新城等地生活过。冯银在咿呀学语之时，父亲就教她背诵《诗经》《尚书》。少女时代的冯银，已经博通经史，谨守礼法，颇有古时淑女之风。成年之后，她被许配给唐继祖。唐氏乃世族名宦之后，谨守先祖遗训，清素澹泊，唯以读书业儒为事。冯氏来到唐家之后，高兴地说："是族风教可人，吾归得所矣。"①冯银对婆婆陈氏极其孝敬。待妯娌弟妹也彬彬有礼。唐继祖家境素贫，冯银不以为苦，用孔子弟子颜回的故事勉励唐继祖，一起过安贫乐道的生活。冯银在勤俭持家的同时，坚持以圣贤之道教育子弟，她经常说，唐氏先祖唐舟最喜爱宋代文学家黄庭坚的一句话——"不可断读书种子"，这句话实在是说得太好了，说到自己心坎里去了。

冯银生前作过很多诗。如其挽父联云："三春花木空青翠，千载松树自绿阴。"②上句以"青翠"二字作为自我的写照；又在前面加上一个"空"字，说明父亲没有儿子，只此一女。下句中"自绿阴"三字，说明父亲的全部慈爱都倾注在女儿身上。她的诗文，语言从容、潇洒、含蓄，含有不尽的言外之意，耐人咀嚼。

冯银去世之后，葬在云亭山唐氏墓园。唐继祖将冯银生前诗文拿给王佐看，请王佐作墓志铭，王佐欣然应之，作铭曰："珊瑚玉树，生于深渊。虽不见采，而贵则然。云亭之山，白石齿齿。天地无穷，永以宁此。"③

晚明陈是集编《溟南诗选》，自称选三十家之诗，但保存下来的手抄本却只有二十二家。民国时期，王国宪翻刻《溟南诗选》，为凑满三十家之数，补入"闺媛诗"数家。

王国宪补选的"闺媛诗"，共有五家，其中有冯银诗四首，包括

---

① 王佐：《冯氏墓志》，《鸡肋集》卷十，刘剑三点校，海南出版社2006年版，第239页。
② 同上书，第240页。
③ 同上书，第241页。

五言绝句三首:《夏日》《题画》《咏蝉》;还有一首七言绝句:《暮春》。另外几家分别是:丘夫人(一首)、林淑温(一首)、黎瑜娘(十一首)、苏微香(一首)。其中,黎瑜娘的诗最多。事实上,黎瑜娘、苏微香并非真实的历史人物,其人其诗都是出自明代中篇文言诗文小说《钟情丽集》。王国宪补选时,参考了清代温谦山编选的《广东诗海》。《广东诗海》作为地方诗歌总汇,收入某些传说中的作家作品,也无可厚非。在历史上实有其人的海南女诗人中,存诗最多的,当属冯银。

唐继祖和唐胄同属于攀丹唐氏第九代子孙,但唐继祖年龄比唐胄要大许多。唐继祖经常督促唐胄、唐冕兄弟发愤读书。唐继祖、冯银夫妇安贫乐道,秉持"不可断读书种子"的人生态度,对唐胄、唐冕兄弟的成长也有一定影响。

(三)满门风雅——唐胄一家三代

唐胄的父亲唐正"耽于吟诗",著有《榕冈集》四卷,前文已经述及。受其影响,唐胄一家可谓风雅满门。唐胄的胞弟唐冕,以及唐胄、唐穆、唐秩父子三人,在诗歌方面均有不俗造诣。

唐正的诗:"不纂组以为工,不雕琢以为奇,因事写怀,援笔辄就,事于诗而忘乎诗。其辞语音响,虽或未能上轧盛唐,而美其所当美,刺其所可刺,于三百篇有遗意焉。公之诗实榕庵之诗,非写光景状物类之诗也。字煅句炼,公固不能为,而亦不必为也。昔者邵尧夫抱道不仕,而经世诸作可以自见平生,识者称为内圣外王之学。公其亦尝诵尧夫之诗,而有志于此者乎?"(庄文玄《榕冈集序》)①庄文玄认为,唐正的诗,有《诗经·国风》之遗意,近于北宋理学家邵雍之"击壤体"。唐正不仅能诗,还擅长作文。"公尤善属文,尝为母吴夫人墓志与他作,不下数十篇,明白可读,大率与诗相似。"②

---

① 唐胄等:《正德琼台志》卷二十四,彭静中点校,海南出版社2006年版,第496页。
② 同上书,第497页。

其文章与诗相仿，不事雕琢，明白可诵。唐正的文章数量不少，但未收入《榕冈集》。明代正德、嘉靖以后，文坛流行复古主义，“文必秦汉，诗必盛唐”。唐正的诗文与时流迥异，因而不被重视。唐胄编《正德琼台志》，没有收录唐正的具体诗文，只收录了庄文玄为《榕冈集》所作的这篇序文。庄文玄为琼州府学教授，福建长乐人。

唐正对文学的这份热爱，也影响到其子孙。唐正有三子，分别是唐胄、唐冕、唐旒。其次子唐冕，字元瞻，自幼天分绝人，才华横溢，诗写得非常好，可惜有才无寿，年仅二十便去世了。唐冕有《元瞻诗存》，今已不存。（《民国琼山县志》卷二十“艺文志”）

唐冕很小的时候，便进入郡学读书，在钻研举业之余，大概是受父亲的影响，尤爱写诗。他的诗词句警拔，堪比唐代诗人。唐冕有一首野水春草之作，时人争相传诵，提学佥事张泽读过之后，赞不绝口，称唐冕为奇才。

在科举时代，士子在未中举之前，大都以八股文为主业，视诗词为妨碍举业的小道。只有先跨过科举的门槛，才有闲情逸致作诗。但唐冕的案头，却常置唐诗。堂兄唐善继（继祖）曾因此责备他：“何不治本领，而攻此？”为了打消唐冕作诗的念头，让唐冕明白逸豫可以亡身、要发愤立志的道理，唐善继从唐诗中抽取杜牧《过华清宫》、刘长卿《漂母墓》二诗，责令唐冕各和一首。唐冕接过题目，文不加点，援笔立就。其所和《过华清宫》诗云：“塞风吹雨杂鸣鸾，日影西沉树色寒。歌舞不来春又尽，飞花无语过栏干。”《漂母墓》诗云：“千金酬一饭，古墓动高秋。树色山村外，江声日夜流。楚碑春露泣，荆水暮鸦愁。芳草王孙路，年年牧竖游。”唐善继读罢这两首诗，不禁为唐冕的才华所折服，惊叹道：“真唐音也，当不下于曾、陈。”①曾、陈，指当时琼州的新科进士曾镒和陈绛。唐善继认为，唐冕有这样的才华，考取进士应不在话下。可惜，唐冕英年

① 唐胄等：《正德琼台志》卷三十七“文学”，彭静中点校，海南出版社2006年版，第760页。

早逝，在群星璀璨的明代前期琼州文化史上，宛如一道流星划过天际，转瞬即逝。

唐胄在《正德琼台志》中，还收录了唐冕的一首诗："远携尊俎拜清明，策马穿云步古亭。百尺松楸先代冢，几碑苔藓大夫铭。绮罗晴日山花秀，弦管春风野鸟声。笑问汉家千世事，五陵无树草青青。"①这首诗，是唐冕清明扫墓时，在叔祖唐舟墓前所作。诗中流露出科举时代，一个世家古族的兴衰沉浮，令人感慨。

唐正《榕冈集》、唐冕《元瞻诗存》均未能保存至今，大概是毁于万历三十三年(1605)的琼州大地震。

晚明陈是集编《溟南诗选》，拟选三十家之诗，现存二十二家，其中唐胄、唐穆、唐秩父子就占了三家。其中，保存的唐胄诗近四十首，唐穆诗二十余首，唐秩诗三十首。《溟南诗选》所收唐氏父子作品数量较多，其他"余或人有数篇，间止一律，犹必采而收之"。②

陈是集在《溟南诗选》的序中，对唐胄的歌行评价较高，称赞其诗歌成就是由于"学问渊邃，有以使之"。对唐秩评价尤高，称"唐景夷任诞自废，诗才奔放，师海琼子一派，跨出父兄之上"。③

唐穆，字景文，号养吾，生于弘治十四年(1501)，嘉靖四年(1525)乡试中举，嘉靖十七年(1538)中进士，曾任礼部主客司员外、主事等职，为人雅朴，颇有乃父风范。唐穆著有《余学录》。对唐穆的诗歌，王国宪评价道："哲嗣礼部郎，善述善继声。"唐穆颇有乃父之风，"高怀托吟咏，天机抒性灵"④。他的诗格调高雅，能够独抒性灵。

唐秩的人生经历则颇富传奇色彩。《溟南诗选》有唐秩小传："字水竹，胄次子。为诸生时，异人授以道书，尤精符篆。会肃宗召

① 唐胄等：《正德琼台志》，彭静中点校，海南出版社2006年版，第585页。
② 陈是集：《溟南诗选》，郑行顺点校，海南出版社2006年版，第6页。
③ 同上。
④ 王国宪：《敬题唐西洲公三父子诗集》，见唐胄等著《传芳集·附录》，刘美新点校，海南出版社2006年版，第225页。

方士，秩至京师，遇大旱，祷雨立应。时宫中有鼠妖，诸术莫能除，秩用符水驱之，遂绝。授官博士，召入紫清宫，京师号为仙师。隆庆初放归，至淮安仙逝。有《海天孤鸿集》。"①唐秩，字天叙，号存吾，别号水竹司徒、海天孤鹤，生于弘治十五年(1502)六月二十一日，天资聪颖，曾经是府学诸生(即秀才)，博洽儒书。唐秩为秀才时，曾经遇到一位异人，授以道书。唐秩读后，深通其理，悟道后，他漫游天下，足迹几乎踏遍了五岳名山。唐秩精于符箓，通晓驱雷鞭电等各种法术。明世宗崇信道教，招揽天下方士，将唐秩也招入了宫中。适逢大旱，唐秩设坛祷雨，立刻天降甘霖。当时宫中闹鼠妖，用尽了各种办法也驱除不掉，唐秩用符水驱妖，鼠妖从此消失无踪。明世宗大喜，授予唐秩"博士"之职，将他召入紫霄宫，同宿一夕，赐宝钞。唐秩的事迹很快传遍了京城，人们都称他为"仙师"。隆庆初年(1567)，唐秩离京返乡，行至淮安时仙逝。他的事迹，被后来的《琼州府志》载入"仙释传"。唐秩著有《海天孤鹤诗集》一卷，存诗三十首。唐秩诗有仙才，洒落自异。唐胄一生酷爱海琼子白玉蟾的诗歌，无形中对唐秩起到了潜移默化的影响。

从唐穆、唐秩遗诗看，唐秩年轻时遇到的那位异人，很可能名叫彭密渊。唐秩的大哥唐穆也曾有缘和这位异人相识。唐穆有两首诗提到彭密渊。其《送彭密渊别归》一诗写道：

白云天上密渊子，沧海人间此日来。
踏遍尘寰万万里，回道四望忘崔嵬。
主人留子一年好，见子欲别以如摧。
去去仙风何处约，眼前金马亦蓬莱。②

---

① 陈是集编：《溟南诗选》，郑行顺点校，海南出版社 2006 年版，第 293 页。
② 唐胄等：《传芳集》，刘美新点校，海南出版社 2006 年版，第 202 页。

从诗中可知，彭密渊在唐穆家中住了一年之久，终因唐穆欠缺道根，而与唐穆作别。

唐穆又有《送彭密渊谈仙，适弟存吾以诗约彭赴罗浮、武夷，予不能赴，赋此》一诗，其中写道："黄金丹诀原非幻，白首禅缘亦自疑。"①可见唐穆也被彭密渊的言谈所打动，相信道家的理论并非都是虚幻的，但终于未能割舍掉尘缘，未能入道。而唐秩则与彭密渊性情相合，结伴共游天下名山大川，最终得道成仙。

唐秩有《自拟挽辞》一诗，吐露了他入道前后的思想变化过程。诗的开头部分写道："闻道悔已迟，枉生非我欲。奇志负初心，介性那堪俗。"天赋异禀的唐秩，不肯默默无闻地度过一生。"父没行无成，未能善式谷。自知逆天命，九祖陷鬼局。"唐胄的下狱、罢职还乡和去世，对唐秩是一个巨大的打击。他感受到了人生的无常、命运的残酷。在这个时候，他遇到了彭密渊，"怀哉五云仙，视同真骨肉。我愿执其鞭，相随捧马足"②。从此，唐秩割舍掉了尘缘，和彭密渊一起漫游天下。可见，天赋异禀和唐胄的影响及与彭密渊的相遇，是唐秩入道的三大原因。

唐秩的诗歌，变化多姿，洒脱自如，颇有个性。如他有一首长诗《走笔题友人笑游海宇卷》，以"笑"字贯穿全篇："笑大道，空难掬。笑人情，多反复。笑云易散笑风狂，笑山巉岩笑水曲……"③充分展现了他看透红尘后的洒脱心态。

唐秩虽然是道士，但对儒、释、道三教的思想都有深刻的认识，在这方面也可以看出唐胄对他的影响。如唐秩的《怀坡堂与僧半壁话，步牛洲翁韵》一诗写道：

尘里浮生度岁华，谈禅半日见无涯。

---

① 唐胄等：《传芳集》，刘美新点校，海南出版社2006年版，第203页。
② 同上书，第207页。
③ 同上书，第211、212页。

惟凭静坐思三教，每遇高僧话一家。
定慧不闻反舌鸟，色空聊种佛桑花。
雅知宋代东坡老，午夜晴天吐彩霞。[①]

在唐秩看来，儒、释、道三教本是一家。宋代的苏东坡，就是体现“三教合一”思想的典型代表人物，苏轼号东坡居士，居士的意思是在家修行的佛教徒。苏轼又被世人称为“坡仙”，具有仙风道骨。因为吸收了道家和佛家的思想精华，苏轼才能在面对人生困境的时候，始终保持一种乐观洒脱的心态。可见，唐秩修道，并不是只会画符捉妖，他还能够站到一种哲学的高度，对人生的意义和价值进行深入的思考和探索。

对于唐秩，王国宪称赞：“仲弟有仙骨，孤鹤海天鸣。远游厌尘世，敝屣轻簪缨。五岳赋归来，历历叙平生。”[②]唐秩的诗歌主要描写漫游天下的经历和感受，也颇具特色。

攀丹唐氏为科举世家，而唐胄一支，则多隐士、诗人，甚至还有方外之士。唐胄的思想，有经世致用的一面，也有淡泊出世的一面。通过对其家族文化基因的剖析，我们可以对此有更加深刻的感受和理解。

三、“攀丹唐氏”对琼州地域文化的影响

攀丹唐氏不仅重视家族内部教育，而且在与入琼官员、内地文士、本地文人等的文化交往中，也扮演着重要角色，在明代海南文化发展史上发挥了非凡影响。

攀丹唐氏是海南著名的衣冠望族，家中藏书甚富。唐氏入琼始祖唐震曾经在台阁任职，有很高的文化素养。唐震来琼时，带来

① 唐胄等：《传芳集》，刘美新点校，海南出版社 2006 年版，第 214 页。
② 王国宪：《敬题唐西洲公三父子诗集》，见唐胄等著《传芳集·附录》，刘美新点校，海南出版社 2006 年版，第 225 页。

了很多书籍。在琼州为官期间，唐震特别重视发展文教事业，其家中藏书有数万卷之多。为了安置这些图书，专门修建了一座“唐子藏书楼”，内藏史书、医书、兵书、农书、玄书、政论、艺文、数理、地舆等书，其藏书之富，在当时的琼州可谓首屈一指。唐震、唐叔建父子还在家中兴办义学，无私地将家中丰富的藏书公之于众，造福于更多勤奋好学的琼州子弟，为推动海南文教事业的发展做出了不可磨灭的贡献。

唐氏历代子孙中，读书种子从未断绝，任府学教授、县学教谕、训导、书院山长者大有人在。除了唐氏家藏书册外，他们还有机会接触更多图书。如据《乾宁儒学置书记》记载，元至正间，当时官府的学校购置收藏了大量书籍，欲选择谨洁之士二人管理这批图书，以防漫失。众人一致推举唐安寿、王真锡典掌。唐安寿是唐震第五代子孙，时任琼山县教谕。

唐胄的曾祖父唐逊，是明代海南最早的因荐举而入仕者，曾任府学训导之职，在明初海南文化史上有重要影响。《正德琼台志》卷四十二“杂事”记载：“国朝洪武、永乐间，吾郡耆德聚盛，学校则有唐公衡、赵公谦，及余榕隐曾祖诸人；乡落则吴公伯雄、文祥，王公惠、徐公益、杨公升、朱公继、郑公观、吴公均、张公善教；武弁则孙公岳；谪放则桑公慎、赵公起潜、董公哲、孙公傅辈。或鸣鼓横经，集冠履以讲唐虞，或深衣幅巾，会诗酒而敦礼义。今日文化之盛，岂无自哉？此夫子之贤子贱，而必本于鲁之有君子也。”①入琼官员、本地名门世家，以及谪放文人等，共同促进了明初海南文化的繁荣。曾担任府学训导的唐衡、唐谊方以及由国子监谪任琼山教谕的赵谦等人一起，为推动海南文教事业的发展做出了积极贡献。正是在他们的熏陶之下，才有了明初琼州衣冠之胜。

---

① 唐胄等：《正德琼台志》，彭静中点校，海南出版社2006年版，第874—875页。

(一) 琼州文化盛会——唐舟与《游灵山庙诗集》

唐胄的叔祖父唐舟，是明代海南的第三位进士，在地方上有重要影响。琼山县城南十余里处，有一座灵山，江流萦绕，林木森秀，山中有神祠名灵山祠。正统七年(1442)，广东连帅王清来海南巡视，到此处游览，唐舟作陪，请王公赋诗一首。王公作五言诗一首云："烧香游神祠，松风生微寒。高歌携金樽，颓然青云间。"共二十字，皆为平声。随行官员丨九人以此二丨字为韵，分韵赋诗，编为《游灵山庙诗集》，唐舟为之作序。回到城中，又有不少地方名流纷纷酬唱。"宫商相宣，珠璧交映，匪但发灵山之胜，固足昭大平之盛"，成为琼州一时盛事，被视为可与晋代王羲之等的兰亭雅集相提并论。[①] 唐舟时为御史，丘濬为举人，皆参与了这一盛会。琼州著名诗人王佐当时年纪尚幼，但对此次盛会也留有深刻印象，后来在《琼台外纪》中，有所记载："都指挥王清游灵山有五言绝句，皆平声，分韵题诗有集，佐童时略记一二联警句。'青'字韵中联云'一时宾从头皆黑，千载江山□尚青'，御史唐舟诗也。'拼'字韵中联云'深院有人冂也吠，空庭无主燕于飞'，举人丘濬诗也。今全本不可复得。"[②]唐胄作为唐舟族人，家中大概存有《游灵山庙诗集》全本，他在《正德琼台志》中，不仅记载了这　盛事，而且附录了御史唐舟和侍郎陈琏的序，以及众人的唱和之作，称："余后郡中士夫续和附集，珠玉尚多，惜皆遗亡矣。"[③]这是琼州文化史上的一大盛事，这次盛事主要由唐舟发起，而唐胄则为我们保留了珍贵的历史记录。"攀丹唐氏"对琼州地域文化的影响力，由此可见一斑。

(二) 丘濬与"攀丹唐氏"

"攀丹唐氏"对琼州教育事业的发展，作出了突出贡献。其族

---

① 唐胄等：《正德琼台志》，彭静中点校，海南出版社 2006 年版，第 82 页。
② 同上书，第 84 页。
③ 同上书，第 81—84 页。

人不但在府学、县学中任教职，还在家中开办义学。海南历史文化名人中最具影响力的丘濬、海瑞，都曾经在“攀丹唐氏”开办的义学中读书，受其文化沾溉。

丘濬与“攀丹唐氏”过从甚密。丘濬曾说：“予去家，官禁近逾十年，其心未尝一日不在大海之南，而于下田、蕃诞之间，尤切切然也。”他还有诗写道：“海南风俗颇淳和，山水清幽海味多。有约他年重结社，下田、蕃诞日相过。”①

蕃诞唐氏家族中，与丘濬交往最为密切的，一是与丘濬同住在下田村的唐瑜，二是家住在蕃诞村的唐寅一家。

唐瑜是唐震的第八代子孙，属于长房支。唐瑜字景瑾，又字重器，工诗能文，是一位淡泊名利的隐士。他曾在城西一里外建了一间屋子，取名“竹轩”，晚年每日与宾朋觞咏其间。唐瑜的儿子唐翱和唐胄是在同一年考取的举人。唐瑜自少和丘濬是好朋友，丘濬曾有诗赠唐瑜：“归去下田村，兄弟无几存。寄声唐重器，交谊约重敦。”②

唐寅也是唐震的第八代子孙，属于四房支。唐寅字汝恭，号履正，也是一位隐士，广行阴德。丘濬曾为唐寅作《留耕亭记》一文，文中称赞“唐氏世多贤”，自称是唐寅的“通家子”。唐寅的弟弟唐敬，字汝简，号履信，是宣德丙午科（1426）举人，曾任湖广衡州府通判。唐敬与丘濬的关系也很好，丘濬有《赠归田乐序并诗》送给他。唐寅的长子唐便，字彦宜，号留耕逸士，与丘濬是好友。丘濬有诗十二首赠之。

丘濬取进士后，长期生活在京城。成化年间，丘濬回乡守制。丘濬回到家乡后，作了《琼山县学记》一文，赞美当时的琼州“衣冠礼乐之盛，固无以异于中州，其视齐鲁亦或有过之者”③。他还兴

---

① 唐胄等：《正德琼台志》，彭静中点校，海南出版社 2006 年版，第 86 页。
② 同上书，第 489 页。
③ 同上书，第 353 页。

建了学士庄和藏书石室，对海南文化的发展起到了一定的带动作用。丘濬在返乡之前，从翰林院馆阁藏书中找到了岭南先贤唐代丞相张九龄的《曲江集》和宋代名臣余靖的《武溪集》，亲手抄录下来，带回家乡。后来，这两本书被刊刻出版，在岭南地区广为传播。何乔新《光禄大夫武英殿大学士文庄公丘公神道碑文》云："岭南人物，自张文献公有声于唐，余襄公、崔清献公有声于宋，迨公四人焉。公晚登政府，疾病半之，故见于功业者，仅若此。然，《大学衍义补》一书，其经济可见矣，《朱子学的》一书，其为理学亦可知矣。理学、经济兼而有之，使得久其位尽行其言，相业岂三君子可及哉？！"①在历史上，丘濬与唐代张九龄、宋代余靖、崔与之齐名，有"岭南四大儒"之称。他们的经历和著作成为激励岭南士子奋发有为的榜样。包括唐胄在内的许多年轻人，都从中汲取了无穷的精神力量。

明宪宗成化九年（1473），丘濬服丧期满，返回京城。这一年，唐胄年方三岁。成化二十三年（1487），唐胄十七岁的时候，丘濬写成《大学衍义补》，呈献给皇帝。弘治四年（1491），唐胄二十一岁的时候，丘濬由礼部尚书升任文渊阁大学士，参预机务。弘治八年（1495），唐胄二十五岁的这一年，丘濬去世。伴随丘濬尸骨南归的，除了皇帝钦赐的白金绮币外，惟有图书数万卷而已。

丘濬虽然是海南人，但长期生活在北京，与唐胄并没有直接的交往。但在唐胄成长的过程中，丘濬一直是唐胄精神上的导师和榜样，给唐胄带来了巨大的鼓舞和力量，这一点是可以想见的。

丘濬娶过一位侧室，姓唐，人称丘唐氏，据说是唐舟的女儿，是一位有名的女诗人。但《唐氏家谱》中并未记载此事。又，据说丘濬的曾孙丘郊，娶了唐胄的女儿为妻，此事亦为《唐氏家谱》所未载。丘郊曾任尚宝丞之职。

---

① 丘濬：《丘濬集·附录一》，周伟民等点校，海南出版社 2006 年版，第 5049 页。

（三）“攀丹唐氏”对王弘诲、海瑞等人的影响

唐舟的事迹，对丘濬的成长道路起了重要影响。唐胄的精神，则对王弘诲、海瑞等后辈有深远影响。

王弘诲是琼州府定安县人，于嘉靖四十四年（1565）考中进士，被选拔为翰林院庶吉士。王弘诲从小就听家乡的父老长辈谈论唐胄的事迹，对唐胄十分敬仰。后来入京为官，在参与编修国史的过程中，读到了唐胄的不少奏疏，不由得击节赞叹，说：“嗟夫，若西洲公者，岂不毅然大丈夫哉！”[①]意思是说，像唐胄这样的人，难道不正是坚毅伟岸的大丈夫吗？王弘诲在京城见到许多当官的缙绅士大夫，他们平日里信誓旦旦，夸夸其谈，似乎没有什么事情能难得倒他们。而一到国家的紧要关头，这些人就变得含糊其词，鼠首两端，甚至于噤口不言，以保全自己的位子。王弘诲认为，这样的人与唐胄相比，真应该感到羞愧呀。

王弘诲这样说，也是有感而发的。王弘诲考中进士后的第二年，即嘉靖四十五年（1566），琼山人海瑞向明世宗呈上了著名的《直言天下第一事疏》（又名《论治安疏》），惹得明世宗大怒，将海瑞投入监狱当中。当时，王弘诲不顾个人安危，去监狱探望海瑞。海瑞正是继承和发扬了唐胄直言敢谏的精神。在王弘诲心目中，唐胄和海瑞都是海南人民的骄傲，都是他敬仰的英雄。因此，当接到唐穆的来信，请他为唐胄撰写神道碑时，王弘诲欣然答应。

王弘诲撰写的《通议大夫户部左侍郎赠都察院右都御史西洲唐公神道碑》（简称《唐公神道碑》），文末有一段铭文，热情地赞美了唐胄的高风亮节：“批鳞削籍，易世旌忠。赠爵祭葬，愍恤优隆。已化者人，弗朽者德。郁郁佳城，过者其式。”[②]意思是说，唐胄因为大胆建言，得罪了明世宗被削职，明世宗去世后，唐胄终于得以平冤昭雪，因忠直而受到朝廷的表彰，被赠爵赐葬。虽然唐胄已经

---

① 王弘诲：《天池草》，王力平点校，海南出版社 2006 年版，第 412 页。
② 同上书，第 416 页。

去世了，但他的高尚品德永垂不朽。人们经过唐胄的墓地时，要记得以他为榜样。

王弘诲与海瑞是至交，海瑞因言事下狱，王弘诲不避嫌忌，去狱中探望海瑞。海瑞去世后，王弘诲作《海忠介公传》，热情地赞美了海瑞的精神。

据说海瑞年幼时也曾经和唐胄的三个儿子在一起读书，虽然此说没有确切的文献记载，但唐胄对海瑞的思想影响确实是存在的。

唐胄是介于丘濬和海瑞之间的过渡人物。由于出身文化世家，唐胄在待人接物方面更加注意方式技巧，思想略显平和、保守，但其刚直不阿的精神，大义凛然的风骨，同样给后人留下了深刻印象。海瑞、王弘诲都以直言敢谏著称，其精神与唐胄是一脉相承的，他们共同谱写了海南文化史的辉煌篇章，为后人留下了一笔宝贵的精神财富。

第二章 唐胄交游考论

唐胄为人正直，但并不像丘濬、海瑞那样孤高自许。唐胄在与人相处时，态度亲切友善。他不但关心族人，而且乐于交友。不论隐居海滨，还是游宦各地、在朝为官，所到之处，都结交了不少良师益友。

唐胄生活的时代，政治风云变幻莫测，思想界、文化界也是风起云涌。由于唐胄考取进士不久便回到海南，在故乡隐居了将近二十年，五十二岁方应召复起，此后游宦各地，六十六岁始进京任户部侍郎，两年后便因触犯圣怒而削籍还乡，生前又不肯自编文集，其交游资料保存下来的不多，主要见于《正德琼台志》和后人搜辑的《传芳集》，以及少数友人的文集。从这些资料看，唐胄所交，多为一时名贤、耿介正直之士，皆属道义之交。研究唐胄的交游，不仅可以深化对其本人思想的认识，同时也有助于深化对海南文化、岭南文化乃至明中叶整个社会政治、思想、文化面貌的了解。

第一节 唐胄与入琼官员交游考

唐宋时期，推动海南文教事业发展者，多为贬官，如唐代的王义方、宋代的苏轼等。明代，伴随着科举制度在岭南地区的日益健全、完善，从内地来到海南的文化名流，不仅有贬官，还有越来越多的提学等官员。他们在海南兴办学校，提携后进，以身为范，促进了海南文化教育事业的发展。而丘濬、唐胄、海瑞等海南历史文化名人，也通过科举考试，在中国文化史上产生了重大影响，让内地对海南文人的独特风骨留下了深刻印象，进而对海南文化有了更加深入、全面的认识。

唐代以前，岭南地区的文化一直相对闭塞。到了明初，岭南、海南文化实现了跨越式发展，科举制度在这一过程中，起了重要的推动作用。科举制度肇始于隋末唐初。宋代，科举社会影响日益扩大。作为中国最边远的地区之一，海南的科举文化，在宋代已渐有起色。唐胄《正德琼台志》指出："科目自隋莫盛于进士。琼在宋，四榜连破天荒，又继以年少探花，为人争艳。所以盛启乎后有自矣。"①

至明初，科举与学校教育紧密衔接，中国科举社会开始进入鼎盛阶段。虽然世人对科举制度有种种批判，但科举制度也并非一无是处。在科举制度下，每隔三年，读书人就要到省城参加乡试，到京城参加会试，考取进士后，又到各地为官。这对促进各地区文化交流，无疑是大有裨益的。特别是对于海南、岭南这样地处偏远的地区，科举成为促进与内地文化交流的一条重要纽带。

内地来琼的提学官员，在唐胄成长道路上扮演过明师、知音的重要角色者，主要有宋端仪、方良永等。

一、宋端仪

宋端仪（1447—1501），字孔时，福建莆田人，成化十七年（1481）进士，弘治九年（1496）任广东提学佥事。他在广东期间，尽心于教育，"躬历列郡，教行艺，课勤怠，虽瘴乡海岛，无所不至"。宋端仪曾两次涉海过琼。第一次是在弘治十年（1497），第二次是

① 唐胄等：《正德琼台志》，彭静中点校，海南出版社2006年版，第767页。

在弘治十三年(1500)。

据地方志记载,宋端仪任广东提学佥事时,“崇正学,严考课,教人必身先表率,而痛抑浮诞奇险之习,甄别造就,一时号称得士……琼崖诸州远在海岛,前此有九年仅一试者。端仪未及五载两涉鲸波,巡抚嘉其勤,疏乞旌擢,而端仪以冲冒炎瘴病死,远近奔哭,琼士祀之仰止祠”①。

宋端仪为人正直,学养深厚。他在礼部任职时,云南缺提学官,部里的长官一致推荐宋端仪,有人将这个好消息事先透露给宋端仪,宋端仪曰:“启事未登,已喧众口,人其谓我干乞乎!”②意思是说:“公文还未下达,已经传得沸沸扬扬,别人一定以为是我托了关系,走了门路!”于是坚决辞掉了这一职务。

宋端仪与丘濬还有一段“过节”。宋端仪当年在国子监读书时,深受祭酒丘濬器重。“及濬柄政,未尝一造其门。广东提学缺,部以端仪名上,濬竟沮之。濬卒,始以按察佥事督广东学校。”③

宋端仪十分好学,他曾著有《通书解》《纲目凡例》《宋行朝录》《莆阳广左志》《群书纂要》《诗传考证》《考亭渊源录》《革除录》《立斋闲录》等书。《立斋闲录》四卷,乃宋端仪杂采明代官府档案、方志、明人文集、碑志及笔记诸书所成,记明太祖吴元年(1367)至宪宗成化年间典故、人物,其中有关建文革除年间的记载最富史料价值。鲁迅先生《病后杂谈之余》一文提及,他曾收藏过一部《立斋闲录》明抄本,并深受其影响。④

宋端仪很注意用历史名贤的事迹来激励海南士子。弘治十年(1497),提学佥事宋端仪第一次来海南视学。他看到府学北面的东坡祠、澹庵祠均荒废已久,于是在府学仪门的东面创建了仰止

① 朱为潮主修,李熙、王国宪总纂:《民国琼山县志》第4册,邓玲、邓红点校,海南出版社2006年版,第1435页。
② 张廷玉等:《明史》卷一百六十一,中华书局2000年版,第2921页。
③ 同上。
④ 鲁迅:《且介亭杂文》,《鲁迅全集》第6册,人民文学出版社2005年版,第185页。

堂，用来祭祀唐代李德裕等三十一位来过海南的名贤。弘治十三年（1500），宋端仪第二次来海南，查得云从龙曾仕宋，后又仕元，遂革去其名贤神位，而增祀张应科、赵与珞。后来，唐胄复出为官之初，便建议朝廷立祠纪念赵与珞，不能不说是受到了宋端仪的影响。宋端仪曾于弘治十年（1497）主持刊刻宋代岭南籍名相崔与之的《言行录》，以此激励岭南士子。这本书对唐胄也产生了重要影响。数十年后，唐胄在《言行录》基础上加以增补，重新刻印了崔与之的别集《崔清献公全录》。

宋端仪颇有慧眼识珠的本领。据钟芳《唐公墓志铭》记载，唐胄"幼颖敏，博通经史百家，由郡学有声，督学宋公首奖拔之"[①]。海南岛由于交通不便，很多学子不愿渡海参加乡试和会试，有的学子甚至九年才赴考一次。宋端仪任广东提学佥事之后，于弘治十年（1497）来到海南，积极动员学子应试。次年，正是在宋端仪的动员下，二十六岁的唐胄赴省城广州应乡试，一举夺得礼魁、亚元。和唐胄一并中举的海南士子还有陈实、唐翱等。宋端仪选拔出来的唐胄、陈实、黄芳、张士衡等海南士子，在弘治十五年（1502）和正德三年（1508）都先后考取了进士。

弘治十五年（1502），宋端仪因积劳成疾，卒于任。宋端仪去世后，新来的佥事兼兵备副使方良永将宋端仪入祀仰止祠，列为琼州名贤。对于宋端仪的知遇之恩和高尚人格，唐胄一直念念不忘。唐胄在《正德琼台志》的"名宦"一节中，称赞宋端仪"操履纯固，造诣宏深。崇正学以端化本，峻条约以成士习。弘治丁巳、庚申，再涉鲸波，遍历州县，沐范者慝消，仰德者心醉随历"[②]，并引用方良永对宋端仪的评价："维公问学赅博，德量渊宏。贤科高第，乔梓争荣。为后学之山斗，作斯文之准绳。崇正学以端教本，留著述以迪

① 钟芳：《钟筠溪集》卷十七，周济夫点校，海南出版社 2006 年版，第 367 页。
② 唐胄等：《正德琼台志》，彭静中点校，海南出版社 2006 年版，第 712 页。

后生。威德并著于宪台，恩义洽人之骨髓。”①可以说，宋端仪不仅是唐胄的伯乐，更是唐胄的楷模，在治学、为官、立身、处世等方面都对唐胄产生了积极影响。

二、方良永

方良永(1454—1528)，字寿卿，福建莆田人，弘治三年(1490)进士。作为宋端仪的继任者，广东按察司佥事方良永来到海南后不久，适逢琼州黎族人符南蛇起义，聚众四万，儋州、昌化等州县的守吏多弃城逃走。方良永奉总督刘大夏之命兼摄兵备。方良永是一位正直而有才具的官员，他首先对起义军采取招抚政策，但符南蛇不肯投降，方良永只好调集防海兵镇压起义军。方良永治兵甚严，军民都对他十分敬畏。当时有与方良永持不同意见者，贪功轻进，招致惨败，担心受罚，于是将战斗失利的罪名推诿到方良永的头上。幸亏此时刘大夏已升任兵部尚书，他深知“海南之功，当以方佥事为第一”，为其在皇帝面前辩白，方良永这才免于遭人诬陷。后调任海北道兵备。唐胄后来主持修纂《正德琼台志·名宦》时，将方良永列入予以表彰。

方良永为人外和内刚，平日待人谦冲，临事则奋发不可夺。武宗初，太监刘谨弄权，武宗不御殿，朝见者照例到左顺门行顿首礼。良永服毕回京，鸿胪寺官引他行礼如议，又要引其向刘瑾辈作揖，良永不顾，拂袖而去。刘瑾含怒于心。有人劝良永另行往谒，以免惹事，良永不纳，瑾更加怒恨。恰海南有人讼诉命案，刘瑾故将此案连在良永身上。幸得刑部郎中周敏竭力辩诬，良永才免于祸。

正德五年(1510)，刘瑾被诛后，方良永被起用为湖广副使，不久擢升为广西按察使，因揭发巡按御史朱志荣的罪行，升任山东右布政使，后又改调浙江任左布政使。当时，被正德皇帝收为义子的

① 唐胄等:《正德琼台志》，彭静中点校，海南出版社2006年版，第712页。

钱宁，在江浙一带大肆搜刮民财，公卿台谏无敢出一语，唯有方良永毅然上疏，义正辞严，请诛钱宁。钱宁大惧，不得不为之收敛。此后，方良永念及家有老母，担心钱宁伺机报复，于是辞官归里。嘉靖初，方良永被任命为刑部尚书，但未及赴任便逝世了，终年74岁。讣闻，赐祭葬，谥简肃。

唐胄于弘治十五年(1502)春赴京参加会试，考中进士，当年因父丧回到海南，从此开始了将近二十年的隐居生活。后来唐胄复出为官，于嘉靖三年(1524)八月，被委任为广西提学佥事。来到广西不久，唐胄收到了方良永的一封来信。

方良永曾在琼州大力发展教育事业，也曾在广西为官，听到唐胄出任广西提学佥事的消息，他非常高兴，凑巧他的弟弟途经广西，于是捎致书信一封，题为《与唐西洲督学》。在信中，方良永首先对唐胄等琼州士民将自己列入琼州先贤祠表彰一事表示感谢，接着诉说了自己辞官之后的情形，“老境侵寻，病先腰膝，恐卒老以死”，不能再为国家效力了。最后，他勉励唐胄：“执事以宿学重望，为朝廷作养人材，以需时用，此报称第一事也。”“幸甘久任，以成此第一件事，实生迂阔之望也。”①

唐胄读罢来信，内心十分感动。初到广西为官时，唐胄也曾产生过失落感。方良永的来信，让唐胄认识到，越是在广西这种偏远地区，发展教育事业越发重要。正如恩师宋端仪、方良永在琼州大力兴学一样，唐胄下定决心，也要为广西的教育事业尽一份心，出一份力。

唐胄复出为官期间，一直将方良永作为榜样。《正德琼台志》卷三十三“名宦”有一段方良永的小传：“方良永，字寿卿，莆田人，佥事。弘治辛酉，分巡兼管兵备。廉明干济，兵民悦服。时调广右狼兵征儋蛇贼，所过民苦搔扰。至入境，独不敢犯。”②方良永任广

① 方良永《方简肃文集》卷十，《文渊阁四库全书》本。
② 唐胄等：《正德琼台志》，彭静中点校，海南出版社2006年版，第712页。

东按察司佥事时,政府调集广右(广西)狼兵镇压琼州符南蛇起义,官军所过之处多有骚扰,而经过方良永统辖的地区时,立刻收敛气焰,秋毫不敢犯,居民的日常生活几乎没有受到任何干扰。

唐胄在广西为官时,田州也曾发生战乱,朝廷"调永保钩刀手,所过横扰,民多迁避。公迓于义宁,榜谕禁戢,择楼居十余所聚少艾闭之,令民随贫富宰牲置酒食迎主其家,去则具数给官钱以偿兵,众欢感,比去晏然。父老咸曰:'县自国初三过土兵,未有若此肃者。'"(钟芳《故户部左侍郎唐公墓志铭》)①

据史载,方良永每到一处,都命令属官登记他的行李,离任之时,打开行李箱,命人检查核对,以表清白;而唐胄也是"每去任,供账什器纤毫皆案委籍记,事事不苟如此"②。凡此种种,均可以见出方良永对唐胄的深刻影响。

三、王弘

王弘(1460—1535),字叔毅,号巴山,南直隶广洋卫(今江苏南京市六合区马集巴山)人。和唐胄一样,王弘青年时代,也是当地著名才俊,乡试中夺得"礼魁"。他夙负天才,评骘古今,沉潜理学,以名节自砥砺,颇受著名学者庄昶赏识,庄昶还把自己的女儿许配给了王弘。

庄昶(1437—1499),字孔阳,学者称"定山先生",江浦孝义(今江苏南京)人,是成化年间著名的"翰林四谏"之一,因直言敢谏被罢官,晚年隐居不仕。庄昶与岭南大儒陈献章齐名,其诗效仿"击壤体",颇有特色,被称为"定山体",又与陈献章的"白沙体"并称为"庄陈体"。

明孝宗弘治六年(1493),王弘考取进士。唐胄于弘治十五年(1502)考取进士,王弘也在朝为官,两人在京城曾经有过一段交

---

① 钟芳:《钟筠溪集》,周济夫点校,海南出版社 2006 年版,第 369 页。
② 同上。

往。唐胄在京不到一年，便因父丧返回海南。

正德元年(1506)，王弘升任南京福建道监察御史。当时宦官刘瑾乱政，内阁大学士刘健、谢迁被迫辞职。王弘偕薄彦徽等上疏，请留任刘健、谢迁，痛斥刘瑾罪行，因得罪刘瑾而遭杖刑，被削职为民。正德五年(1510)，刘瑾伏诛，王弘获重新起用，被任命为广东佥事摄学政。在广东任职期间，他慧眼识才，据《万历六合县志》记载："时霍韬、伦以训在生儒中尚落人后，弘首嘉奖进，众服其明。"后来，霍韬、伦以训在科举考试中均高中会元。

正德十二年(1517)后，王弘升任广东按察司副使，期间多次来到海南，"专教道义，纠贪吏，祀先儒，风采凛凛"(《万历六合县志》)。后来却因为得罪权贵，被迫挂冠还乡，隐居巴山之麓，去世后，被当地老百姓请进乡贤祠、忠贤祠供奉。

正德十四年(1519)十月，王弘来海南。当时，唐胄母亲刚去世不久，王弘前往吊唁。此时，唐胄隐居已长达十八年之久。在故乡隐居期间，唐胄闭门读书，广东布政使司参议、清河人张简为其读书之所题匾，命名为"养优书院"。唐胄母亲去世后，王弘认为唐胄孝道已尽，不再有后顾之忧，应该考虑复出事宜了，遂将"养优书院"易名为"西洲书院"，并作《西洲书院记》。

在《西洲书院记》中，王弘首先以深情的笔墨，借用唐胄回忆的口吻，娓娓道出唐胄为尽孝道而放弃仕途，以及隐居期间不废攻读的事迹，并回忆了自己与唐胄交往的过程："却忆京师时，会公馆舍，距今十有八年。万里之外得复拜公西洲书院。"①王弘十分了解唐胄，知道唐胄始终胸怀天下，于是勉励唐胄："男子生而县(悬)弧，宇宙皆所有之分内事。""是将移孝于忠，出而建久大功业，将谋谟庙堂，或经营四方，畏天命而悲人穷，以天下豪杰自负，必天下苍生是望，使匹夫匹妇得蒙至治之泽。是则大丈夫所以扫除天下者

---

① 唐胄等：《正德琼台志》卷十七，彭静中点校，海南出版社2006年版，第395页。

在是，安事一室乎？所以万里封侯者在是，久事笔砚乎？夫然后归而西洲书院未晚也。”[①]同时，王弘自己因得罪权贵，此时已萌生退意。王弘也请唐胄为自己的《海南稿》作序。他说：“痛惟吾母已不在世，先人之弊庐巴山尚无恙，兹欲携海南稿而归，得一言冠诸其上，置诸经书子史之末，适足以为吾道之光。巴山草堂，白头柱杖，倘海南人过而寄声，宁不为去后之思矣乎？”[②]

王弘一直将唐胄视为志同道合的朋友。两人都才学过人，志向远大，胸怀天下。但官场黑暗，虽皆有“兼济天下”之志，却不得不“独善其身”，选择归隐。王弘其实是有志于为海南文化发展尽一份力的，他打算退出官场，实在是被逼无奈。王弘担心唐胄不理解自己，于是在文章的最后写道：“请以奉公，公无亦曰海滨邹鲁之风，试问东坡与近日丘老，皆文章钜公，正中国道化所及，骎骎乎而独盛。巴山乃汲汲欲归，或者殆未之知也。”[③]这里，王弘以东坡自喻，暗示自己在仕途上遭遇的坎坷和挫折。同时，又以丘濬为例，希望唐胄走出海南，去开创一番功业。

其实，唐胄又怎么会不理解王弘呢？唐胄和王弘初会于弘治十五年（1502），时值“弘治中兴”，正是明代政治史上的一段黄金时代，可以想见，两人初会时，都是意气风发，想要大有一番作为的。但唐胄却因父丧归乡守制。三年后，唐胄丧服期满，又赶上刘瑾乱政，遂选择留在故乡侍养母亲。王弘留在官场，也没有向刘瑾屈服，而是勇敢地进行斗争，因此被落职。刘瑾垮台后，王弘又重返仕途。时隔近二十年，两人又在海南重逢。这一次，王弘自己要选择归隐，却勉励唐胄出山。两人虽然经历不同，却同样体现出正直士人的风骨。

唐胄主持编纂的《正德琼台志》，除收录王弘《西洲书院记》外，

---

① 唐胄等：《正德琼台志》卷十七，彭静中点校，海南出版社2006年版，第395页。
② 同上。
③ 同上。

还收录了王弘其他的一些诗文，如《正德琼台志》卷七“风俗·节序·放烟火”附录了王弘诗二首并序；卷二十六“景贤祠”附录了王弘诗二首以及唐胄和韵之诗。

唐胄入仕之前的二十余年间，以及考取进士后将近二十年的归乡隐居岁月中，还与许多入琼官员有过交往。这里不再一一述及。

第二节　唐胄与海南士人交游考

唐胄是海南人，考中进士后又在家乡长期隐居，年过半百方才复出为官，其交往最多的当然也是海南人。与唐胄有交往的海南士人，大致可以分为三类：一是前辈士人，如王佐等；二是同辈士人，如钟芳、吴诚、杨碧、唐翱、陈实等；三是后辈士人，如周世昭等。下面择要述之。

一、唐胄青年时代交游略考

关于唐胄青年时代的事迹，文献记载有限。从唐胄本人的诗文中，我们可以略知一二。

> 乡曲仰前修，每恨时不遇。再濯湄丘波，三洒深庵涕。[①]

这是唐胄在《谒桐乡王汝学先生》一诗中发出的感喟。这首诗是为临高名士王佐而作。王佐在文学上对唐胄影响深远，是唐胄十分敬重的一位良师。关于唐胄与王佐的交游事迹，我们将在后文详述。这里先就诗中提及的“前修”略加介绍。

---

① 唐胄等：《传芳集》，刘美新点校，海南出版社2006年版，第185页。

据《正德琼台志》记载："广于天下为远藩，仕籍华秩已少，况琼于广又为远郡。成化二年秋，薛公远户部尚书，邢公宥都御史，丘公濬翰林学士，皆在一月，恐虽天下望郡亦希。海外衣冠胜事，真奇逢也。"①成化二年（1466）秋天，琼州籍的薛远、邢宥、丘濬同时获得朝廷重用，这对于孤悬海外的海南乃至整个岭南地区而言，都是前所未有的"衣冠胜事"。时人有诗曰："朝端一旦欢传遍，岭海千年气概增。"（吴县奚昌诗）"彬彬文彩昭临下，欢动琼南士大夫。"（王宏诗）②

薛远（1414—1495），字继远，为薛祥之孙。薛祥是安徽无为人，洪武间（1368—1398）官至工部尚书，后坐累杖死，天下哀之。子四人，谪琼州，遂为琼山人。薛远出生于海南，宣德十年（1435）中举，正统七年（1442）考中进士，官至南京兵部尚书。后以忤汪直免官。《正德琼台志》称其"沉潜有猷，为善处烦剧而通变就事，六卿中多推之"③。

邢宥（1416—1481），字克宽，号湄丘。文昌人。正统十三年（1448）年进士。历任四川监察御史，浙江台州知府，浙江布政司左参政、右佥都御史，都察院左佥都御史等职。成化六年（1470）辞官，回到故乡文昌，以读书写作自娱，著有《湄丘集》十卷，今存二卷。《正德琼台志》称其"乡评自唐宋以来，海南人物罕见"④。

丘濬（1421—1495），字仲深，琼山人，正统九年（1444）考取广东乡试第一。景泰五年（1454）举进士及第，选为翰林院庶吉士，官至少保、户部尚书、武英殿大学士。弘治八年（1495）卒于任，终年七十六岁，追赠太傅，谥"文庄"。丘濬为明代理学名臣，一生著作极丰，主要有《大学衍义补》《琼台会稿》《朱子学的》等。

---

① 唐胄等：《正德琼台志》卷四十二，彭静中点校，海南出版社 2006 年版，第 875 页。
② 同上。
③ 同上书，第 743 页。
④ 同上书，第 744 页。

与以上三人同时代的，还有一位林杰，字廷宾，琼山宅念人，景泰庚午(1450)经魁。与丘濬同年成进士，官至浙江副佥都御使(正七品)。年八十一而终。

成化七年(1471)，广东按察司副使涂棐在琼州府城为此四人修建了一座“表贤亭”。当时的提学佥事胡荣曾有记云：“矧之四贤俱发轫巍科，接踵要路。猷为足以顺义时政，风裁足以激浊扬清，文章足以补助道化，实琼人之师，海内之望也。”①

唐胄出生于成化七年(1471)，正是“表贤亭”落成之年。青年时代的唐胄，一直以“四贤”为榜样，但“四贤”均在内地为官，很少回到海南。唐胄28岁中举时，“四贤”已相继辞世。

无缘直接领略邢宥、丘濬这些前贤的风采，是唐胄最引以为憾的事情。所幸的是，在唐胄成长的道路上，也不乏良师益友相伴。

青年时代的唐胄，受家庭影响，对诗文颇感兴趣，并结交了一些诗友，杨碧是其中之一。杨碧，海南卫(今海南省)人。自少工诗，旁通真草篆隶。《正德琼台志》卷三十七“文学”有传。

《正德琼台志》卷九记载了海南的 种土产 晒蚬。所谓“晒蚬”，是指海南人：“盛夏取生蚬，以酒盐苏蒜拌，罨之，瓦上暴十。按酒最佳。”②唐胄颇好此味，曾作诗咏之：“一禽戒非孝，篭蜊怜赤族。苟时法不禁，况乃意向属。平生毛错馋，晒蚬一掬足。水暖溪沙清，趁采供欲逐。椒盐溅蒜苏，瓦烈风味纳。破齿糟自香，洗尽菜根腹。珍鼎恐未兼，情私欲献曝。死怪河豚痴，癖笑蟹螯独。醉乡苟未知，醺旺空醪醁。何劳笑粗人，销帐香羔肉。人生在适情，秋鲈思乡屋。坡仙向来知，愈厌蒸压玉。”③

唐胄的友人杨碧也和诗一首：“长江俯清澳，粤乡多介族。车鉴与蛤用，引类为尔属。负甲小途钱，沙泥聊自足。南熏舞老稚，

① 唐胄等：《正德琼台志》卷二十四，彭静中点校，海南出版社2006年版，第481页。
② 唐胄等：《正德琼台志》，彭静中点校，海南出版社2006年版，第212页。
③ 同上。

携篭日相逐。野情超鲜腥，荡析适盈掬。芼以苏蒜盐，吻合香贮腹。不樵堕润松，登瓦事庭曝。未辄一饷间，破齿风味独。披襟坐茆茨，拉侪注醺醁。昔卷龟壳如，何须举山肉？倾海仍独醒，恨靡荐金星。渴来烧月铛，余馨漱寒玉。”①

《正德琼台志》还收录了杨碧的其他诗文，如：《正德琼台志》卷七“风俗”，还附录了杨碧咏《放烟火》《重阳》《除夕》等诗②；卷八“土产”，附录了《蛱蝶》《玉簪》《椰子》等。

唐胄年轻时的诗文，保存下来的并不多。《杖策壮游序》有可能是其少作之一。从《杖策壮游序》可见，青年时代的唐胄，意气风发，志向远大。他虽然热爱文学，但并不像父亲唐正和弟弟唐冕一样耽于吟诗，而是心存济世之志，并经常与琼州的年轻学子们一起互相激励。

唐胄有一位叫屠正夫的朋友要出门远行，离开琼州渡海去内地，为某巡抚担任幕僚。唐胄和士友们都去为屠正夫送行。大家在白沙门的渡海口摆下酒席，饮酒歌诗，气氛十分热烈。屠正夫出身于武官世家，但酷爱读书，堪称文武兼备，年轻有为，性格十分豪迈。席间众人的诗文，汇集成一卷，题为《杖策壮游卷》。众人齐推唐胄为之作序。唐胄也不推辞，当场挥毫。他在序文的开头写道：“纨绮苦不宁，竹帛羞不芳。”生活在绮罗丛中，过富贵却无所事事的生活，不能使内心得到安宁。人生在世，应该追求青史流芳。古代的纵横家，整日在各国之间奔走游说，不能说没有远游过，但君子不以之为壮，为什么呢？因为他们凭借三寸不烂之舌，追求的是自己的功名富贵，而不是真正为天下人着想。古代善于远游者：“遍历衡、华、恒、岱、洞庭、云梦、鄱阳、九疑、苍梧之区，以尽天下大观，一求助吾气以成名世之文，当世岌岌之时，建南阳落落之荣，为

---

① 唐胄等：《正德琼台志》，彭静中点校，海南出版社 2006 年版，第 212 页。
② 同上书，第 145 页。

邺都汲汲之追，以成安世之武，抱之宏而成也大，则其出也岂小哉！”[①]应该向汉代的司马迁学习，司马迁在年轻时代行万里路，漫游天下，形成博大的胸襟，后来写成《史记》。在举世汲汲于追求功名利禄的时候，应该学习的是三国时代的诸葛亮，以及建安时代的邺下文人，要有建功立业的远大理想抱负，不图一时安乐，这样才能成就一番更大的事业，这样的离家远行才是真正的壮游。

不仅要读万卷书，还要行万里路，要做“天下士”。唐胄用这段话来勉励他的朋友，这也正是他自己的内心写照。

从文中“士友咸载酒歌诗，饯之海门”一句看，唐胄当时还是士子的身份，此文当作于考取进士之前。该文虽然热情洋溢，但语言明显带有雕琢痕迹。这大概是受到当时在文坛上刚刚崛起的“前七子”复古风气的影响。

中年以后，唐胄的文风有所转变。一方面，这与其考取进士后的思想更加成熟有关；另一方面，海南著名诗人王佐对唐胄的影响也不容忽视。

二、王佐

王佐（1428—1512），字汝学，琼州府临高县蚕村人。正统十二年（1447）举人，一生仕途不畅，官至江西临江府同知，晚年弃官归里，居透滩，门巷多刺桐，故自号桐乡。王佐生平雅澹，唯耽书史，至老不倦。所著有《鸡肋集》《经籍目略》《原教篇》《庚申录》《琼台外纪》等，其《珠崖录》曾进呈御览。王佐以文行闻名于世，时人称其博学多识，见道精审，诗词温厚和平，文气昌明正大，可比唐宋诸大家。后人将王佐与丘濬、海瑞、张岳崧并称为“海南四大才子”“海南四绝”。

王佐与攀丹唐氏家族颇有渊源。王佐的父亲王原恺曾任临高

---

① 张邦翼：《岭南文献》卷十，齐鲁书社2001年版，第339页。

县抚黎县丞。王佐七岁的时候父亲去世，是母亲唐朝选独立将其抚育成人。唐朝选出身于攀丹唐氏，她的父亲唐瑶是唐震的第七代子孙，属于四房支。唐朝选聪颖过人，她旁听家中子弟们读书，听过几遍之后，不但能牢记于心，还能够讲解出文中的含义。有的长辈听说之后，特意考问她，唐朝选对答如流，令长辈们大为惊异。唐朝选身为女性，没有机会接受正规教育，但她通晓历代典故，平日性格庄重自持，一举一动都严守礼法。唐朝选育把自己对知识的满腔热爱和毕生期望，都寄托在儿子王佐身上。为了让王佐接受良好的教育，她把王佐送到人文荟萃的琼山县游学，先后拜唐舟、丘濬为师。

正统十二年(1447)，年方二十的王佐，在广东省乡试中以《礼经》第一名的身份考中了举人，但次年的会试没有考中进士，便留在北京国子监就读。在京城，王佐受到国子监祭酒吴节、司业闫禹锡的赏识，他们经常在内阁大学士李贤面前夸奖王佐，希望王佐在会试中一鸣惊人。王佐参加会试的时候，礼经房考官本来打算将他列为礼经第一名，但却被忌才妒能者黜落，结果未能考中进士。王佐后来先后担任过广东高州府、福建邵武府、江西临江府同知，所到之处，廉洁自守，不肯随时俯仰，所以为官二十余年，一直未获升迁。后辞官归里，以著书吟诗自娱。

王佐与攀丹唐氏家族过从甚密。从《鸡肋集》等文献中，可查到他和唐氏家族中的许多人都有诗文往来。如攀丹唐氏四房支的唐纲、唐宣、唐濂伯，长房支中的唐继祖和唐正、唐胄父子等人。

王佐有《别唐必大》一诗，在唐必大名字之后，王佐注明："母族人。"诗中写道：

十年游宦未还乡，每遇亲知倍感伤。
五夜漏催更苦短，两家情好话偏长。
凭君历历询州里，慰我悬悬念渭阳。

明发分襟还有待，九霄云路看飞扬。①

唐纲，字必大，攀丹唐氏第八代子孙，家住琼山东厢上那邕，是唐瑶的侄孙，曾任广西梧州府怀集县训导。这首诗大概是写于王佐任广东高州府同知之时。诗中提到的"渭阳"，是出自《诗经》中的一个典故，用来形容甥舅情谊。唐宣也是唐瑶的侄孙，攀丹唐氏第八代子孙，字远之，性情旷达，好游览山水，王佐亦有诗赠之。

王佐曾师从唐舟，因而与攀丹唐氏长房支的子孙也多有来往。唐继祖是唐舟的孙子，字善继，曾任湖广长沙卫经历。赴任之时，王佐有《武昌送唐善继之长沙卫经历》一诗赠之。唐继祖的妻子冯银，是一位著名的才女，王佐曾专门为之作传。

唐胄与王佐的交往，应始于王佐归乡之后，唐胄中举之前。王佐于成化二年(1466)任广东高州府同知，成化五年(1469)母亲唐朝选去世后，曾一度归乡。服丧期满，于成化十年(1474)任福建邵武府同知，而此时唐胄年仅三岁，两人当然不可能有什么交往。十五年后，即弘治二年(1489)，王佐改任江西临江府同知，晚年力请辞官归田。两人会面应始于弘治年间。时间下限不晚于弘治十一年(1498)，即唐胄考中举人的那一年。

唐胄有一首长诗，题为《谒桐乡王汝学先生》，表达了对王佐的仰慕之情。他在诗中颂扬王佐在京城国子监读书时，名震京师："渺以一南儒，京师避头地。"称赞王佐："耿耿胸中物，落落湖海气。汲古修绠深，董马在伯季。"赞美王佐学问之高，可比汉代的董仲舒、司马相如。同时，也对王佐时运不济、怀才不遇深表惋惜，"胡为柟凿殊，明眸尘土蔽。坐使万夫特，一麾老下吏"。称赞王佐的文章表面上平淡自然，其实滋味深厚，"对此鸡肋盘，佳味天然醍""玉屑凤脑香，芝丝驼橐腻"。唐胄认为，王佐的文风就像曾巩一

① 王佐：《鸡肋集》，刘剑三点校，海南出版社2006年版，第55页。

样，“所以南丰老，终与欧苏俪”。南丰即曾巩，他的文风平实自然，与欧阳修、苏轼等齐名，乃“唐宋八大家”之一。最后希望王佐晚年发挥余热，有所作为，百尺竿头，更进一步，而唐胄自己也愿意成为王佐的接班人，他自谦这是狗尾续貂：“步进百尺竿，貂乏狗可继。”①

唐胄考中举人之后，王佐也作了一首长诗，题为《贺唐举人平侯》：

平生老战场，遇子三舍避。六一避后生，何止一头地。老将将北师，敢复言敌忾？况提魏武卒，往当桓节制。汉兵出壶关，堂堂伸大义。中兴汉威仪，又复见司隶。六一避后生，所见宁此意。老手一指挥，渊默而雷厉。一朝茂声光，隐然起西裔。四海仰大苏，神仙寄人世。天子独奇才，昭阳闻洒涕。人生遇知音，古今诚所贵。遇子苏则然，知子欧所愧。顾己愚且贱，于人何能济。磋磋老眊矂，久拼人共弃。胡为乎为者，晚逐英髦队。布帛班锦丛，脱粟杂鼎味。焉能有与无，适足增疵议。白发照青春，造物深相忌。欲斗小婵娟，唯子一笑置。②

诗中，王佐自比为欧阳修，将唐胄比作苏轼。据说苏轼参加科举考试的时候，欧阳修担任考官，他看了苏轼的文章后，对苏轼非常欣赏，写信给朋友说：“老夫当避路，放他出一头地也。”成语“出人头地”即由此而来。在这首诗里，王佐是以唐胄的知音自许。

王佐还有《柬唐榕冈处士尚义二首》，是写给唐胄的父亲唐正的，其一写道：

榕树公家有后昆，故家文献百年存。

---

① 唐胄等：《传芳集》，刘美新点校，海南出版社 2006 年版，第 185、186 页。
② 王佐：《鸡肋集》，刘剑三点校，海南出版社 2006 年版，第 39 页。

如今子好万事足，但可怡情日弄孙。①

其二：

椿株老祝八千龄，桂朵红攀第一茎。
仙籍行看书具庆，白头榕下胜登瀛。②

这两首诗作于唐胄考中进士之前。王佐很欣赏唐胄，认为唐胄将来一定可以考取进士，称赞唐正有这么好的儿子，其他一切事情大可不必挂怀，可以安度晚年了。具庆，指父母双亲健在。古代考中进士之后，有《进士题名录》，或称《登科录》，上面有每一位进士的履历表，若父母俱在，则称“具庆”。

唐胄考中进士之后，曾受当地官府委托，与王佐一起修纂《正德琼台志》。修志工作开始，是由王佐主持的，但王佐在某些历史问题上，见解与大多数人不合，遂退出，由唐胄接替其工作。《正德琼台志》尚未编完，王佐便辞世了，享年八十四岁。唐胄一直将王佐的《鸡肋集》藏在身边，在任广西按察司佥事时，还刻印出版了《王桐乡摘稿》，以寄托对恩师的怀念。唐胄在《王桐乡摘稿序》中，对王佐的文章给予极高的评价，称“大方家每服其词之平易温雅、气之光明隽伟，当比拟于古诸大家”③。

王佐去世后，唐胄一直保存着王佐的诗文著作。唐胄复出为官，游宦各地时，也一直将王佐的诗文带在身边，不时揣摩、学习。唐胄后期诗文，不仅有文采，而且语言更趋成熟、老练，不能不说是受到了王佐的深刻影响。

---

① 王佐：《鸡肋集》，刘剑三点校，海南出版社2006年版，第100页。
② 同上。
③ 同上书，第173页。

三、陈实

陈实(1474—?),字秀卿,海南琼山顿林人。唐胄和陈实一起参加弘治十一年(1498)的广东乡试并中举,当时一起中举的还有唐胄的族兄唐翱。弘治十五年(1502)会试,唐胄名列二甲进士第四十一名,陈实为三甲第一百零八名。唐胄、陈实考中进士的消息传到家乡后,乡人为唐胄修建了“省魁坊”“会魁坊”“进士坊”三座坊表,为陈实立了“进士坊”,以示表彰。陈实后来官至御史,乡人又为他修建了“绣衣坊”,位于海口市府城,至今犹存。

唐胄考中进士的当年,因父丧回到海南。正德初,陈实也因逆瑾用事,回到海南,家居数年,足迹不入城市。正德五年(1510)之后,刘瑾伏诛,陈实出任南京江西道御史。嘉靖二年(1523)任常州知府,卒于官。

陈实著有《虚庵集》。明代《万历广东通志》卷六十三“书目”部分,著录有“《虚庵集》,唐胄撰”①。此处著录有误。陈实和唐胄是同年举人、同年进士,正德初年又都曾经归乡隐居。方志考之不精,所以才会产生这种误会。

四、钟芳

在“琼州四贤”等前辈的影响和激励下,琼州人才辈出,从成化二年(1466)到成化十一年(1475),四榜连捷。成化二年(1466)进士李珊,琼山人,官至广西佥事,有《古愚集》。成化五年(1469)进士唐绢,琼山人,官至江阴知县。成化八年(1472)进士唐鼎,万州人,曾任湖广佥事、山东副使。成化十一年(1475)进士海澄,左所人,曾任御史。同榜进士王俨也是海南人,曾任邵武知府。此后有数榜空白。弘治以后,时断时续,但每榜的进士数量较以往有所提

① 郭棐纂修:《万历广东通志·琼州府》,谢晖点校,海南出版社2006年版,第193页。

高。弘治三年(1490)至弘治九年(1496),又是三榜连捷。弘治三年(1490)进士有:廖纪,万州人,官至吏部尚书;夏升,左所人,官至南京太常卿。弘治六年(1493)进士有:曾镒,万州人,官至户部员外郎;陈缵,琼山人,官至翰林检讨;胡濂,定安人,官至江西右布政使。弘治九年(1496)进士有:韩俊,文昌人,曾任河南副使;冯颙,琼山人,官至户部郎中,后因遭刘瑾迫害,含愤自尽。弘治十二年(1499)进士为空白。

唐胄是弘治十五年(1502)进士,同榜进士中,还有琼山人陈实。由于唐胄考中进士不久便归乡隐居了将近二十年,他和在外为官的海南前辈进士交往并不多。与唐胄交往较多的海南进士中,值得一提的是比唐胄晚六年考取进士的钟芳。

钟芳(1476—1544),字仲实、中实,号筠溪,祖籍崖州。钟芳幼年丧母,寄居外亲黄家抚养,又名黄芳。钟芳是正德三年(1508)进士,同榜进士还有海南人张世衡。该科状元吕柟,后来也成为唐胄的至交,曾和唐胄一起担任会试考官。

钟芳早年生活在崖州(今三亚),与唐胄交往的机会不多。但两人都曾经深受广东提学宋端仪的赏识。钟芳和张世衡都是宋端仪选拔出来的人才。弘治十三年(1500),宋端仪再次来到海南,考选人才。有同事问宋端仪这一年广东省乡试"解元何在",宋端仪"指崖州黄芳、琼州张世衡对"。并鼓励张士衡和黄芳赴省城应试。结果,此年乡试中,张士衡夺得解元,黄芳次之,夺得亚元。宋端仪知道结果后说:"世衡表里解元也。"①意思大概是说,钟芳和张世衡的学问不分上下,但张世衡更加仪表堂堂。

钟芳中举、中进士的时间都比唐胄略晚。和唐胄一样,钟芳也是乡试的第二名,俗称"亚元"。正德三年(1508),钟芳考取进士后,被选为翰林院庶吉士。正德十六年(1521),出任浙江提学副

① 戴熺、欧阳灿总裁,蔡光前等纂修:《万历琼州府志》卷九"秩官志",海南出版社2006年版,第571页。

使。在这段时期,唐胄一直隐居于乡。

嘉靖二年(1523),钟芳任广西布政司右参政,钟芳在广西参经参与讨田州岑猛、定藤峡盗乱,嘉靖七年(1528)之后,始调离广西,晋任江西右布政使。而唐胄在家乡隐居了近二十年之后复出,于嘉靖三年(1524)至嘉靖五年(1526)任广西提学佥事。两位琼州才俊同在广西为官期间,应过从甚密。

钟芳任广西右参政期间,曾平定田州叛乱,唐胄亦为之出谋划策。由于两人曾经在广西共事,钟芳熟知唐胄的事迹。唐胄在广西任提学佥事时:“历郡邑,无惮遐僻,督师生习冠射诸礼,以端趋向。聚五经于桂林书院,差官两京、建阳遍鬻群书,以供检阅。修《广西通志》,增损名宦、乡贤二祀,以正疏讹。”(钟芳《故户部左侍郎唐公墓志铭》)①

嘉靖九年(1530),钟芳升任南京太常寺卿。次年,兼任国子监祭酒。嘉靖十年(1531),琼州府学立《琼州府科第题名碑》,以表彰从琼州走出去的才子们,并以此激励后人。这块石碑,上面镌刻了自洪武十七年(1384)至嘉靖十年(1531)的将近一百五十年间琼州府的所有举人和进士,凡四百零五人,由黄芳(即钟芳)为之撰文,唐胄为之书丹。古代刻石有三道工序,即撰文、书丹、勒石。所谓“书丹”,指用朱笔将文字书写在碑石上,以备工匠镌刻。这块碑立在琼州府学的明伦堂内,上面留下的是唐胄的书法真迹。不过,唐胄于嘉靖七年(1528)已升任云南布政使司右参政,嘉靖九年(1530)又升任云南右布政使,而这块立于嘉靖十年(1531)的题名碑上,仍称唐胄为云南按察司副使。这大概是因为云南和海南的地理位置都十分偏僻,交通不便,讯息不通,而故乡人也没有想到唐胄会升迁得如此之快吧。

嘉靖十一年(1532),钟芳升任南京兵部右侍郎。该年,唐胄又

① 钟芳:《钟筠溪集》卷十七,周济夫点校,海南出版社2006年版,第368页。

为《琼州府社学碑记》篆额。篆额，指题写碑头或碑额，因碑额上所题字多用篆书，故称"篆额"。这块石碑也立在府学明伦堂内，碑首题"通议大夫詹事府詹事兼翰林院学士南海霍韬渭先撰文，嘉议大夫南京兵部左侍郎郡人黄芳仲实书丹，中奉大夫广西左布政使郡人唐胄平侯篆额"。本年唐胄已升任广西左布政使，广西与海南隔海相望。这一次，唐胄的官衔没有被写错。

钟芳和唐胄，都是琼州士人的杰出代表，是琼州年轻一代士子的榜样。他们共同合作的《琼州府科第题名碑》和《琼州府社学碑记》，激励着一代又一代琼州才俊走出海南，走向更广阔的天地去建功立业。

钟芳任南京兵部右侍郎不久，转任户部侍郎。嘉靖十三年(1534)，南京太庙发生火灾，钟芳自陈修省以回天变，言甚剀切，于是告老退乡。而唐胄于嘉靖十四年(1535)起才先后在南京、北京户部任职。钟芳致仕后，迁居琼州府城达士巷，家居十年。嘉靖十七年(1538)的夏秋之交，六十八岁的唐胄，因抗疏触怒皇帝，被削职为民，也回到了故乡琼山，次年病逝。在唐胄生命的最后一年中，两人应该有较多来往。唐胄临终之际，还特意叮嘱儿子唐穆，要请钟芳为自己作墓志铭。从钟芳的《钟筠溪集》中，可查到《祭唐西洲文》《故户部左侍郎唐公墓志铭》《西洲文集序》等与唐胄有关的文章。

钟芳的《祭唐西洲文》，对唐胄的一生作了相当准确的概括和评价。

钟芳在文中首先评论道："呜呼！道因事显，荣与名偕，宦成未若行成，身达不如志达。"[1]明代中叶是一个流行讲学的时代，唐胄的朋友中也有许多热衷于讲学的理学家，但唐胄本人从不空谈理论，而是在埋头实干中体现出深厚的学问和道德修养。唐胄的荣

---

① 钟芳：《钟筠溪集》卷十六，周济夫点校，海南出版社2006年版，第345页。

耀和名望是与他的品行联系在一起的。如果一味地追求功名富贵，向世俗低头，唐胄的仕途爵位应当远远不止于此。但唐胄追求的是儒家政治理想抱负的实现，而不是飞黄腾达。

“公始擅声于乡校，朋类称其俊；中树绩于宦程，士庶蒙其泽；终抗疏于廷议，天下仰其忠。”[①]这几句话对唐胄的一生做了概括。唐胄在年轻时代已经闻名于乡里，被视为是朋辈中出类拔萃的青年才俊。中年以后出去做官，政绩显著，大力发展教育事业，为老百姓做了很多好事。晚年入京为官，直言敢谏，不畏逆批龙鳞，受到天人下人的景仰。

“盖处而有养，则畜以文德，恒需于郊；出而有为，则渐乎天逵，用仪于羽。”[②]这几句话对唐胄的仕与隐、出与处做了概括。唐胄考中进士后，隐居乡间近二十年，好学不倦，时刻不忘用世之心。所以他出来做官的时候，能够游刃有余，有所作为。

“志与身而并达，行与宦而俱成，既享荣名，益光晚节。若夫魁首荐，科第承休，是特公之绪余，而不系乎轩轾也。”上文说“宦成未若行成，身达不如志达”[③]，这里又说唐胄仕宦亦有成，地位也十分尊贵。特别是唐胄晚年在京为官的时候，连连上疏论事，充分展示了其高风亮节。与后来的这些成就相比，人们津津乐道的唐胄年轻的时候在科举考试中两夺礼魁的事迹实在算不了什么，不能作为评价唐胄的标准。科举考中进士是小事，要真正有所作为才行。

“呜呼！舍事而言道则离，泥地而论人则失。善厥故事，匪道伊何，岭海精英，公评端在。”[④]如果脱离现实空谈理论，就会不切实际。如果仅仅因为唐胄是海南人，就对他抱有轻视的态度，难免会有过失。唐胄修过很多方志，并且善于向古人学习，这不是“道”

---

① 钟芳：《钟筠溪集》卷十六，周济夫点校，海南出版社 2006 年版，第 345 页。
② 同上。
③ 同上。
④ 同上。

又是什么？唐胄是岭南人民的骄傲，是社会的精英，这是所有人都公认的。

“某晚卧皋原，鹩如失侣。闻公归老，深慰孪乎。方拟会于洛英，奄反真于滕室，盍伤予独，夫复何言。尚飨。”①钟芳晚年致仕后，隐居在乡间，生活十分寂寞。听说唐胄回到了故乡，钟芳很高兴，正打算与老朋友经常欢聚一下，想不到唐胄这么快就去世了。钟芳痛失良友，内心无比悲痛，已经无法用语言来表达了，唯愿唐胄的在天之灵能够得到安息。

钟芳的这篇祭文，没有一句假话、套话、空话，从中颇能看出同时代人对唐胄的看法。唐胄临终前，曾经嘱咐儿子唐穆，死后要请老友钟芳为自己撰写墓志铭。于是，在唐胄去世后，钟芳根据唐胄弟子周世昭撰写的《行状》，作《故户部左侍郎唐公墓志铭》一文，不仅完整地记述了唐胄的一生，还对唐胄的思想和为人作出了精当的点评。文末写道：“公事亲孝，冠婚丧祭一遵家礼，周贫恤患，诱后进如弗及，服食澹泊，足振靡俗。”②在外为官时，“每去任，供账什器纤毫皆案委籍记，事事不苟如此”。在这些日常生活的细枝末节方面，唐胄都能够为身边的人作出表率。关键时刻，唐胄又总是能够挺身而出，“大事则身任之”③。

钟芳在铭文中，对唐胄有相当精彩的评价。其铭写道：“古称龙精炳汉，盖惟蓄久，光焰上腾，物理故然，于公征哉！”古人传说龙精虽然潜藏在水底，但其光华能够照耀河汉，唐胄正是这样啊！“夫居以崇实，若忘乎世，出以弘用，若忘乎名，言以发虑，若忘乎身。谟详弼直，謇谔就列。”唐胄在家乡隐居期间，读书好学，脚踏实地，内心平静如水，好像完全忘却了外面的世界。复出为官后，大展所学，只求有用于世，视名利如浮云。在向皇帝进言时，唐胄

① 钟芳：《钟筠溪集》卷十六，周济夫点校，海南出版社2006年版，第345页。
② 钟芳：《钟筠溪集》卷十七，周济夫点校，海南出版社2006年版，第370页。
③ 同上。

的每一句话都经过深思远虑，有时他的谏言十分尖锐，但只要对社稷、对苍生有利，唐胄就算赴汤蹈火，也在所不辞，完全将自身的安危置之度外。“隐显酌谊，无歉大节，知所自贵，养充用裕”，唐胄在出与处、仕与隐之间做出的选择，是经过认真斟酌的，所以能够无亏大节。唐胄明白什么是士人最珍贵的品德，他平日用功读书，不断充实自我，向古人学习，不断提高自身修养，所以处理各种事务，能够应付裕如。钟芳最后还提到，“子嗣科甲，弥光儒绪”①。由于这篇《故户部左侍郎唐公墓志铭》是唐穆登门请自己撰写的，唐穆又刚刚中了进士，所以钟芳在称赞唐穆的同时，对唐胄的后人作出了美好的祝愿，希望唐氏后人能够将唐胄的精神世世代代继承下去。

钟芳为唐胄别集所作的序言，题为《西洲文集序》②。在这篇序言中，钟芳只评论了唐胄的文章，未评论其诗歌。就文章而言，唐胄、钟芳生活的时代，正是文学复古运动高涨的时期。唐胄的同年进士中，就有康海、何景明等复古运动的领袖，他们提出了“文必秦汉”的口号，最初是将文学作为政治斗争的一种工具，但后来逐渐偏离了方向，就文言文，显得十分偏激，招致了很多批判。钟芳含蓄地批评了文学复古运动造成的负面影响，指出“夫文不由衷而体裁是袭，不能心竞而以末艺竞，皆私也”，称赞唐胄的文章能够“外观政，内观议，政以建事，泽施于一方，议以赞制，功溥于天下，岂曰娱人耳目已乎，务实胜也”。单就文学价值而言，唐胄的文章也能够“敷腴蔓衍，援经据传，时有新得”，与那些写假大空文章的人相比，谁是有真才实学的君子，谁是戏台子上的演员，一目了然。

嘉靖二十三年（1544），钟芳卒于家，赠都察院右都御史，赐葬于琼山县东山镇钟宅坡。钟芳“性简重，寡嗜欲，学博而精，虽律历

---

① 钟芳：《钟筠溪集》卷十七，周济夫点校，海南出版社 2006 年版，第 370、371 页。
② 钟芳：《钟筠溪集》卷七，周济夫点校，海南出版社 2006 年版，第 127、128 页。

医卜之书靡不通贯，然皆取衷于正理”①。其著述颇丰，有《学易疑议》《春秋集要》《皇极经世图赞》《古今纪要》《崖志略》《小学广义》《养生举要》及诗文集《筠溪集》二十卷。世人誉之为“岭海巨儒”。

相传，隆庆六年（1572），倭寇犯琼，欲掘钟芳墓，忽然电闪雷鸣，霹雳大作，倭寇吓得弃锄而奔。有海南士人作《天威佑德卷》，记载这桩异事。

钟芳之子钟允谦为嘉靖八年（1529）己丑科进士，与父同祀乡贤祠。唐胄之子唐穆是嘉靖十七年（1538）戊戌科进士。这是继唐舟、唐亮父子之后，海南出现的另外两对父子进士。

海南地理位置虽然偏远，但在科举史上也有过辉煌的时期。《万历琼州府志》卷十“进士”之后有论赞曰：“岭南甲科屈指至琼，颇盛他郡，然非以其名也，以其人耳。人而诚如丘文庄、唐司徒，尚矣！其次若吴坦斋之礼教，邢湄丘之风猷，钟筠溪之经济，林白泉之名节，俞石台之清白，王忠铭之菁华，许甸南之梗概，亦庶几焉。语云：作法于上，仅得乎中，今而后琼士当起高山之仰矣。”明前期海南科举之盛，在岭南地区首屈一指，可与广州、潮州并驾齐驱。这不仅体现在进士数量上，更体现在名人效应方面。上述这段话，历数海南进士中的代表人物，首列丘濬和唐胄，其次则是邢宥、钟芳等。又云：“至于科名盛衰，又人文与气数相关，试观宋时四榜连登，国朝成、弘间海外颉颃中原，皆属一时雄硕琦玮之士，则今雁塔稀题，安得尽归咎于地运也！”②万历以后，海南科举渐呈衰落之势，与明代前期盛况已无法相提并论了。

五、吴诚

明代，海南不仅进士出众，举人中也有不少杰出的人物，如王

---

① 戴熺、欧阳灿总裁，蔡光前等纂修：《万历琼州府志》，海南出版社2003年版，第726页。
② 同上书，第646页。

佐、海瑞等。吴诚也是海南举人群体中品学兼优的代表人物之一。

吴诚，字明卿，号雁峰，琼山县大摄乡人。在唐胄父亲所筑榕冈的南面，有一座山叫雁塔峰，吴诚家就住在那附近，因而取“雁峰”为号。吴诚性敏嗜学，于正德十四年(1519)中举，历任广西柳州教谕等职，参修《柳州志》《都台志》(全称《江闽湖岭都台志》)。官至龙南知县。致仕后隐居海南，尝参酌《蓝田乡约》，率乡人月朔行之。所著有《雁峰集》百余卷，惜已不存。(《万历琼州府志》卷十“人物志”)

吴诚年轻时，以孝行闻名于乡里。吴诚的祖父是福建人，在海南留下一子一女。其子名吴继祖，即吴诚之父。女名吴荣，嫁给李举人，次年李举人去世，吴荣二十四岁便开始守寡，矢志不再嫁人。吴诚从少年时代起就好学不倦；十五岁时，他入县学就读；次年，父母相继去世；姑姑吴荣膝下无子，便收吴诚为养子，视之如同己出，为吴诚聘娶，并提供良好的教育条件，对吴诚管教十分严格。吴诚对姑姑的抚育之恩心怀感激，更加发愤苦读。正德十二年(1517)，吴诚的姑姑去世，吴诚非常伤心，为之服丧三年。同时，每逢自己亲生父母的忌辰，吴诚往往哀痛竟日。乡人认为吴荣、吴诚姑侄的事迹非常难得，于是向琼州府请求予以旌表。当时，唐胄正在主持修纂《正德琼台志》，于是将吴诚的事迹载入了“孝义传”，并附录了不少当时琼州名流题咏吴诚事迹的诗文加以赞美，希望以此为乡人作出表率。

正德十四年(1519)，吴诚参加广东乡试，考中了举人。嘉靖二年(1523)，吴诚赴京参加会试，可惜没能考中进士，遂补了广西柳州教谕之职。次年，唐胄也来到了广西，任提学佥事，是吴诚的顶头上司。唐胄对吴诚的文章学问非常推重，命其统领八桂书院。不久，又委托吴诚修纂《柳城志》。吴诚出色地完成了这些任务，受到上级的表彰。吴诚古貌古心，勤于著述。唐胄在广西与他共事的几年间，志同道合，十分投缘。

嘉靖五年(1526),唐胄由广西提学佥事升任云南后备副使,次年,吴诚也调离了广西,来到赣州,任府学教授。巧合的是,时隔数年后,唐胄也来到了赣州,担任南赣巡抚。两个老朋友就这样意外地再次重逢了。

南赣巡抚,全称为“巡抚南赣汀韶等处地方提督军务”。明弘治十年(1497)始置,驻赣州(治今江西赣州市),辖境屡有增减,嘉靖四十五年(1566)定制。辖江西的南安、赣州,广东的韶州、南雄,湖广的郴州,福建的汀州。清康熙年间废。

唐胄和吴诚两人都善于著述。早在广西时,唐胄不但自己重修了《广西通志》,还安排吴诚修纂《柳城志》。这次,两人决定再为南赣地区修一部方志,即《江闽湖岭都台志》。

南赣是数省交界地,多山,山中多流民、盗匪,极难治理。《江闽湖岭都台志》的编纂,对南赣治理意义重大。此书现已不存,存世者有在此基础上增修的《虔台志》。

嘉靖十二年(1533)秋天,唐胄被改调为山东巡抚。唐胄此时年已六十三岁,再次请求致仕,未获允准。

唐胄离开南赣之时,吴诚带着酒食来到唐胄的住宿的驿站,与唐胄作彻夜长谈。唐胄十分感慨,赋诗作别,题为《余自南赣赴抚山东,赣郡博吴诚以乡人携酒来送过宿,赋此别之》①,诗的开头写道:“宦辙每相逐,乡缘独何奇。竹枝插老菊,天亦怜衰痴。”在第一句“宦辙每相逐”的后面,唐胄注明:“前同任广西。”他乡遇故知,已属难得。唐胄与吴诚开始同在广西做官,如今又同在赣州为官,更是有缘。这一年,吴诚五十五岁,唐胄六十三岁。吴诚如同环绕在菊圃周围的竹篱一样,一直陪伴着唐胄,好像是上天对唐胄特殊的眷顾。“吾子胸中秀,清荷映涟漪。健鹗秋气雄,方欲凌云飞”,吴诚非常内秀,如同夏日的荷花;唐胄则壮志凌云,虽然年事已高,还

① 唐胄等:《传芳集》,刘美新点校,海南出版社2006年版,第186、187页。

要去搏击长空。"携樽不能劝,春风吾自卮",吴诚带来了一坛好酒,但是不会说祝酒词,唐胄则非常潇洒地自饮自酌。"无端桑梓谈,鼓角星河低",两人漫谈着家乡的话题,不知不觉间一夜过去了。拂晓时分,在攸镇驿的杨梅矶渡口,滔滔的流水声夹杂着嘈杂的车马行人的声音。两人就此别过。"明朝古处州,旌旆看青齐",唐胄壮心未老,还要到齐鲁大地去,再展雄风。

吴诚为人忠厚本分。在南赣时,有一位军官犯了法,将要受刑。那人得知吴诚深受巡抚大人唐胄的信任,于是偷偷地给吴诚送来三百两银子,请吴诚帮着求情,被吴诚拒绝了。唐胄后来听说了这件事情,大加叹赏。此前,在柳州时,唐胄也曾私下赠银一百两给吴诚,以贴补其日常用度。吴诚没有接受。唐胄赠银,一是出于同乡之谊,二是对吴诚修《柳城志》的酬谢。

海瑞撰写的《龙南令雁峰吴公墓志铭》中,记载了唐胄和吴诚这段时期的交往:"嘉靖癸未试礼闱弗第,遂就谕柳城。时按院谢公、督学唐公雅重公文学,檄统八桂书院五经师事,寻委修柳州志,咸以成绩蒙旌。丁亥擢掌教,赣州督府唐公复命修都台志,凡诸谏草诗文多属焉,其以才识见推于上如此。公在柳时,唐公以乡雅,密遗缺膳百金,公固辞至再,唐公为之愧服。在赣,有指挥某罹法当刑,以公受知督府,密遗三百金求免,公挥而却之。唐公闻之,深加叹赏,其以廉介见重于上如此。"①

唐胄赠银给吴诚,吴诚拒收,唐胄为之"为之愧服"云云,是对吴诚高尚品德的赞誉。并非唐胄本人德行有亏。唐胄和吴诚的友谊得以长期保持,正是建立在两人相似的道德基础之上。

唐胄离开南赣不久,吴诚也调离了赣州,升任龙南知县。后遭人诬陷,于嘉靖十六年(1537)辞官回乡。回到家乡琼州后,过着隐士般的生活,以读书为乐,衣食都很简朴。当时琼州有一个叫廖安

---

① 海瑞:《海瑞集》,李锦全、陈献猷点校,海南出版社2003年版,第609页。

的无赖，以打死人命案诬陷吴诚，兵宪胡公诘问："吴诚是被《琼台志》载入'孝义传'中的人物，他的品德有口皆碑，怎么会杀人呢？"于是将廖安绳之以法，次日一大早去吴诚家中拜访，环顾吴诚家中，见陈设非常简朴，感叹道："你为官多年，家中还是如此清贫，可见你在外为官时是多么清白啊！"唐胄当年在《正德琼台志》中对吴诚孝义行为的记载，无意中又搭救了吴诚一回。

嘉靖十七年（1538），唐胄也回到了海南，次年病逝。在生命的最后时光中，老友吴诚给唐胄带来了不少安慰。

嘉靖三十一年（1552）十月，唐胄的长孙唐恪重修唐氏大宗祠，越月落成。唐氏大宗祠落成后，唐胄的生前好友吴诚为之题写匾额。

吴诚卒于嘉靖三十九年（1560），享年八十二岁。吴诚一生协助唐胄编纂、整理过不少方志和岭南先贤的著作，他自己的著述也十分丰富，去世后留下《雁峰集》百余卷，其中应当保存了大量与唐胄有关的资料，可惜吴诚的这部别集如今也难以见到了。

六、唐缵

在南赣，除了与乡人吴诚的意外重逢，唐胄还遇到了多年未见的族侄唐缵。唐缵，字绍之，琼山东厢人。唐缵的父亲唐卿，和唐胄一样同属于攀丹唐氏第九代子孙，属于三房支。唐卿是成化四年（1468）举人，曾任江西吉安府永宁县训导，后改为建昌府南城训导。唐卿的门生中，有一位名叫罗玘（1447—1519）的，很有学问。唐卿于是让唐缵拜罗玘为师，跟着罗玘一起读书。罗玘后来考中进士，成为明代中期著名的学者，世称"圭峰先生"。唐缵奉亲至孝，父亲生病后，他日夜在床头侍奉，勤苦备至。唐卿去世后，唐缵在父亲的坟墓旁边搭建了一个草棚，住在里面守孝三年。四邻八舍都称赞唐缵是孝子，将他的事迹上报给官府，官府专门派太守谢廷瑞到唐缵的家中予以表彰，还送给唐缵一副对联："圭峰立雪文名久，滨陇庐霜孝行高。"称赞唐缵不愧是圭峰先生罗玘的门生，德才兼备。唐缵是岁贡生，后曾担任处州（今浙江省丽水市）府学训导。

唐胄在《逢绍之侄（讳缵）》一诗中写道："早发赵家围，问舟彭蠡涯。每怀辄数日，一别不多时。乍起无条语，初沾未醽卮。烟波风色远，鱼鸟看人痴。"①赵家围、彭蠡涯，都是江西的地名。唐缵去后，唐胄还是常常会想念他。世路苍茫，与亲人的相逢虽然很短暂，却让人倍感亲切，久久难忘。

《逢绍之侄》一诗，唐胄注明所写的对象"讳缵"。曾经有人误认为这首诗是送给陈缵的。陈缵，字克绍，琼山人，成化二十二年（1486）乡试中举，弘治六年（1493）登进士第。曾任翰林院检讨，五十多岁时回乡葬亲，途经广东时病卒。陈缵才华横溢，著有《唾余稿》。陈缵的字是克绍，不是绍之。陈缵考中举人时，唐胄只有十六岁。陈缵比唐胄年长很多，且并非本家，能否称之为"侄"，大可存疑。而且陈缵长期生活在北京，其《唾余稿》中并无一字提到唐胄，两人应该没有太多交往。

综上所述，以丘濬为代表的"四贤"、王佐等前辈是唐胄成长道路上的良师，陈实、钟芳、吴诚等同辈是唐胄人生道路上的益友。唐胄对吴诚处处提携，两人其实是亦师亦友的关系。唐胄考取进士后，对海南教育事业的发展也十分关心，经常为琼州府学、琼山县学泼墨挥毫，题词作文，激励后进。正是在这样代代传承中，明前期成为海南文化史上的一个辉煌时代。

第三节　唐胄与岭南士人交游考

岭南，是中国南方五岭以南地区的概称。五岭由越城岭、都庞岭、萌渚岭、骑田岭、大庾岭五座大山组成，五岭以南的地区，包括

① 唐胄等：《传芳集》，刘美新点校，海南出版社 2006 年版，第 192 页。

广西东部、广东全境和海南全境。过去，这里与北方交通隔绝，文化封闭、落后。明代，岭南文化逐渐走向发达，人才济济。海南在明代隶属广东，是岭南文化的一部分。海南岛孤悬海外，与岭南其他地区的文化既有联系，又有区别。唐胄与海南人士的交往，上节已经述及。本节提及的岭南人士，主要指海南之外的广东人士，以及部分广西人士。在唐胄的同年、同僚中，有不少岭南人，如著名才子伦文叙、广西政治家蒋冕、广东思想家湛若水等。

一、伦文叙

伦文叙(1467—1513)，字伯畴，号迂冈，广东南海人，后随父定居广州。弘治二年(1489)广东乡试第三名，弘治十二年(1499)进京参加会试，夺得会元。殿试复夺魁，成为该榜状元。隋唐开科举取士以来，广东共出过九位文状元，其中唐宋时期有三位，分别是：唐朝大中五年(851)辛未科状元莫宣卿；南汉乾亨二年(918)戊寅科状元简文会；宋朝咸淳七年(1271)辛未科状元张镇海。明代广东状元共有三位，分别是：明朝弘治十二年(1499)已未科状元伦文叙；明朝嘉靖十一年(1532)壬辰科状元林大钦；明朝万历三十五年(1607)丁未科状元黄士俊。清代广东状元也有三位，分别是：清朝乾隆四年(1739)已未科状元庄有恭；清朝道光三年(1823)癸未科状元林召棠；清朝同治十年(1871)辛未科状元梁耀枢。唐宋时期的状元只是一种俗称。至明初，状元始有定制。所以，有人也称伦文叙是广东省的第一位状元。

唐胄是弘治十一年(1498)广东乡试亚元，本来也应进京参加弘治十二年(1499)会试。大概由于距京师路途遥远，加之父亲年迈多病，自已也尚未生子，唐胄没有参加这一年的会试。

弘治十二年(1499)会试取士可谓人才济济。是年，以李东阳、程敏政为考试官。王守仁在该科会试中夺得“礼魁”。殿试时，榜眼丰熙，是嘉靖年间参与“明堂议礼”事件的丰坊的父亲。同榜进士中还有梁材，他在嘉靖年间官至户部尚书，成为唐胄的顶头上司。

这一年的会试，还发生了轰动一时的徐经科场舞弊案。弘治十一年（1498）应天府乡试状元、苏州才子唐寅也卷入其中，坐罪入狱，后被罢黜为吏。唐寅从此对仕途心灰意冷，放歌纵酒，玩世不恭。

伦文叙考中状元后，被授予翰林院修撰之职。三年后，唐胄进京参加会试，夺得“礼魁”。两位岭南才俊，在弘治十五年（1502）应该有密切交往。

唐胄与伦文叙在京交往时间不足一年。弘治十五年（1502）九月，唐胄因父亲去世，返回海南。弘治十八年（1505），唐胄丧服期满。因反对宦官刘瑾擅权，继续称病家居。

正德元年（1506），明武宗继位，命伦文叙充正使赴安南，途中，伦文叙因父丧折回广东，居乡丁忧。

正德二年（1507），宦官刘瑾下令，凡因丧告假，服丧期满，久不赴任者，全部夺免官职。唐胄亦被罢职。

正德五年（1510），宦官刘瑾倒台。唐胄官复原职，俟缺起用，居琼州。伦文叙也在这一年起复翰林院原职，不久，升右春坊右谕德兼翰林侍讲。明武宗是有名的荒唐天子，嬉戏无度。伦文叙任经筵讲官，每进讲，必阐发理奥，启迪君心。特别是读到“舜有臣而天下治”一节，语多规讽。

正德七年（1512）二月，唐胄在使者催促下返京。但唐胄此时无意留在京城为官。至京后不久，便以母老乞归养。京中好友为其孝心所感动，各以诗文赠之。伦文叙的长诗《咏琼山唐公谊方先祖手植榕座》，应作于是年：“我生不识榕隐翁，迩从隽胤廉仙踪。出守琼邦五叶祖，远溯忠肃咸章缝。奈生不辰值胜国，餐芝茹檗灵山中。幸际昌朝拓景运，刷翰振羽思摩空。风云匝天地势隔，炎方桂海无逵鸿。横经姑事王郡博，怀文不遇田河东。陈辞阙下图归计，亲承天语谕从容。漱流转吸环海胜，枕石高眠绝岛峰。田畴惯与邻农植，诗辞未许时人工。神驰忽梦游旗导，天尽俄闻咏水穷。书香波润庇后裔，小同世业能兴宗。夙将三礼魁天下，浵洪经纬罗心胸。始知造物有远鉴，高贤下列非不逢。世无叔誉观中野，九原可作当公从。"①

诗中赞美唐胄在乡试和会试中夺得"礼魁"，但不以功名富贵为念，继承了"榕隐翁"的高风亮节。

正德八年（1513）秋，伦文叙出任应天试主考官，归途中得病，卒于京，享年 47 岁。唐胄嘉靖初年返京的时候，伦文叙已离世数年了。

伦文叙有五子。长子伦以谅，字彦周，正德十一年（1516）乡试第一，十五年（1520）成进士，官至南京通政司参议。次子伦以训，字彦式，号白山，正德十二年（1517）会试第一，殿试第二，官至南京国子监祭酒。三子伦以诜，字彦群，号穗石，嘉靖十七年（1538）进士，官至南京兵部武选司郎中。四子伦以谟，五子伦以谔。

伦文叙父子中有四人中进士。其中，伦文叙为会元、状元，美中不足的是在乡试中只取得第三名，没有成为解元，差一点"连中三元"。不过，他的长子伦以谅为解元，替他弥补了这一缺憾。次子伦以训则中会元、榜眼。

王世贞《弇山堂别集》卷十七"皇明奇事述二"有"伦氏三元"条，称："伦氏科第之盛，已具《盛典》中。谕德文叙中会元、状元，通参以谅中解元矣，而祭酒以训复以解元及第第二人。是父子合三元而赢其二也。"②

明代文人陆深有一篇赠给伦文叙次子伦以训的文章，题为《送伦编修彦式归娶序》，文中写道："惟我朝设科目以罗网海宇之士，

---

① 唐胄等：《正德琼台志》卷二十四"楼阁上·榕座"，彭静中点校，海南出版社 2006 年版，第 498 页。

② 王世贞：《弇山堂别集》卷十七，《文渊阁四库全书》本。

名公硕辅虽相继起，而一家之中父子兄弟并以魁元策名当世如南海之伦氏，前乎未之有也，今天下称之曰‘三伦’。昔宋苏明允先生与其二子子瞻、子由自西蜀来，一旦名动京师，子瞻、子由俱出欧阳文忠公之门，天下称之曰‘三苏’。程太中先生与其二子伯淳、正叔自洛宦游于湖湘，识濂溪周先生于邂逅，俾二子受学焉，遂成大儒，天下称之曰‘三程’。”①将伦氏父子并称为“三伦”，与宋代的“三苏”“三程”相提并论。

明人王同轨的笔记《耳谈》也记载：“广东南海县伦文叙，会元廷试第一。长子以谅，解元登进士第。次以训，会元廷试第二。少子以诜进士。天下称为‘三伦’……国朝科甲之盛，推伦氏。”②

伦文叙的家乡广东南海县，还出了两名会元，一是梁储，一是霍韬。据《广东通志》记载：“伦文叙及子以训、梁储、霍韬皆举会试第一，皆南海县人，皆居县治西三十里有村曰黎涌、石□、石头，相去仅五里，伦居黎涌，梁居石□，霍居石头，故世称‘五里四会元’。而文叙后中状元，以训榜眼，以谅解元、进士，以诜进士，故世称‘父子四元’。科名之盛殆极一时。又伦文叙、霍韬以儒士入科中式，未尝一日为诸生，是尤为异。”③伦文叙没有在府学或者县学当过秀才，而是直接参加乡试，考中举人，紧接着又考取了会元、状元。

伦文叙在广东文化史上影响甚大。清人屈大均《广东新语》评价道：“吾广……自汉晋以来，扶舆清淑之化始毓而生人才，其卓然首魁天下者，在唐有莫公宣卿，在宋有张公镇孙，有明有伦公文叙、林公大钦。然莫公记传无闻；张公遭国危亡，不幸遇变；林公以早丧弗克建立，独伦公名重士林，德高朝野。初传胪时，当宁见其仪表，深喜状元得人。故庞公嵩诗云：‘南方间气旋贞会，北阙英标动

① 陆深：《俨山集》卷四十，《文渊阁四库全书》本。
② 王同轨：《耳谈》卷四“三伦诸许”，孙顺霖校注，中州古籍出版社 1990 年版，第 105 页。
③ 鲁曾煜等：《广东通志》卷六十四“五里四会元、父子四元”，《文渊阁四库全书》本。

圣颜。’”①

据说，伦文叙长相奇特，“头颅大二尺许，长身玉立”②。五岁时，伦文叙和一群儿童在一起嬉戏，有擅长相术者独指之曰：“是儿当大魁天下。”③中状元后，人皆以台辅期之。可惜他才高命促，年未满半百，便过早辞世了。

伦文叙自幼被目为神童，民间流传着许多关于他的传说，将他形容为“鬼才”。据说，伦文叙尤其擅长作对联。伦文叙著有《迂冈集》十卷等，其诗文流传至今者并不多，许多民间传说中的伦文叙诗文，大都属于伪作。

伦文叙是广东南海人陈庸的弟子，《广东通志》记载：“陈庸，字秉常，南海人，力行好古。成化甲午举于乡，闻陈献章讲学江门，往师事之。献章深服其德量，自以为不及。庸潜心理奥，多所自得，其学以主静为本……其徒多以科第显，伦文叙最著。”④可见，伦文叙的思想受白沙心学影响较深，是陈白沙的再传弟子。

伦文叙生前在广东故乡曾兴建迂冈书院。他去世后，白沙大弟子、广东思想家湛若水于嘉靖十年（1531）作《迂冈书院记》，称：“迂冈先生吾友也。公以颖敏之资、温雅淳厚之德、博洽疏通之才，登会、殿两元，负公辅之望而施不究。蕴以早世，知者憾然。”文中还提及伦文叙的学术主张：“六经皆由心生者也，故治心以治经，则全经在我矣。”⑤

明人郭棐《粤大记》称伦文叙“天性温醇，德器和粹，望之知为君子，居学以书史为长，手不释卷。为文宗韩（愈）扬（雄），悠长宛

① 屈大均：《广东新语》卷九，中华书局1985年版，第281页。
② 朱国祯：《涌幢小品》卷七“伦氏之盛”，见《笔记小说大观》，上海古籍出版社2005年版，第3263页。
③ 鲁曾煜等：《广东通志》卷四十五“人物”，《文渊阁四库全书》本。
④ 同上。
⑤ 湛若水：《泉翁大全集》卷二十七，嘉靖十九年刻，万历二十一年修补本。

转，蔚有真趣”①。

清朝乾嘉年间顺德籍学者温汝能编的《粤东诗海》中，收录了伦文叙部分诗歌，诗风典雅，与民间流传的俚俗之作大相径庭。《正德琼台志》收录的伦文叙赞美“榕树公”唐逊的长诗，也为我们了解伦文叙本人的人品和诗品提供了珍贵资料。

二、蒋冕

广西和广东虽然同属岭南地区，但在明代，广东文化教育事业发展迅速，广西则相对落后。在科举时代，地方文教事业的发展，与名人效应有很大关系。广东历史上出过不少宰相，如唐代张九龄，宋代余靖、崔与之等。明代，广东地区的第一位宰相是丘濬。丘濬的得意门生蒋冕，则是广西历史上的第一位宰相。

蒋冕（1462—1532），字敬之，一字敬所，号湘皋，广西全州（今属桂林）人。蒋冕自幼聪颖好学，十五岁就在广西乡试中一举夺得解元。丘濬一见到蒋冕，就叹为奇才，称赞他是“台辅之器”。蒋冕在京游学期间，一直追随丘濬，对丘濬执弟子礼，甚为恭敬。他曾编有《琼台诗话》，保存了不少与丘濬有关的珍贵资料。成化二十三年（1487），蒋冕和他的哥哥蒋昇联袂同登进士第。蒋冕还被选为翰林院庶吉士，历任翰林院编修、历任翰林院侍讲，翰林院侍读学士，吏部右侍郎、吏部左侍郎、礼部尚书等职。

正德十一年（1516），蒋冕因“清谨有器识，雅负进望”，被会推入阁，以礼部尚书兼文渊阁大学士，地位相当于副宰相。翌年改武英殿，加太子太傅。

蒋冕在位期间，对武宗多有规劝。正德十四年（1519），武宗驾崩。武宗死时年仅三十一岁，没有子嗣。蒋冕和内阁首辅杨廷和等人一起，计诛权奸江彬，稳定了政治形势，并迎立武宗堂弟、宁献

---

① 郭棐：《粤大记》卷二十四，黄国声、邓贵忠点校，广东人民出版社2014年版，第742页。

王之子朱厚熜入继大统,次年改元嘉靖。明朝政治经过拨乱反正,一时万象更新。

嘉靖元年(1522)正月,五十二岁的唐胄应召赴京,任户部河南司主事。唐胄赴京途中,目睹社会乱象,抵京后不久,便上《请止差苏杭提督织造疏》。此疏受到蒋冕重视。

嘉靖三年(1524),首辅杨廷和辞职,蒋冕接任内阁首辅。明世宗遣官织造江南,蒋冕以江南受灾为由,极力反对,明世宗只得暂缓遣官织造江南,百姓得以喘息。

朱厚熜继位后,欲推尊生父,遂引发"大礼议"。在"大礼议"初起时,蒋冕和杨廷和站在一条阵线,认为朱厚熜既然入继大统,就相当于过继给了明孝宗,应该奉明孝宗为皇考。杨廷和致仕后,蒋冕被推为首辅。朱厚熜欲拉拢蒋冕,但蒋冕仍抗谏力争,并一再要求致仕。蒋冕为四朝元老,当时年事已高。两个月后,朱厚熜半推半就,允准蒋冕致仕。嘉靖三年(1524),蒋冕回到故乡广西全州。唐胄一直仰慕琼州先贤丘濬,对丘濬的得意门生蒋冕自然也十分敬重。

蒋冕不仅是政治家,也是一位优秀的诗人。他对丘濬的诗学造诣极为推崇,对广西地域文学传统也十分重视,对晚唐桂林诗人曹邺、曹唐的作品,大力予以表彰。当时,曹邺《曹祠部诗集》在浙江地区有刊本流传,广西地区,《曹祠部诗集》则十分罕见。

嘉靖三年(1524)冬,唐胄来到广西后,于武选主事郑德甫处读到浙本《曹祠部诗集》,大为叹赏,于是决定在广西重新刊刻,刻成后置于宣成书院中,供当地士子阅读。唐胄还将另一位晚唐桂林诗人曹唐之诗附于其后。书成,蒋冕为之题跋、作序,先后作有《题唐曹祠部诗集后》《再书曹祠部诗后》。

唐胄有一首诗,是为蒋冕的母亲而作,题为《送蒋郎中南使便归全州省祖母》[①]。蒋冕的侄子在朝为官,时任郎中之职,奉命出

① 唐胄等:《传芳集》,刘美新点校,海南出版社2006年版,第187页。

使安南，途经广西时，顺便回了一趟全州老家，探望祖母。唐胄也出席了蒋家为欢迎蒋郎中归来而举办的家宴，“敬此来趋宴，称觞罗孙丛”，唐胄在诗中称赞蒋冕的母亲是太白金星下凡，享尽了人间尊荣，“前年少子贵，霞帔驰皇封。今年长孙归，负弩惊村翁”。少子即指蒋冕，他当时官至内阁首辅，是广西全州有史以来朝中职务最高者。在广西这种偏远地区，蒋冕一家兄弟叔侄多人都考中进士，同时在朝为官，还有一人担任首辅，实属罕见。难怪蒋郎中负弩而归，会让村翁受惊。

弘治年间，朝廷有旨，令天下郡邑各建名宦乡贤祠，以为世劝。天下闻风而动，纷纷兴建名宦乡贤祠。全州地理位置偏僻，迟迟没有动静。直至正德末年，时任广西提学副使的刘节，来到全州视学，始下令建祠。新祠落成后，刘节致书蒋冕，请蒋冕为之作记。蒋冕当时仍在京为官。刘节在信中提到，建祠的目的，在于“扶世导民”，至于入祀名宦、乡贤的人物，其标准不妨放得宽一些。其文云：“今夫宦于其地而去后见思，是之谓名宦。生于其乡而众共称贤，是之谓乡贤。若文翁之祀于蜀郡，朱邑之祀于桐乡，皆名宦也。其宦业何如耶？凡有道有德教于其乡者，没则祭于瞽宗。乡先生没，则祭之于社，皆乡贤也，其贤德何如耶？名宦如是而祠之，则凡仕而居官者孰不劝乎？乡贤如是而祠之，则凡生而居乡者亦孰不劝乎？崇先正以示轨范于后之人，礼行于一堂而有以风动乎一郡，扶世导民，其所关系非小小也，而可以不慎哉！”（蒋冕《全州名宦乡贤祠碑》）①全州地理位置偏僻，文化教育事业相对落后，在蒋冕之前，有全国性影响的名人大概比较少。所以，刘节在选择名宦、乡贤时，主要考虑的是当地人的意见。蒋冕对刘节的做法也表示认同。

全州的名宦乡贤祠落成后不久，刘节便离开了广西，因而祠中

① 汪森编：《粤西诗载》卷三十九，《文渊阁四库全书》本。

一直没有举行过正式的祭祀活动。三年后，蒋冕卸职还乡。刘节的继任者是唐胄。

> 督学佥事琼山唐君胄课士来全，锐意绪成刘君之志，属知州沈尚经、同知张华，因祠之旧，稍加修饰，乃制神主，卜日奉安，一切规约，悉如刘君旧所定者。其神位视旧或不无增损之殊，则刘君昔日之书固已丁宁其说。凡主祀事如守贰师儒者，诚不可以不慎也。守贰师儒慎之于推择之初，去取一无所苟，公是公非，下不得以蔽乎上，则虽子孙自誉其父祖，以为宜在此奉祀之列，众人亦莫不翕然宜之，虽欲致议，亦孰得而议之？此又唐君之切戒也。唐君未竟其事，亦寻以升任去。久之，佥事香山黄君佐以翰林编修来督学政，尤孳孳以扶世导民为己任，既表异孝子贞妇之闾，而于名宦乡贤二祠尤致慎而不苟，公是公非，无少假贷，视刘、唐二君，益加严矣。（蒋冕《全州名宦乡贤祠碑》）①

仔细揣摩这段话的意思，唐胄对入祀人物有所调整，“其神位视旧或不无增损之殊”，而蒋冕似乎对唐胄的做法有所不满，认为还是应该尊重当地人的意见。后来，黄佐接任广西督学佥事，对入祀人物再次加以调整，蒋冕才表示满意了。

钟芳时任广西参政。据钟芳《故户部左侍郎唐公墓志铭》记载，唐胄来到广西后：“修《广西通志》，增损名宦、乡贤二祀，以正疏讹。”②可见，唐胄是为了修地方志，站在史学家的立场，对包括全州在内的广西各地名宦、乡贤入祀人物统一进行调整的。蒋冕的意见，则不免带有一些私心。

唐胄于嘉靖五年（1526）调离广西，升任云南按察司副使。嘉

---

① 汪森编：《粤西诗载》卷三十九，《文渊阁四库全书》本。
② 钟芳：《钟筠溪集》卷十七，周济夫点校，海南出版社 2006 年版，第 368 页。

靖十一年(1532)又调回广西,升任广西左布政使。在任期间,上《靖江王府补支疏》,反对靖江王府宗室贿赂官吏,补支禄米。唐胄还上疏请不随王府庆贺,不行王府叩头朝礼。

值得一提的是,嘉靖六年(1527),蒋冕姐姐的孙女滕氏,嫁给继位不久的第十代靖江郡王——恭惠王朱邦苧为妃。蒋冕与靖江王府的关系,还是比较密切的。

嘉靖十一年(1532),蒋冕卒于家乡。蒋冕著有《湘皋集》,诗文颇丰,但专门写给唐胄的作品并不多。这可能是由于唐胄在广西的时间不长,加起来也不过三年。另外,唐胄不肯趋炎附势,大概也是原因之一。

三、湛若水

湛若水和唐胄是广东同乡,又曾经同在北京、南京等地为官,两人之间保持着长达十几年的友谊。

湛若水(1466—1560),号甘泉,广东增城人,比唐胄大五岁。湛若水于弘治五年(1492)参加广东乡试,考中举人。两年后,他前往江门就学于陈白沙,深受白沙思想的吸引,毅然焚掉进京参加会试的"路引"(赴考证件),潜心求学。弘治十二年(1499),陈白沙将他讲学的"江门钓台"交给湛若水执掌,含有传授衣钵之意。次年,陈白沙去世,湛若水为之服孝三年。湛若水一直不乐仕进,直到弘治十七年(1504),湛若水才奉母命北上应试,弘治十八年(1504)考中进士,被选为翰林院庶吉士。此后,湛若水在京城和各地讲学,传播白沙心学,与王阳明形成分庭抗礼之势,时称"湛王心学"。

正德年间,湛若水母亲去世,他返乡为母亲守孝三年,期满后又讲学四年。嘉靖初,湛若水和唐胄等人一起应召复起,回京后补翰林院编修。次年转翰林院侍读。

嘉靖三年(1524)二月,唐胄升任广西按察司佥事(正五品)。消息传来,大家议论纷纷。不少人为唐胄将要离京感到惋惜。当时正是复古主义思想比较流行的时期，人们都幻想着恢复汉唐盛世的景象，但是现实又让人们感到心灰意冷。

有一次，唐胄的几个广东籍在京同乡聚在一起聊天，大家从两汉的荐举制谈起，论及孝廉。友人们一致认为唐胄是孝廉的典型，并为其不受重用而打抱不平："平侯产于琼海之中，慕周、孔之道，励行义正，学术裒群，借以甲魁于海内。而海内游学之士，莫不知慕，以平侯不居文词之职为憾。今日又三矣，中以母病而居侍者廿年，彼其一日之养，三公不换之心，非所谓孝矣乎！为母而废仕者，年八之七，母终而积俸者八之一。彼其不戚贫贱而急利达之心然，非谓廉矣乎！夫以行义素，负甲魁之名，历廿又三年之第，有孝廉之实，今擢不过佥事，地不过广右。而忘老病之亲，求速化之术，以登通显者为时贤，则孝廉之不行，其法也乎？其时也乎？其人也乎？其天也乎？"①唐胄离京的前夕，有同乡将上述谈话的内容告诉湛若水，请他将这些议论润色一番，以此为唐胄送行。

湛若水认为："公等之说美矣，皆非其至也。匪天匪人，道在其身。身成良贵，赵孟不能予夺，天亦不能易。是故推其孝以为理，则为莅官之敬，事君之忠，老老恤幼之政；推其廉以律己，则不希世以取名，不趋利而退让，其于理道也，绰绰乎有余裕矣。"②

同乡们听了之后，纷纷点头称是。湛若水把这些谈论记下来，写成《赠唐西洲佥宪之任广西序》一文，送给唐胄。唐胄带着知己好友的勉励，踏上了去广西赴任的路程。

唐胄离京不久，京城爆发了"左顺门事件"，将"大礼议"推向高潮。湛若水在"大礼议"事件中，思想其实是偏向"议礼派"的。但是在当时群情激愤的政治形势下，他又不好发表自己的见解，于是选择了沉默。

是年秋，湛若水也调离了京城，迁任南京国子监祭酒。此后长

---

① 湛若水：《泉翁大全集》卷十八，嘉靖十九年刻，万历二十一年修补本。
② 同上。

期在南京为官，历任南京吏、礼、兵三部尚书。

嘉靖十三年(1534)九月，在广西、云南、山东、赣南等地游宦多年，年已六十四岁的唐胄，内迁为南京户部右侍郎。湛若水时任南京礼部尚书之职，时隔多年的两位老朋友再度重逢。

湛若水热衷讲学，偏于务虚，而唐胄则勤于政事，显得更加务实一些。虽然他们的思想各有特色，但是对儒家道德理想的共同信仰，成为他们之间友谊的牢固纽带。唐胄虽然不以讲学闻名，但湛若水对唐胄的学问和为人都甚为推重。

在南京时，唐胄和湛若水交往密切。他们还有不少共同的朋友。湛若水《赠澧州太守赵丹山序》提及，有友人出任澧州太守，朋友们为其送行，在座者有"春官杨子濬、张景川，地官唐平侯、张仰德，太常杨子山，黄门李宗鲁、黄子任，秋官刘邦正，锦衣莫希颜，与甘泉子皆善之。十人者，同饮别于黄子所"[①]。其中，"地官唐平侯"即唐胄，地官指户部官员。

赴任澧州太守者，为赵元默，号丹山，是白沙弟子，"见期于师，见与于枫山，受知于阳明，而亟称于见素，区区群儒乃或见毁訾焉"[②]。赵元默是一名为人正直的学者，倍受陈献章、章懋、王守仁、林俊等大儒的赏识，却因为讲学而受到小人污蔑。席间，众人共论君子之儒与小人之儒："有一人言之曰：'吾闻有大负者，不得志于显荣。将发挥于治理，其在斯乎！'一人曰：'求治理者，将在于三事，盍为赵子有赠言！'一人曰：'业广惟勤，宜以勤赠。'曰：'元默既或有之矣，吾请进夫大勤。'一人曰：'慎终惟始，宜以慎赠。'曰：'赵子既或有之矣，吾请进夫大慎。'一人曰：'惟寅惟清，宜以清赠。'曰：'夫既或有之矣，吾请进夫大清。'一人曰：'曷谓大?'曰：'勤其勤，无为而勤；慎其慎，无为而慎；清其清，无为而清；是君子之儒之类也。彼硁硁皎皎以号于时，区区群儒之小耳矣。'一人曰：

① 湛若水：《泉翁大全集》卷十七，嘉靖十九年刻，万历二十一年修补本。
② 同上。

'三事恶乎本?'曰:'勤本于慎,慎本于清,清本于寅,是故三事一致也。故能无所为而为。'一人曰:'曷谓君子儒?'曰:'君子之儒,由仁义行之学也,非行仁义者之学也。行仁义者之学,区区群儒之小耳矣。有所为者,彼区区皎皎硁硁者之伪也。故君子立其诚敬而三事尽,而万化理矣。'一人曰:'斯理也,虽措诸天下亦可也,而况于为澧乎?'黄子曰:'吾闻政学一道矣。是足以赠丹山子。'"①

众人你一言,我一语,具讨论之热烈,可见一斑。其中大概也有唐胄的发言。唐胄与友人,都是道义之交。他们的友谊,是建立在共同的道德信念和政治理想的基础之上。

唐胄在南京的时间也不长。嘉靖十五年(1536)春,唐胄调离南京,转任北京户部右侍郎。南京的朋友们纷纷赋诗作文,为唐胄送行。

湛若水作有《赠唐西洲司徒转北部有序》②。在诗前的小序中,湛若水称赞唐胄是广东人的骄傲,"予忝与三十年交,义不浅",自己和唐胄有三十年的交情,彼此之间的感情很深厚。现在唐胄要调到北京去了,自己情动于中而见乎辞,由于情难自已,诗写得还比较长,一共有十二句,是一首五言古诗。唐胄号西洲,湛若水家附近凑巧有一处地方名为东洲,湛若水的诗就由此写起:"君居西洲西,我居东洲东。东西永相望,中有一水通。"洲即水中的小片陆地,两洲之间有水相连。同时,这句话也暗示唐胄和湛若水是广东同乡,只不过唐胄的家乡在海南岛上,两地隔海相望。"君行北极北,我将南极南。南北本同天,何用悲商参?"唐胄将到遥远的北方去了,从此天各一方,就像天上的参星和商星一样不能相见,但都是为国家效力,所以不用悲切。"行矣怅予望,望绝继以音。音书宜慰我,慰我停云吟。"唐胄将要远行了,湛若水感到十分惆怅。惆怅之极,于是借诗以抒怀。希望唐胄去后,常有书信往来,以慰思念之情。东晋大诗人陶渊明有一首著名的《停云诗》,湛若水在

---

① 湛若水:《泉翁大全集》卷十七,嘉靖十九年刻,万历二十一年修补本。
② 湛若水:《泉翁大全集》卷四十二,嘉靖十九年刻,万历二十一年修补本。

诗的结尾处引用了这一典故，一方面形容自己在南京过着像陶渊明那样隐士般的生活；另一方面喻示着远行的唐胄如同天上的行云，希望他到了北京之后能够广施雨露，造福苍生，倘能如此，老友也会倍感欣慰。

嘉靖十九年(1540)，湛若水在南京任兵部尚书时，反对出征安南，因与朝中文武大臣意见不合，请求致仕。回到广东后，湛若水晚年依旧兴建书院，不废讲学。

嘉靖三十一年(1552)秋天，唐胄次子唐秩奉唐胄遗像至京，请兵部右侍郎黄表衷为之作赞。大约在这一年前后，湛若水也见到了唐胄的画像，作有《故唐西洲先生真赞》："噫嘻！斯何人斯！岂非胸藏万卷而已返其一贞兮！名动天下而归老于海滨兮！我仪图之思若若人兮！肖若人兮！彼美人兮！西洲之人兮！如见如闻，绕之三匝，三叹而有遗音兮！"[①]这幅画像十分逼真，湛若水见到画像，如闻其声，如见其人，勾起了他对老朋友的无穷思念。

湛若水作此文时，已有八十余岁高龄，对老友依然情深难忘。湛若水卒于嘉靖三十九年(1560)，享年九十五岁。

隆庆元年(1567)，朝廷为嘉靖年间的功臣平反。薛侃上《辨明功罚疏》，提及功高应赏者五人，其中包括唐胄和湛若水，此外还有：已故原任刑部尚书林俊，已故原任南京兵部尚书新建伯王守仁，已故原任南京工部尚书吴廷举等。文中言："已故原任户部侍郎唐胄，广东琼州府琼山县人，举弘治壬戌科进士。历官四十余年，始终正直，不少变易。迭任藩臬巡抚，劳代最多。在部建议陈言，忠谠更切。后以忤旨，被杖削籍，众皆韪之。昨吏部题请虽以复职赠官，而祭葬并谥未议，犹为缺典。""以上五臣，其任职先后虽稍不同，而负忠良重望则无二致。明诏所谓应得恤典而未得者，此其最也。"[②]

---

① 湛若水：《甘泉先生续编大全》卷二十二，嘉靖三十四年刻，万历二十三年修补本。
② 王守仁：《王阳明全集》卷三十九，吴光、钱明、董平、姚延福编校，上海古籍出版社1992年版，第1491页。

这五人,在当时都大名鼎鼎、深孚众望。

四、其他

嘉靖前期,岭南人士在朝为官者还有不少,如霍韬,方献夫等。他们都因“大礼议”而骤贵。

霍韬(1487—1540),字渭先,号兀崖,广东南海县(今广东省广州市)人。正德九年(1514)会试第一名。嘉靖三年(1524),朝中关于“大礼”的论争日趋白热化。霍韬作《大礼议》一文支持明世宗,受到重用。嘉靖十二年(1533),霍韬出任吏部左、右侍郎。嘉靖十五年(1536)官至礼部尚书、太子少保。嘉靖十九年(1540)十月卒于任。朝廷追赠他为太子太保,谥文敏。张廷玉《明史》:“韬学博才高,量褊隘,所至与人竞。”①

方献夫(1485—1544),字叔贤,号西樵,广东南海县人,弘治十七年(1504)乡试夺魁,次年考取进士,入选翰林庶吉士。他和霍韬是同乡,在“大礼议”中也站在明世宗一方,受到重用,官至吏部尚书、太子太保、武英殿大学士。方献夫在内阁与同样因为议礼骤贵的张璁、桂萼共事,但持论颇平恕,故人不甚恶之。

唐胄在“大礼议”中,与霍韬、方献夫等人持议不同,虽然同为岭南人士,但交游并不密切。

此外,唐胄同年进士周钥也是岭南人,将在下节述及。

第四节 唐胄与同年进士交游考

弘治十五年(1502),三十二岁的唐胄,在京参加礼部会试。明代会试,应试举子于“五经”中各选一经,每经各有一名“经魁”。据

① 张廷玉等:《明史》卷一百九十七,中华书局2000年版,第3476页。

张朝瑞《皇明贡举考》卷五"(壬戌)弘治十五年会试"记载,是年中式举人三百名,会元鲁铎,湖广景陵县(今湖北天门)人,以《书》经夺魁。《易》经的经魁为杨果,南直隶兴化县人。《诗》经的经魁为郁侃,南直隶上海县人。《春秋》经魁名毕济川,江西贵溪县人。唐胄为《礼记》经魁。①

会试后,按惯例于三月十五日举行殿试。明孝宗御定殿试策题目是:"朕膺天命,承祖宗列圣之统,以临天下,于兹十有五年,夙夜兢兢,思弘化理非法诸古而不可。然尝考之前代继统之君,守成称贤,莫盛于夏之启,商之中宗、高宗,周之成、康之数君者,治绩之美,具在方策,果何道以致之?近世儒者之论,谓圣王以求任辅相为先,又谓君之圣者,以辩君子与小人数君之致治也,其亦有待于是耶?且辅相之贤否,君子小人之情状,未易知也。兹欲简贤为辅,用君子不惑于小人,将安所据耶?天下之务,固非不端,以今日之所急者言之,若礼乐,若教化,若选才,课绩征赋之法,兵刑之令,皆斟酌于古,然行之既久,不能无弊焉。祛其弊而救之,欲化行政,举如祖宗创制之初,比隆前代,何施何为,而得其道耶?子诸生积学明经,通于古今之宜其具实以对,毋隐言,毋泛论,朕将采而行之。"②

内阁大学士刘健、李东阳、谢迁以及各部尚书等亲自充任读卷官。殿试结果揭晓,第一甲共三人,赐进士及第:状元康海,陕西武功县人。榜眼孙清,直隶武清卫籍,浙江余姚县人。探花李廷相,锦衣卫籍,山东濮州人。唐胄名列二甲进士第四十一名,授户部广西司主事(正六品)。唐胄的同乡陈实也考中了进士,为三甲第一百零八名。

同榜进士,又称同年,是科举时代颇受重视的一种社会关系。

---

① 张朝瑞:《皇明贡举考》,《四库全书存目丛书》史部第269册,齐鲁书社1996年版,第673页。

② 同上。

唐胄与同年进士的交游，有文献可考者，有陈实、周钥、何景明、李廷相、陈察、戴书等。《正德琼台志》中，附有周钥、李廷相、何景明等人赠唐胄的诗文。《传芳集》中，有唐胄与戴书、陈察等人酬唱的作品。下面，对此数人略加介绍。

一、周钥

《正德琼台志》卷二十四“榕座”条之下，附有伦文叙的一首长诗和周钥的一篇赋。伦文叙和周钥都是广东才子。

周钥，字希准。广东潮州府海阳县人，弘治八年(1495)广东乡试亚元，弘治十五年(1502)进士。曾任完县(今河北顺平县)知县，调束鹿(今河北辛集)，积极赈荒，深受百姓爱戴。治狱明断，会勋臣山场之讼，钥从末座，片言析之。内召，授兵科给事中。后因得罪刘瑾，被迫自尽。《明史》有传：“方瑾用事，横甚，尤恶谏官，惧祸者往往自尽。海阳周钥，弘治十五年进士。为兵科给事中，勘事淮安，与知府赵俊善。俊许贷千金，既而不与。时奉使还者，瑾皆索重贿。钥计无所出，舟行至桃源，自刎。从者救之，已不能言，取纸书‘赵知府误我’，遂卒。事闻，系俊至京，责钥死状，竟坐俊罪。”①

《潮州府志》对周钥之死，记载得更为详尽：“时刘瑾扇虐，稍拂其意刑讯惨毒。新安卫指挥刘德、千户朝明互讦，刘瑾庇德挠淮抚，不成，狱命钥往勘。将抵淮，瑾私人挟之，不应，词过激，虑且不免，乃草疏列瑾逆状，旋引佩刀自刎，死箧中，所遗敝衣数袭而已，瑾见其疏弃诸地，曰：鬼安得上书。”(林杭学《潮州府志》卷十九“人物”)

按谷应泰《明史纪事本末》“刘瑾用事”条“武宗正德二年”：“给事中周钥使还，当赂瑾，无所借资，自刎桃源舟次。”周钥大概死于正德二年(1507)，卒年三十五岁。

① 张廷玉等：《明史》卷一百八十八，中华书局2000年版，第3320页。

当时，刘瑾权擅天下，肆意作威作福。周钥临死前，疏列刘瑾罪状，虽然未能上达皇帝，也让刘瑾有所收敛。据《明史·刘瑾传》记载："瑾故急贿，凡入觐、出使官皆有厚献。给事中周钥勘事归，以无金自杀。其党张彩曰：'今天下所馈遗公者，非必皆私财，往往贷京师，而归则以库金偿。公奈何敛怨贻患。'瑾然之。会御史欧阳云等十余人以故事入赂，瑾皆举发致罪。"[①]

不过，刘瑾也只是做做样子而已。事后，刘瑾又"遣给事、御史十四人分道盘察，有司争厚敛以补帑。所遣人率阿瑾意，专务搏击，劾尚书顾佐、侣钟、韩文以下数十人。浙江盐运使杨奇逋课死，至鬻其女孙。而给事中安奎、潘希曾，御史赵时中、阮吉、张彧、刘子厉，以无重劾下狱。奎、彧枷且死，李东阳疏救，始释为民。希曾等亦皆杖斥，忤意者谪斥有差。又矫旨籍故都御史钱钺、礼部侍郎黄景、尚书秦纮家。凡瑾所逮捕，一家犯，邻里皆坐，或瞰河居者，以河外居民坐之。屡起大狱，冤号遍道路"[②]。

周钥写给唐胄的《榕座赋》，赞美了唐胄曾祖"榕树公"唐逊的隐逸情怀，以及唐胄本人的高风亮节。周钥《榕座赋》大约作于弘治十五年(1502)，是年，唐胄刚考中进士，因父丧回乡守制。弘治十八年(1505)，明孝宗病逝，武宗年幼，刘瑾开始弄权，政治形势急转直下。是年唐胄守制期满，因母亲年事已高，没有返京复职。两年后，唐胄被免职，周钥则因为得罪刘瑾，被迫自杀。

二、李廷相

《正德琼台志》卷二十四"榕冈"条下，附录有李翰林廷相诗《追忆》。此诗大概作于弘治十五年(1502)，是李廷相为唐胄的父亲唐正而作。

李廷相(1485—1544)，字梦弼。河南濮州(今河南濮阳)人。

---

① 张廷玉等：《明史》卷三百零四，中华书局2000年版，第5215页。
② 同上。

明弘治十五年(1502)会试第三十五名,殿试第三名,授翰林院编修。据说李廷相是宋朝文状元李迪的后人。正德年间,宦官刘瑾专权。李廷相被改为兵部主事。直到刘瑾被诛才官复原职,升任春坊中允,充经筵讲官。武宗不喜读《诗》《书》,李廷相进讲《君孰与不足》章,武宗重复三次,深有感悟,称赞李廷相为真学士。历官南京吏部侍郎,与父亲李瓒同朝为官,人皆以为荣。父子均官至尚书。

李廷相喜爱收藏古籍字画,建有藏书楼"双桧堂"和"来鹤楼",编撰有《李蒲汀家藏书目》二卷,藏书 1 600 余种,1 万余册。李廷相在南京为官时,与唐胄好友湛若水、钟芳等过从甚密,多有诗文唱和。

如湛若水《陪诸公瀛洲胜会其四 · 呈李蒲汀少宰(名廷相)》:"翩翩李供奉,世号谪仙人。帝赍锦绣襟,笔下如有神。明公泰山秀,鼎甲自宸遴。不薄南国游,渺渺江东云。玉堂忝嘉会,律转物华新。再枉琼瑶篇,涤我胸中尘。"①

钟芳《再次李蒲汀韵》:"二年往返两都间,每爱投闲竟得闲。松菊未应荒旧圃,鹓鸾久矣愧仙班。清泉静濯溪边石,碧落孤撑海上山。到处行吟足为乐,漫将诗史自褒删。"②

从这些诗文中,可以看出李廷相清雅超凡的品格。李廷相后改任礼部侍郎。嘉靖十七年(1538)三月,再升为户部尚书,兼翰林学士,加太子宾客。嘉靖十八年(1539)五月致仕归乡。嘉靖二十三年(1544)七月病逝。谥文敏。著有《南铨稿》二卷,又联句一卷。③

唐胄于嘉靖十三年(1534)九月在南京户部任职,嘉靖十五年

---

① 湛若水:《泉翁大全集》卷四十一,嘉靖十九年刻,万历二十一年修补本。
② 钟芳:《钟筠溪集》卷二十九,周济夫点校,海南出版社 2006 年版,第 649 页。
③ 黄虞稷:《千顷堂书目》卷二十一,瞿凤起、潘景郑整理,上海古籍出版社 2001 年版。

(1536)至嘉靖十七年(1538)在北京户部任职。两人晚年同在户部共事,交游应十分密切。

三、何景明

《正德琼台志》卷二十四“像池”条下,附录有何景明《像池记》,该文作于正德七年(1512)春。

何景明(1483—1521),字仲默,号白坡,又号大复山人,河南信阳人。自幼聪慧,八岁能文,弘治十二年(1499),何景明十六岁时,以《尚书》经第三名中举。弘治十五年(1502)中进士时,年仅十九岁。授中书舍人。弘治十八年(1505),何景明奉命出使云南,一年后回京。正德初,宦官刘瑾擅权,何景明谢病归。正德五年(1510)刘瑾被诛,何景明官复中书舍人,并任内阁讲经官。正德十三年(1518),擢陕西提学副使。正德十六年(1521),何景明因病辞官,回归故里不久病故,年仅 39 岁。有《大复集》。

何景明在明代文坛享有盛名,是著名的“前七子”之一,与李梦阳并称“李何”。同榜进士中,康海、王廷相也是“前七子”的重要成员。“前七子”大多为郎署阶层的文人,他们对当时文坛流行的台阁体诗文以及李东阳为代表的“茶陵派”十分不满,高倡“文必秦汉,诗必盛唐”,以复古为革新,对明代文学产生了深远的影响。

正德时期,在与大太监刘瑾的斗争中,“前七子”表现出高尚的气节。《明史》称:“景明志操耿介,尚节义、鄙荣利、与李梦阳并有国士风。”①

唐胄与何景明是同年进士,弘治十五年(1502)在京中有过短暂相会。正德七年(1512),唐胄应召返京,在京中与何景明再次相逢。《像池记》称:“唐子名胄,字平侯,余同年进士,为户部主事。

① 张廷玉等:《明史》卷一百七十四,中华书局 2000 年版,第 4913 页。

逆瑾时废官家居，今年召起，予亦同召，凡八年而复相见于京师，同时者握手欢甚。”何景明留在京师为官，唐胄因母老多病，返京不久，便再次告归。两人接触时间虽短，但意气相投。何景明称唐胄为孝子，言：“故孝子者，事人无遗义而治人不忘爱也。以唐子之修于家者，其于天下可以观矣。夫唐子学道者也，炳有质文，赫抱时誉，故所修靡不可尚已。”①何景明勉励唐胄早日复出，以敬事父母之意，推而治国，可谓意味深长。

正德末年，唐胄母亲去世。嘉靖初，经过漫长隐居生涯后，唐胄再度复出。二十年政治风云变幻，周钥、何景明等同年旧友都已相继辞世。唐胄在云南、南赣等地为官时，又与戴书、陈察等同年进士意外相逢。

四、戴书

戴书，湖北崇阳人，字天锡，号鲁溪，弘治八年(1495)中举，弘治十五年(1502)中进士，授南京大理寺正，出补四川佥事，曾任都察院右副都御史，巡抚贵州等处地方。

《传芳集》中，有《题同年戴宪长苍山赋别卷》一诗，是唐胄写给同年进士戴书的。宪长，即都御史。戴书过云南返，唐胄在苍山为他赋诗送行。诗中写道：“滇东一望无烟烽，鲁溪镇节歌儿童。一廉如水澈底冽，百炼似铁空炉红。”赞美戴书清廉如水，在云南的经历，如同身经千锤百炼。“朝摘山巅天上星，暮濯山麓海之洱。景高足称两止止，凌虚气岸实相倚。”②苍山洱海，赋予人以凌虚气岸的高尚品格。这既是形容戴书，也是唐胄的自我写照。

五、陈察

《传芳集》有《余自南赣赴抚山东，陈都宪原习来代。以年谊之

---

① 唐胄等：《正德琼台志》卷二十四，彭静中点校，海南出版社2006年版，第500页。
② 唐胄等：《传芳集》，刘美新点校，海南出版社2006年版，第189页。

厚，操舟送至储潭。席间赋诗见赠，步韵酬之》："淡云清晓塞，细草绿春洲。名已三朝旧，心应四海周。威扬新阃钥，别重远山舟。白首分携意，公乎莫亦犹。"陈都宪原习，即陈察。

陈察（1478—?），字原习（《明史》作"元习"），号虞山，别号扬清子。南直隶常熟（今属江苏）人。弘治十五年（1502）进士，授南昌推官。正德初，擢南京御史、左佥都御史，巡按云南。正德五年（1510）刘瑾伏诛后，武宗依旧荒淫无度。陈察偕同官请武宗"务讲学，节嗜欲，勤视朝，语甚切直。以养亲归"①，后家居九年。

正德十四年（1519），陈察复出，适逢宁王宸濠谋反，王阳明仅用四十三天便平定了叛乱，而武宗仍要御驾亲征。陈察谏阻武宗，与其出征，不如下罪己诏，认真反省。结果触怒武宗，被夺俸一年。武宗还下令群臣如敢再谏，必置极典。陈察巡按云南，助巡抚何孟春讨定弥勒州，以功增秩。

世宗即位，陈察上疏言金齿、腾冲地极边徼，既统以巡抚总兵，又有监司守备分辖，无事镇守中官。因劾太监刘玉、都督沐崧罪。诏并罢还。

嘉靖初，陈察按四川，又与杨言等人一起上疏请罢镇守中官。世宗不听，亲自审讯杨言，砍掉杨言的一根手指。陈察大呼曰："臣愿以不肖躯易言命，不忍言独死。"②世宗怒视陈察，陈察不为所动，直声震朝野。陈察巡视京营，与给事中王科极陈武定侯郭勋贪横状。擢南京太仆少卿，疏辞，因请召前给事中刘世贤等二十余人；帝怒，责以市恩要名，贬远方杂职。陈察被贬为海阳教谕。后又累迁山西左布政使，入为光禄卿。嘉靖十二年（1533），以佥都御史巡抚南赣，两年后乞休，并举荐前都御史万镗、大理卿董天锡等十四人可用。吏部请从其言。世宗却认为陈察徇私妄举，将陈察

---

① 张廷玉等：《明史》卷二百零三，中华书局 2000 年版，第 3578 页。
② 同上书，第 3579 页。

斥为民。陈察居官清廉，回到故乡后，“敝衣粝食而已”①。

陈察的经历，与唐胄颇有相似之处。两人在正德年间，都曾经以养亲为名，长期家居。在任期间，都不惧权贵，都弹劾过武定侯郭勋，对皇帝也直言敢谏，最后因触怒皇帝被免职。

陈察居乡期间，热衷于藏书。家有藏书楼“至乐楼”，插架万卷，多地方和民族地方文献。和唐胄一样，陈察也喜欢刻书。正德十五年（1520），曾刻印过邵宝的《学史》、后晋的刘煦《唐书》二百卷，唐沈亚之的《沈下贤文集》等。其自著，有《虞山集》十三卷。

嘉靖十二年（1533）秋天，唐胄调离南赣，改任山东巡抚。南赣寻抚之职，由陈察接替。陈察与唐胄性情相投，又有同年之谊，所以特意乘船来为唐胄送行，一直送到赣州市北部的储潭，才依依不舍地分手。储潭有一处历史悠久的储君古庙，过往客商和四方信士都云集来此朝拜，此外，当地还有不少风景名胜。送行途中，两人互相赋诗赠答。唐胄在诗中用“名已三朝旧，心应四海周”赞美陈察三朝为官，胸怀天下。唐胄诗的结尾处写道：“白首分携意，公乎莫亦犹？”②岁月无情，壮志未酬，唐胄感慨之余，也激励陈察和自己，越是年事渐高，越要奋发进取，有所作为。

第五节　唐胄宦游期间交游考略

除岭南同乡和同年进士外，唐胄考取进士后，在京城和广西、云南、南京等地为官期间，还结识了不少文学界、思想界的文化名流，以及一批志同道合的友人。本节以唐胄宦游轨迹为序，略加梳理。

---

① 张廷玉等：《明史》卷二百零三，中华书局2000年版，第3579页。
② 唐胄等：《传芳集》，刘美新点校，海南出版社2006年版，第192页。

一、都穆

《正德琼台志》卷二十四“榕冈”条下，附有姑苏都穆《榕冈记》。此文是都穆应唐胄之请，为唐胄父亲唐正而作。“处士既没之六年，其子户部主事胄乞予记。”①文中借榕树的形象，赞美了琼州“榕树唐家”淡泊名利的家风和唐正的隐逸情怀。文末注明写作的时间是“正德壬申二月庚子”，即正德七年(1512)二月。是年，唐胄应召至京，不久便以母老乞归养，旋返琼州。

都穆(1458—1525)，字玄敬，一作元敬，原籍吴县相城(今苏州市相城区)人，后徙居城区南濠里(今苏州阊门外南浩街)。郡人称“南濠先生”。都穆于弘治八年(1495)以儒士领应天乡荐。弘治十二年(1499)参加会试、殿试，中进士二甲八十八名，授工部主事。都与广东才子伦文叙为同榜进士。弘治十二年(1499)，唐胄刚中进士之时，大概在京中与都穆也有过交往，惜无文献可考。正德元年(1506)，都穆改南京兵部武库司，正德三年(1508)任礼部郎中。是年，都穆父殁，丁父忧，归乡守制。正德六年(1511)复官，擢工部员外郎。正德七年(1512)，都穆进礼部主客司。都穆为唐胄作《榕冈记》之时，亦刚刚结束丁忧，返京未久。

正德八年(1513)，都穆曾奉使至秦川，后官至太仆寺少卿。正德九年(1514)冬月，都穆告老还乡，住苏州阊门南濠里，此后十余年间，放情山水，绝迹公府，夜读不息。嘉靖四年(1525)，都穆卒，终年六十七岁。

都穆是姑苏才子。苏州属吴中地区，以盛产才子而闻名。元末明初时，苏州文化就相当发达。大诗人杨维桢、高启等都生活在吴中地区。明初，朱元璋对苏州文士进行了残酷打压。至成化、弘治年间，吴中文化再度崛起。在朝者，有官至内阁大学士的吴宽、

① 唐胄等：《正德琼台志》，彭静中点校，海南出版社2006年版，第495页。

王鏊等，在野则有著名画家、诗人沈周。在他们的带动下，苏州名士辈出。与都穆同时代的苏州才子，有杨循吉、祝允明、文徵明、唐寅、徐祯卿、朱凯、朱存理等。他们风流自赏，趣尚相投，互为标榜，冲破科举束缚，在吴中地区大力倡导古文辞运动。与稍后李梦阳等人在京城倡导的文学复古运动不同，大多数吴中文人并不刻意强调"文必秦汉，诗必盛唐"，对宋元诗文也兼收并蓄，形成了吴中文学雅俗共赏的特有风貌。

在苏州才子中，都穆是较为内敛的一位，他的气质更接近于学者。都穆爱谈诗，著有《南濠诗话》，但他本人作诗并不多。与都穆相比，作为苏州才子代表人物的唐寅，更加才华横溢，为人也更加不检点。都穆比唐寅大十几岁，两人自幼交好。

弘治十二年(1499)，都穆、唐寅和苏州富家子弟徐经一起进京参加会试。是科会试主考官为程敏政。会试前，徐经买通关节，提前知道了试题，并将题目泄漏给唐寅，请唐寅指点。唐寅口无遮拦，走漏了风声。会试甫毕，户部给事中华昶便受人指使，弹劾程敏政。程敏政对此事并不知情。因查无实据，此事最终以"敏政临财苟得，不避嫌疑，有玷文衡，遍招物议；及昶言事不察实；经、寅等夤缘求进"①结案，命程敏政致仕，华昶调南京太仆寺主簿，徐经、唐寅赎罪毕黜充吏役。程敏政平日洁身自爱，被人诬陷，出狱后数日便愤懑而终。唐寅是乡试解元，才华横溢，不用作弊也能考取进士，受此案拖累，从此绝意仕进，放浪自污。

弘治十二年科场案的真相扑朔迷离，据说背后另有他人主使。《明史·程敏政传》称："或言敏政之狱，傅瀚欲夺其位，令昶奏之。事秘，莫能明也。"②

大概是因为都穆与唐寅、徐经一同赴考，案发后唐寅、徐经皆

---

① 《明孝宗实录》卷一百五十一，见台北历史语言研究所校印《明实录》，上海书店出版社1984年版，第2600页。
② 张廷玉等：《明史》卷二百八十六，中华书局2000年版，第7344页。

下狱，都穆独中进士，遂有传言，认为都穆在此案中扮演了告密者的不光彩角色。徐经是咎由自取，唐寅被黜，人人惜之。事实上，当时此事闹得满城风雨，要怪也只能怪唐寅自己为人不够谨慎。都穆是否参与其事，我们不知道，但起码他没有向官府直接告密。据时人陆粲《庚己编》记载华昶当时所举证人，乃其同乡孙学："时江阴士人徐经于主文者有夤缘，为华给事中昶所奏，下制狱验问。华以学同乡且素厚，援以为证。"①

事后，唐寅曾自言"北至京师，朋友有相忌名盛者，排而陷之"②。遂有人认为是都穆妒忌唐寅，设计陷害。这种说法在吴中地区也广为流传。

万历间，沈德符《弊帚轩剩语》载："弘治中，唐解元伯虎以挂误问革，困厄终身，闻其事发于同里都冏卿元敬。都亦负博洽名，素与唐寅善，以唐意轻之，每怀报复。会有程篁墩预泄场题事，因而中之。"③

明末清初之时，钱谦益《列朝诗集小传·都少卿穆》小传曰："余闻之故老，玄敬少与唐伯虎交，最莫逆，伯虎锁院得祸，玄敬实发其事，伯虎誓不与相见，而吴中诸公皆薄之。玄敬晚年深自悔恨，其殁也，不请铭於吴人，而远求胡孝思，盖亦其遗意云。"④

王鸿绪《明史稿》也称"友人都穆构其事"。又言都穆"以陷寅，为世所薄"。储大文《释嫉》更是将"傅瀚之于程敏政，都穆之于唐寅"作为嫉才妒能的典型。⑤

---

① 陆粲：《庚己编》，《明代笔记小说大观》，上海古籍出版社2005年版，第632页。

② 陈伉、曹惠民编注：《唐伯虎诗文书画全集 江南第一风流才子全书》，中国言实出版社2005年版，第390页。

③ 沈德符：《敝帚轩剩语》卷下，《四库全书存目丛书》子部248册，齐鲁书社1997年版，第518页。

④ 钱谦益：《列朝诗集小传》丙集，上海古籍出版社1983年版，第301页。

⑤ 储大文：《存研楼文集》卷十六，影印《文渊阁四库全书》1327册，上海古籍出版社1987年版，第369页。

直至今日，苏州横塘唐寅墓园的坊柱上，还刻着这样一副对联：“人间何物都元敬，海内知音祝允明。”

此说流传虽广，但并无真凭实据。野史、笔记的相关记载，大多是在中晚明以后才出现的。事实上，在科场案发生之后，唐寅与都穆仍保持着交往，并没有像传说中那样与都穆断交。

都穆以博雅著称，著作颇丰，主要有《南濠诗话》《金薤琳琅》《周易考异》《使西日记》《游名山记》《史补类抄》《史外类抄》《听雨纪谈》《玉壶冰》《铁网珊瑚》《吴下冢墓遗文》等。王世贞《弇州续稿·像赞》称其著述“学士大夫争购而藏之，以为帐中秘”①。

都穆的《南濠诗话》，是明代较有影响的诗学著作。文徵明为其作序，称“君于诗别具一识，世之谈者，或元人为宗，而君雅意于宋；谓必音韵清胜，而君惟性情之真。倚马万言，莫不韪叹；而碧山双泪，独有取焉。凡其所采，率与他为诗者异，而自信特坚，故久而人亦信之”。②

《南濠诗话》开篇第一则论陶诗，举苏东坡、黄山谷、王荆公三家之言，盛赞陶诗。又第六十八则，称陶渊明“盖真有得于道者，非常人能蹈其轨辙也”③，认为“真”字，可断尽陶公一生。

其《学诗诗》曰：“学诗浑似学参禅，不悟真乘枉百年。切莫呕心并剔肺，须知妙语出天然。”“学诗浑似学参禅，笔下随人世岂传。好句眼前吟不尽，痴人犹自管窥天。”“学诗浑似学参禅，语要惊人不在联。但写真情并实境，任他埋没与流传。”④

都穆为唐胄作《榕冈记》一文，文中赞美了榕树的无用之用、不材之材，用榕树来比喻唐正的高尚道德和隐逸情怀。

对于隐士，都穆别有一番见解：“昔之人谓有天隐、有地隐、有

① 王世贞：《弇州续稿·像赞》卷一百四十八，《文渊阁四库全书》本。
② 文徵明：《南濠诗话序》，丁福保辑《历代诗话续编》，中华书局 1983 年版，第 1341 页。
③ 都穆：《南濠诗话》，丁福保辑《历代诗话续编》，中华书局 1983 年版，第 1362 页。
④ 同上书，第 1345 页。

人隐、有名隐，又有所谓充隐、通隐、仕隐，其说各异。天隐者，无往而不适，如严子陵之类是也；地隐者，避地而隐，如伯夷太公之类是也；人隐者，踪迹混俗，不异众人，如东方朔之类是也；名隐者，不求名而隐，如刘遗民之类是也。他如晋皇甫希之人称充隐；梁何点人称通隐；唐唐畅为江西从事，不亲公务，人称仕隐。然予观白乐天诗云：'大隐在朝市，小隐在丘樊，不如作中隐，隐在留司间。'则隐又有三者之不同矣。"①

唐胄在《正德琼台志》中，也对"隐逸"发表过一番议论："古称隐逸有三：上焉，身藏而德不晦，万乘寻轨而委聘；次则挈治世具，弗得伸，或持峭行不可屈；其末，内审其材，终不可当世取舍，故逃丘园而不返，使人常高其风而不敢加訾，亦难矣。今自吾产概优者充之，其次亦附为耆旧。盖以远地圣教独迟，不敢言难以阻人进之意也。"②

苏州和琼州的文化传统，都含有一定的隐逸思想成分。两者又有所区别。苏州经济、文化发达，文人的隐逸情怀，更偏于个性自由的张扬。琼州地理位置偏远，士人的隐逸情怀，更多地是出自一种无奈的选择。但是，在全性养真、不汲汲于名利等方面，两地的隐逸文化传统又有相通之处。

都穆对唐胄的影响，或者说他们之间交往的基础，主要体现在隐逸情怀方面。都穆对唐胄的文学思想，也有一定影响。

二、吕柟

吕柟(1479—1542)，字仲木，号泾野，学者称泾野先生。陕西高陵(今西安高陵区)人。弘治十四年(1501)乡试第十名，次年会试不中，遂入太学。在国子监就读时，吕柟与马理等志同道合的朋

---

① 都穆：《听雨纪谈》，《四库全书存目丛书》子部102册，齐鲁书社，1997年版，第217页。

② 唐胄等：《正德琼台志》，彭静中点校，海南出版社2006年版，第760—761页。

友一起讲学，尝约曰："文必载道，行必顾言，毋徒举业以要利禄，毋徒任重弗克有终。"①(《关学编三·明·泾野吕先生》)。同乡高朝用在户部为官，对翰林检讨王九思说："我的同乡中有一个颜回，你知道吗?"王九思说："一定是吕柟吧?"从此与吕柟结为厚交。按，唐胄弘治十五年(1502)中进士，授户部主事之职，与高朝用为同事。唐胄同榜进士、状元康海与王九思为同乡。唐胄对吕柟应该也有耳闻。唐胄在京日短，当时与吕柟是否有交游，尚有待进一步考证。

弘治十八年(1505)，明孝宗驾崩，太学诸生为其送葬，吕柟在葬礼仪式上痛哭失声，别人嘲笑他迂腐，吕柟也在所不顾。

正德三年(1508)，吕柟再次参加会试。当时，康海任会试同考官，看到吕柟的试卷，拟拔为第一，却被主考官内阁大学士王鏊抑置第六。会试发榜后，康海忿言于朝曰："吕仲木天下士也。场中文卷无可与并者。今乃以南北之私，忘天下之公。蔽贤之罪，谁则当之？会试若能屈吕矣，能屈其廷试乎?"②殿试时，吕柟果然夺得状元，授翰林院修撰。

当时宦官刘瑾把持朝政。刘瑾也是关中人，听说同乡吕柟中了状元，前往致贺，诱以高官厚禄，欲引以自重。吕柟拒绝了刘瑾，刘瑾怀恨在心，从此不再和吕柟往来。吕柟见政治形势黑暗，不久便称疾返乡。康海为救李梦阳，不得不与刘瑾虚与委蛇。正德五年(1510)，刘瑾垮台，康海也受到牵连。时人皆佩服吕柟的先见之明。吕柟在乡隐居期间，筑东郭别墅、东林书屋，以会四方学者。

正德九年(1514)，吕柟官复原职。因乾清宫受火灾，吕柟应诏上书呈六事，又多次上书劝武宗举直措诸枉，皆不被采纳，于是便再次引疾而归。

嘉靖改元，吕柟、唐胄等人一起被召用。当时，吕柟的名声已

---

① 冯从吾：《少墟集》卷二十，《文渊阁四库全书》本。

② 张治道：《翰林院修撰对山康先生状》，见金宁芬著《康海研究》"附录"，崇文书局2004年版，第354页。

经远播至朝鲜。朝鲜国奏称："状元吕柟、主事马理为中国人才第一，朝廷宜加厚遇，仍乞颁赐其文，使本国为式。"①

嘉靖二年(1523)的春天，适逢大比之年，唐胄、吕柟等均被委任为会试同考官。两人共事期间，言谈甚为投机。他们经常聊起各自居乡期间的生活，以及对如何维持世道人心的认识。唐胄远离故乡虽然漂泊在外，但对故园、对祖茔始终念念不忘。他曾经向朋友吕柟忆及为祖坟补松一事。

正德十二年(1517)，唐胄母亲陈氏卒，享年八十岁。卜葬于陶公山谭缉之原。母亲去世后，唐胄有感于祖坟历经宋、元、明三朝将近三百年的风吹雨打，已经日渐荒凉破败，许多族人也渐渐失去联络。遂聚集族人，并请来唐氏十一世孙、长房宗子唐世杰，商议重修祖坟。族人纷纷表示赞同。于是，唐胄率族人在墓园内竖起百余堵短墙作为坟域，并在每一处坟域周围都种上松树，一共栽植了五百余株松树。同时，还在墓园旁边买下一块田地，雇用了六户佃农，专门负责灌溉培植松树，保护墓园。

在听了唐胄充满深情的回忆后，吕柟深为感动，特意撰写了《唐氏种松记》(参见本书"附录四")一文。文中，吕柟站在理学家的高度，认为唐胄为祖坟补松一事，无论是对唐氏族人，还是对世人，都很有教育意义。他总结出七点教育意义：

第一，敦本。在唐胄生活的时代，唐氏举族已近千人。唐胄补松之前，族人只知道拜祭自己父母至亲的坟墓，甚至有人已经不知道在文亭山还有祖坟的墓园了。如今，补松之后，每逢岁时节序，族人都首先会想到去文亭山拜祭祖坟，这是教育族人不要忘本。

第二，哀死。唐氏墓园中，自始祖唐震、次祖唐叔建以下，直到御史唐舟、同知唐亮等，均安葬于此，坟墓数以百计，唐胄均加石增土，修整一新，不让樵夫牧童随便出入，墓园不再有往日之荒颓。

---

① 冯从吾：《少墟集》卷二十，《文渊阁四库全书》本。

这是教育族人尊重死者。

第三,训生。唐氏墓园中树立着很多石碑,上面记载了祖先的生平事迹,共计七十多座,岁久月长,不少石碑仆地,文字残缺。唐胄全部将其重新竖立起来,描刻文字,让子孙后代借此了解先人事迹,从中受到教育和激励,是之谓训生。

第四,尊祖。以往唐氏族人附葬于祖坟,没有统一规划,往往杂乱无章,不但让去世的人不得安宁,也导致活着的人骨肉相争。如今经过修整之后,井然有序,也体现了对祖先的尊重。

第五,敬宗。唐胄和族人们议定,族人中凡有成为秀才者,交出其第一个月官府下发的米粮;凡有考中举人者,交出其收入的三十分之一;凡有考取进士者,交出其收入的二十分之一;凡为官者,交出其收入的十分之一。以此作为本钱,每年将这笔钱借给族中最需要的一个人,将利息抽出来供祭祀祖先之用。族中有事,均由宗子出面负责。每年三月一日,松柏改色,苍翠欲滴,举族上下,不分男女老幼,一跟随宗子去文亭山拜祭祖先。通过这种方式,来增强家族的凝聚力。是之谓敬宗。

第六,述事。次祖唐叔建当初在文亭山兴建墓园的时候,建有护垣、享亭、券台、墓道等,规划得非常整齐,还雇用了数十名佃户看守墓园。但后来,随着时间的推移,这些佃户的子孙都纷纷散去,使墓园无人管理,日渐荒芜。唐氏后人虽然到官府去告状,但回来的佃户不到一半。唐胄在补松之后,对墓园的管理做了妥善的安排,这是教育族人如何管理事务。

第七,继志。唐胄为云亭山补松,也是继承了先世的遗志,是之谓继志。

吕柟总结道:"是故敦本则末茂,哀死则生者昌,训生则死者安,尊祖则后昆裕,敬宗则统绪不乱,述事则业隆,继志则家人和穆。"①

---

① 吕柟:《泾野先生文集》卷十五,《四库全书存目丛书》集部第61册,齐鲁书社1997年版,第126、127页。

《诗经·小雅·天保》云“如松柏之茂,无不尔或承”,意思是像松柏那样茂盛,世世代代相传承。这正是唐胄为祖坟补松的用意所在。

吕柟还指出唐胄为祖坟补松有“三难”:

首先,琼山附近的苍屹、雁峰等山并不产松,这些松树都是采自丹崖、临高等处,包以蒲茅,载以舟船,渡江涉水,花费三四天的行程才运抵琼山。这是采集之难。

其次,这些松树刚刚栽种的时候,超过千株,然而存活下来的只有一半。这是栽种之难。

再次,种松是唐氏先人的遗愿,唐胄在家乡隐居十八年,对此念念不忘,而且还雇用了六家佃户日夜灌溉,这些松树才长得如此茂盛。这是管理之难。

最后,吕柟指出,唐氏子孙既知“七教”,又知“三难”,则以后见到松树就不应只想到可以作柴烧,或者见到松荫只想着可以去乘凉。通过为祖坟补松一事,唐氏子孙后代可以学习到唐胄治家的才能,进而可以推广到治理国家,教化天下。当然,是否能够真正做到这一点,就要看每个人的胸襟志向如何了。

吕柟不愧是理学大师,他将唐胄种松的意义剖析得头头是道,入木三分。而这或许也正是唐胄本人的良苦用心之所在。

是年会试之时,王守仁正在东南一带讲学,影响甚大。王守仁的心学思想与传统的程朱理学思想不尽相合。朝中当权者深嫉之,主试者以道学发策,有焚书禁学之议。吕柟挺身而出,为王守仁辩护。

事实上,吕柟的思想主要受“关学”影响,与王守仁、陈献章等人的心学思想也不尽相同。他并不以王阳明为是,陈白沙为高。但是,王守仁、陈献章等人的心学思想,毕竟为思想界吹进了一股新鲜空气。吕柟本人也热衷讲学,虽然学术主张不尽相同,但在对真理的追求方面,他们是一致的。所以,吕柟反对当道者利用科举打压王学。

会试时，有一名士子在对策中，欲将当时提倡心学、质疑程朱者，诛其人，火其书，极肆诋毁，甚合主考官之意，而且其经义、论、表写得都还不错。同事者拟录取此人，吕柟提出反对意见，认为此人今日迎合主司，他日必迎合权势。同事者深以为然，遂置之。

王守仁有一位高足，名欧阳德，二十岁便乡试中举，但一直追随王守仁，两次会试皆不赴。这一年，在王守仁的督促下，欧阳德也参加了会试。他在对策中，直言不讳，阐明师说，极力为心学辩护，原以为不会被录取。欧阳德的试卷落到了同考官唐胄手中，唐胄的思想虽然与王守仁不尽相合，但他觉得欧阳德言之成理，遂录取了欧阳德。

从上述事例可以看出，唐胄与吕柟的交往，完全是建立在道义的基础之上。他们志同道合，都有复兴儒学的理想。为了实现这一理想，不畏权势，不计名利。

嘉靖三年(1524)二月，唐胄升任广西按察司佥事(正五品)，离开了京城。不久，"左顺门事件"爆发，"大礼议"趋于白热化。四月，时在史馆参修《武宗实录》的吕柟上疏，以十三事自呈，表达"大礼未正，引为己罪"之意，实质是委婉批评明世宗违背礼制，结果触怒世宗而下狱，后被谪为解州判官。

在山西解州，吕柟推行《吕氏乡约》及《文公家礼》。为政之余，筑解梁书院以讲学，久之，政举化行，俗用丕变。

嘉靖六年(1527)，吕柟升南京吏部考功郎中，此后九年间一直在南京为官，历任南京尚宝司卿、南京太常寺少卿、南京国子监祭酒，累官至南京礼部右侍郎。

唐胄于嘉靖十三年(1534)九月，迁为南京户部右侍郎。嘉靖十五年(1536)春，离开南京，赴北京就任户部右侍郎。这段时期内，吕柟、湛甘泉、欧阳德都在南京。

吕柟与湛若水虽然思想不同，但都热衷于讲学。嘉靖十四年(1535)，有人攻击湛若水的思想为伪学，吕柟为其辩解，事遂已。

嘉靖十七年(1538),吕柟上疏请归,同年五月致仕,时年六十岁。吕柟返回故乡后,讲学于北泉精舍。嘉靖二十一年(1542),吕柟卒于家,享年六十四。隆庆初,赠礼部尚书,谥文简。

吕柟之学,"以立志为先,慎独为要,忠信为本,格致为功,而一准之以礼,重躬行不事口耳。平居端严恪毅,接人则和易可亲,至义理所执则铿然竞烈,置死生利害弗顾也"。他一生交游,唯重道义,"每遇同志,虽深夜必往访。苟非其人,即一刺不轻投"①。

吕柟著述宏富,有《周易说翼》《尚书说要》《毛诗说序》《礼问内外篇》《春秋说志》《四书因问》《史约》《小学释》《宋四子钞释》《寒暑经图解》《史馆献纳》《南省奏稿》《泾野诗文集》《泾野子内篇》《泾野集》等。《明史》称其:"仕三十余年,家无长物,终身未尝有惰容。时天下言学者,不归王守仁,则归湛若水,独守程、朱不变者,惟柟与罗钦顺云。"②吕柟被认为是继北宋张载之后,关学的集大成者。

三、欧阳德

欧阳德(1496—1554),字崇一,号南野,泰和(今江西省泰和县)人。明朝著名理学家,江右王门主要代表人物之一。

正德十一年(1516),年甫弱冠的欧阳德乡试中举。他没有去参加次年春天的会试,而是赴赣州追随王守仁讲学。正德十五年(1520)的会试,欧阳德也没有赴京应试。直至嘉靖二年(1523),在王守仁的督促下,欧阳德才和同门王畿一同赴试。

是年,复出不久的唐胄,也被任命为会试同考官。明代思想界的激烈斗争,在这一年的科举考试中集中地体现出来。当时,王学方兴,朝中当权者对王学抱有偏见,视为异端,欲借科举考试加以打压。主考官的命题中,有一道策问,是针对王学而发,认为王学背离朱子正学,应焚毁王学著作,禁止讲学。欧阳德和王畿在对策

① 冯从吾:《少墟集》卷二十,《文渊阁四库全书》本。
② 张廷玉等:《明史》卷二百八十二,中华书局2000年版,第4841、4842页。

中，阐明师说，极力为王学辩护。会试揭榜之日，王畿落榜。欧阳德的试卷，有幸落到唐胄手中。唐胄对王阳明学说虽然并不完全认同，但并未将王学视为异端，而是充分肯定其积极意义。在唐胄的坚持下，欧阳德通过了会试，最终被录取为二甲进士。欧阳德考取进士之后，与座师唐胄一直保持着密切的友谊。这一年的会试，唐胄所录取者大都是一时名士。会试之后，唐胄升任户部河南司署员外郎（从五品）。

欧阳德于嘉靖二年（1523）考中进士后，出任六安州知州。嘉靖六年（1527），欧阳德被为选为翰林院编修，后调任南京国子监司业。欧阳德来到南京后，设置讲亭，集国子生与四方学者论道。不久，改任南京尚宝卿。后又调任南京鸿胪卿。

嘉靖十三年（1534）九月，在外地游宦多年的唐胄，内迁为南京户部右侍郎。当时，欧阳德、湛若水、吕柟等人都在南京，他们都热衷讲学，偏于务虚，而唐胄则勤于政事，显得更加务实一些。虽然他们的思想各有特色，但是对儒家道德理想的共同信仰，还是如同一条友谊的牢固纽带，将他们紧紧地牵连在了一起。唐胄经常与这些朋友在一起议论时政。唐胄虽然不以讲学闻名，但欧阳德、湛若水、吕柟等对唐胄的学问和为人都甚为推重。

嘉靖十五年（1536）春，唐胄调离南京，转任北京户部右侍郎。南京的朋友们纷纷赋诗作文，为唐胄送行。欧阳德也作有《送唐西洲北召》①一诗，为唐胄送行。这是一首五言律诗，诗中充满了对唐胄的崇敬之情。“嗜学晚忘劬，高卿剧士儒”，唐胄与欧阳德的老师王守仁年龄相仿，当年欧阳德参加会试时，唐胄又担任考官，因此，唐胄算是欧阳德的老前辈了。这位老前辈年已六十多岁了，仍然好学不倦，其道德和学问在士人中都是出类拔萃的。“精莹怀赵璧，文彩烂隋珠”，唐胄是有真才实学的，不但学问深厚，而且文采

---

① 欧阳德：《欧阳德集》卷三十，陈永革编校整理，凤凰出版社2007年版，第811页。

斐然。“白下初栖凤，舟霄忽起凫”，白下即南京。唐胄就像凤凰，才在南京驻足不久，又要冲霄而起了。“向来瞻望意，临别独踯躅”，欧阳德一直对唐胄十分崇敬，视之为良师益友，现在唐胄要远行了，欧阳德依依难舍，内心充满了的留恋之情。

唐胄离开南京后，欧阳德曾归乡为父守孝三年，又留在家中奉养母亲。嘉靖二十五年(1546)，欧阳德被举荐起任原官。次年，升任南太常卿。不久，调任北京国子监酒，升礼部左侍郎，累迁礼部尚书。在京期间，尝与聂豹、徐阶、程文德等集四方名士于灵济宫讲学，赴者五千人，而欧阳德以“宿学”居显位。欧阳德卒于嘉靖三十三年(1558)，享年五十九岁。卒后赠太子少保，谥文庄。著作有《欧阳南野集》三十卷，又有《南野文选》四卷。

欧阳德与邹守益在江右王门中以信守师说著称。当时一些学者视王守仁“致良知”学说为禅学，欧阳德力辩“致良知”学说为“正学”。他在发明师旨、卫护师说方面功不可没，尤其对“格物致知”义旨的阐发，对于挽救王门后学的流弊，作用尤大。

四、顾璘

顾璘(1476—1545)，字华玉，号东桥居士，祖籍长洲(今江苏省吴县)，寓居上元(今江苏省南京市)。弘治八年(1495)，年仅二十岁的顾璘乡试中举，次年登进士第，入户部见习政务。由于身体原因，顾璘不久便回到南京，弘治十二年(1499)，病愈的顾璘出任广平(今河北省广平县)知县。弘治十七年(1504)升任南京吏部验封清吏司主事，后再升稽勋清吏司郎中。

顾璘少有才名，以诗著称于时，与刘元瑞、徐祯卿并称“江东三才”，与陈沂、王韦、朱应登并称“金陵四大家”。顾璘亦是“弘治十才子”之一，所谓“弘治十才子”，包括“前七子”中的李梦阳、何景明、徐祯卿、边贡、康海、王九思，再加上朱应登、顾璘、陈沂、郑善夫等人。

李梦阳《朝正倡和诗跋》云:“诗倡和莫盛于弘治。盖其时古学渐兴,士彬彬乎盛矣。此一运会也。余时承乏郎署,所与倡和,则扬州储静夫、赵叔鸣,无锡钱世恩、陈嘉言、秦国声,太原乔希大,宜兴杭氏兄弟,郴李贻教、何子元,慈溪杨名父,余姚王伯安,济南边庭实。其后又有丹阳殷文济,苏州都玄敬、徐昌谷,信阳何仲默。其在南都,则顾华玉、朱升之其尤也。诸在翰林者,以人众不叙。自正德丁卯之变,缙绅罹惨毒之祸,于是士始皆以言为讳,重足参息,而前诸倡和者,亦各飘然萍梗散矣。”①

此文乃李梦阳为顾璘所编《朝正倡和诗》所作跋文。据《雍正河南通志》卷三十二“职官三”:顾璘于正德四年(1509)任开封府知府,数与镇守太监廖堂、王宏忤,逮下锦衣狱,正德八年谪广西全州知州。又,李梦阳于正德六年(1511)五月赴江西任提学副使,九年离任,顾璘谪官南下时当与梦阳在南昌晤面,疑该文当于正德八年(1513)作于南昌。

正德年间,顾璘历任广平知县、开封知府、全州知州、台州知府。嘉靖元年(1522),升山西按察使,不久因病免归。嘉靖六年(1528),顾璘在南京赋闲六年后,再度被起用,升任浙江布政使。

嘉靖九年(1530),明世宗下诏任命顾璘为都察院右副都御史、山西巡抚,但顾璘以养亲为由请辞,触逆圣意,最终以山西布政使之职致仕,又回到南京。

从嘉靖初年到嘉靖十六年(1537),顾璘有三年时间在外为官,其余大部分时间都在南京过着神仙般的生活。他兴建了一座园林,取名为息园,在园内建造了很多亭台楼阁,每天游憩其中。顾璘喜欢结交文朋诗友,每当遇到名士,总是千方百计地与之结交。他经常大摆宴席,家中宾客常满,座无虚席。清初文学家钱谦益曾评价顾璘:“处承平全盛之世,享园林钟鼓之乐,江左风流,迄今犹

---

① 李梦阳《空同集》卷五十九,《文渊阁四库全书》本。

称为领袖也。”①顾璘生活的时代，究竟算不算是“承平全盛之世”，这个很难说。但顾璘选择了一条潇洒风流的人生道路，这种生活方式颇能体现江左地区的文化特色。

从嘉靖十三年(1534)九月至嘉靖十五年(1534)春，唐胄在南京任职，顾璘也在家赋闲，两人在这段时间有交往。唐胄能诗，顾璘大概也有所耳闻。唐胄才来到南京没多久，便收到了顾璘送来的诗，请唐胄品鉴。此后，两人便时相往来。

唐胄有《次顾方伯东桥诗韵二首》，其一：“兀坐方呼酒，诗筒忽到门。剧怜春兴满，更见古音存。风月笼麟阁，烟霞尽兔园。惟愁劳梦卜，猿鹤怨山樊。”其二：“啼鸟惊春去，柴车特地来。固知逢不易，未尽兴空回。海内思安石，阶前舞老莱。自从诗有约，夜夜菊花开。”②

方伯，古代指一方诸侯之长。《礼记·王制》载：“千里之外设方伯。”明清时用作对布政使的尊称。顾璘当时以山西布政使之职致仕，故唐胄称之为“方伯”。东桥则是顾璘的号。

在写给顾璘的第一首诗中，唐胄首先从自己来到南京后清闲的生活写起，“兀坐方呼酒，诗筒忽到门”。这种清闲的日子，在唐胄看来，颇觉得有些无聊。正在这时，顾璘派人送来了自己的诗筒。唐代大诗人白居易任杭州刺史时，与朋友间多以诗筒盛诗，往来酬唱，唐胄用“诗筒”两字，便是借用了这一典故。“剧怜春兴满，更见古音存”唐胄以此来点评顾璘诗歌的风格，可谓目光如炬，一语中的。“春兴”指顾璘诗歌的风调之美，“古音”道出了顾璘诗歌模仿唐人的特色。接着，唐胄又用“风月笼麟阁，烟霞尽兔园”概括了顾璘晚年风流潇洒的生活。兔园是一个典故，指的是汉代梁孝王的园林，是著名的宗室侯王园林，这里用来形容顾璘的息园。这

---

① 钱谦益：《列朝诗集小传》，上海古籍出版社 1983 年版，第 339 页。
② 唐胄等：《传芳集》，海南出版社 2006 年版，第 191 页。

首诗的最后写道："惟愁劳梦卜，猿鹤怨山樊。"在这里，唐胄吐露了自己的心声。猿鹤形容君子，山樊即山林。唐胄毕竟不同于顾璘，他的晚年，选择的是一条与顾璘不同的人生道路。在南京，只是仕途中暂时的安歇。唐胄依然心忧天下，过着这种类似于山林隐逸的生活，令唐胄的内心充满了不安。

《次顾方伯东桥诗韵》的第二首，写唐胄与顾璘定交后，彼此经常往来，春去秋来，过着一种诗酒生涯。诗中有"海内思安石，阶前舞老莱"之句，颇耐人寻味。"安石"指东晋政治家谢安，字安石。谢安既是著名的政治家，又是魏晋风流的代表人物。"海内思安石"，既可以理解为是在赞扬顾璘，因为顾璘是江左风流的领袖，也可以理解为是唐胄在抒写自己的政治抱负。"老莱"即老莱子，他既是著名的孝子，也是一个著名的隐士。老莱子曾经与孔子之间有过一场对话，老莱子劝孔子改变那种志在经营四海，以贤能自负的态度，对人作事从容随物，才能经常取得成功。诗中引用老莱子的典故，包含了唐胄对自己和顾璘人生道路的思考。

嘉靖十五年(1536)春，唐胄调任北京，任户部侍郎。嘉靖十七年(1538)夏，忤旨下狱，削职还乡。

嘉靖十六年(1537)，六十二岁的顾璘再次被起用，任都察院右副都御史，不久出任湖广巡抚。嘉靖十七年(1538)又升刑部右侍郎。是年，唐胄和顾璘在京大概有过短暂交集，但时间不长。

嘉靖帝之父朱祐杬的显陵开始建造时，顾璘改工部左侍郎，晋升工部尚书。因得罪严嵩，显陵竣工后改任南京刑部尚书。嘉靖二十三年(1544)，被罢职。嘉靖二十四年(1545)去世，享年七十岁。著有《顾华玉集》《浮湘集》《山中集》《息园诗文稿》《国宝新编》《凭几集》《缓恸集》《近言》等。

顾璘是江左风流的代表人物，在明代文化史上影响很大。《明史》称："璘少负才名，与何、李相上下。虚己好士，如恐不及……南都自洪、永初，风雅未畅……自顾璘主词坛，士大夫希风附影尘，厥道大彰……延及末造,风流未歇也。”①

顾璘是唐胄在南京新结识的朋友。和唐胄在南京的旧友如湛若水、吕柟、欧阳德等人不太一样,顾璘并不以讲学见长,而是以文采风流著称。但顾璘也是一位十分正直的文人。顾璘居恒言:“士大夫当以心术为本根,以伦理为桢干,以学问为菑畬,以事业为结实,以文章为花萼。”②唐胄与顾璘的交往,也是建立在志同道合的基础之上,是琼州文化与江左文化的一次交流与碰撞。

五、其他交游

明代立国之初,建都于南京。永乐间迁都北京,以南京为陪都。北京、南京均为人文荟萃之地,唐胄曾在两京为官,所交多为一时名士。唐胄在广西、云南等地为官期间,结交了不少好友,其中也不乏名士。

(一) 广西僚友

唐胄曾经两度在广西为官。嘉靖三年(1524)至嘉靖五年(1526)间,任广西提学佥事。嘉靖十一年(1532)至嘉靖十二年(1533)间,升任广西左布政使。

《传芳集》中有一首《和陈龙山少参、张白山佥宪游冰井寺诗》:

冰井消尘尽日清,山林灯火映星明。
乾坤寤我三生梦,烟月添人一种情。
杯付江湖思旧侣,诗愁鱼鸟结新盟。
白山节钺龙山印,管到风花次第生。③

---

① 张廷玉等:《明史》卷二百八十六,中华书局2000年版,第4916页。
② 查继佐:《罪惟录》列传卷之十五下,浙江古籍出版社1986年版,第2216页。
③ 唐胄等:《传芳集》,刘美新点校,海南出版社2006年版,第196页。

这首诗写唐胄在广西时，和同僚陈桓、张邦信结伴同游冰井寺的情形。陈桓，临海（今属浙江台州）人，字子直，号龙山，以字行，时任广西布政司参议。张邦信，剡西（今属浙江绍兴）人，字德孚，号白山，时任广西按察司佥事。冰井寺在梧州，白云山麓，始建于唐代，初名罗汉寺。传说唐代大诗人元结被贬谪到广西时，曾游冰泉，亲自率众挖井。井挖好后，打水尝之，水甘寒若冰，乃称冰井。井之侧的罗汉寺也由此得名为冰井寺。冰井寺在明代曾经重修过一次，重修后寺院规模宏丽，寺内山门殿堂皆具，后为冰井，瓮砌方涵，上为漫泉亭，镌有元结的《冰井碑铭》，后山为观音阁。这里在当时是梧州著名的风景名胜，绿树掩映，鸟语花香，山光水色，令人流连忘返。"烟月添人一种情"，唐胄对广西的山水是别有一番深情的。诗的结尾，唐胄还打趣了新结识的两位朋友一番，他询问同样爱好写诗的"新盟"——陈白山和张龙山，两位的官印，怎么可能管束到大自然中的风花雪月？

（二）云南僚友

嘉靖五年（1526）至嘉靖十一年（1532）间，唐胄在云南为官，历任云南按察司副使、提学副使、云南右参政、云南布政使司右布政使。

《岭南文献》卷十有唐胄《赠云南黄少参允吉进表序》[①]一文，比较集中地展现了唐胄这一时期的交游情形。

黄少参即黄祺，安义（今属江西南昌）人，字允吉、惟德，号月坡，时任云南布政司参议之职。黄祺将要赴京进呈表章，唐胄为他送行。唐胄不仅在文中写出了自己入滇之后的感受，充分吐露了自己的心声，还对来自五湖四海的僚友们一一作了点评。

在《赠云南黄少参进表序》一文的开头，唐胄从自己少时羡慕

---

① 张邦翼：《岭南文献》卷十，《四库全书存目丛书补编》第21册，齐鲁书社2001年版，第337、338页。

司马迁年轻时的那一番壮游开始写起，先描绘了自己从广西调到云南后的失落心情。在云南曲靖，唐胄见到了黄祺。虽然同在云南这片荒炎之地为官，但黄祺处之泰然，并无悲戚牢骚，其恬然自适的风度令唐胄深受触动。后来陆续见到了黄昭道、吕经、刘瓒、黄麒、朱鸣阳等同僚，他们无一不是和黄祺一样各安职守，于是唐胄也从低落的情结中解脱出来。此后，唐胄先后任兵备副使、提学佥事等职，足迹几乎踏遍了云南每一处偏僻的角落。同时，作为一名方志学家，唐胄对云南的物产也作了全面的调查，如饮食、水果、花木、矿产等，其中哪些与中土相似，哪些与中土不同，他一一烂熟于心，了如指掌。对于云南的自然人文景观，如汉武帝开凿的昆明池、汉代王褒奉皇帝之命持节寻找过的碧鸡金马、南诏国王异牟寻与唐朝会盟之地点苍山、汉兵所渡之澜沧江、《尚书·禹贡》中有记载的洱海等地，唐胄都时常游历，以抒发怀抱。虽然如此，还是偶尔会冒出来到了边远偏僻之地的念头。幸亏身边有这些博学多才、见识不凡的僚友，和他们在一起相处，让唐胄收获很多，心灵也不再感到孤单了。"然藩之群公，又皆海内一时人望，故余虽未遍游，然即其人而其地之名山大川，宛已在目。"①这些僚友，都是来自海内各地的一时俊杰。一方水土养一方人，虽然他们的家乡，唐胄还没有身临；但从他们身上，唐胄仿佛已经领略到了祖国各地名山大川的不同风光。

唐胄首先提及的是吕经（1475—1544）。"自旧夏去九川，而太华九峻河渭失矣"②，吕经是陕西庆阳府宁州（今甘肃宁县）人，字道夫，号九川。唐胄从他身上仿佛感受到了陕西的太华山、九峻山、黄河、渭水的磅礴大气。吕经于正德三年（1508）考中进士，正德年间，曾上疏朝廷，指出义子、番僧、边帅给国家造成的危害。后

---

① 张邦翼：《岭南文献》卷十，《四库全书存目丛书补编》第21册，齐鲁书社2001年版，第337页。

② 同上。

来因为得罪了宦官黄玉，被诬劾入狱，谪为蒲州同知。嘉靖改元，吕经以忠直守正仍复吏科。不久，被提拔为山东参政，以擒暴乱首领王堂得嘉靖帝钦赏金币，连续升为四川按察使，云南布政使。累官至云南布政司左布政使，当时云南木邦、孟养、孟密等少数民族地区的土官相互仇杀，兴兵构乱；吕经平乱有功，后升任都察院右副都御史、辽东巡抚。嘉靖十四年(1535)，因治军严苛，激起辽东兵变，调戍茂州。嘉靖二十三年(1544)卒，年六十九。

"继去梅岩，而衡岳、洞庭、云梦失矣"①。梅岩，指黄昭道(1467—1541)，字文显，号梅岩，宋名宦黄诰十世孙。黄昭道是湖南平江(今岳阳市平江县)人，从他的身上，唐胄仿佛领略到了湖南的衡山、洞庭湖、云梦泽的无限风光。黄昭道是弘治十二年(1499)进士，弘治十四年(1501)授山东长山县(今邹平市区东部和淄博市区西北部)知县，在任四年，甚得民心。离任之日，父老遮道挽留。正德二年(1507)，担任监察御史，因疏劾刘瑾，遭廷杖三十，下狱除名，遂成跛疾。正德五年(1510)，刘瑾伏诛后，起用为江西佥事。嘉靖元年(1522)，升任云南左参政。是时木邦、孟密、缅甸仇杀多年，黄昭道率数骑前往，恩威并举，区划得宜，酋长咸服。后官至云南布政使。嘉靖六年(1527)，以病告老还乡。生平胸度坦夷，操守清介。卒后祀乡贤祠。著有《逆鳞稿》《梅岩集》。

"去南冈，而天姥、壶公、沧溟失矣。"②朱鸣阳，福建莆田(今莆田市)人，字应周，号南冈，曾任云南布政司参议。朱鸣阳让唐胄联想到天姥、壶公、沧溟等胜境。按，天姥山在浙江新昌，壶公山在福建莆田，沧溟指大海，莆田靠近海边。正德五年(1510)朱鸣阳福建乡试中举，正德六年(1511)杨慎榜二甲第五名进士。初授行人司行人，寻升户科给事中，十年(1515)九月升兵科右给事中，次年十

---

① 张邦翼：《岭南文献》卷十，《四库全书存目丛书补编》第21册，齐鲁书社2001年版，第337页。

② 同上。

月转左给事中，寻迁礼科都给事中。魁梧倜傥，慷慨建白，前后建白数十疏。正德十三年（1518）殿庭灾，鸣阳请罢镇守太监，任正人，黜奸邪，因此被下狱。嘉靖即位，大礼议起，伏阙谏。升任浙江参政，嘉靖六年（1527）九月因张孚敬与费宏之间党争受牵连遭贬为云南参议。后张孚敬被罢，吏部廉其枉，复故官广西布政使司右参政，嘉靖十一年（1532）正月转任浙江右布政使，忤时相张孚敬党人汪鋐，勒致仕，归。居官清正，品德高尚，为时人所敬重。著有《南冈集》六卷，《明诗纪事》录其诗一首。

唐胄另有《忆朱南冈少参》（见《传芳集》）一诗：

曲靖欢看侯火红，疏帘孤馆自生风。
已呼厨急开清圣，可奈天留忆戴公。
万里越燕初夜永，几时江海更秋空。
想应鲍叔心如月，处处远随照短蓬。①

诗中回忆了与朱鸣阳一起在曲靖观看篝火的欢快情景，将自己与朱鸣阳的友谊比喻为管鲍之交，在朱鸣阳离开云南后，唐胄对他一直念念不忘。

以上是已升迁离任的僚友。接下来，唐胄提到了继续与自己相伴的僚友，包括还留在云南的刘瓒和即将来到云南的黄麒。

“今暂得侍之诸公，于首山，则嵩高首阳汴济固在也”②。首山指刘瓒，号壶山，曾任云南布政司参政、按察使等职。由刘瓒，唐胄联想到了河南的嵩山、首阳山、汴水、济水。唐胄有诗《题战功图送刘大参归会川》赠予刘瓒。

---

① 唐胄等：《传芳集》，刘美新点校，海南出版社2006年版，第197页。
② 张邦翼：《岭南文献》卷十，《四库全书存目丛书补编》第21册，齐鲁书社2001年版，第337页。

“于时斋且至，则剑阁岷峨江潼固在也”①。时斋指黄麒，字梦征，号时斋。唐胄与他相处，仿佛见到了四川的剑阁、岷山、峨眉山、长江。

唐胄不愧是一位方志学家，对各地山川了如指掌。在他看来，与友人的交往，仿佛是在畅游名山大川。“虽然，昔人之游，欲取助于山川而山川之也。余之所得于群公，盖挹其所钟之灵秀于山川之外也。”②古人畅游名山大川，是欲借山川之助以开阔胸襟视野。唐胄与友人交往，也是因为他们得到了山水之滋养，有造化之灵秀。

最后，唐胄写到黄祺又将要离去。黄祺是唐胄来到云南后最先结识的一位朋友，尤其令唐胄感到依依难舍。黄祺仪表庄重，襟致邃古，议论光明，思虑周全，曾上疏揭露数万名锦衣卫滥领国家俸禄之事，并被朝廷采纳。黄祺是江西人，从他身上，唐胄仿佛看到了庐山的高大，彭蠡之水的浩瀚。黄祺虽然离开了，但是他的这份精神气质却留在了唐胄的心底。

唐胄还联想到黄祺北上进京的途中，一定会经过会稽，可远瞻大湟；路过姑苏时，可以眺望五湖；沿着沂水、淮水而上，可以到达齐鲁，登上泰山，然后进入河北。这一路所经过的，都是司马迁旧游之地。倘若司马迁地下有灵，神气未散，说不定会与黄祺在梦中相会，那时，司马迁也许会问黄祺：“子新为滇中之游，乐乎？”③意思是说，你刚刚从云南游历了一番归来，是不是很难忘呀？这里是化用了苏轼《后赤壁赋》中的一个情节。苏轼被贬谪到黄州后，夜游赤壁，有过一番惊心动魄的经历，归来后，有一只仙鹤化为仙人，进入苏轼的梦乡，问：“赤壁之游乐乎？”云南是僻远之地，环境十分

① 张邦翼：《岭南文献》卷十，《四库全书存目丛书补编》第21册，齐鲁书社2001年版，第337页。
② 同上。
③ 同上。

艰苦。司马迁没有到过云南，所以唐胄请黄祺把自己的话转告给司马迁，以补其阅历之不足。这里含有苦中作乐的意思。同时，唐胄还设想到，如果黄祺在内地见到了已离开云南的黄昭道、吕经、朱鸣阳等人，也请转告他们："你们虽然离开了云南，但是你们将各地壮美山川的景象，留在了唐子西洲的胸次之间。"这样，他们就会知道唐胄一直思念着他们，并且也向往着同他们一样，离开云南后，沿着司马迁的足迹，遍历天地间的风景，亲眼见到那些名山大川，以印证心中之所得。

（三）张含

唐胄在云南期间，除了与同僚的交游外，与当地名士也多有交往。云南著名才子张含，就是唐胄在云南的一名"忘年交"。

张含（1479—1565），字愈光，号禺山。其别号很多，如月坞、半谷、靖滇，等等。云南永昌郡（今云南保山）人。张含先世原籍南京，于明洪武年间随沐英征滇定居保山城。

张含的父亲张志淳（1457—1538）字进之，号南园，为成化十六年（1480）云贵乡试解元，成化二十年（1484）中进士，正德间官至南京户部右侍郎。正德五年（1510）刘瑾垮台，张志淳坐瑾党致仕，此后家居 27 年，著有《南园集》《南园漫录》《南园续录》等。张志淳虽然被视为瑾党，但与阿附刘瑾的张彩等小人还是有一定区别的。他曾经反对重用张彩，因此受到瑾党排挤，正德初在南京为官，与刘瑾往来并不密切。

张含年轻时，随父在京读书，与著名才子杨慎结为至交。《永昌府志》《滇志》等地方志对张含和杨慎结交过程有所记载，但细节多有抵牾。弘治年间，张志淳在京为官时，与杨廷和关系甚密。弘治十一年（1498），张志淳时任吏部主事，杨廷和为左春坊左中允。一日，张志淳与杨廷和、乔宇等友人会饮，席间以石榴为题，分韵赋诗，乔宇分得"张"字，一时想不起合适的典故，杨廷和之子杨慎年方十二岁，在旁提醒用汉代张骞故事，举坐皆惊。次日，张志淳携张含来与杨慎相交。张含当时年方弱冠，比杨慎年长八岁。两人谈文论艺，各不能屈，遂订为终身交。《永昌府志》有“石榴分韵”条①，记载了这段故事，但所记时间有误，且将杨慎故事安在了张含身上。王文才《杨慎学谱》据《滇志》“杨张交契”条，对此事有所辨正。② 弘治十六年(1503)，十七岁的杨慎作《招张愈光》诗，是现存最早的张、杨酬唱之作。正德元年(1506)秋，杨慎与同乡士子成立丽泽会，又与云南永昌的张含等结社唱和。张含于这一年除夕作《丙寅除夕简杨用修》和《除夕次用修韵》(收录于《张禺山戊己吟》)等。张含在京期间，与李梦阳、何景明等复古派文人也多有酬唱，开始在文坛崭露头角。

正德二年(1507)，张含二十八岁时，考中举人，次年会试不第。正德六年(1511)，张志淳坐刘瑾党致仕，张含随父返回云南永昌。这一年，年仅二十四岁的杨慎考中状元，授翰林院修撰。正德年间，杨廷和官至内阁大学士。武宗驾崩，杨廷和作为首辅，迎立世宗朱厚熜，深孚众望。嘉靖元年(1522)，张含之弟张合十六岁时参加云贵乡试，高中解元。嘉靖三年(1524)，杨廷和因“大礼议”致仕。杨慎率领群臣在左顺门跪哭，触怒世宗，被谪戍永昌。此后数十年间，杨慎在云南与张含交游甚密。张含诗文经杨慎大力揄扬，名气日增。

嘉靖五年(1526)，五十六岁的唐胄调任云南按察司兵备副使。唐胄备兵腾冲时，见到张含《却料丝灯》一文，爱其奇古，遂与订交。是年，张含四十七岁。张含之父张志淳《南园漫录》于此年刊刻。

嘉靖十一年(1532)，唐胄升任广西左布政使，调离云南。同年，张含之弟张合中进士，授户部主事，寻改兵部职方司。

张含曾多次入京参加会试，屡试不中。嘉靖十五年(1536)，唐

① 刘毓珂等：《永昌府志》卷六十二“杂纪志”，清光绪十一年刊本。
② 王文才：《杨慎学谱》，上海古籍出版社1988年版。

胄入京任户部侍郎，在京期间，曾经为张含的诗文集作序。

嘉靖十八年(1539)，唐胄病逝于家乡琼州。张含时年六十岁，作《结交行》一诗，总结此前交游海内名人状况，并七言律八首、六言三十首寄与升庵，杨慎为之作《跋张愈光结交行》曰："禺山张子发益短，才益长。齿日衰，诗日盛。近作《结交行》凡八百四十四字，纪海内交游名士，著升沉，感今昔。"①

张含《结交行》中也提到了唐胄："于时大老思狂狷，忘势忘年交稚贱。""一入品题能善诱，琼海西洲意气深。"②在《结交行爵里姓名记》中，他写道："唐胄，字平侯，号西洲，琼山人，弘治壬戌进士，户部左侍郎……已(以)上诸公俱显于弘治、正德、嘉靖间，而含之交诸公亦此时也。"③

嘉靖二十三年(1544)，六十五岁的张含再次赴京谒选，中途心灰意冷，返回云南保山，从此绝意仕进，致力于诗文创作。嘉靖四十五年(1566)，张含辞世，享年八十七岁。《千顷堂书目》卷二十二著录有《张含诗集》四卷，又《张禺光诗文选》五卷，又《铁桥诗集》一卷。

张含与杨慎为至交。嘉靖初，唐胄入京在户部任职时，杨慎供职于翰林院，杨慎之父杨廷和为当朝首辅。唐胄在云南为官期间，杨慎也谪戍云南。唐胄与杨慎是否有过交往，尚有待进一步考证。

(四) 梁材等人

唐胄晚年在京城户部任职期间，所交大多为一时名流、耿介之士，因资料有限，兹不一一详述。仅举与唐胄同在户部为官的梁材为例，对唐胄晚年交游略窥一斑。

---

① 杨慎：《升庵文集》卷十，见王文才、万光治主编《杨升庵丛书》第3册，天地出版社2002年版，第219页。

② 张含：《张愈光诗文选》卷一，见《丛书集成续编》第115册，上海书店出版社1994年版。

③ 同上。

梁材(1470—1540),字大用,号俭庵,亲军都指挥使司南京金吾右卫(今江苏省南京市)人。弘治十二年(1499)己未科进士,嘉靖七年(1528)官至户部尚书,曾二度去职。

嘉靖初,梁材历任贵州、广东布政使。时天下布政使廉名最著者有二人,梁材是其中之一。梁材自外僚登六卿,不满二载。自以受恩深,益尽职。梁材初掌户部时,明世宗尚有心勤政,对梁材言听计从。后来明世宗因"大礼议"与群臣意见不合,宠信奸佞,逐渐怠政。梁材则屡忤权幸,渐失帝意。梁材任户部尚书时,有徽王手下的守庄者贪赃枉法,与佃户发生讼争,梁材同情佃户,请革守庄者,让官府代为掌管王室庄园事宜,获得世宗批准。徽王认为不便,奏请恢复守庄者,世宗又从之。梁材致仕后,户部侍郎唐胄等坚持初议,世宗大怒,将已经致仕的户部尚书梁材降职为右侍郎闲住,夺去唐胄俸禄,将其他相关户部官员关入诏狱。次年,接任户部尚书的李廷相被罢免,梁材又官复原职。武定侯郭勋借机大兴土木,企图中饱私囊。梁材与郭勋坚决斗争,结果被郭勋诬告,再次落职闲住,归乡不久便去世了,享年七十一。隆庆初,赠太子太保,谥端肃。(据《明史·梁材传》)

在请革徽王守庄者、与武定侯郭勋斗争等方面,唐胄始终和梁材坚定地站在同一战线上,他们不仅是同僚,更是亲密战友。

第三章　唐胄著述考论

《明史》本传称唐胄“好学多著述”。唐胄丁忧居乡时期，读书、修志；游宦各地时，长年随身携带白玉蟾、王佐、崔与之、余靖等人别集，并整理刊行，使之广为传播，其“好学”态度可见一斑。至于“多著述”，主要体现在唐胄主持或者参与了《正德琼台志》《广西通志》《江闽湖岭都台志》等方志的编纂。诗文方面，唐胄一生交游广泛，所到之处多有题咏、酬唱，但他一生注重经世致用，不尚空谈，始终不愿为自己编刻文集，其诗文大多散佚。

与岭南前辈大儒丘濬或者同时代的钟芳等人相比，唐胄坚持“述而不作”，其贡献主要在于“述”，而非“作”。所谓“述”，即整理出版前人著作或者地方文献。“作”指其本人诗文、学术等能“成一家之言”的著作。今天，我们研究唐胄，应首先从文献入手，一方面要深入发掘其方志等著述背后隐含的思想文化意蕴；另一方面要重视对其诗文的搜集、整理和考辨，力求为唐胄研究奠定更加坚实的文献基础。

第一节　主持方志纂修

唐胄考取进士后，居乡近二十年。在此期间，他从事的最重要、影响最大的一项工作，就是主持《正德琼台志》的修纂。复出为官期间，唐胄还主持、参与纂修了多部地方志。

一、《正德琼台志》的成书过程

琼台旧址在琼州府治之西，唐代曾在此设都督府，宋代设琼管安抚都监，皆称台，故名琼台。琼台统领全琼之地，用作方志之名，代指整个海南。

海南于汉代元封元年（前110）设置珠崖、儋耳二郡，正式纳入国家版图。晋代盖泓纂《珠崖传》一卷，是海南最早的志书，但久已散佚。隋、唐二代，海南复郡。唐人称海南"郡僻无书"，当时未修志书。直到宋代，海南才有了《琼管志》《琼州图经》等方志，但元人没有妥善保存这些书籍，所以也未能传世。元人蔡微纂有《琼海方舆志》，亦失传。明初，海南曾编修过郡志，即唐胄《正德琼台志》中所称的"旧志"。但"旧志"十分简陋，残缺不全。明代开国皇帝朱元璋对海南十分重视，称海南为"南溟奇甸""海滨邹鲁"，认为"海南习礼义之教，有华夏之风"。旧志的欠缺，与统治者的重视程度显得极不相称。所以丘濬晚年曾经感叹自己一生最遗憾的有三件事情，其中之一就是"郡牒未修"。丘濬的弟子王佐积数十年之力，著成《琼台外纪》，自成一家之书，以补官志之陋。

正德六年（1511），琼州知府王子成欲重修郡志，广征博采诸家遗集。后来见到了王佐的《琼台外纪》，认为这部书虽然对旧志有所裨补，但体例尚不完善，独详于人物、土产，其他方面仍有欠缺。于是在琼州府城的东岳祠开设史局，聘请王佐为总裁，以唐胄等人助之，重修郡志，"自郡县建置沿革至于山川、形胜、军卫、城池、学校、人物、户口、贡赋等事，与凡事有关涉风化、利益军民者，一一修举，俱要事无遗漏，人无遗憾，为一代全书"①。

《正德琼台志》的修纂工作，开局很不顺利。王佐坚持自己一

① 唐胄等：《正德琼台志》，彭静中点校，海南出版社 2006 年版，第 2 页。

家之言,在郡县建置沿革等问题上与其他人意见不合,遂搁笔月余,最后只写了一篇序言交差了事。王佐年事已高,回到临高不久就去世了,享年八十五岁。当时正逢权阉刘瑾倒台,朝廷重新起用唐胄,使者催促其赴京,琼州知府王子成也在这一年离任,于是修志之事暂时中止。唐胄进京之前,将为修志而搜集的资料托付好友唐鹏翼代为保管,希望有朝一日能够续成此书。正德七年(1512),唐胄进京后不久,便以母亲年迈多病为由,请假告归。唐胄回乡后,时任琼州知府谢廷瑞曾有意礼聘他纂修《正德琼台志》,但谢廷瑞不久便离任而去。此后,广东兵备副使王弘、提学佥事汪克章、新任琼州知府上官崇等一致恳请唐胄纂成此志。于是,唐胄义不容辞地接手《正德琼台志》纂修工作,在秀才钟远、张文甫等人协助下,于正德十六年(1521)完成了这部著作。

《正德琼台志》的纂修,历时将近十年,中间几经波折,在唐胄等人不懈努力下,最终不负众望,圆满告竣。该书是后世公认的一部明代方志精品,对海南方志纂修影响深远,具有重要的文献价值和文化价值。

二、《正德琼台志》的内容体例

《正德琼台志》在内容、体例方面,较旧志和《琼台外纪》有较大扩充。“旧志、《琼台外纪》皆十二卷,今多增目至四十四卷者,非故烦谍也,意欲无遗郡之事尔。”①

《正德琼台志》共四十四卷,包括郡州邑疆域图、郡州邑沿革表、沿革考、郡名、分野、疆域、形胜、气候、山川、水利、风俗、土产、户口、田赋、乡都、墟市、桥梁、公署、仓场、盐场、驿递、铺舍、学校、社学、书院、兵防、平乱、海道、黎情、楼阁、坊表、坛庙、寺观、古迹、冢墓、职役、秩官、破荒启土、按部、名宦、流寓、谪寓、游寓、人物、纪

① 唐胄等:《正德琼台志》,彭静中点校,海南出版社2006年版,第7页。

异、杂事、文类、诗类等。其卷数与类目并非完全对应，或一卷含数类，或一类分数卷。类下又分小目。

兵防类，分兵制、兵器、兵署、兵官、营寨、城池、屯田、巡司、民壮等。

海道类，分海境、海防、海寇、番方等。

黎情类，分原黎、列黎、抚黎、平黎、统黎、议黎等。

人物类，又分名德、孝友、义勇、卓行、儒林、文学、隐逸、进士、乡举、岁贡、贤良方正、经明行修、诸科、封赠、荫叙、吏员、艺术、杂伎、列女、仙释等。

《正德琼台志》内容丰富，分类立目，每篇首纪郡事，以下则以琼山、澄迈、临高、定安、文昌、会同、乐会、儋州、昌化、万州、陵水、崖州、感恩十三州县分次。

关于海南建置沿革，《正德琼台志》以正史为依据，逐条加以注释、考辨，一改旧志和《琼台外纪》转相抄引、沿袒他书之弊。

《正德琼台志》各卷纲目之首，大都有小序。此外，条目之下，凡事有可议者，还附有不少议论文字，"小为'按'，大为'论'，法史'论''赞'之例。然辞必详尽者，以备外史欲合之书自处"①。

唐胄编写这部方志，自称是："体文庄而将顺其欲为之意，尊桐乡而忠辅其已成之书，以求得臣于二公。"②其实，唐胄在修志的过程中，颇有自己的主见。例如，他认为海南地理位置独特，所以对海上交通和黎情交代得比较详细。与王佐《琼台外纪》相比，《正德琼台志》更加具有现实针对性和实用价值。

对旧志和《琼台外纪》中的一些类目，唐胄作了调整。如：唐宋以来，有许多贬谪官员来到海南，其中不乏名公巨卿。王佐《琼台外纪》认为，这些贬谪官员来到海南后，虽然也有官位，但大多有名无实，所以一概归入"流寓"。唐胄则认为，不少贬官来到海南

① 唐胄等：《正德琼台志》，彭静中点校，海南出版社 2006 年版，第 7 页。
② 同上书，第 4 页。

后，对海南当地军政事务也有不少贡献，所以还是依《明一统志》之例，将其视为“名宦”。

在人物志中，唐胄将“耆旧”附于“隐逸”之后，不遗漏有善行的人，以取得劝人行善的效果；将无罪而遭流放的历代贬官归入“流寓”，将确实犯有罪行者归入“罪放”，分成两卷，避免混为一谈，从而取得惩恶的效果。总之，这部方志不仅记事详备，而且其体例、结构、文字还像《春秋》一样寓有褒贬之义，力求有补治道。

在《正德琼台志》中，唐胄对故乡的山水名胜、风土人情予以热情地讴歌和赞美。同时，在第四十二卷“杂事”篇的最后，他也对海南的一些陈规陋习进行了反思和批判。唐胄认为，各地有各地的风俗，一般而言，应该入乡随俗。但是，对于有些陋习，却不可不禁。海南“俗之极弊而当痛革者有六”：一是赌博；二是领养异姓子；三是拐卖人口；四是病不饮药，但杀牛以祷；五是冒险泛海；六是饮烧酒。对于这些陋习及其危害，唐胄作了详细生动的描绘，并予以痛心疾首的批判。① 正所谓爱之深、恨之切，这从另一个角度体现了唐胄对故乡的热爱。

唐胄在编纂《正德琼台志》的过程中，深感编书、修志之难。他将编书比喻为打扫灰尘。灰尘总是随扫随有，何况还有扫不干净的时候。编书也是一样，材料纷繁芜杂，某些很有价值的材料有可能被遗漏，另外又不断有新材料被发现。方志既要包罗万象，还要与时俱进，所以编修方志尤难。唐胄为《正德琼台志》的纂修设计了比较合理的框架，后人根据这个框架，可以不断地向其中补充新材料。所以，《正德琼台志》不仅是海南保存至今最早的一部方志，也为此后历代海南方志的重修奠定了扎实的基础。

三、《正德琼台志》的文献价值

《正德琼台志》以旧志为基础，在调整体例的基础上，补充了大

---

① 唐胄等：《正德琼台志》，彭静中点校，海南出版社 2006 年版，第 878—881 页。

量新资料。王佐《东岳行祠会修志序》云：

> 缘唐宋古志无征，而国朝旧志亦多蠹落，乃广搜博采国初谪宦、诸老儒之家存有残篇遗集。①

唐胄接手纂修方志的工作后，在旧志和“残篇遗集”的基础上，又广采史传、类书、碑刻、小说等，并对各类文献的史料价值加以排序：

> 余惟志史事也，例以史而事必尽乎郡，故以《外纪》备旧志，以史传备《外纪》，以诸类书备史传，以碑刻、小说备类书，以父老刍荛备文籍。②

如此一来，《正德琼台志》的内容更加丰富、充实、可信，而包括《琼台外纪》在内的诸家“残篇遗集”，也借《正德琼台志》得以传世。

(一)《正德琼台志》与《琼台外纪》

《正德琼台志》最初由王佐主持修纂。王佐著有《琼台外纪》。琼州知府王子成尝取阅其书，认为《琼台外纪》与旧志相比，“独详于人物、土产，而他目仍旧”③。遂迎请王佐重纂方志。但王佐认为“志中事目虽多，而古今人物、风俗最为切要”④。看来，王佐是打算将《琼台外纪》与旧志简单地合二为一，以《琼台外纪》中的“人物、土产”补充旧志。

王佐《琼台外纪》对正史记载的“建武复县”曾提出质疑。在修志时，他坚持己见，与众人意见不合，导致修志工作停滞不前。不

① 唐胄等：《正德琼台志》，彭静中点校，海南出版社2006年版，第1页。
② 同上书，第4页。
③ 同上。
④ 同上书，第2页。

久，王佐便退出《正德琼台志》纂修工作，只留下一篇序言。

唐胄接手主持《正德琼台志》纂修后，站在史家立场，耗时十年，补充了大量资料。唐胄还对旧志所载内容进行了认真考证，对《琼台外纪》的某些观点，也有所驳正。

同时，唐胄也未掩王佐《琼台外纪》之功，凡有引用，必注明出处。“《外纪》一书，王桐乡先生平生精力所在，故凡有录入者，逐一明著，不敢窃为己有以掩其善。惟所纪原出旧志者不著”①。《琼台外纪》部分内容，全赖《正德琼台志》收录，得以保存至今。

在《正德琼台志》卷三“沿革考”之后，附录了王佐的“《外纪》四论”。王佐就是因为这“四论”与众人意见不合，才退出修志的。王佐认为，自汉元帝放弃珠崖，直至梁大同年间，凡五百八十年，海南并无郡县，只有招抚县。因此，在此期间，海南并非内属。其理由主要有四：其一，东汉伏波将军马援并没有征珠崖，也没有真正拥有海南之地。其所立之县乃招抚县，治所不在海南，而在大海之北。自西汉设立珠崖郡后，珠崖弃之无名，取之无益，汉光武帝刘秀审时度势，设立招抚县，存国体以有待。此后历代相沿，五百八十余年间，中原地区既不费一兵一卒，又保持着与珠崖的联系，直到隋朝，复立郡县。人们只知道汉武帝刘彻创立珠崖于千百年之前，而不知道汉光武帝刘秀收复珠崖于千百年之后。其二，梁、隋再立海南珠崖郡县，人们都知道这是冼太夫人的功劳。而追本溯源，则是汉光武帝立县招抚的功劳。其三，《大明一统志》中的琼州府志，自两汉至六朝五百余年间，皆不采用中原地区纪年，直到隋朝才开始采用中原地区纪年，原因是海南在这五百余年间，有郡县之名，而无郡县之实。所以班固作《汉书》，将珠崖之民置于《南蛮传》中，又因其世伏招抚，所以称为“珠崖善人”。其四，史载吴、晋、南朝征伐珠崖，都是恐吓虚声，并未真正发动战役。

---

① 唐胄等：《正德琼台志》，彭静中点校，海南出版社2006年版，第7页。

针对王佐的上述观点，唐胄作有“《沿革考》论”，与王佐商榷。唐胄认为，汉元帝放弃珠崖郡后，仅仅过了八十六年，马援又在海南设立珠崖县，这在史书当中是有明确记载的。此后历朝历代，海南或顺或逆，不可因为有一时之叛逆，而一概否认郡县之设置。同时，唐胄还指出，自汉代以来，内地移民大量涌入海南。因此，在海南既有顺民，也有峒黎。王佐称“珠崖之弃凡五百八十年而后复”，这句话不可以用来指郡县，只可以用来指峒黎。王佐的错误之处，就在于将郡县与峒黎混为一谈。抛开这一点，王佐的话其实还是有一定道理的。

对于王佐的一家之言，唐胄在如实征引的同时，提出了自己的商榷意见。他将两种意见都附录于《正德琼台志》中，既表达了对王佐的尊重，又体现了求真务实的精神和严谨的学术态度。

王佐《琼台外纪》中有《潮候前论》，其观点也与前人不尽相同。唐胄不仅引用其全文，而且在后面加了按语，肯定其《前论》：“《外纪》前论潮理，谓为气之相应，其说较之余、史二家尤精。”①对于《后论》，唐胄则提出不同意见，认为：“后论潮迹，谓流无东西，盖因地形高下，及推二星适合潮候之说，则有不必尽然者。假以儋州言之，境接临高，临高潮长则流西，退则流东；儋潮长则流东，退则流西。其候，正月至七月、十一月、十二月俱月二潮，八、九月月四潮，与《通书》长短星同，值星日为潮。惟十月则初一、十四、二十五，月乃三潮，与《通书》不同。此即《旧志》琼、崖、据、万之候大小俱各差殊之说，推之于交、广、闽、越之差从可知矣。此亦所谓气遇地势错乱之不齐者，何必推前后而必准历星也哉。”②海南是海岛，其潮汐现象与江浙等其他沿海地区不尽相同。王佐纯以天文立论，唐胄则结合地理形势进行探讨，显然唐胄对这一问题考虑得更为周全，结论也更加切合实际。

---

① 唐胄等：《正德琼台志》，彭静中点校，海南出版社2006年版，第79页。
② 同上书，第77—79页。

王佐是海南著名诗人,《琼台外纪》收有王佐本人大量诗作。这些诗作对了解海南风土、物产、人情大有裨益,所以唐胄在《正德琼台志》中也尽可能地予以收录。如果由王佐本人主持编纂《正德琼台志》的话,在方志中大量收录自己的诗作,难免会招致非议。换由唐胄主修《正德琼台志》后,从保存海南文献的角度出发,收录这些诗作就显得合情合理了。

《正德琼台志》中附录的《外纪·诗》,主要见于"土产",其次是"山川",在"名宦""人物""杂事""桥梁""楼阁""坛庙""冢墓"等类目中也有不少。由此,也可以看出王佐《琼台外纪》"独详于人物、土产"的特色。

《正德琼台志》除征引《琼台外纪》外,还收录了王佐《鸡肋集》的部分诗作,以及《平黎记》《庚申录》《珠崖录》等。王佐的大部分诗文,均是借《正德琼台志》才保存至今。嘉靖初,唐胄复官后,还编有《王桐乡摘稿》。王佐虽有才学,但毕竟是举人出身,官职不高,著作又多未正式刊行,如果没有唐胄的揄扬,其声名不会像今天这样大,可能久已湮没无闻了。

唐胄一直视王佐为师,但他对王佐的某些学术见解并不苟同,这是"吾爱吾师,吾更爱真理"精神的体现,并不影响唐胄对王佐的尊重和敬爱。对于王佐诗文著述的传播而言,唐胄可谓功臣。

(二)《正德琼台志》征引的其他文献

唐胄在编纂《正德琼台志》的时候,除了参考旧志和《琼台外纪》,还广征博引,所引资料涉及经、史、子、集、金石碑刻、故老传闻等。凡引用的材料,一概注明出处。其"凡例"云:"文字惟贵事理纯当,故有全取,有节取。间有不取者,亦必注某人文、见碑或见旧志,而不敢尽掩其迹。"①这充分体现了唐胄严谨的治学态度。

---

① 唐胄等:《正德琼台志》,彭静中点校,海南出版社2006年版,第7页。

笔者对《正德琼台志》注明的文献出处进行了粗略统计，结果如下：

《正德琼台志》征引的经部文献有：《周礼》《曲礼》《禹贡》《左传》《诗经》《诗传》《尔雅疏》，以及《尔雅》之《释虫》《释草》《释兽》等。

《正德琼台志》征引的史部文献，涉及方志、正史及其他史籍。

方志包括海南地方志和海南之外的地方志。除琼台"旧志"外，还有：《元和志》《方舆胜览》《琼海方舆志》《琼管志》《万州图经》《永乐志》《景泰志》《成化志》《一统志》《崖志》《临高志》《吉阳军修城志》《会同志》《赤城新志》《姑苏志》《宝庆志》《雷志》《宿州志》等。

正史包括：《史记》之《天官书》等；《汉书》之《地理志》《贾捐之传》《天文志》等；《后汉书》之《南蛮传》《郡国志》《张纯传》等；《吴书》之《纪》《薛综传》《陆凯传》等；《晋书》之《地理志》；《南史》；《宋书》之《文帝纪》；《陈书》之《方泰传》；《隋书》之《地理志》《方镇表》《谯国传》《丘和冯盎传》《杨纶传》等；《唐书》之《王义方传》《地理志》等；《五代史》；《宋史》之《蛮夷传》《河渠志》《外国交趾传》《食货志》等；《元史》之《方舆志》（引《十道志》）《世祖纪》《文宗纪》《百官志》《交趾传》等。

其他史部著作有：李肇《国史补》、杜佑《通典》、李焘《续资治通鉴长编》、马端临《文献通考》《进士题名记》（宋）、《明会典》《皇朝名臣言行通录》等。

《正德琼台志》引用的文献，标注文字比较简洁。某些著作，究竟是独立成书，还是摘引自其他史籍，还有待进一步考证。如《功臣录》《茂陵书》等。

《正德琼台志》引用的子部著作有：《庄子》《列子》《淮南子》《异物志》《博物志》《夷坚志》《搜神记》《灵著录》《洞微志》《太平广记》《说文》《玉海》《本草纲目》《本草衍义》《类证本草》《琐言》《事文

类聚》《学记》《投荒杂录》《岭表录》《归田录》《桂海虞衡志》《南海异名记》《倦游录》《辍耕录》《格古要论》《小学记略》《该闻录》《青琐》《名贤丛话》《朱语录》《容斋随笔》《氏族大全》《岭南学规》《兴学记》[①]《平黎记》等。

《正德琼台志》引用的集部著作有：《吴都赋》《楚辞附录》《翰墨全书》《名贤诗话》《岭南珠玉》《御制文集》《解缙集》、尹直《澄江集》、丘濬《琼台类稿》《琼台杂咏》、梁潜《梁泊庵文选》、李东阳《麓堂诗话》、唐舟《觉非集》、王佐《鸡肋集》等。

《正德琼台志》正文部分还附录了大量诗文作品。作者既有海南本岛文士、入琼官员，也有内地文化名流。

本岛文士中，收录丘濬、王佐等人诗文较多。其他，像宋代白玉蟾，明代上至薛远、邢宥、唐舟等达官贵人，下至举人、乡士，其诗文凡有可采者，亦录之。如《正德琼台志》卷二十四"璞墩"条下，附有邢宥记略、尚书薛远诗、经历唐继祖诗、丘深庵诗、唐濂伯诗等。

海南本岛文士与内地文化名流的诗文往来，亦多有采录。如卷十七"桐墩书院"条下，附有学士刘俨《记》，以及学士岳正《桐墩书院记》(存目)。卷二十四"东皋"条下，附有李东阳诗、冢宰林瀚诗、学士陆简诗、学士靳贵诗、尚书彭韶诗、学士杨廷和诗等，其后有注释云：

> 弘治初，丘文庄大拜，黄钰特拄访之。文庄不舍其别，苦留经冬而归。朝贵嘉其有巢谷之风，皆诗赠之。[②]

从这些记载看，明代海南不仅文风昌盛，而且与内地保持着密切的文化交流。

入琼官员、流寓文士中，收录苏轼作品及涉及其事迹的诗文较

---

① 《兴学记》作者王文翁乃元至正间澄迈县学训导。
② 唐胄等：《正德琼台志》，彭静中点校，海南出版社 2006 年版，第 497、498 页。

多。另外,《正德琼台志》还收录了不少纪念苏轼的诗文,以及苏轼的相关传说、事迹等。《正德琼台志》收录的苏轼诗文和事迹,充分体现了海南人民对苏轼的敬仰。

此外,《正德琼台志》还收录了李德裕、李光、胡铨等其他贬官、流寓人士的诗文,兹不一一论列。

《正德琼台志》中附录的不少文章,均采自碑刻,其中以学记最多,这些学记充分体现出对教育文化事业的重视。此外,还有不少书院记、亭台楼阁记、庙碑、人物墓志碑铭等。

《正德琼台志》引录的诗文,以纪山川、风俗、土产、名胜、学校、人物为主,有资考证,具有重要的史料价值。

(三) 文献考证

《正德琼台志》征引的文献,有不少已经佚失。特别是明中叶之前的海南文献佚失严重,其部分内容被《正德琼台志》收录,得以保存至今。对这些文献而言,《正德琼台志》有重要的辑佚价值。

有些文献,后世著录有误,可借《正德琼台志》予以考辨。如《小学纪略》乃庄芳所著,《民国琼山县志·艺文志》将作者误记为钟芳。庄芳是宋代琼州都监,《正德琼台志》卷二十九记载:"庄芳:庆元初,安抚都监。曾为刘汉作《小学记》。"[①]而钟芳(又名黄芳)是明代人,两者不应混淆。

《正德琼台志》中有不少诗文,不见于作者别集,亦不见于相关总集,仅见于《正德琼台志》。如侯倩《〈全元诗〉未著录作者举隅》[②]就曾经从《正德琼台志》卷二十五"尊贤堂"条,辑得元人陈正善《尊贤堂》诗:

闻道骑鲸碧眼仙,黄柑手植尚依然。

---

① 唐胄等:《正德琼台志》,彭静中点校,海南出版社2006年版,第609页。
② 侯倩:《〈全元诗〉未著录作者举隅》,《殷都学刊》2018年第1期。

人间俯仰更成古，天下声名不计年。
茧纸谁能收妙墨，鸡林何用续遗编。
使君为创新堂事，若解尊贤即是贤。①

《正德琼台志》原有“诗文”门，包括《文类》《诗类》各一卷。遗憾的是，这两卷今已佚失。《正德琼台志》其他各卷，有几处曾提及《诗文》或者《文类》《诗类》。如：

卷六“山川下·崖州·南山岭”：“南山岭在州南十里。壁立枕海，为州屏障。元王仕熙名曰‘鳌山’，尝题《珠崖八景》，有《鳌山白云》诗，见《诗文》。”②

卷九“土产下·器用属·椰器”：“黄子木柱杖：东坡制，寄雷为子由生日寿。诗见《诗类》。”③

卷三十三“名宦”：“李思迪，济南人，元进士。遇乱，晦处田野。国初召起，任起居注，累官山西参政。洪武辛亥，谪宰琼山。学博才杰，廉公勤恪，开拓一应创置，举皆中度。革奸贪，毁淫祠。弊极事繁，辨集无虚日。公余辄歌赋，自号海滨子，因以名集。蔡微撰序，见《诗文》门。”④

卷三十六“人物一·孝友·郑稽”：“有诗，见《诗文》。”⑤

卷三十七“人物二·隐逸·符林”：“又有《被酒独行》绝句，见《诗类》。”⑥

从这几处记载推断，《正德琼台志》的《文类》《诗类》，内容也是以具体诗文作品为主，作者既有本岛文士，也有入琼官员。《正德琼台志》前面各卷条目之下已附录了大量诗文，《文类》《诗类》中的

---

① 唐胄等：《正德琼台志》，彭静中点校，海南出版社2006年版，第511页。
② 同上书，第115页。
③ 同上书，第214页。
④ 同上书，第701页。
⑤ 同上书，第750页。
⑥ 同上书，第761页。

作品，应以文艺见长，而非以史料见重。至于《文类》《诗类》是否包含文献目录如《艺文志》之类，则不得而知。

民国时期，王国宪编《琼山县志》，增加了《艺文志》，对《正德琼台志》作了有益的补充。但《民国琼山县志·艺文志》著录的海南早期文献并不完整，考证亦欠精详。

《正德琼台志》资料丰富，体例完备，考证精详，舛误甚少。研究明代中期之前的海南历史文化，《正德琼台志》是最具参考价值的一部著作。后来续修的海南府、州、县等各级方志，以及广东通志、一统志等，涉及海南早期历史文化的部分，大都以《正德琼台志》为祖本。

四、《正德琼台志》的文化价值

海南独特的地理位置和风土人情，赋予《正德琼台志》多方面的文化研究价值，如：民俗文化、海洋文化、海岛文化、黎族文化、士族文化、贬官文化、科举文化、隐逸文化、宗教文化等。

海南独特的地域文化和民俗文化，是由长期生活在海南的黎族人民以及汉族、回族等外来移民和贬谪官员等群体共同缔造的。在漫长的历史发展过程中，有些风俗逐渐改变，有些则得以保留。正如《正德琼台志·风俗》小序所言："广谷大川异制，民生其间者异俗。琼僻居海屿，旧俗殊陋。唐宋以来，多名贤放谪、士族侨寓，风声气习后先濡染，不能无今古淳漓之别。至于岁事方风，又天然之异而不可易者。"[1]海南早期民俗受黎族文化影响较为明显，外来移民在服饰方面也大多入乡随俗。明朝正统年间，琼州知府程莹禁革夷俗，一从华俗，风俗丕变，"今妇女妆饰与中州无异"[2]。

《正德琼台志》记载的海南风土人情，有些在当时已经接近绝迹，后世更加鲜为人知，幸赖此书得以保存。如第四十二卷"杂事"

---

① 唐胄等：《正德琼台志》，彭静中点校，海南出版社2006年版，第137—138页。
② 同上书，第139页。

部分，记载了王直(1379—1462)的一桩轶事，同时保存了有关明前期海南民间“纺场之习”的宝贵记载。王直原籍江西泰和，其父王伯贞曾于洪武末年任琼州知府。王直少年时代，随父在琼州郡学读书。他性格端重，但喜好游赏。有一个叫张思惠的衙役，负责纺织染作，性格朴野，王直常常和他一起外出游玩。当时，琼州有一种风俗，乡村妇女常常在月明之夜，聚在一起纺织，与男子对歌为戏。在龙岐、二水、大英、白沙、海田等处，都有这种风俗，号曰纺场。王直曾经跟着张思惠到各个纺场去游玩观览，撰有《纺场赋》。后来，王直考取进士，官位显达。张思惠进京办差事的时候，曾经到王直家中做客，两人相见甚欢，彻夜长谈。王直问起纺场女旧事，两人都非常感慨。张思惠回到琼州后，向唐胄的祖父唐乾畀谈及此事。唐乾畀与王直也是少年时代的好朋友，因此写了一首小诗寄给王直：“纺场新赋胜梅花，织女机边误犯槎。淮海因伊十年梦，铁心宁亦为酸耶？”唐乾畀用这首诗打趣王直。王直非常喜欢这首诗，将它收藏在一个小盒子里，常常取出来吟咏一番。天顺末年，琼州人曾双溪曾经寄给在京的丘濬一首诗：“晓簪茉莉过丁塔，晚带槟榔去卖油。于今脚踏銮坡路，回首都门曾记不？”写的也是纺场旧俗。正统年间，琼州知府程莹认为纺场之习有伤风化，下令将其革除，但当时余韵未歇，至成化年间始绝迹。①

明代中期有一篇著名的文言小说，名为《钟情丽集》，故事以海南为背景，其作者据说是丘濬。在这篇小说中，也有对纺场之习的描写。“城之西北隅有林曰迈游，山明水秀，多生佳丽。有名小馥者，字微香，亦美丽超群。其俗有纺纱场之习，生尝游畋其间，与之亦相好。”②如果不是《正德琼台志》中有相关介绍，今天的读者看到这段文字，恐怕会对其中的“纺纱场之习”感到困惑。如今，内地

---

① 唐胄等：《正德琼台志》，彭静中点校，海南出版社 2006 年版，第 869—870 页。

② 余象斗：《万锦情林》卷一，《古本小说集成》第四辑，上海古籍出版社 1991 年版，影印本。

的某些少数民族如侗族还有"行歌坐月"的风俗，与琼州古代的"纺场之习"十分接近。但这种风俗，在海南接受中原文化的过程中，却逐渐销声匿迹了。因此，《正德琼台志》关于琼州古代"纺场之习"的这段文字，具有重要的资料价值。

《正德琼台志》的"风俗"篇，展现了明代海南丰富多彩的民俗文化。其中，既有岁时节序的生动描写，也有不同族群、不同州县的民风介绍。

唐胄在《正德琼台志》中，对海南士人文化的发展十分重视，特别是对明代前期海南教育文化事业的蓬勃发展介绍得较为详尽。

其"学校"篇小序云：

学校，人材风化所关。琼，广藩属郡。汉锡光建学，导之礼义。唐岭南州县学仅四五十人，虽旧与诸郡同，其后人材之盛则独与广、潮齐声。至近岁以名儒大拜，则虽广亦不能及，造就宁无自耶？至于所谓习礼义之教，衣冠礼乐班班然，如圣祖玉音、宋名贤所赏者，则不能无赖于今日上之人培植而长养焉。①

其"人物"篇小序云：

近日名公称吾琼谓岭海之灵秀，又水银、丹砂、灵芝、赤衡所不能当者，则自苏门扬誉而盛，至如今日者，岂偶然之故哉？所谓气至迟而发也迟，将大有发，不但如宋人称琼能文者众而已。他如宿艺之擅时，仙翰之名世，妇淑而兼文，亦不可谓非灵气之所泄也。②

---

① 唐胄等：《正德琼台志》，彭静中点校，海南出版社 2006 年版，第 335 页。
② 同上书，第 739 页。

同时,《正德琼台志》还以大量诗文和名公逸事,打破了世人脑海中视海南为“文化沙漠”的刻板印象。

海南特殊的地理位置,孕育出独特的海洋文化和海岛文化。《正德琼台志》也十分重视这一方面的记载。

《正德琼台志》卷四“疆域”引宋代《琼管古志》:

> (海南岛)外匝大海,接乌里苏密吉浪之洲。南则占城,西则真腊、交趾,东则千里长沙、万里石塘,北至雷州徐闻。①

其中,千里长沙、万里石塘,即南海诸岛礁。《琼管古志》已佚,《正德琼台志》保存了这一珍贵的历史记录,说明在宋代,我国人民对南海海域的不同岛礁已有清晰认识并予以命名。

《正德琼台志》卷二十一“海道”篇,分海境、海防、海寇、番方等。“海境”曰:

> 外匝大海,接乌里苏密吉浪之洲。南则占城,西则真腊、交趾,东则长沙、万里石塘,东北远接广东、闽、浙。②

这是中国对南海拥有主权的有力证明。

黎族是海南特有的少数民族。《正德琼台志》卷二十二、二十三为“黎情”类。其他类目对黎族文化也多有介绍。

海南岛地处中国最南端,与东南亚各国隔海相望,是多元文化的汇集地。以宗教文化为例,唐宋时期,佛教、道教、伊斯兰教等已落户海南。《正德琼台志》中与宗教相关的记载和评论,主要见于卷二十六“坛庙”、卷二十七“寺观”、卷四十“仙释”。

《正德琼台志》卷二十六“坛庙”小序云:

---

① 唐胄等:《正德琼台志》,彭静中点校,海南出版社 2006 年版,第 67 页。
② 同上书,第 464 页。

邦国莫大于祀事,故首列郡邑常祀,而祀典及先贤次之。至于私祀虽多,然亦有死事、御灾之义而不可略,故一依《旧志》录之,而略纪其神出处,以备考览云。①

坛庙是进行祭祀的场所。祭祀是中国古代的一种信仰活动,源于天地和谐共生的理念。上至朝廷,下至庶民,年时岁节,都要进行各种祭祀活动。《正德琼台志》记载的祭祀活动,分通祀、祀典、祀先贤、私祀等。

祭祀活动有严格的等级规定和仪式制度:

府州县所祀,则社稷、风云雷雨、山川、厉坛、先师庙及所在帝王陵庙,各卫亦祭先师。至于庶人,亦得祭里社、谷神及祖父母、父母并祀灶,载在祀典。虽时稍有更易,其大要莫能逾也。②

祭祀的对象,有天神、地祇、人鬼,以及民俗百神等。

据《正德琼台志》卷二十六"坛庙"记载,明代海南上至琼州府,下至各州县,大都设有社稷坛、风云雷雨坛、境内山川神坛、城隍庙、厉坛等。各卫所有旗纛庙。

此外,各州县入祀典或民间私祀的坛庙众多,祭祀的对象多为先贤、名宦及各种民间信仰神灵。影响较大者列举如下:

祀苏轼者,琼山有景贤祠(丘濬祔祀)。儋州有东坡祠。

祀汉伏波将军者,琼山、澄迈有伏波庙。

祀冼夫人者,琼山有柔惠宫。澄迈有柔惠庙。文昌有柔惠祠。儋州有宁济庙。崖州有郡主夫人庙。

祀关羽者,琼山、儋州、昌化、万州、陵水、崖州有关王庙。临高

① 唐胄等:《正德琼台志》,彭静中点校,海南出版社2006年版,第531页。
② 张廷玉等:《明史》四十七,中华书局2000年版,第815页。

有武安庙。

祀文昌梓潼帝君者，琼山有文昌宫。澄迈、临高、安定、文昌、会同、乐会、昌化、万州、崖州、感恩有文昌祠。

祀赵公明者，琼山、安定、万州、崖州、感恩有玄坛庙。

祀五显神者，琼山、临高、儋州、昌化、万州、崖州有五显庙。

祀妈祖者，琼山、澄迈、临高、文昌、乐会、昌化、万州、陵水、崖州、感恩有天妃庙。

祀其他水神者，琼山、崖州有晏公庙，其神主江海，元封平浪侯。水仙庙，其神为柳毅。临高有龙潭庙。会同、乐会有三江庙。万州有昭应庙。

祀东岳者，琼山、临高、昌化、万州、崖州、感恩有东岳庙。

祀黎母者，琼山、儋州有黎母庙。

祀其他山神者，琼山有灵山庙、琼崖神岭庙。澄迈有灵山庙。临高有高山毗耶神坛。文昌有七星岭神坛。昌化有神山峻灵王庙。崖州有西山庙。感恩有神山庙。

祀火神者，琼山有南宫庙。

祀雷神者，琼山、感恩有雷庙。儋州有忠显庙。

祀本地神迹、先贤者，琼山有先贤祠、孝义祠、箩氏庙、陈村泰华仙妃庙。临高有湛公祠、广福堂(刘佛子修炼处)。文昌有邓尹坛。儋州有周公祠。儋州有将军庙、神桶庙。崖州有毛知军祠、王公生祠。崖州有石三娘庙。

从以上记载可见，至明中叶，在海南民间信仰中，既信奉伏波将军、冼夫人、黎母、妈祖等带有岭南或者沿海区域特色的神灵，也信奉关帝、文昌帝君、赵公明、五显神、东岳大帝等与中原地区相同的神灵，甚至连神话传说中的柳毅，在海南也有庙坛祭祀。这些神灵，大多是三教融合的产物，并不专属于佛教或者道教。《正德琼台志》记载的这些民间信仰，对了解明中叶以前的海南民俗文化，具有重要参考价值。

《正德琼台志》卷二十七“寺观”小序云：

> 释道，三代以下不能禁。琼僻，宇宫自少，国初又经归并。今纪祝庆大所，外而诸遗址亦及者，非重也，资博雅者之欲知尔。①

唐胄站在尊重、研究传统文化的角度，尽可能详细地罗列了明代海南寺观及遗址，以“资博雅”。然而，受资料限制，《正德琼台志》记载的寺观，大多数为宋、元、明时所建。对唐代及以前海南的寺庙、道观，《正德琼台志》基本上没有记载。

《正德琼台志》将伊斯兰教清真寺亦归入佛寺。不计清真寺，《正德琼台志》卷二十七“寺观”记载的海南各地佛寺共计40处。从相关记载看，观音信仰当时在海南已十分流行，各地大都建有观音堂。

《正德琼台志》卷二十七“寺观”所列海南各地道观共计24处。其中，真武堂居多。范瑞昂《粤中见闻》：“琼州十州县，城北门俱有真武庙。”②真武堂供奉的“镇天真武灵应佑圣帝君”，简称“真武帝君”，是中国神话传说中的北方之神。北方属水，故“真武帝君”又被视为水神。明朝以后，“真武帝君”在全国影响极大，岭南地区民间甚为信奉。据清人屈大均《广东新语》记载：“吾粤多真武庙。”“粤人祀赤帝，并祀黑帝。盖以黑帝位居北极，而司命南溟。南溟之水生于北极。北极为源而南溟为委。祀赤帝者以其治水之委，祀黑帝者以其司水之源也。”③真武又被视为天帝的化身，汉武帝伐南越时，祷告天帝，而平定南越，“故今越人多祀上帝”④。三月

---

① 唐胄等：《正德琼台志》，彭静中点校，海南出版社2006年版，第561页。
② 范瑞昂：《粤中见闻》卷四“真武庙”，乾隆二十四年刻本。
③ 屈大均：《广东新语》卷六“神语·真武”，中华书局1985年版，第208页。
④ 同上。

初三为北帝诞，是日各真武庙建醮礼神，或奉神出游。

《正德琼台志》卷二十六“坛庙”所列，也有不少属于道教宫观。如果将其一并计入，则道教在海南的势力并不亚于佛教。

宋、元、明时期，不仅寺庙宫观遍布海南全岛，还有不少宗教界著名人物涉足海南。《正德琼台志》卷四十“人物志·仙释”提及的有：宋代的仙人鸡窠小儿、道士刘遁、白云片鹤、僧和靖、白玉蟾、林道玖；元代的僧月林、僧无我、僧佛功、刘佛子等。其中，白玉蟾在海南乃至整个中国文化史上占有重要地位。

五、《正德琼台志》与《琼州三祠录》

《琼州三祠录》是唐胄主持修纂《正德琼台志》的副产品。近代王国宪在《琼崖志·艺文志》和《民国琼山县志·艺文志》中，均著录了《琼州三祠录》一书，并标明作者为唐胄。

事实上，《琼州三祠录》的作者并非唐胄，而是协助唐胄修纂《正德琼台志》的秀才钟远、张文甫等。对此，唐胄本人在《三祠录序》中说得很明确：

> 庠彦钟生远、张生文甫辈与余同事于郡史，而考知诸贤之精。今年春，既请更定祠祀，而又为《祠录》，以见祠之所以立祠，祀之所以行祀。其有志于贤者乎？①

唐胄在文末还勉励琼州青年学子：“吾言虽为汝录发，亦因以告郡之诸豪杰，使知无负于吾地之灵也。因为序。”②从“又为《祠录》”“汝录”等用语看，《琼州三祠录》虽然是《正德琼台志》的副产品，但并不是《正德琼台志》的一部分，唐胄也不是《琼州三祠录》的作者。按，《民国琼山县志·艺文志》不仅著录“《琼州三祠录》三卷，唐胄

---

① 唐胄等：《传芳集》，刘美新点校，海南出版社 2006 年版，第 170 页。
② 同上书，第 171 页。

撰”，而且在此条下附录的唐胄《三祠录序》，亦标为“自序”。文末“使知无负于吾地之灵也”一句，漏掉了一个“无”字，变成“使知负于吾地之灵也”，勉励之语变成了责备之语，句子意思完全改变了。《民国琼山县志》错误很多，这是其中一例。

王国宪编纂《民国琼山县志》时，既未见过《正德琼台志》，也未见《琼州三祠录》。他在“《琼州三祠录》”条之后，除附录唐胄序文外，还加了一段按语：

> 《三祠录》与《正德琼台志》同时纂，序中言钟生远、张生文甫，亦助胄辑志诸人。大抵录三祠诸贤列传，有立德、立功、立言者，以垂法后世。序中又引文信国事以勉人，胄后果有功业气节，继美前贤，崇祀于乡，与诸贤并传不朽，吁，贤矣哉！然序首言仰止祠四十人、先贤祠十九人、景贤祠二人，共六十一人。序中言三祠之贤至五十有九人，前后不合，不知少二人为何人。其书佚已久，无从校定。①

王国宪的疑问，在其未曾经眼的《正德琼台志》中可以找到答案。

《正德琼台志》卷十五“学校上”的“府学”条，备载仰止祠始末：

> （弘治）十年，提学佥事宋端仪以学北宋有东坡、澹庵祠，久废，乃创仰止祠于仪门之东，祀名贤李德裕等三十一人。十三年，石守璧始大其祠，适端仪复按郡，稽云从龙曾仕宋，革去牌位，而增祀张应科、赵与珞。②

至此，仰止祠有三十二人。

---

① 朱为潮主修，李熙、王国宪总纂：《民国琼山县志》，邓玲、邓红点校，海南出版社2004年版，第1140页。

② 唐胄等：《传芳集》，刘美新点校，海南出版社2006年版，第348页。

(正德)十五年,方佥宪良永又跻祀宋端仪。①

至此,仰止祠有三十三人。

正德十六年二月,"生员钟远、张文甫等以旧祀名贤有遗,而王肱学流术数,乃呈革肱,而进王义方等十人,乞迎回王伯贞、徐鉴二神牌于旧祠,以慰民思。汪佥宪克章评允,乃拓祠基宏建,增新牌位,共祀四十人,专主学行,以风励后进"②。后附四十人名单:

名宦:唐王义方、韩瑗、李德裕,宋周仁濬、张岐、宋守之、韩璧、崔与之、张应科、赵与珞,元范椁,国朝宋希颜、李思迪、赵瑁、赵谦、郑济、曾兰、吴元、宋端仪。谪寓:唐韦方质,宋苏轼、任伯雨、李纲、赵鼎、李光、胡铨。乡贤:宋姜唐佐、王霄、王进庆、裴闻义、陈孚、陈应元,元蔡微,国朝王惠、唐舟、王克义、邢宥、丘濬、荣宣、王佐。已上诸贤事迹详《三祠录》。③

《正德琼台志》卷二十六"坛庙",详载先贤祠始末:

先贤祠,在海南道右。先,乡人以国朝郡守王伯贞、徐鉴有遗爱,祔祀于东坡祠。成化间,蒋守琪乃于医学旧基建专祠,名二贤。弘治初,张守英始对街迁此……(弘治)十年丁巳,提学佥事宋端仪迁牌,类祀于郡学仰止祠,而此祠荒空。至正德辛巳春,生员张文甫、钟远等以二贤之祀本出民心,呈迎牌位回祠,以慰民思。仍乞以汉路博德、杨仆、马援,唐宋庆礼、李复、杜佑,宋陈尧史、朱初平、李谔,元朱国宝、阔里吉思、吕统,国朝朱亮祖、揭稽、蔡浩、毛锐、方良永等功德在郡(下缺

① 唐胄等:《传芳集》,刘美新点校,海南出版社 2006 年版,第 349 页。
② 同上书,第 350 页。
③ 同上。

两行无文)……①

先贤祠本名二贤祠,原是为纪念郡守王伯贞、徐鉴而建。王伯贞、徐鉴不仅有功于海南,其子孙皆官至显位。王伯贞之子王直,官至少傅兼太子太师、吏部尚书;徐鉴之孙徐溥,亦官至吏部尚书,兼太子太傅、谨身殿大学士。李东阳撰有《二贤祠记》。弘治十年(1497),宋端仪提学海南时,将王伯贞、徐鉴的牌位迁至仰止祠。正德十六年(1521),生员张文甫、钟远等又将王伯贞、徐鉴的牌位迎回,并增祀十七人,二贤祠遂更名为先贤祠,入祀者共计十九人。

《正德琼台志》卷二十六"坛庙",也记载了景贤祠始末:

景贤祠在奇甸书院中。正德十年,敕建赐额,祀宋苏文忠公轼、国朝丘文庄公濬。先文庄在仕时,尝奏请立奇甸书院,择师以教乡子弟,乡人因祀文忠于其中。至是,礼部尚书刘春以文庄有著述翼世功,始奏请建祠合祀,每春丁祭后行之。②

景贤祠建于正德十年(1515),专祀苏轼、丘濬二人。

唐胄《三祠录序》首言仰止祠四十人,先贤祠十九人,景贤祠二人。王国宪未加深考,只按人头算,合计为六十一人,从而对唐胄所说的"贤至五十有九"提出疑问。事实上,苏轼、丘濬二人既入祀仰止祠,朝廷又敕建景贤祠专祀二人。前后相差二人,原因即在于此。

乡贤、名宦之祀,古已有之。明代,伴随着学校教育的普及,祀乡贤、名宦于庙学,成为定制。清人宋荦说:"前明之制,凡郡邑乡贤名宦,各祔祀于学宫,守令岁以春秋二仲率官属行礼,典纂重矣。"③

---

① 唐胄等:《正德琼台志》,彭静中点校,海南出版社2006年版,第534—536页。
② 同上书,第532页。
③ 宋荦:《西陂类稿》卷二十九"与邵子昆学使论乡贤名宦从祀书",《文渊阁四库全书》本。

弘治年间，朝廷再次诏令郡县各建乡贤祠，祀邑之先贤有行义者，以为世劝。

海南地理位置偏远，“魏晋来，衣冠之族，五代避中原之乱，而吾俗渐因以善，所谓熏染过化，岁异而月不同，世变风移，以假而客为主是也”①。唐宋时为流放罪人之地，“以琼土远隔，而罪放必置”②。但流放者中，不乏名公巨卿，如唐李德裕，宋苏轼、李纲、胡铨、李光、赵鼎等。他们虽然是以罪人、贬官的身份来到海南，但品德高尚，学问渊博，深受海南人民爱戴，成为海南士民师法的榜样，对促进海南文化教育事业的发展功不可没。明代的宋端仪、方良永等过琼官员，也对海南文化的发展有重要贡献。在这些“客贤”的长期熏染、带动下，明代前期，海南文化事业进入跳跃式发展阶段，本地乡贤也开始大量涌现。

琼州三祠，名之曰仰止、先贤、景贤。仰止祠主于崇德以劝士。先贤祠主于报功以慰民，为地方官府所建。景贤祠主于著述以宪后，为朝廷所建。三祠之设，恰合儒家“立德、立功、立言”的“三不朽”之旨。先贤祠建于衙门之侧，所祀以名宦为主，主于纪念和激励入琼官员。仰止祠建于府学内，景贤祠建于书院内，二祠意在激励后学，故入祀者不分名宦、谪寓、乡贤。

三祠入祀者，又可分为客贤、主贤。客贤为宦游、谪寓者，主贤为海南本土人士。

> 客贤自汉，凡四十五人，其过化之远，此所以致乡之有贤也。主贤自宋，凡十四人，其声应之迟，益见化难于客贤也。③

不论主贤还是客贤，都带动了地方文化的发展，应予以表彰。三祠

---

① 唐胄等：《正德琼台志》卷三十四“谪寓”，彭静中点校，海南出版社 2006 年版，第 725 页。

② 同上书，第 715 页。

③ 唐胄等：《传芳集》，刘美新点校，海南出版社 2006 年版，第 170 页。

的修建和《三祠录》的编纂，意义就在于此。《正德琼台志》的编纂，也含有这方面的用意。

为了充分发挥先贤的榜样作用，三祠入祀者都是经过反复推敲的。如宋元之际的云从龙，在海南为官时颇有政绩，曾入祀名贤。后宋端仪考其在南宋时曾经当过军官，后又仕元，于是将云从龙的牌位从祠庙撤掉，而增祀抗元将领张应科、赵与珞。唐胄在编纂《正德琼台志》时，也很注意仿史寓意，褒扬先进，对张应科、赵与珞的事迹大书特书，予以热情赞美。嘉靖初，唐胄复出为官时，又上疏朝廷，专门为赵与珞请祀，让赵与珞的崇高气节广为人知，从而激励更多世人。

明代，各地纷纷兴建名宦乡贤祠，其中不乏流于形式主义者，甚至出现了攀缘、贿求、冒滥等不正之风，使得名宦乡贤祠有名无实，丧失了应有的教化作用。琼州三祠的兴建，不重形式，冲破了狭隘的地域意识，通过纪念历史名贤，真正发挥了对世人的激励、教化功能。明代海南名贤辈出，且多气节之士，与此不无关系。

六、《正德琼台志》的后世影响

《正德琼台志》于正德十六年（1521）刊行。嘉靖间，在《正德琼台志》的基础上，曾经补修《琼州府志》。黄佐修《广东通志》，也参考了《正德琼台志》。

在万历三十三年（1605）的琼州大地震中，《正德琼台志》和《嘉靖琼州府志》均遭到严重毁损。万历四十五年（1617），海南道提学副使戴熺等人重修《琼州府志》时，已见不到《正德琼台志》和《嘉靖琼州府志》原本，只能“参之国史与通志”。关于这一点，《万历琼州府志序》有明确记载：

索之学官子弟，咋舌莫举，第云丘文庄常以郡碟未修为恨，王桐乡为《外纪》而未就。至唐司徒纂之，后朱司李补之，

> 及至地震，而诸籍沉漶，无有存者。①

《万历琼州府志》共十二卷，包括十二个类目，分别为：舆图志、沿革志、地理志、建置志、赋役志、学校志、兵防志、海黎志、秩官志、人物志、艺文志、杂志等。

清代续修的《康熙琼郡志》《康熙琼州府志》《乾隆琼州府志》，均为十卷。

清人张岳崧于道光二十一年(1841)重修《琼州府志》，其序曰：

> 明代去古较近，闻见较审，其所撰著足以信于当时，传于后世。惜乎藏书甚难，不但宋、元之《琼管志》《万州图经》不可复见，即桐乡先生《外纪》，暾江、西洲二先生之撰有成书皆无一存者，令人望古而太息也。②

《道光琼州府志》共四十四卷，分十大门类。

明朝万历以后至清代道光年间重修的《琼州府志》，均未能参照《正德琼台志》原本。虽然借助《广东通志》，还可以看出《正德琼台志》对重修《琼州府志》的影响，但《广东通志》毕竟是一省之通志，述及海南的部分比较简略。所以，后出的《琼州府志》均无法取代《正德琼台志》。

幸运的是，在宁波天一阁还藏有一部《正德琼台志》残本。在被埋没了四百多年后，这部残本在 1949 年后终于重见天日。20 世纪 60 年代，上海古籍书店印行了广东七种明代志书，《正德琼台志》是其中之一，出版后颇受学界推重。

七、唐胄参修的其他方志

除《正德琼台志》外，唐胄主持或参与纂修过的地方志，还有

---

① 戴熺、欧阳灿总裁，蔡光前等纂修：《万历琼州府志》，海南出版社 2006 年版，第 1 页。
② 明谊修、张岳崧纂：《道光琼州府志》，海南出版社 2006 年版，第 3 页。

《嘉靖广西通志》《江闽湖岭都台志》等。其中,《江闽湖岭都台志》的纂修系唐胄首创。此外,唐胄还安排既是同乡又是下属的吴诚编纂了《柳城志》。

(一)《嘉靖广西通志》

明代弘治以前,广西还没有出现过一部完整的《通志》。弘治元年(1488),两广总督闵圭、巡按监察御史祁司员命广西提学副使周孟中遵照《明一统志》体例,修撰《广西通志》,“据郡邑志纂集,可去者去之,可存者存之,未备者缺之”①,弘治六年(1493)书成付梓。时隔32年,嘉靖四年(1525),唐胄任广西提学佥事期间,有感于《广西通志》旧志未备,遂续加修辑。唐胄在修《广西通志》的过程中,参考了《正德琼台志》的体例。例如,广西和海南一样,因为地理位置偏僻,历史上也有很多贬官。唐胄主张将“流寓”与“罪放”加以区分,“流寓”类专录迁谪寓公之贤者,以示扬善惩恶。此外,他还特别注意对旧志中的名宦、乡贤二祀加以增损,以正疏讹。

辅佐唐胄一起修纂《广西通志》的,有武选郎中郑琬、汝州知州徐淮、钦州知州杨梁等。可惜,这部志书还未脱稿,唐胄便升任云南兵备副使,离开了广西。总督都御史姚镆有志于修成此志,但军务繁忙,便委任钟芳刊补。钟芳于嘉靖七年(1528)之后调离广西,修志之事随之中断。嘉靖八年(1529)林富来督广西,次年秋,修纂工作正式重启,林富委任提学佥事广东香山人黄佐主持实际编纂工作。中间黄佐曾因病告归,直到嘉靖十年(1531),《广西通志》始成书。

《广西通志》修成后,蒋冕曾经为之作序,记载了《广西通志》的编纂过程:

吾广故无通志,弘治癸丑提学副使庐陵周君孟中始创为

---

① 周孟中:《广西旧志序》,载黄佐等《嘉靖广西通志》卷首,嘉靖十一年刊本。

之。嘉靖乙酉，提学佥事琼山唐君胄续加修辑，辅以武选郑郎中琬、汝州徐知州淮、钦州杨知州梁，皆吾粤产也。书未脱稿，而唐君以迁官去。前总督都御史慈溪姚公镆夙有志斯事，会以边警用兵不暇，委之参政琼崖黄君芳，刊补未竟，寻亦迁任。庚寅之秋，公乃以属提学黄君。稿甫就绪，其冬黄君又以省母归矣。黄君之将归也，以其意授梧州舒同知栢辈，俾因旧稿稍加窜订。明年辛卯，公既平新宁之寇，其秋自羊城抵苍梧，再阅前稿，手自裁定，始秩然成书，遂以锓梓。①

从这段记载看，唐胄对《广西通志》的编纂有重要贡献。钟芳也参与过《广西通志》的刊补工作。黄佐不过是在唐胄旧稿的基础上，稍加窜订。

这在黄佐《广西通志后序》中也可以得到印证：

是编也，佐始受役于司马兼中丞省吾公，会病且惫，乃以意授同知舒君栢、周君鈇、诸生严肃、李承简、李廷礼、莫遗贤、廖绍禋辈，俾因唐公胄旧稿稍增定之。②

《广西通志》最终是成书于林富、黄佐之手。现存《嘉靖广西通志》卷首冠有蒋冕作于嘉靖十一年(1532)的《广西通志序》、林富作于嘉靖十年(1531)的《广西通志序》，以及周孟中作于弘治六年(1493)的《广西旧志序》、程廷珙作于弘治六年(1493)的《广西旧志序》。唐胄、钟芳是如何修订旧志的，从序文中找不到任何具体记录。

蒋冕对黄佐的评价极高：

---

① 蒋冕：《广西通志序》，见汪森编《粤西文载》卷五十三，《文渊阁四库全书》本。
② 汪森编：《粤西文载》卷五十三，《文渊阁四库全书》本。

> 君(黄佐)乃发凡举例,因旧为新,删繁提要,阐幽订误,为图经,为表,为志,为列传,为外志,总六十卷,以成公志,而是非取舍则一皆裁决于公。①

黄佐自称是在唐胄旧稿的基础上"稍增定之",蒋冕在序中则称黄佐"发凡起例,因旧为新"云云。"发凡起例"含有首创之意。在未见唐胄旧志的情况下,黄佐对"凡例"作了哪些调整,能否称其"发凡起例",还有待详考。在"名宦、乡贤"问题上,唐胄、钟芳(黄芳)二人与蒋冕不尽相合,而黄佐在是非取舍方面,更多地接受了蒋冕的意见。所以,蒋冕对黄佐不吝赞美,称赞其增定之志为"公志","是非取舍则一皆裁决于公",言外之意,是将唐胄、钟芳所修旧志视为"私志"。

受蒋冕影响,后世往往将《嘉靖广西通志》的史学成就完全归功于黄佐,而忽略了唐胄的贡献。《嘉靖广西通志》由唐胄首倡,此后时断时续,历时十年始得成书,黄佐参与其事,也只有几个月的时间。黄佐的贡献虽然重要,但唐胄的功劳也不可抹杀。

(二)《江闽湖岭都台志》

唐胄和吴诚修纂的这部方志的原貌,今天已经看不到了。保存至今的,是虞守愚命萧根等在《江闽湖岭都台志》的基础上编纂的《虔台志》。唐胄离开南赣后,由陈察接替南赣寻抚之职,再下一任南赣巡抚是虞守愚。陈察和虞守愚都曾经对这部方志有所损益。最先将书名由《江闽湖岭都台志》改为《虔台志》的,是虞守愚。嘉靖二十三年(1544)虞守愚《虔台志叙》云:"余奉命来镇,初至询故事,曰有志在。索而阅之,所因所损益,可知也。"虞守愚所阅旧志,即是嘉靖十二年(1533)南赣巡抚唐胄和继任者陈察所修,只是

① 蒋冕:《广西通志序》,见汪森编《粤西文载》卷五十三,《文渊阁四库全书》本。

旧志的本名不是《虔台志》,而是《江闽湖岭都台志》。

清代《四库全书总目·提要》对《虔台志》这个书名颇有非议。按,赣州在南朝陈代以前叫南康,到隋代改称虔州。“虔”字与“虎”字相近。南宋绍兴二十二年(1152),校书董德元给南宋皇帝上言:“虔州号虎头城,非佳名。”于是朝廷商议之后,改名为赣州。南赣巡抚属都察院系统,历任巡抚都由都察院副都御使或佥都御使兼任。明代都察院是由前代御史台发展而来的,而南赣巡抚驻地赣州古名虔州,明人因此称南赣巡抚衙门为“虔台”。

《四库全书总目》对《虔台志》的书名表示不满:

> 后人词翰,兼用古名。然施于诗赋则可,此记明代职官,而用南宋以前之地名,殊于体例未安。且名虔州时无御史台,于文义亦为杜撰。明人著述,往往如斯,纠之不可胜纠也。①

意思是说,写作诗词歌赋时,偶尔用一下古代的地名是可以的,但方志不应该这么做。南赣巡抚是明代中期设置的临时机构,不应当用南宋之前的地名。而且,古代的虔州也没有御史台这一机构,因此,“虔台”这一说法实在是不伦不类。四库馆臣认为这种故作风雅的文风是明人的通病,殊不知,唐胄最初创作此书时,用的名字并不是《虔台志》,而是《江闽湖岭都台志》。江闽湖岭,指南赣是四省交汇之处。都台,即都御史的治所。这个题目虽然有点长,但却是挑不出任何毛病的。由此也可以看出,唐胄在修纂方志的时候,总是本着求真务实的态度,而没有当时流行的附庸风雅的通病。

---

① 永瑢等:《四库全书总目》卷八十“史部三十六·职官类存目”,中华书局1965年版,第689页。

第二节 先贤文献整理

唐胄除了重视地方志修纂外，还搜集、整理、刊行了不少先贤诗文别集，一是为地方志修纂做准备；二是弘扬优秀文化传统，提升文化自信，以此激励后人。唐胄整理刊行了多种岭南先贤诗文别集，这些先贤大多与海南有关。他还对明太祖《御制文集》在岭南地区的传播作出了重要贡献。

一、唐胄对海南文献整理的贡献

唐胄整理、刊行的海南文献，一是南宋白玉蟾的别集《白玉蟾海琼摘稿》，二是明代海南诗人王佐的别集《王桐乡摘稿》。这两部别集名为“摘稿”，带有选本性质，但唐胄在整理过程中，也补充了不少新资料。唐胄的整理本在白玉蟾、王佐诗文传播过程中，发挥了重要作用。

（一）《白玉蟾海琼摘稿》

白玉蟾（1194—？），本名葛长庚，号海琼子，南宋时人，祖籍福建闽清，生于琼州（今海南琼山）。白玉蟾自幼聪慧，十二岁时曾应童子科。后游历至武夷（一说白玉蟾成年之后，因任侠杀人，亡命至武夷），访师学道，为道教金丹派南五祖之一。

白玉蟾擅长诗赋，其诗文版本较多。“诗有《松风》《上清》《武夷》《指玄》《玉隆》《问道》《珠玉》等集”①，今存《上清集》八卷、《玉隆集》六卷、《武夷集》八卷，三集皆有元刊本、道藏本。

又有《海琼玉蟾先生文集》四十卷，乃南宋白玉蟾弟子彭耜（号

① 葛长庚撰，唐胄编：《白玉蟾海琼摘稿》卷首，嘉靖十二年刻本。

鹤林)纂集,《上清》《玉隆》《武夷》三集内未入者皆收之,潘枋为之作序。潘枋为南宋状元,与彭耜交好。潘枋任镇南军节度推官时,在彭耜家的宴会上,曾目睹白玉蟾文思泉涌的风采。

明初,宁献王朱权觅得彭耜所编《海琼玉蟾先生文集》,在此基础上,"重新校正,定为八卷,附录一册,乃霞侣奉酬之元简,仍缀诸简末,摹写成集,而寿诸梓,以永其传焉"①。朱权为《海琼玉蟾先生文集》作序。朱权之序,作于明正统七年(1442)。朱权(1378—1448),明太祖朱元璋第十七子,字臞仙,号涵虚子、丹丘先生、南极遐龄老人、大明奇士等。他崇信道教,爱好文艺,著述颇丰。朱权编《海琼玉蟾先生文集》今尚存。傅增湘《藏园群书经眼录》卷十四著录此书曰:

> 《海琼玉蟾先生文集》六卷《续集》二卷,宋葛长庚撰。附录一卷。明正统七年朱权刊本,十二行二十一字,大黑口,四边双阑,版心记"白一""白二"等字。卷首标题大字占双行。前有端平丙中日长至文林郎新镇南军节度推官潘枋序,大字行书。次玉蟾先生事实,嘉熙改元(1237)仲冬甲寅,鹤林彭耜谨书,次目录。②

傅氏谓该本刊工精湛,极似元本,然脱朱权序。

明代海南诗人王佐在福建为官时,曾夜宿武夷止庵,遇一道人,授其白玉蟾集,王佐后来将其携归海南。王佐所得白玉蟾集,究竟是何版本,今已无从知晓。

《正德琼台志》中收录了白玉蟾部分诗文,如:卷八"土产上·花之属"的"莲花"条下附白玉蟾《白莲诗》:

---

① 葛长庚撰,朱权编:《海琼玉蟾先生文集》卷首,正统七年刻,省吾堂藏版。
② 傅增湘:《藏园群书经眼录》,中华书局 2009 年版。

渊明归西天，不作东林社。不见张昌宗，无人举此话。
谁家栽绿荷？熏风漾碧波。波底水晶空，化出玉姮娥。
嫣然冷无语，冰肌卧晓雨。东君如夏日，此花不受暑。
一点天然香，随风入画堂。折之置坐隅，窈窕弄玉章。
忽然心绪变，如睹佳人面。寄语明月楼，莫贮双飞燕。①

"梅花"条下附白玉蟾诗一首：

南枝初放两三花，雪里吟香弄粉些。
淡淡着烟浓着月，深深笼水浅笼沙。②

卷四十"人物五·仙释·白玉蟾"条下，附白玉蟾歌、诗三首。其一为歌：

老君说不妙，鸟啼花却笑。佛氏圆未通，青山树几重。
仲尼贯莫一，兔儿随月出。二教总虚花，争如白虾蟆。
芥子未是眇，须弥未是小。芥子与须弥，撮来作一口。
非道非释亦非儒，读尽人间不读书。
非凡非圣亦非士，识破世上未识事。
琼州澄迈县，香山处士家，种得东园好木瓜。③

其二《自赞喜神》云：

神府雷霆吏，琼山白玉蟾。

---

① 唐胄等：《正德琼台志》，彭静中点校，海南出版社2006年版，第165页。
② 同上书，第167页。
③ 同上书，第839页。

本来真面目，水墨写霜缣。①

又，六言诗一首：

千古蓬头跣足，一生服气餐霞。
笑指武夷山下，白云深处吾家。②

从以上所选诗作，可见唐胄喜爱白玉蟾的原因，不是因为迷信道教，而是向往其精神世界的超凡脱俗。唐胄在白玉蟾小传中，称赞其“平生诗韵清绝，非食烟火者所能道”③。白玉蟾体现了三教合流的趋势。他自称“非道非释亦非儒”，正说明他在融通三教思想的基础上，打破了三教的界限，对三教思想有一种反思和超越的精神。而“读尽人间不读书”，也影响到了唐胄的读书态度。

嘉靖十二年（1533）春正月，时任广西左布政使的唐胄，刊刻《白玉蟾海琼摘稿》十卷，并为之作序。序文曰：

（白玉蟾）诗有《松风》《上清》《武夷》《指玄》《玉隆》《问道》《珠玉》等集，多及方外。近乃得臞仙重编，并于翰墨、郡志等书中摘至切于景事者为此集，其重编全衷，将携归郡别刻云。嘉靖岁癸巳春正月下浣吉，邑人西洲居士唐胄平侯甫，寓广右紫华堂书。④

从这段话看，唐胄似见过《松风》诸集，所以才知道诸集之诗“多及方外”。从“近乃得臞仙重编”一语，可知唐胄到广西为官之后，方

① 唐胄等：《正德琼台志》，彭静中点校，海南出版社2006年版，第839页。
② 同上。
③ 同上。
④ 祝尚书：《宋集序跋汇编》，中华书局2010年版，第1802—1803页。

见到朱权重编《海琼玉蟾先生文集》。也就是说，王佐携归海南的白玉蟾诗集，并非朱权重编《海琼玉蟾先生文集》。

唐胄以朱权重编《海琼玉蟾先生文集》为底本，又据自己耳目所见闻，从"翰墨、郡志等书中摘至切于景事者"，编为《白玉蟾海琼摘稿》十卷。唐胄刻本《白玉蟾海琼摘稿》十卷，共四册，卷端仅有题名卷次，未题著者和编者。国家图书馆、吉林省图书馆、湖南师范大学图书馆、宁波天一阁均有收藏。国家图书馆馆藏本钤有"五福五代堂宝""古稀天子宝""八征耄念之宝""太上皇帝之宝""乾隆御览之宝""天禄继鉴"等玺印，是故宫"天禄琳琅"旧藏，入选《第二批国家珍贵古籍名录》。

除编选、刊刻《白玉蟾海琼摘稿》外，唐胄还打算日后将朱权重编《海琼玉蟾先生文集》携归海南，重新刊刻，从而增进家乡人民对白玉蟾的了解。《海琼摘稿序》云："其重编全袠，将携归郡别刻云。"①唐胄于嘉靖十七年(1538)春罢职还乡，次年病逝，重刊白玉蟾全集的愿望最终成为泡影。

明清时期，白玉蟾诗文集在福建、海南等地多次重编、翻刻。影响较大者，有何继高编《琼琯白真人集》(又名《白真人文集》，不分卷)。该集初刻于明万历二十二年(1594)，何继高为之作序，称："真人名玉蟾，号琼琯，世为福之闽清人。大父董教琼州，而真人生于琼。"②按，琼琯是宋代琼州府的别称，又名"琼管"。何继高误认为是白玉蟾别号。何继高有志于修仙得道。他认为白玉蟾诗文"无非发明性命之学也"。他曾游于福建临江，自称"遇一道者，得传真人洞真雷法之书"。临江是白玉蟾游寓之处，"(白玉蟾所留)序记诗歌为多。因而穷搜广访，凡散见于志籍者，会为一帙，朝夕究悟，而阴符诸书，性命之秘旨，大都泄于其中矣"③。其编《琼琯

① 葛长庚撰，唐胄编：《白玉蟾海琼摘稿》卷首，嘉靖十二年刻本。
② 葛长庚撰，何继高编：《琼琯白真人集》卷首，《道藏辑要》本，娄集。
③ 同上。

白真人集》，意在借此悟道。该书交由广东潮阳人林有声校正、刊刻。林有声《白真人文集后叙》云："其中丹图玄论，集所未备者，亦多经先生（指何继高）手录，若得其日传而心授之者。"①

清代乾隆五十六年（1791），海南琼山人王时宇重刻《白真人文集》。王时宇《重刻〈白真人文集〉叙》云：

> 海琼白真人，琼山五原人也。生于绍兴甲寅，迄今六百余年矣。其文集授于其徒彭鹤林，重镌于明正统南极遐龄臞仙，万历甲午何公继高更为剞劂。历年久远，不惟不传于琼，即通都大邑藏书之肆，亦所罕有。宇自少闻真人之名，窃心异之，甲午与修郡志，读真人时文一二，意其必有全集，惜不得一见为快。辛亥冬，余友定邑莫君明甫，出真人全集相示，叩其所自，则得之外祖乐会王鹤洲公。鹤洲昔为温江令，得之一老生家，阅今垂六十年，剥落过半，属（嘱）宇考订，重为付梓。宇俗人，何能知真人之万一哉？适郡司马淇西彭竹林先生，与真人有夙契，其诗文亦绝相类。宇告之大喜，出行麓中真人集四本相质。盖何公所刻，与臞仙之八本，分类参差，多寡互异。竹林命宇重为编次，悉心校对，重者芟之，讹者正之，缺者补之。②

王时宇重刻《白真人文集》时，参校了海南定安人莫明甫收藏的白玉蟾诗文集八册，以及在海南为官的云南人彭翥所藏白玉蟾诗文集四册。按，朱权重编《海琼玉蟾先生文集》分八册，唐胄编《白玉蟾海琼摘稿》分四册。莫明甫所藏八册，即朱权重编《海琼玉

---

① 白玉蟾著，盖建民辑校：《白玉蟾文集新编》，社会科学文献出版社 2013 年版，第 373 页。

② 朱为潮主修，李熙、王国宪总纂：《民国琼山县志》卷二十"艺文志"，邓玲、邓红点校，海南出版社 2004 年版，第 1189、1190 页。

蟾先生文集》。彭翥所藏四册，应为唐胄编《白玉蟾海琼摘稿》。

彭翥《重刻紫清白真人诗文全集跋》一文，介绍了其购得《白玉蟾海琼摘稿》的经过：

在香山，忽购仙史，得悉紫清生平颠末。庚戌北上，又得紫清诗文集四本。读之，于是益知紫清真人文章诗赋之工绝，所谓仙家才子者。①

紫清即白玉蟾别号。可见，明清时期，唐胄编《白玉蟾海琼摘稿》在北方流传较广，在岭南地区反而较为罕见。

清代同治八年(1869)，琼山知县许宝珩曾重刻《白真人集》，封面标有“同治戊辰重镌”。许宝珩《重刻〈白真人集〉叙》曰：

余以同治乙丑来治琼山，邑为真人桑梓，谂知真人有集，而惜少概见。适江西邹镜湖、楚南周明觉，求得是书，字已漫灭，惧其日久失传，亟为募资重刻。而以《道德经注》《指玄篇解》《木郎祈雨咒》附刻于后，阅十余月藏事。②

白玉蟾别集的今人整理版本③，大都以清代同治重刻《白真人集》十卷本(原八卷本，新增二卷)为主要底本。

明代黄佐编《嘉靖广东通志·艺文志·集目》著录的白玉蟾别

① 白玉蟾著，盖建民辑校：《白玉蟾文集新编》，社会科学文献出版社 2013 年版，第 374 页。

② 白玉蟾著：《白玉蟾全集校注本》，朱逸辉等校注，海南出版社 2004 年版，第 9 页。

③ 今人点校整理版本主要有：朱逸辉、王君伟、陈多余、朱逸勇校注《白玉蟾全集》，海南出版社 2004 年版；周伟民、唐玲玲、安华涛点校《白玉蟾集》上下册，《海南先贤诗文丛刊》，海南出版社 2006 年版；盖建民校《白玉蟾诗集新编》，社会科学文献出版社 2013 年版；盖建民校《白玉蟾文集新编》，社会科学文献出版社 2013 年版。

集情况是:"《海琼玉蟾先生文集》十卷臞仙序。琼山唐胄摘出六卷刊传。"①按,《海琼玉蟾先生文集》原为四十卷,朱权重编《海琼玉蟾先生文集》时,"定为八卷,附录一册"②,黄佐却著录为十卷。今存唐胄编《白玉蟾海琼摘稿》为十卷,黄佐却著录为六卷。黄佐大概是将唐胄编《白玉蟾海琼摘稿》误认为《海琼玉蟾先生文集》。至于六卷本《白玉蟾海琼摘稿》是否实有其书,待考。

近代王国宪编《民国琼山县志》卷二十"艺文志・集部",著录了白玉蟾别集四种,分别是:

> 《海琼白玉蟾先生文集》四十卷,见黄《通志》,宋白玉蟾撰。
>
> 《重校海琼玉蟾先生集》八卷,附录一卷。南极遐龄老人臞仙重新校正本,叙而刻于正统壬戌孟秋月一日。
>
> 《海琼摘稿》六卷,见阮《通志》,明唐胄编。
>
> 《重刻白真人集》十卷,清王时宇编。

王国宪一方面纠正了《嘉靖广东通志》的错误,著录的《海琼白玉蟾先生文集》卷数无误;另一方面仍将《海琼摘稿》著录为六卷。王国宪本人并未见到《海琼摘稿》原书,仅是依据《广东通志》著录,其说不足为凭。

又,朱权重编《海琼玉蟾先生文集》为八卷,唐胄编《白玉蟾海琼摘稿》为十卷,《嘉靖广东通志》著录的《海琼玉蟾先生文集》为十卷,清王时宇《重刻白真人集》亦分十卷。唐胄曾有志于重刻白玉蟾全集而未果。所增两卷,是否以唐胄增补诗文为基础,尚有待深入研究。

---

① 黄佐纂修:《嘉靖广东通志》"艺文志・集目",嘉靖四十年刊本,广东省地方史志办公室1997年誊印版。

② 葛长庚撰,朱权编:《海琼玉蟾先生文集》卷首,正统七年刻,省吾堂藏版。

(二)《王桐乡摘稿》

唐胄编纂了两部海南先贤别集，一为《白玉蟾海琼摘稿》，一为《王桐乡摘稿》。两部书均以“摘稿”命名。如果说，唐胄对白玉蟾诗文的传播与流传，只是起到了推波助澜的作用，那么，对于王佐诗文的传播与流传，唐胄可谓居功至伟。

王佐一生著述颇丰，主要有《鸡肋集》《经籍目略》《琼台外纪》《家塾原教》《庚申录》《珠崖录》等。除《珠崖录》曾进经御览外，这些著作大都已经散佚，其部分内容赖《正德琼台志》保存至今。嘉靖年间，唐胄在广西为官时，曾经以王佐全部著作为基础，选编《王桐乡摘稿》刊布于世。该书亦已散佚，今仅存《王桐乡摘稿序》一文，收于近代王国宪编《传芳集》及《鸡肋集》内。此文包含了不少重要信息，且有的文字容易被误读，须予以认真考辨。

1.《王桐乡摘稿序》系年考辨

王国宪编《传芳集》内收有唐胄《王桐乡摘稿序》一文，题目之下注“嘉靖四年”，这一系年与正文内容不合，疑为王国宪所加。《王桐乡摘稿序》正文曰：“吾乡王桐乡先生，弃世二十余年矣。余久得藏其遗稿，近于学政之暇，始出而编次之。”①按，王佐卒于正德七年(1512)。正德六年(1511)春，王佐尚应琼州知府之邀，主持修纂《正德琼台志》，并作《东岳行祠会修志序》一文，次年病故。唐胄作《王桐乡摘稿序》时，王佐已弃世二十余年。正德七年(1512)后推二十年，为嘉靖十一年(1532)。而嘉靖四年(1525)距王佐去世仅 13 年，明显与正文不合。唐胄刊行《白玉蟾海琼摘稿》《宋丞相崔清献公全录》《武溪集》的时间，均在嘉靖十二年(1533)和嘉靖十三年(1534)年间，编刊《王桐乡摘稿》并为之作序的时间，也应在嘉靖十二年(1533)之后。“嘉靖四年”或为“嘉靖十四年”之误。但嘉靖十三年(1534)九月，唐胄迁为南京户部右侍郎，不再负责地方

---

① 唐胄等：《传芳集》，刘美新点校，海南出版社 2006 年版，第 173 页。

学政。《王桐乡摘稿序》称“近于学政之暇,始出而编次之”,所以亦不可能作于嘉靖十四年(1535)。王国宪将此文系年于“嘉靖四年”,大概是因为唐胄时任广西提学佥事,恰好负责学政。但嘉靖十二年(1533)和嘉靖十三年(1534)年间,唐胄先后在广西、南赣、山东等地任布政使、巡抚等职,总管一方政务,亦包括学政在内。所以,《王桐乡摘稿序》当作于嘉靖十二年(1533)或者嘉靖十三年(1534),《王桐乡摘稿》亦刊行于此时。

2.《金川玉屑集》考辨

唐胄序文中提及王佐生平所作,“如《鸡肋集》《经籍目略》《琼台外纪》《庚申录》《金川玉屑集》《家塾原教》及《珠崖录》(已经进御),今皆不能尽择也,故曰《摘稿》云”[①]。《正德琼台志》卷三十六王佐小传末尾亦记载:“(王佐)所著有《鸡肋集》《经籍目略》《原教篇》《庚申录》。其《珠崖录》经进御。《琼台外纪》旁搜郡中古今文献故实,最为博雅。”[②]两段话内容基本相同,但前者多了一部《金川玉屑集》。按,《金川玉屑集》并非王佐本人著作,而是弘治年间,王佐任临江府同知时,搜辑练子宁遗稿,汇编成集。

练子宁(1350—1403)名安,以字行,江西临江府人,洪武十八年(1385)进士、榜眼。永乐年间,官至御史中丞。燕王朱棣谋反时,练子宁不肯归顺,惨遭断舌、磔死,诗文亦遭禁毁。弘治中,王佐将其遗文编为《金川玉屑集》。正德年间,李梦阳任江西提学副使时,始命有司梓之,并倡建“金川书院”,用以纪念练子宁。

《金川玉屑集》之名,取自徐泰《诗说》“金川练子宁玉屑无多,为世所宝”一语。练子宁作品存世数量不多,却颇受推重。清人朱彝尊《静志居诗话》云:“革除诗文之禁,甚于元丰。然《逊志》之集,《金川玉屑》之编,久而日星不灭也。是编至正德中始出,其诗娟秀

① 唐胄等:《传芳集》,刘美新点校,海南出版社2006年版,第173页。
② 唐胄等:《正德琼台志》,彭静中点校,海南出版社2006年版,第747页。

妍雅……皆泠然可诵。”[1]《鸡肋集》卷六有王佐《金川玉屑集序》，文曰：

> 玉已碎矣，予拾其屑焉。拾之将焉用焉？以其贵，不忍弃也……金川有节义之士其死类此者，予采取其所遗诗文类编集，名之曰《金川玉屑集》，用序其略。[2]

《金川玉屑集》的编纂，是王佐对明代文化史作出的一大贡献。

唐胄《王桐乡摘稿序》提及《金川玉屑集》，是将王佐的编述与著作兼而言之。有人将《金川玉屑集》误视为王佐本人著作，故特此予以说明。

3.《鸡肋集》及《琼台外纪》等诗文考辨

王佐著有《鸡肋集》，这是毫无疑问的。但今天我们见到的《鸡肋集》，已非原貌。王佐的著作，原书久已散佚。现在流传的《鸡肋集》，乃后人搜集、整理而成。由清至今，世人将能见到的王佐诗文，均编入了《鸡肋集》。如今，《鸡肋集》已成为《王佐集》或者《王佐诗文全集》的代称。

黄佐编纂的《嘉靖广东通志》“艺文志·集目”，著录了“《鸡肋集》二卷”。《鸡肋集》最初的卷数如此之少，不可能是王佐诗文全集。王佐《鸡肋集》之外的著作，如《琼台外纪》中，也包含了大量诗文。

上述推论，从《正德琼台志》中，也可以得到证实。《正德琼台志》引用了王佐的大量诗文，并注明了其来源。其中，有些诗文注明出自《鸡肋集》，有些则注明是出自王佐的其他著作。笔者对《正德琼台志》收录王佐诗文情况进行了粗略统计。其中，明确注明出自《鸡肋集》的资料有 11 处，主要集中于“人物”和“杂事”，计有诗

---

① 朱彝尊：《明诗综》卷十八，《文渊阁四库全书》本。
② 王佐：《鸡肋集》卷六，刘剑三点校，海南出版社 2006 年版，第 154 页。

9首，文5篇；明确注明出自《琼台外纪》的资料共计77处，计有诗74首，文若干篇；明确注明出自王佐《庚申录》的诗文有3处；明确注明出自王佐《平黎记》的诗文有1处；明确注明出自王佐《珠崖录》的诗文有1处。此外，只注明作者是王佐，未明确指出文献出处的诗文有13篇。

从以上统计数据可以看出，《正德琼台志》中收录的王佐诗文，出自《鸡肋集》者只占很少一部分。《琼台外纪》的诗歌数量远超《鸡肋集》。王佐的其他著作如《庚申录》中也有诗歌。因此，《鸡肋集》只是一部小集，并非王佐诗文全集。

唐胄在《正德琼台志·凡例》中称：

> 《外纪》一书，王桐乡先生平生精力所在。①

《正德琼台志》卷三十六王佐小传亦云：

> 《琼台外纪》旁搜郡中古今文献故实，最为博雅。②

可见，《琼台外纪》才是王佐毕生心血凝结而成的著作。《鸡肋集》只有二卷，不过是《琼台外纪》的编外之作。鸡肋者，食之无味，弃之可惜也。后人不解《鸡肋集》的真正含义，将其视为王佐诗文的代表性著作。如今，经过后人不断辑补，《正德琼台志》中的全部王佐诗文，几乎都已经收入《鸡肋集》了。

4.《鸡肋集》与《王桐乡摘稿》关系考辨

王佐《鸡肋集》原本只有二卷，佚失已久。现存的《鸡肋集》十卷，是以唐胄《王桐乡摘稿》为底本，经后人不断辑补而成。自清代康熙年间起，《王桐乡摘稿》被更名为《鸡肋集》。更名后的《鸡肋

---

① 唐胄等：《正德琼台志》，彭静中点校，海南出版社2006年版，第7页。
② 同上书，第747页。

集》，初刻于康熙五十一年(1712)，再刻于民国五年(1916)。

明朝嘉靖年间，唐胄编选《王桐乡摘稿》，依据的底本，不限于《鸡肋集》，还包括王佐其他著作。唐胄《王桐乡摘稿序》云："如《鸡肋集》《经籍目略》《琼台外纪》《庚申录》《金川玉屑集》《家塾原教》及《珠崖录》(已经进御)，今皆不能尽择也，故曰《摘稿》云。"①如果只是以《鸡肋集》二卷为底本，完全可以"尽择"，大可不必言"摘"。"今皆不能尽择也"，唐胄在此用一"皆"字，说明两点：一是《摘稿》内容不限于《鸡肋集》；二是《鸡肋集》中的诗文亦未"尽择"。

晚明时，王佐五代孙王汝铨曾经校补、重刊《王桐乡摘稿》，并请海南文昌进士邢祚昌(1570—1641)为之作序。邢祚昌序文云："公(王佐)平生多所著述，唐司徒笃嗜其诗文，为之选，名曰《摘稿》。今岁久不无残缺，其五代孙汝铨于残缺者补之，手一篇以相证。予家居之暇，因得而详览之。因其文亦可想见其为人，故喜而为之序，以授之梓。"②可见，唐胄编选的《王桐乡摘稿》，晚明时尚流传于海南一带。

晚明崇祯年间，海南人陈是集编《溟南诗选》，选王佐诗甚富。陈是集为编《溟南诗选》，通过王佐后人王衡宇，得见王佐《鸡肋稿》及《经籍目略》诸篇。其《经籍目略序》云：

> 盖不佞集读《礼》山中，先生之后人衡宇君以《鸡肋稿》见遗，而知先生之诗，出入沈、宋、王、岑诸诗家矣。又得其《经籍目略》诸篇，益信先生之工于诗，有所自来……观先生所赠唐司徒西洲公诗，询有知人之鉴……我读先生诗，沉吟不置，似有默契者。为《溟南诗选》，选先生诗甚富。③

---

① 唐胄等：《传芳集》，刘美新点校，海南出版社2006年版，第173页。
② 王佐：《鸡肋集》，刘剑三点校，海南出版社2006年版，第3页。
③ 陈是集：《中秘稿》，平慧善点校，海南出版社2006年版，第364、365页。

《溟南诗选》所选王佐诗，其编次、篇目与现存《鸡肋集》不尽相同。陈是集所见《鸡肋稿》，是未刊行的王佐家传抄本。从中，可窥《鸡肋集》原貌之一斑。可惜的是，这部《鸡肋稿》家藏抄本，清初已湮没无闻。

明清易代之际，陈是集殉国难，《溟南诗选》未能付梓。直至近代，王国宪始觅得《溟南诗选》“手抄本”，并刊行于世。王国宪《〈溟南诗选〉后序》纪其始末：

> 公（陈是集）当读礼余暇，广为搜罗，选三十家诗，编为十卷，名曰《溟南诗选》。杀青甫就，未及行世，明运告终。公殉国难。迄今二百九十年，无人知有诗选。宪近年采辑《琼台文献集》，获公《中秘遗稿》，有《溟南诗选序》。访求数年，庚午秋来文昌修谱，偶到兄弟家，晤陈粲三兄，询其家世，知为筠似公后。问及诗选，粲三先代淑章茂才，有手钞本。急为借读，见明代名人诗大半皆在其中。宪求十余年未得者，今一以见之，为之喜而不寐。因商议设薄劝捐，谋重刻。①

据王国宪所言，明亡后，“迄今二百九十年，无人知有诗选”。在清代大部分时间内，《溟南诗选》鲜为人知，其中所收王佐诗歌，自然也不被关注了。

清康熙五十一年（1712），临高县令樊庶重刊王佐别集，并为之作序。樊庶在序文中介绍了重刊始末：

> 余于癸未岁来宰临高，慨邑乘之凋残，惧无以备采风者之采择，乃广为搜辑，以成一邑之书。闻乡贤王桐乡先生有集若干卷，其中辨证风土潮候甚确彻，悬榜购求。阅三月而无有以

① 陈是集：《溟南诗选》，郑行顺点校，海南出版社2006年版，第311页。

> 应之，最后得之村落民舍，则剥蚀漶漫，已失其初。是盖出之兵焚之遗，而其子孙亦莫可究诘矣……乃历今仅二百余年，而湮没若是……爰欲辑其残编，垂诸来祀，而邑务旁午，未暇从事丹黄。嗣以署郡事积劳，寻至寝疾，百虑俱屏，惟是集为拳拳。乃谨次其篇章，加之补正，编为十卷，仍先生所命名。欲锓板印行，会以引疾去，橐如悬罄，无以为梨枣之资。适行次羊城，有故人解赠，则出之箧笥，以授梓人……康熙壬辰小春。①

按，樊庶搜辑王佐别集，最初的动机是为了修县志。他听说王佐有集若干卷，"其中辨证风土潮候甚确彻"，所指应为《琼台外纪》，或者唐胄在《琼台外纪》等著作基础上编选而成的《王桐乡摘稿》。最后得之村落民舍者，"剥蚀漶漫，已失其初"，究竟是否《王桐乡摘稿》，樊庶没有明言。但唐胄《王桐乡摘稿序》、邢祚昌《重刊王桐乡摘稿序》，均赖是集得以保存至今。而唐胄《王桐乡摘稿序》不可能见于王佐自编的《鸡肋集》。据此推断，樊庶所得，为《王桐乡摘稿》无疑。

《嘉靖广东通志·艺文志》《千顷堂书目》等明代书目均未著录《王桐乡摘稿》，《王桐乡摘稿》最初的卷数是否为十卷，今亦无从得知。樊庶将访得的《王桐乡摘稿》"加之补正，编为十卷，仍先生所命名"。先生指王佐，"仍先生所命名"，就是将《王桐乡摘稿》易名为《鸡肋集》。

民国五年(1916)，王佐后人王光谟重刊《鸡肋集》，底本即樊庶所编《鸡肋集》的手抄本。这是保存至今的最早的也是唯一的一部王佐别集。该集袭用《鸡肋集》之名，实为《王桐乡摘稿》。王光谟重刊本卷首有李熙序、唐胄《原集序》、邢祚昌《原集序》、樊庶《原集

---

① 王佐：《鸡肋集》，刘剑三点校，海南出版社2006年版，第5页。

序》，卷末有王国宪《后序》、王光谟《桐乡公〈鸡肋集〉跋》。唐胄、邢祚昌为《王桐乡摘稿》所作的序，均被更名为《原集序》。如此一来，进一步模糊了王佐自编《鸡肋集》与唐胄编《王桐乡摘稿》之间的界限。

王光谟《桐乡公〈鸡肋集〉跋》介绍了这部"《鸡肋集》"的由来：

> 昔樊明府手辑桐乡公《鸡肋集》，携刻于羊城……惟惜吾琼罕有其书，此传抄本乃外祖冯莲溪先生家藏者。光绪戊戌某借去，甲辰外祖卒，遗命授谟，意盖责谟之传之也。谟如命，屡索未获。至宣统辛亥三月，始得其书，受而读之……遂略为订正。然其间错误尚多，无有他本可以参校，思得博雅君子相与商定，方付手民。岁甲寅，适值尧云先生过访，谟出此书，重加校正，至是可付梓矣。不幸惨遭母丧……遂付梓人刻之，经始于丙辰十一月朔日，至丁巳三月朔日告竣……族孙光谟鸿文甫谨跋。①

文中提到的"尧云先生"即王国宪。

王国宪长期致力于搜辑海南文献，他在《〈鸡肋集〉后序》中称：

> （王佐）所著《原教编》《经籍目录》《庚申录》《琼台外纪》《珠崖录》《崖州志》等书，皆有益于世道人心、乡邦文献，而《鸡肋集》则其生平所为诗文，自订以传后人者也。其后，传其学于唐西洲，为一代名臣。本先生《琼台外纪》《珠崖录》等编，著为《正德琼台志》，海南累朝掌故，借此以传。其提学广西时，梓《鸡肋集》以训多士，俾广流传，可谓不负师传矣。乃为时不久，其板漶漫，易代之后，无一存者。②

---

① 王佐：《鸡肋集》，刘剑三点校，海南出版社 2006 年版，第 271 页。
② 同上书，第 269、270 页。

这段文字有多处错误。首先,《崖州志》非王佐著作。其次,王国宪没有见过《正德琼台志》,更没有对王佐著作的内容进行深入考证,便想当然地认为"《鸡肋集》则其生平所为诗文,自订以传后人者也"。其实,王佐自编《鸡肋集》所收诗文,只占其平生诗文的很少一部分。最后,认为唐胄"提学广西时,梓《鸡肋集》以训多士",亦不符合实际。唐胄所梓为《王桐乡摘稿》,并非《鸡肋集》。该书是否为"提学广西时"所编,亦存疑问。王国宪编《传芳集》时,将《王桐乡摘稿序》系年为"嘉靖四年",时间上与该序正文内容冲突,前文已有辨正,兹不赘言。

可以肯定的一点是,入清后,王佐著作原书均已佚失,唐胄所编《王桐乡摘稿》被改名换姓,张冠李戴,摇身一变,成为"《鸡肋集》",同时也是王佐流存至今的唯一著作。这在民国五年版《鸡肋集》的李熙《序》、王国宪《后序》中均有体现。

李熙《〈鸡肋集〉序》云:

> 余向宰临邑耳,作者为王桐乡先生,鼎鼎大名,特求是集而不可得,岂亦如古来六经受厄于秦火耶?不然,是集果在,何以不脍炙于士林耶?为慨叹久之。①

王国宪《〈鸡肋集〉后序》云:

> 清初,樊庶来宰临高,访求遗书,未获原刻,采取其残本,广为搜罗,重加补辑,编成十卷,携刻羊城。未久而又散失,琼之藏书家皆未有其集。宪近年辑琼台文献,旁搜博采,仅得诗文一册。岁在甲寅,偶游临江,寄觉禅弟别业,晨夕论学。阅其藏书,始获手抄原集,为之狂喜。②

---

① 王佐:《鸡肋集》,刘剑三点校,海南出版社 2006 年版,第 1 页。
② 同上书,第 270 页。

王国宪所获“手抄原集”，其实是樊庶在唐胄《王桐乡摘稿》基础上补辑而成的《鸡肋集》之抄本。王国宪又根据自己“旁搜博采”所得“诗文一册”，编为《鸡肋集·补遗》，包括：诗十首，文一篇。诗有：《百仞滩》《临江晚眺》《桐乡夏景》《南桥玩月》《青龙鼓浪》《七星排斗》《挽李司训》[①]《韩氏双烈》《哀使君》[②]《五指水》[③]。文有《赠致仕都御史邢公序》[④]。

王国宪未见《正德琼台志》，其“旁搜博采”的对象，主要是后世重修之《府志》《县志》以及《家谱》等。还有一点值得留意：《鸡肋集》重刊于民国五年(1916)，王国宪时年63岁，尚未见到《溟南诗选》。直到十几年后，王国宪年近八十岁的时候，才发现《溟南诗选》抄本。故王国宪“旁搜博采”的对象不包括《溟南诗选》。

今人刘剑三在点校《鸡肋集》时，又将散见于《正德琼台志》《万历琼州府志》等志书中标有王佐著而民国五年版《鸡肋集》所无的诗补入。[⑤] 刘剑三补入的诗有四十余首。其中，《哀百姓》一诗的作者应为唐胄，属于误收。

总之，除晚明陈是集编纂《溟南诗选》时曾参考过《鸡肋稿》外，王佐大部分诗文均赖唐胄编纂的《王桐乡摘稿》和《正德琼台志》才保存至今。王佐自编《鸡肋集》佚失已久，《溟南诗选》也长期不为人知。现存《鸡肋集》已非其旧，乃是在唐胄《王桐乡摘稿》基础上补辑而成。唐胄对王佐诗文的传播居功至伟。

唐胄编的《王桐乡摘稿》被后人改头换面，包装成了现在流传的所谓《鸡肋集》。现存辑佚而成的《鸡肋集》与历史上王佐自编的《鸡肋集》没有直接关系。将《王桐乡摘稿》改称为《鸡肋集》也未尝

---

① 原注：上七首据《县志》补。

② 原注：右二首据《府志》。

③ 原按：此题《县志》作《罗盆岭》，公《家谱》作《五指水》，二首歧异。然细玩诗意，究属《五指水》为是，今从《家谱》。

④ 原注：原抄本目录有题而文缺者二，一《赠致仕都御史邢公序》，一《东皋诗社序》，今刻集垂成，借阅公家谱，有前，补刻于此。

⑤ 刘剑三：《前言》，王佐：《鸡肋集》，刘剑三点校，海南出版社2006年版，第2页。

不可，但我们应了解其来龙去脉，不能忽视唐胄对保存王佐诗文所作的巨大贡献。

5.《王古直集》考辨

今人骆伟编《岭南文献综录》，著录有"《王古直集》一卷，（明）临高王佐撰，明嘉靖隆庆间刊《盛明百家诗》本，国图、上图等（藏）"。又，"《古直存稿》四卷，（明）临高王佐撰，明弘治十五年（1502）庞元化刊本，北大（藏）"。①

按，《盛明百家诗》324 卷，明无锡俞宪编纂。俞宪字汝成，号是堂，嘉靖十七年（1538）进士，历官山东按察使。大约从嘉靖四十二年（1563）起，他陆续选辑明人诗作，总题为"盛明百家诗"，至嘉靖末（1566）完成"前编"。隆庆元年至五年间（1567—1571），他又续辑"后编"。前后编均以人系诗，大致人各一"集"，每人选诗一至二卷。全书选人选诗略于明前期，详于弘治、正德、嘉靖时期；略于北方作家作品，详于南方诗人诗作。其中所详的南方诗作，又主要集中于编者俞宪本人的家乡——无锡及其周围地区。

笔者检阅《盛明百家诗》前编总目②，并无《王古直集》。经查，《王古直集》见于《盛明百家诗》后编，前有王古直小传：

> 王古直名佐，字仁甫，生于台之黄岩，游寓京师，老死归葬西湖，有名成弘间。③

其中，"黄岩"两字为藏书印所盖，但字迹依稀可辨。《岭南文献综录》大概是未辨"黄岩"二字，误认为是临高王佐。

黄虞稷《千顷堂书目》著录有"王佐《古直存稿》四卷"，下注该

---

① 骆伟编：《岭南文献综录》，广东人民出版社，2016 年版，第 356 页。
② 俞宪：《盛明百家诗》，《四库全书存目丛书》集部第 304 册，齐鲁书社 1997 年版，第 404—407 页。
③ 俞宪：《盛明百家诗后编》，《四库全书存目丛书》集部第 307 册，齐鲁书社 1997 年版，第 260 页。

王佐“字仁甫，黄岩人，自号古直老人”①。

《李东阳集》有《王古直传》：

> 王古直，名佐，字仁辅，后去车为甫，古直其所自号，以号行世。居台之黄岩，今分太平县地也……与今侍郎黄定轩、侍讲谢方石友善。尝主方石，方石以忧去。主林给事克冲，克冲使海国。主王员外存敬，存敬亦出使。主定轩子主事汝修，然这头一恒在。卒然求之莫得也……旅食三十年……或劝使仕，大言曰：“我来为爵禄图耶！”“盍科举乎？”则笑曰：“安得以少年处我。”……克冲之使，欲与俱，不果。或问之故，曰：“彼不吾强，吾安能为彼行耶！自古大贤闻人不渡海者何限，海岂必渡然后为快也！”……沈按察仲律（沈钟，字仲律）尝值古直，询其邑里名籍不置，古直曰：“公不须问，大抵奇怪人也！”其亦善自道耶！②

王古直在京时，和侍郎黄定轩、侍讲谢方石友善。王古直曾经做谢方石的幕僚，后又成为给事林克冲的幕僚。林克冲出使海外，请王古直同行，王古直不肯。林克冲出海，应是造访周边国家，充任使节，不是到海南为官。按察沈钟曾询问王古直籍贯，王古直说：“您不用问，我就是一个奇怪的人！”

虽然有人对王古直籍贯存疑，但王古直肯定不是临高王佐。王佐虽然也曾经在京师住过一段时间，但身份是太学生，一直准备参加科举考试。而王古直在京城三十年，一直给别人当幕僚。别人劝王古直求官或者参加科举，王古直却表示不屑一顾。

临高王佐与黄岩王佐，虽然生活时代相近，均擅长作诗，经历

① 黄虞稷：《千顷堂书目》卷二十，瞿凤起、潘景郑整理，上海古籍出版社 2001 年版。

② 李东阳：《李东阳集》“文稿”卷十六，周寅宾、钱振民校点，岳麓书社 2008 年版，第 595、596 页。

却完全不同。骆伟《岭南文献综录》称《王古直集》一卷和《古直存稿》四卷为临高王佐撰，乃是出于臆度，未经深入考辨。

二、唐胄对岭南文献整理的贡献

岭南指五岭以南的地区，大致包括今天的广东、海南、广西等。唐胄除了整理刊行海南先贤别集外，还整理刊行过其他岭南先贤的别集，如广西唐代诗人曹邺、曹唐的诗集，以及广东北宋名臣余靖、南宋名臣崔与之的别集。从这些别集可以看出，唐胄对岭南文化的关注点，由文学逐渐转向经世致用方面。白玉蟾、王佐、曹邺、曹唐都是诗人，而余靖、崔与之则以道德、功业著称。

何乔新为丘濬撰《墓志铭》，称岭南人物，自唐张九龄，宋余靖、崔与之，及濬四人。[①] 张九龄是初唐著名诗人、政治家，他对岭南文化的影响可谓家喻户晓。余靖、崔与之的大名，一般人可能不太熟悉，但岭南士人阶层对这两位乡贤却极为推崇。丘濬曾重刊张九龄《曲江集》、余靖《武溪集》，并为之作序。唐胄重刊余靖《武溪集》，并整理重刊了崔与之《宋丞相崔清献公全录》，进一步扩大了这些岭南先贤的文化影响力。

（一）《曹祠部集》

嘉靖三年（1524）冬，唐胄任广西提学佥事期间，于武选主事郑德甫处见浙本晚唐桂林诗人曹邺《曹祠部诗集》，读而善之，取以刻置宣成书院中，且将另一位晚唐桂林诗人曹唐之诗附于其后，并为之序。书刻成后，郑德甫首先送给刚刚告老还乡的大学士蒋冕一部新书，蒋冕是广西人，欣然为该书撰写后序。[②]

又过了七八年，广西按察使范邦秀见到唐胄刻本，“其板已日

---

① 唐胄等：《正德琼台志》卷三十六“人物·名德·丘濬”，彭静中点校，海南出版社2006年版，第697页。

② 蒋冕：《题唐曹祠部诗集后》，见汪森编《粤西文载》卷五十九，《文渊阁四库全书》本。

渐朽蠹”,于是“命工浣涤修补”,而取蒋冕所书诗跋刻附集末,“置之宪司公署中,令掌故典守”。范邦秀刻本,是唐胄刻本的重刊。因原版有一定程度的毁损,“字多鲁鱼亥豕之讹”,蒋冕遂取浙本加以校勘,根据浙本增补了脱落的三首诗,又从诸家选本中搜辑了曹唐的三十五首诗,为唐胄旧本所未附者,悉附于其后。书成,蒋冕再为之序。范邦秀又为之重刻。①

现存收入《四库全书》的江苏蒋曾莹家藏本《曹祠部集》二卷、附《曹唐诗》一卷,即蒋冕再序、范邦秀重刻本。该本依据的底本是唐胄桂林刻本,即蒋冕《再书曹祠部诗后》提到的“刻本在桂林序于提学佥事唐君者”②。据蒋冕所言,《曹祠部集》桂林刊本前应有唐胄原序,但现存四库本并无唐胄原序,亦未收蒋冕《再书曹祠部诗后》,仅将蒋冕为唐胄原刊本所作的《题唐曹祠部诗集后》置于书首。

《四库全书》中的《曹祠部集·提要》,除介绍桂林二唐生平并评价其创作外,只提到重刊时,蒋冕从诸家选本中又搜辑了曹唐的三十五首诗,“求其原本不获,乃搜诸选本,裒成一卷附之曹邺诗后。以二人皆粤西产耳”③,未提及唐胄刊本。这容易令人产生误会,认为曹唐诗一卷完全是蒋冕搜辑而成,并附于《曹祠部集》之后。事实上,蒋冕《题唐曹祠部诗集后》中已经明确提及,唐胄在浙本基础上重刻《曹祠部集》,“且以尧宾诗附于其后”④。现存四库本《曹祠部集》所附曹唐诗,据笔者粗略统计,共有六十七首,远不止三十五首。所以,首次将曹唐诗附于曹邺《曹祠部集》之后,将桂林“二曹”并称者,并非蒋冕,而是唐胄。

曹邺与曹唐虽然同为晚唐桂林诗人,但二人诗风大不相同,所

---

① 蒋冕:《再书曹祠部诗后》,见汪森编《粤西文载》卷五十九,《文渊阁四库全书》本。
② 同上。
③ 永瑢等:《四库全书总目》卷一百五十一·集部四·别集类四,中华书局 1965 年版,第 1300 页。
④ 蒋冕:《题唐曹祠部诗集后》,见汪森编《粤西文载》卷五十九,《文渊阁四库全书》本。

以，在唐胄重刊《曹祠部集》之前，世人很少将“二曹”并称。

曹邺（约816—875），字业之，一作邺之，桂州（今广西桂林阳朔）人。唐宣宗大中四年（850）进士，由天平节度掌书记累迁太常博士、祠部郎中，曾任洋州刺史。《四库全书总目》认为，曹邺诗“乃多怨老嗟卑之作。盖坎壈不遇，晚乃成名。故一生寄托，不出此意”①。从现存作品看，其诗并非一味“怨老嗟卑”，而是反映了广阔的社会现实，能够关心民生疾苦，针砭时弊。

如《捕鱼谣》（节录）：

> 天子好征战，百姓不种桑；
> 天子好年少，无人荐冯唐；
> 天子好美女，夫妇不成双。②

《官仓鼠》：

> 官仓老鼠大如斗，见人开仓亦不走。
> 健儿无粮百姓饥，谁遣朝朝入君口。③

曹邺以五言古诗和乐府诗见长。张为作《诗人主客图》，曹邺名列其中，可见其诗在当时颇受推重。曹邺存诗不多，只有百余首，但集中有近三分之一的作品入选各种唐诗选本。蒋冕对这位乡贤也极为推崇，称：

> 其诗格调高古，意深语健，诸体略备。其集虽止二卷，才

---

① 永瑢等：《四库全书总目》卷一百五十一·集部四·别集类四，中华书局1965年版，第1300页。
② 曹邺、曹唐：《曹祠部集（附曹唐诗一卷）》卷一，《文渊阁四库全书》本。
③ 同上。

百余篇，而为诸家所选殆三之一，尤世之不可少者。[①]

曹邺不仅能诗，为人也十分正直。据《新唐书·高元裕传》载，曹邺为太常博士时，权臣高璩拜相，没多久就死掉了，朝廷赠其司空之衔，并拟加谥号。曹邺认为高璩担任宰相后，交游丑杂，用人不当，建议谥号用“刺”，其提议最终被朝廷采纳。蒋冕《题唐曹祠部诗集后》称赞曹邺：

公忠刚直，能言人之所不敢言，表然为时之正人君子，尤足以楷范后学，诗盖其余事云。[②]

蒋冕幼时曾经在书坊所刻《古文真宝》中，读到曹邺《读李斯传》一诗中的句子：“难将一人手，掩得天下目。”当时习诵于心，但不知道作者是谁。后游京师，读《唐文粹》，才知道是曹邺的诗。《唐文粹》还载有曹邺《杏园即席上同年》一诗，蒋冕曾次韵以寓景慕之意。但直到五十余年后，蒋冕才一睹这位广西先贤诗集的全貌。[③]

曹邺别集，各家著录不一。欧阳修《新唐书·艺文志》著录“曹邺诗三卷”。《直斋书录解题》著录“曹邺集一卷”。《宋史》卷二百八著录“曹邺古风诗二卷”[④]。《唐才子传》记载：“有集一卷，今传。”[⑤]《唐音癸签》著录“曹邺古风诗二卷”[⑥]。《唐诗品汇·诗人爵里详节》著录“集三卷”[⑦]。唐胄、蒋冕所见浙本曹邺集为二卷，唐

① 蒋冕：《题唐曹祠部诗集后》，见汪森编《粤西文载》卷五十九，《文渊阁四库全书》本。
② 同上。
③ 同上。
④ 脱脱等：《宋史》，中华书局 1997 年版，第 5342 页。
⑤ 辛文房撰，傅璇琮总编：《唐才子传校笺》（第三册），中华书局 2002 年版，第 362 页。
⑥ 胡震亨：《唐音癸签》，上海古籍出版社 1981 年版，第 311 页。
⑦ 高棅：《唐诗品汇》，上海古籍出版社 1981 年版，第 39 页。

胄将其与曹唐诗合刻，共三卷。

曹唐（生卒年不详），字尧宾。桂州（今广西桂林）人。初为道士，后举进士，累为诸府从事，仕途蹭蹬，以暴疾卒于家。《唐才子传》称曹唐乃“大中间举进士，咸通中，为诸府从事”①。大中（847—860）为唐宣宗李忱的年号。咸通（860—874）是唐懿宗李漼年号。蒋冕《题唐曹祠部诗集后》则称曹唐“太和中举进士中第，累为诸府从事”②。太和（827—835）为唐文宗李昂年号。《四库全书总目·提要》的记载与蒋冕序相近，称曹唐“大和中返初服，举进士。累辟诸府从事”③。以上记载略有出入，不知孰是。

曹唐工诗，与晚唐诗人杜牧、罗隐等有交游，其经历颇富传奇色彩。据《唐才子传》记载：

> 唐与罗隐同时，才情不异。唐始起清流，志趣澹然，有凌云之骨，追慕古仙子高情，往往奇遇而已，才思不减，遂作《大游仙诗》五十篇，又《小游仙诗》等，纪其悲欢离合之要，大播于时。唐尝会隐，各论近作。隐曰：“闻兄《游仙》之制甚佳，但中联云：‘洞里有天春寂寂，人间无路月茫茫，’乃是鬼耳。”唐笑曰：“足下《牡丹》诗一联，乃咏女子障，‘若教解语应倾国，任是无情也动人。’”于是座客大笑。唐平生志甚激昂，至是薄宦，颇自郁悒。④

曹唐因论诗而得罪罗隐，仕途受挫，这是才子习气使然，并非人品有瑕。相反，倒是罗隐的心胸未免有些狭隘。曹唐逞一时口舌之

---

① 辛文房撰，傅璇琮总编：《唐才子传校笺》（第三册），中华书局2002年版，第490页。
② 蒋冕：《题唐曹祠部诗集后》，见汪森编《粤西文载》卷五十九，《文渊阁四库全书》本。
③ 永瑢等：《四库全书总目》卷一百五十一·集部四·别集类四，中华书局1965年版，第1300页。
④ 辛文房撰，傅璇琮总编：《唐才子传校笺》（第三册），中华书局2002年版，第492—496页。

快，断送了自己的前程，令人惋惜。

曹唐诗以七言为主，风格流丽、豪宕，与曹邺诗风迥然不同。曹唐年轻的时候当过道士，擅作游仙诗。《唐才子传》称他“作《大游仙诗》50篇”，现存17首。其七绝有《小游仙诗九十八首》。代表作如《刘晨阮肇游天台》：

树入天台石路新，云和草静迥无尘。
烟霞不省生前事，水木空疑梦后身。
往往鸡鸣岩下月，时时犬吠洞中春。
不知此地归何处，须就桃源问主人。①

曹唐的诗也被收入各种唐诗选本。蒋冕《题唐曹祠部诗集后》列举了诸家选本收录曹唐诗的情况：

惟《文苑英华》选其大小《游仙》及《病马》等作，《唐诗鼓吹》选其《买剑》《双松》等作，《唐音》选其《小游仙》等作，《唐诗品汇》选其《武陵词》等作，皆七言律及七言绝句，凡古体五七言者皆无之……尧宾诗见于诸家所选者，皆杰出一时，可歌可诵。②

曹唐诗旧有别集行世，至金元时已失传。《新唐书·艺文志》著录“曹唐诗三卷”③。《直斋书录解题》：“曹唐集一卷。唐桂林曹唐尧宾撰。有大、小游仙诗。”另“曹松集一卷……别本与印本互有详略，但别本大游仙诗十三首，乃曹唐诗也”④。《宋史》卷二

① 曹邺、曹唐：《曹祠部集(附曹唐诗一卷)》卷二，《文渊阁四库全书》本。
② 蒋冕：《题唐曹祠部诗集后》，见汪森编《粤西文载》卷五十九，《文渊阁四库全书》本。
③ 欧阳修、宋祁：《新唐书》，中华书局1997年版，第1614页。
④ 陈振孙：《直斋书录解题》，上海古籍出版社1987年版，第579页。

百八著录“曹唐诗三卷”[1]。《唐才子传》记载:“有诗集二卷,今传于世。”[2]《唐音癸签》著录“曹唐诗三卷”[3]。《唐诗品汇·诗人爵里详节》记载:“有集三卷。”[4]以上诸家著录曹唐诗集,或三卷,或二卷,或一卷,而以三卷为主。蒋冕《题唐曹祠部诗集后》云:“郝天挺注《鼓吹》,谓尧宾‘有集二卷,今无传’,则其集在金元之间已无传于世矣。《鼓吹》顾以尧宾《大游仙诗》十一首为宋邕所作,则遗山之误也。”“近年浙中刻唐四十家诗,有邺之诗,止二卷。而尧宾诗集则无传焉。”[5]近代富寿荪称曹唐“有《曹从事诗集》1卷”。当指唐胄、蒋冕搜辑并附录于《曹祠部诗集》之后的一卷。《曹祠部诗集》附录的曹唐诗,是现存曹唐诗最全的一个版本。明代嘉靖以后流行的曹邺、曹唐诗刊本,特别是曹唐诗集,包括各种总集、选本,大都受到唐胄、蒋冕辑补的《曹祠部诗集》影响。

蒋冕《再书曹祠部诗后》云:“海内之士自是而知桂林有二曹诗人者,实范、唐二君先后表章之功也。”[6]事实上,范邦秀只是重刻唐胄刊本,后又补刻了蒋冕辑补的三十五首曹唐诗及蒋冕后序。唐胄刻本在前,范邦秀刻本在后。并且,唐胄刊本是首次将曹邺诗与曹唐诗合刻的刊本。蒋冕颠倒顺序,首提范邦秀的贡献,大概因为范邦秀刊本搜罗较全,特别是蒋冕本人的后序和辑补作品,也仅见于范邦秀刊本。范邦秀重刊《曹祠部诗集》后,唐胄刊本便不再流行了,唐胄为《曹祠部诗集》所作的序也一并失传。对于晚唐桂林“二曹”诗人的表彰,唐胄功不可没。

元明清时期,受“诗必盛唐”观念影响,对晚唐作家曹邺、曹唐诗的评价有所下降。特别是曹唐的游仙诗,所受非议尤多。宋末

---

① 脱脱等:《宋史》,中华书局1997年版,第5343页。
② 辛文房撰,傅璇琮总编:《唐才子传校笺》第三册,中华书局2002年版,第495页。
③ 胡震亨:《唐音癸签》,上海古籍出版1981年版,第311页。
④ 同上书,第43页。
⑤ 蒋冕:《题唐曹祠部诗集后》,见汪森编《粤西文载》卷五十九,《文渊阁四库全书》本。
⑥ 蒋冕:《再书曹祠部诗后》,见汪森编《粤西文载》卷五十九,《文渊阁四库全书》本。

元初，方回《瀛奎律髓》对曹唐诗尚有较高评价："曹唐专借古仙会聚离别之事，以寓写情之妙。"元人吴师道《吴礼部诗话》则云曹唐诗"仅如候虫之自鸣者耳"。清人对曹唐诗评价更低。翁方纲《石洲诗话》云："曹唐如巫婆念咒化斋，令人掩耳，欲其亟去。"《红楼梦》中，贾府在中秋之夜于凸碧堂赏月时，贾环所作诗被贾政评为"曹唐再世"，看似褒扬，却暗寓末世衰败之意。《四库全书总目·提要》对曹唐诗的评价也不高，称"其《游仙诗》最著名。盖本颜延之《为织女赠牵牛》诗，而曼衍及诸女仙，各拟赠答。然诸篇姓名虽易，语意略同，实非杰出之作"①。应当说，曹邺、曹唐诗都有自己的风格和特点，元明清时期对"二唐"的过分贬低，不免带有偏见。

唐胄刊刻曹邺《曹祠部集》，并将曹唐诗附于其后，扩大了晚唐桂林"二曹"的影响。唐胄表彰"二曹"，首先与其本人文学思想和兴趣有关。对于曹邺诗，唐胄重视的是其气节和关注现实的创作精神。对于曹唐诗，则主要是从浪漫主义的想象和瑰丽的文风着眼。唐胄喜爱曹唐诗，正如其喜爱白玉蟾诗文一样，展现了唐胄丰富多彩的内心世界。在"前七子"高倡"诗必盛唐"的时代，唐胄却大力表彰晚唐桂林"二曹"，可谓独具慧眼。

唐胄表彰"二曹"，还与其广西提学佥事的身份有关。唐胄虽然不是广西人，但他身为广西提学佥事，对于发展广西文化、教育事业负有直接责任。曹邺和曹唐是广西诗坛的先驱，对广西地域文化的发展有重要影响。唐胄重刊《曹祠部集》，并将其保存于学宫，就是想以此激励后学，延续地方文脉。另外，唐胄的祖先是由广西桂林迁入海南的，他对广西桂林，大概也抱有一份特殊的感情。

(二)《武溪集》

嘉靖十三年(1534)，唐胄任山东巡抚期间，重刊了北宋名臣余

---

① 永瑢等：《四库全书总目》卷一百五十一，中华书局1965年版，第1300页。

靖的《武溪集》二十卷。清代《四库全书》所收《武溪集》，就是由唐胄重刊的版本。

余靖(1000—1064)，韶州曲江(今广东韶关)人，本名希古，字安道，号武溪。北宋天圣二年(1024)进士，曾任经略广西南路安抚使，跟随狄青平定侬智高，迁工部侍郎，英宗时官至工部尚书，以尚书左丞知广州，卒谥"襄"。《宋史》有传。

北宋庆历年间，余靖初为谏官时，为搭救范仲淹仗义执言，遭外贬。当时，蔡襄作有《四贤一不肖》诗，"四贤"分别指欧阳修、范仲淹、尹洙、余靖。余靖从此名声大噪，被誉为"庆历四谏臣"之一。当然，余靖功绩远不止于此，他在文章、道德、事功等方面，都卓有建树，洵为一代名臣。

余靖别集至明初几近湮没。明成化年间，丘濬在翰林院任职时，从内阁藏书中发现了余靖的《武溪集》，亲手抄录了一个副本，带回家乡，使人刊行。丘濬刊行余靖《武溪集》，意在弘扬岭南文化，证明岭南不乏杰出人才。余靖是广东韶州人，唐代名相张九龄也是韶州人。张九龄号曲江，其别集名为《曲江集》。而余靖号武溪，其别集名为《武溪集》。丘濬认为余靖足以与张九龄相匹敌。唐宋时期，岭南并非文化沙漠，只是保存下来的文献太少，无从查考。文，指典籍。献，指贤人。张九龄、余靖及其别集，是岭南悠久文化传统的有力证明。

丘濬在《武溪集序》中，还驳斥了前人对岭南文化的偏见。唐代柳宗元曾说："岭南山川之气，独钟于物，不钟于人。"认为岭南地区山水秀美，物产丰富，但不出人才。北宋的曾巩也说："越之道路易于闽、蜀，而人才不逮。"意思是说，岭南地区的交通条件比福建、四川要便利，但人才之盛比不上福建、四川两地。丘濬对这些说法很不以为然，他认为，见之于史册的岭南人才固然不多，但凡是载入史册的岭南人才，大都是"秉忠贞，砺名节"，绝对没有那种靠油滑世故窃居高位的小人。世人由于轻信了柳宗元和曾巩两人的话，往往轻视岭南地区走出来的人才，因此，丘濬要将余靖的《武溪集》和张九龄的《曲江集》一起刊行，为岭南文化争一口气。①

唐胄重刊余靖的《武溪集》，除表彰乡贤外，与当时的政治形势也有很大关系。这一时期，明世宗与谏臣的关系越来越疏远，许多正直的谏臣都受到迫害。唐胄希望用余靖直言敢谏的事迹激励时人，也希望皇帝能够从中得到警示。唐胄本人一直把余靖作为榜样，在为官期间，以敢于直谏著称。

（三）《宋丞相崔清献公全录》

嘉靖十二年（1533），唐胄在赣州时，与教官吴诚、杨昱等一起编校整理了崔与之的《宋丞相崔清献公全录》，于嘉靖十三年（1534）的春天，交由部下邵炼代为刊行。

崔与之（1158—1239）是南宋名臣，广州增城人。字正子，号菊坡，卒谥"清献"。《宋史》有传。崔与之是岭南人物的杰出代表。《宋史》崔与之本传后面的论赞写道：

> 唐张九龄、姜公辅，宋余靖皆出于岭峤之南，而为名世公卿，造物者曷尝择地而生贤哉？先王立贤无方，盖为是也。番禺崔与之晚出，屹然大臣之风，卒与三子者方驾齐驱。②

崔与之于南宋光宗绍熙四年（1193）考中进士。宁宗朝，特授广西提点刑狱，"遍历所部，至浮海巡朱崖，秋毫无扰州县，而停车裁决，奖廉劾贪，风采凛然"③。《宋史》本传有关崔与之这一时期事迹的记载，被唐胄《正德琼台志》原文转载。④

---

① 参见丘濬：《丘濬集》，周伟民等点校，海南出版社2006年版，第4022—4023页。
② 脱脱等：《宋史》卷四百六·列传第一百六十五，中华书局2000年版，第9642页。
③ 同上书，第9629页。
④ 唐胄等：《正德琼台志》，彭静中点校，海南出版社2006年版，第697页。

广西为广南西路的简称，下辖二十五个军州。海南岛在宋代属广南西路，设一州和三个军，分别为琼州、南宁军、万安军、吉阳军。由于海上风波险恶，过去朝廷政要很少渡海视察。崔与之准备渡海，下属劝其先向海神祷告，崔与之不以为然，说："海外诸州，官吏不法久矣，我欲为民除害，岂问神耶？"①第一次渡海因风浪大作、船舵折断被迫返航，崔与之并不畏惧，再次出海，来到海南后，一路南巡，直至海南岛最南端的珠崖（今三亚）。珠崖盛产苦丁，当地老百姓采摘苦丁叶作为茶叶，官府征收苦丁税，每年高达五百缗。海南人用木棉纺织成布，名为吉贝，可制衣被，从事这项工作的都是妇女，官府给她们分派了很多任务，一年到头都完不成，使得这些妇女无暇顾及自家的老人和孩子，百姓深以为苦。对这些弊政，崔与之贴出告示，宣布全部取消。其他政策，也进行了大量改革。后人将其海南事迹编为《海上澄清录》。

岭南、海南地理位置偏远，官府往往施行暴政，用刑残酷。崔与之乃疏为十事，申论而痛惩之。十事者：一曰狱囚充斥之弊，二曰鞠勘不法之弊，三曰死囚冤枉之弊，四曰赃物供摊之弊，五曰户长科役不均，六曰弓手土军骚扰，七曰催科泛追，八曰缉捕生事，九曰奸猾健讼，十曰州县病民。时人将崔与之的这十项改革措施编刻成书，号《岭海便民榜》。南宋熙宁间，朝廷推行免役之法，独不及海外四州，老百姓苦不堪言。崔与之拟推行改革措施，因离职而未果，将此事托付给下属颜戣，颜戣任琼州太守后，终于让免役制度得以落实。

金兵南下，崔与之先后在淮东、四川担任安抚使，他积极抗金，屡败金兵，深受军民的拥护和爱戴。由于政绩卓著，战功彪炳，朝廷屡召崔与之入京担任要职，崔与之却以年事已高为由，上疏辞官，毅然返粤。

---

① 崔与之：《宋丞相崔清献公全录》卷一"言行录上"，张其凡、孙志章整理，广东人民出版社 2008 年版，第 4 页。

嘉定十七年(1224),宁宗驾崩,沂王赵昀被拥立继位,即宋理宗。理宗多次御笔亲诏,欲起用崔与之,崔与之皆辞谢。明人宋端仪认为,理宗继位不够名正言顺,其拥立者多有假公济私之心,所以崔与之才不肯再出仕。

广州摧锋军叛乱,崔与之暂受广东经略安抚使之职,很快平定了叛乱。理宗更加想念崔与之,亲自下七道诏书,任命崔与之为参知政事,拜右丞相,崔与之仍然力辞。理宗向崔与之访求为政之道,崔与之劝理宗不要独断专行,在下达政令之前应集思广益。理宗览奏嘉叹,起用崔与之为相的心情更加迫切,崔与之接连十三次上疏求免。嘉熙三年(1239),理宗终于同意崔与之以观文殿大学士、提举洞霄宫之职致仕。是年,八十二岁的崔与之辞世,谥号"清献"。

崔与之晚年七辞参知政事,十三疏辞右丞相兼枢密使。虽然崔与之上疏屡辞相位,但朝廷一直虚位以待。《宋史》的《职官年表》中,亦将崔与之视为这一时期的右宰相。所以,崔与之虽无宰相之实,却有宰相之名。

崔与之在国家需要时挺身而出,功成身退,不慕名利,甘于淡泊,赢得朝野上下的一致爱戴。文天祥《跋崔丞相二帖》称其"盛德清风,跨映一代"①。后人对其有"平生无玷缺,出处最光明"②之誉。

崔与之不仅在政务、军事方面才能卓著,在学术方面也造诣颇深,被称为"岭南儒宗"。他尝为座右铭曰:

> 无以嗜欲杀身,无以货财杀子孙,无以政事杀民,无以学术杀天下后世。③

① 崔与之:《宋丞相崔清献公全录》卷九"赠挽上",张其凡、孙志章整理,广东人民出版社2008年版,第119页。

② 崔与之:《宋丞相崔清献公全录》卷三"言行录下",张其凡、孙志章整理,广东人民出版社2008年版,第26页。

③ 崔与之:《宋丞相崔清献公全录》卷二"言行录中",张其凡、孙志章整理,广东人民出版社2008年版,第20页。

崔与之开创的"菊坡学派",是岭南历史上第一个重要的儒家学派。其弟子有李昂英等。

崔与之在文学方面也造诣颇高,被尊为"粤词之祖",著有《菊坡文集》。其著作历经宋元易代和元明易代,大都佚失。元初,崔与之再传弟子、广东增城人李肖龙对崔与之著述进行了初步搜集、整理,"求访残编,仅得一二,裒集诠次"[①],于元世祖至元十九年(1282)刊行。李肖龙是否曾目睹《菊坡文集》残编,不得而知。明代黄佐认为李肖龙编辑的是《崔清献公言行录》:"暇日编辑《崔清献公言行录》,以传其言。"[②]

明代洪武三十一年(1398),崔与之的五世孙崔子璲摭拾遗篇,于永乐五年(1407)重刻《言行录》。其《纪祠堂兴废之由》云:

> 值元季兵之燹,家藏文集为之灰烬,所存者《言行录》一编,尤虑清献公美迹不耀于后,乃搜摭乡闾田野……因翻其故笈,得嘉定诰命并奏稿一十六篇,敢不敬爱,用附于录。[③]

据崔子璲所言,元代时,崔与之后人尚藏有其《菊坡文集》,至元末始毁于战火。崔子璲搜辑崔与之遗稿,得诰命并奏稿一十六篇,附于其重新刊行的《言行录》之后。

弘治十年(1497),宋端仪任广东提学佥事,来到岭南,见到了崔与之的《言行录》,对永乐刻本略为更定,稍加增益,重新刊行。宋端仪之所以要刊刻崔与之《言行录》,主要是为了阐发崔与之心事的幽微不为人知之处,为世人在仕与隐之间的抉择树立一个楷模。宋端仪在为《崔清献公言行录》所作的序中指出,南宋国势虽

---

① 崔与之:《宋丞相崔清献公全录》卷九"赠挽上",张其凡、孙志章整理,广东人民出版社2008年版,第120页。

② 黄佐:《广州人物传》卷九,《丛书集成初编》本。

③ 崔与之:《宋丞相崔清献公全录》卷十"赠挽下",张其凡、孙志章整理,广东人民出版社2008年版,第140页。

弱，“假使当时继统正，传授明，纵彼腥膻之气逼人，崛起之势可畏，而我之民彝物则固自若也”。但当时南宋的皇太后和朝中的奸臣串通，废掉太子赵竑，另立宋理宗为帝，后来又逼死了太子赵竑。“三纲沦，人纪坏，国之所仗以为精神气脉者，至是盖已断丧无遗……自古岂有伦纪晦蚀之人而可与共成正大光明之业者哉?”宋理宗继位不够光明正大，所以崔与之不愿为之效力。后人不明就里，或赞美崔与之淡泊名利，或认为崔与之孤高自赏，或认为崔与之识时务，知其不可为，所以不肯出山。这些说法，都没有说到点子上。宋端仪认为，如果宋理宗行事光明正大，只要国家需要，崔与之就算年事已高，也会挺身而出，“以副当宁思贤之心，以援四海将溺之民，而树功名于晚岁”①。由于满朝君臣都只为一己之私，大义沦丧，崔与之这才坚决不肯出山当宰相。

唐胄自幼便仰慕崔与之。最初，唐胄只见到了崔与之门人李文溪撰写的行状。后来，读到《宋史》中崔与之的本传，觉得行状还不足以概括崔与之的一生。再后来，又读到了宋端仪校增的崔与之《言行录》，觉得《宋史》本传也不足以概括崔与之的为人。唐胄是从一个叫胡廷献的朋友那里得到崔与之《言行录》的。此后，这部书一直陪伴在唐胄身边。从广西到云南为官，入京呈贺表，之后又重返广西，唐胄一直将此书珍藏在行囊中。他将这部书翻阅了无数次，对崔与之越来越崇敬。唐胄在赣州为官时，决定将这部书重新整理刊行，定名为《崔清献公全录》。唐胄在为此书所作的序中，称赞崔与之“平生以博大端纯之学，而励之以严霜烈日之操。故清明在躬，日底深造而不可量”②。曾为唐胄家谱作序的南宋文天祥，也称赞崔与之道德之高尚“跨映一代”。能够得到文天祥如此之高的评价，可见崔与之确实不是虚有其名。唐胄也赞同其师

① 崔与之：《宋丞相崔清献公全录》附集卷一“序跋”，张其凡、孙志章整理，广东人民出版社2008年版，第168页。

② 同上书，第162页。

宋端仪的意见，认为崔与之心中有自己的信念和坚守，不仅仅是不贪图权位这么简单。

从崔与之的生平，宋端仪对崔与之的议论，以及唐胄本人对崔与之的评价中，我们也可以明白，为什么唐胄在正德年间家居二十年不肯复出，又在嘉靖年间重新出山，不顾年事已高，勤于政事？为什么唐胄能够在面对权豪势要乃至明世宗本人的时候，始终毅然不可夺其志？和崔与之一样，唐胄的出与处、仕与隐，都是以道义为本。

唐胄将《宋丞相崔清献公全录》广为刊行，不仅因为崔与之是岭南文化的代表人物之一，更因为他自己从崔永之的言行中汲取了精神力量，受益匪浅，同时希望崔与之成为天下人的楷模。

宋、元、明初刊行的崔与之著述各种版本，如今都已经失传。今天世人见到的崔与之著述的最早刻本，就是嘉靖十三年(1534)春天唐胄交由邵炼代为刻印刊行的这个版本。

此刻本共十卷，卷首有唐胄序。前三卷为“言行录”，“言行录”卷一，首载黎贞、刘履、余鼎、宋端仪序；卷三附载李昂英《行状》、《宋史》列传及陈子经编《续通鉴纲目节要》。卷四至卷七是奏札，多为崔与之辞官之作。卷八为崔与之遗文、遗诗。卷九为宸翰及宋元人赠挽之文。卷十为明人赠挽之文及历代赠挽之诗。

嘉靖十六年(1537)，唐胄在京城任户部侍郎的时候，听说崔与之的后人崔爌一直在努力搜求崔永之遗文，打算重新付梓，于是派人专程将《宋丞相崔清献公全录》交给崔爌，令崔爌十分感动。此时，崔爌刊本已付梓，该刊本分内、外二集，将原来的十卷合并为五卷，篇目编次与《宋丞相崔清献公全录》不尽相同，内容也不及唐胄刊本完备。

关于唐胄编《宋丞相崔清献公全录》与崔爌重刊本的关系，以及崔爌对唐胄的感激之情，参见崔爌《重梓先祖清献公言行录后序》：

是书新刻于多公者，若宋、若曾、若汪、若郑、若林、若甘，表彰不一。是以南闽、西广在在而有，厥传富矣。独家藏缺腐，几至湮没，殊为不称。用是不揣借取旧本而嗣刻之。甫成，而乡雅令尹庞君来自京师，以今司徒西洲先生命至，谓曰："闻子有事先录，特以全其是归。"呜呼！百年缺典，一旦复完，若有墨相然者，此可幸而致哉！观所叙文，有曰："少而慕之"，则夫心同道同，旷世相感，隐然可见。爱其人，故重其书。入滇、入京、复广，不离厥笥。既刻于赣，以嘉惠乎江右之士；又推其余以及后人，先生之用心，仁矣；引进后学之意，勤矣；是即古人买卖康节居宅之心也。爌不敏，无以对扬嘉贶，谨冠叙文，以责卷首，特其全篇，兼裒状传，尤为详洽，恨版刻业定，力不及再事，姑录其所未备者于类。①

《四库全书》之《崔清献公全录·提要》云：

兵部侍郎纪昀家藏本诗文，题其十世孙爌所重编，成于嘉靖庚申(1560)，前有《测引》一篇，称"重编先录既成，有谓不当以行先言者，有谓不当以臣先君者，后见旧板篇次记号，乃知新本为后人铲改，爌所重编，实还其旧"。今观其书，虽并十卷为五卷，而次序略与子璲本合，则所谓还其旧者，确不诬也。②

纪昀家藏本为崔爌本，《四库全书》仅将《崔清献公全录》列入存目。

崔爌重刊之书，大概较接近于旧本，但辑补之功不及唐胄。嘉靖以后，此书流行日广，或名《全录》，或名《言行录》，或名《崔清献公集》(以内集为主)。还有将奏札部分抽出单独刊行者，名《崔清

① 崔与之：《宋丞相崔清献公全录》附集卷一"序跋"，张其凡、孙志章整理，广东人民出版社 2008 年版，第 174 页。

② 同上书，第 185 页。

献公奏议》。明代中后期较为重要的刊本还有：

嘉靖三十二年(1553)广州重刻本(简称广州本)，四册十卷，卷首有唐胄序。该书与唐胄刊本相比，增加了何维柏序、卷八遗诗《题金精山诗》和卷末附录三卷。

崇祯十三年(1640)刻本，分内、外二集，共五卷，与崔爣重刊本同，但卷首亦有唐胄序。

清代，崔与之文集又多次重刊，内容大致不出唐胄本、崔爣本这两大版本系统的范围。其中，“唐本是目前能见到的崔与之著述最早的刻本，它以正德本为底本，内容又最多，这一系统的版本价值是最大的”①。

近、现代流行的一些大型丛书中的崔与之别集，也多以唐胄重刊本为重要底本。道光三十年(1850)由南海伍崇曜粤雅堂刊行的《岭南遗书》，分两部分：一是《崔清献公言行录》三卷，题“增城李肖龙叔膺撰”。二是《崔清献公集》五卷：一至四卷为奏札，第五卷是遗文遗诗，并附录《崔清献公行状》和《宋史》本传为一卷，该本实以唐胄十卷本为底本。该本后收入民国年间由上海商务印书馆排印的《丛书集成初编》。1949 年后影印的一些大型古籍丛书，如《续修四库全书》本和《四库全书存目丛书》本，都是据北京大学图书馆藏明嘉靖十三年(1534)唐胄邵炼刻本影印。《宋本珍集丛刊》则影印了两个版本的崔与之著述：一种是据伍氏的《岭南遗书》本影印，一种是据清抄本《宋丞相崔清献公全录》影印。

2008 年，张其凡等整理的《宋丞相崔清献公全录》由广东人民出版社出版，该书以明嘉靖十三年(1534)唐胄整理重刊的《宋丞相崔清献公全录》为底本，参校其他版本，是崔与之著述版本的集大成者。

---

① 张其凡、孙志章：《崔与之著述版本源流及其价值》，《安徽师范大学学报(人文社会科学版)》2007 年第 3 期。

三、唐胄与明太祖《御制文集》的刊刻与传播

嘉靖八年(1529)六月,唐胄任云南布政使司右参政期间,刻印了明太祖朱元璋《御制文集》二十卷,并作后序。该刻本现藏于国家图书馆、复旦大学图书馆等,均为残本。国家图书馆所藏共五卷(卷十六至卷二十),唐胄"后序"附于集末,得以保存。

关于明太祖文集的刊刻与传播情况,《四库全书总目·提要》有所介绍,但并不完整。

> 案,《太祖集》初刻于洪武七年(1374)。刘基及宋濂《文集》所载序文俱云五卷,称翰林学士乐韶凤所编录。然黄虞稷《千顷堂书目》已不著录。所著录者有《太祖文集》三十卷。注曰:"甲集二卷,乙集三卷,丙集文十四卷、诗一卷,丁集十卷。"又《太祖文集类编》十二卷。又《太祖诗集》五卷。又《太祖御制书稿》三卷。均与此本不符。焦竑《国史经籍志》列《太祖文集》二十卷,又三十卷。此本卷数与竑所列前一本合,当即竑所著录欤?其刻在万历十四年,编次不知出谁手。《目录》之末有姚士观等《跋》语,乃据旧本刻于中都,亦未能详考所自来也。考朱彝尊《明诗综》载有太祖《神凤操》一首,而集内无之,则亦未为赅备。然所谓三十卷者,今未见传本,其存佚均未可知。近时诸家所藏弆,大抵皆即士观等所刻。今亦据以著录,存有明一代开国之著作焉。①

《四库全书》所收《明太祖文集》为二十卷本,但"提要"对该版本的来龙去脉却语焉不详。当代学者何宗美指出:

> (四库馆臣)虽然花了很大笔墨来考证版本的来龙去脉,

① 永瑢等:《四库全书总目》卷一百六十九,中华书局1965年版,第1464页。

但其考证是在版本视野极为有限的情况下做出的，所以许多具体问题未能真正落实。首先，《御制文集》二十卷的明初刻本、嘉靖八年唐胄刻本，《高皇帝御制文集》二十卷的嘉靖十四年刻本、万历谢正蒙熊尚文刻本、万历南京礼部刻本等，以及《明史·艺文志》中提到的"《明太祖文集》五十卷"，《总目》皆未提及，其中几种二十卷本今仍传世，四库馆臣在当时限于条件则无缘过眼。①

今人胡士萼曾点校《明太祖集》，其《点校后记》对明太祖文集的流传情况作了较为详细的说明：

明太祖文集，最初刻于明洪武七年，凡五卷，为翰林学士乐韶凤所编录。书后有刘基、郭传、宋濂跋文各一篇。此本今已不传。又有明初刻本，为御制文集甲集二卷、乙集三卷、丙集十四卷、丁集十卷、御制诗集一卷，合三十卷，五百一十五篇。不仅与焦竑《国史经籍志》所列《太祖文集》凡二部之第二部的卷数相符，而且与黄虞稷《千顷堂书目》所载四部之第一部《太祖文集》三十卷的卷数及甲乙丙丁各集卷数相符，因此很可能焦、黄所著录的即是此本。明嘉靖八年，有唐胄云南刻本，凡二十卷。嘉靖十四年，巡按直隶监察御史徐九皋理鹾维扬，得到云南刻本，乃命江都知县王惟扬付梓。"惟扬复购得甲乙丙丁四卷，间多前集所未登录"，九皋"乃躬自雠校，互相补除，合六百七十二篇"，为《高皇帝御制文集》二十卷。书后有徐九皋跋文一篇。迨至明万历十年，巡按直隶督学御史姚士观、南京户部督储主事沈铁同校刻于中都。此本篇数较嘉靖十四年本略有增加，合六百八十七篇，仍题《高皇帝御制文

① 何宗美：《〈四库全书总目〉明人别集提要考辨——以〈宋景濂未刻集提要〉为例》，《文艺研究》2012年第2期。

> 集二十卷》。目录之末，有姚士观跋语，乃据旧本刻于中都，亦未能详考所自来也。现以嘉靖十四年本同万历十年本加以对照，便可知道，后者分类、编次同前者相同，只是增补了十几篇而已，实际上是以前者作底本的。同时，通过上述几种刻本相比较，便可得知，《明太祖文集》诸刻本中，当以明万历十年二十卷本最为完备。可惜，上述明代诸刻本，流传极少，有的已经不传，给研究朱元璋带来不少困难。这次点校，以明万历十年二十卷本作为底本。有疑误处，参照明初刻三十卷本和嘉靖十四年二十卷本予以订正。①

胡士萼《明太祖集》点校本的“附录”部分，未收唐胄《御制文集后序》，可见他虽知道有唐胄刻本，但在点校整理过程中，并未访得这一刻本。

据胡士萼《点校后记》的梳理，明太祖文集初刻本为五卷，又有明初刻本三十卷，而后世流传最广的是二十卷本。在现存已知二十卷本中，以嘉靖八年(1529)的唐胄云南刻本最早。嘉靖十四年(1535)，徐九皋刻本在云南刻本基础上有所增补。万历十年(1582)，姚士观、沈鈇刻本又在徐九皋刻本基础上有所增补，成为现存最完备的明代刻本。《四库全书总目》著录的，就是姚士观、沈鈇的万历十年(1582)刻本。胡士萼点校《明太祖集》，也以该刻本为底本。在明太祖文集从五卷本、三十卷本向二十卷本的演变过程中，唐胄云南刻本起到了关键的过渡作用，功不可没。

当然，唐胄云南刻本只是现存最早的二十卷本，唐胄刻本是以云南黔国公沐绍勋的家藏抄本为底本，该抄本卷数未详。据唐胄《御制文集后序》所言：

---

① 朱元璋：《明太祖集》，胡士萼点校，黄山书社1991年版，第477、478页。

> 其秘府《御制文集》久已昭回寰宇，惟云南以远未及。监察刘御史臬顷按其地，得钞本于黔国公绍勋，即属胄恭梓之。①

明太祖《御制文集》在明初流传较广，唐胄在海南隐居时创建西洲书院，其藏书就包括《御制文集》。王弘《西洲书院》引唐胄之语云："今之御制，时王一代之法，故南面而尊。"②

唐胄编纂的《正德琼台志》中，也多次引用《御制文集》。如：

《正德琼台志》卷四"形胜"之"南溟奇甸"条后，引用朱元璋之语"南溟之浩瀚，中有奇甸数千里"。后注明"见《御制文集》"。③

《正德琼台志》卷二十一"海防"，附录了《御制文集·劳海南卫指挥敕》中的一段文字。④

《正德琼台志》卷三十三"名宦"的李思迪小传，引用了《御制文集》内《命中书召李思迪敕》"杖贬炎方已数年，特召还，职国学"⑤之语。

唐胄《御制文集后序》对明太祖朱元璋诗文的评价，其着眼点在于经世致用，反对雕琢辞章。"闻论圣学者谓非徒雕锼，词艺为书生之末技，在得其要，措之事业。"对于朱元璋诗文的艺术特色，唐胄认为宋濂"真所谓天之文"一言已足以概之，"虽矢口成言，妙若神授，亦非前代留心词艺之主所及"。云南地处偏远，"至圣代始得俪洽于华，百余年民夷不识不知，已相忘于道化之妙"。重刊《御制文集》的目的："盖欲其士之有觉者，知圣之制真所谓圣人之心见于书，犹化工之妙著于物。兹土得与天下享久安之治者，运措盖有

---

① 朱元璋：《御制文集》卷末，唐胄嘉靖八年刻，国家图书馆藏残本。
② 唐胄等：《正德琼台志》，彭静中点校，海南出版社 2006 年版，第 394 页。
③ 同上书，第 73 页。
④ 同上书，第 465 页。
⑤ 同上书，第 701 页。

所自，而民之由之者益深矣。岂但文章号令可述而已哉！”[①]

唐胄在刊刻《御制文集》的同年十一月，借进京上贺表之机，上《崇圣德以延国祚无疆疏》，疏中借朱元璋的开国功业激励明世宗，希望明世宗能够以乃祖为鉴，做一个有为之君。

第三节　唐胄诗文拾遗

唐胄学富才赡，交游广阔，一生中创作了不少诗文。但他生前坚持不自编别集，并告诫子孙，死后不要刊行其诗文。唐胄去世后，其子唐穆为了寄托哀思，违背父训，编成《西洲存稿》。该集流传不广，至清代已经失传。近代王国宪在明人陈是集所编《溟南诗选》基础上，又搜辑了部分佚文，编成《传芳集》。在《传芳集》之外，还可以找到不少唐胄佚作。

一、《西洲存稿》与《传芳集》

钟芳曾应唐穆之请，为唐胄遗集作序。其《西洲文集序》云：

> 故少司徒西洲唐公归老琼东，维嘉靖戊戌。明年寝疾，有诗文若干卷，戒其子曰：“毋灾木也。”卒葬既远，其子主事穆捧而泣曰：“手泽也，神思萃焉，不犹愈于咳唾声容惝恍无迹者乎?”乃夙夜校辑锓梓，属予序。[②]

钟芳《西洲文集序》未评价唐胄之诗，只评论其文。唐胄遗集刊行时，是否题为《西洲文集》，还有待考证。后世文献一般将唐胄

---

① 朱元璋：《御制文集》卷末，唐胄嘉靖八年刻，国家图书馆藏残本。
② 钟芳著：《钟筠溪集》上，海南出版社 2006 年版，第 127 页。

别集著录为《西洲存稿》。

明代嘉靖年间，黄佐《唐胄传》称唐胄有“《西洲存稿》行于世”。《嘉靖广东通志》的《唐胄传》文字亦同。但《嘉靖广东通志》的《艺文志》并未著录唐胄《西洲存稿》。隆庆初，王弘诲《唐公神道碑》称唐胄有“诗文若干卷，行于世”。清代《康熙广东通志》《雍正广东通志》中的唐胄传，均称唐胄有《西洲存稿》行于世。可见，唐胄的诗文集确实曾经刊行过。

《万历琼州府志·艺文志》所收为具体诗文，无书目。《万历琼州府志》卷十“人物志”唐胄小传中，著录有《西洲存稿》行于世。

《万历广东通志》卷六十三“艺文志”，著录有“《虚庵集》，唐胄撰”，误。《虚庵集》乃陈实撰。陈实是唐胄同乡、同榜进士。

晚明黄虞稷《千顷堂书目》卷二十一“弘治壬戌科”条下，著录“唐胄《西洲存稿》”，未标卷数。

清《道光广东通志》的“艺文略”部分，在《西洲存稿》之后，注明“未见”。

徐琪作于清光绪十九年(1893)的《西洲侍郎像赞》，有“泽留南海，集著西湖”之语。其中的“西湖”，当为“西洲”之误。

《民国琼山县志》卷二十“艺文志”，著录有“《西洲存稿》，见《献征录》，唐胄撰”①。王国宪并未见《西洲存稿》，仅据《献征录》著录。

今人骆伟编《岭南文献综录》，仅著录《正德琼台志》，未著录唐胄别集。

综上所述，唐胄逝世后，其子唐穆曾编有《西洲存稿》，以寄哀思。钟芳曾应唐穆之请，为唐胄文集作序。该集曾经刊行，至清中叶已失传。

近代海南文人王国宪在为其家遗集《扬斋集》作序时曾经感叹道：

---

① 朱为潮主修，李熙，王国宪总纂：《民国琼山县志》，邓玲、邓红点校，海南出版社2004年版，第1199页。

> 海南风雅，盛于有明，其时人文蔚起，驰誉中原，垂声海内，自邱文庄、王桐乡、唐西洲、钟筠溪、海忠介、王忠铭而后，有传集数十家……而专集之存于今者，文庄、桐乡、忠介、忠铭诸集外，皆不传于世。①

从这段文字看，王国宪知道唐胄曾经有别集行世，但他本人只见到了“文庄、桐乡、忠介、忠铭诸集”，并没有见到唐胄的别集。

王国宪曾搜辑、出版过一套“海南丛书”，内有一种邢宥、唐胄的诗文合集，封面题为《邢湄丘唐西洲集》，正文唐胄部分的页眉处则标为《传芳集》。

王国宪搜辑的《传芳集》由三大版块组成，一是文，二是诗，三是附录。

文章部分，均为唐胄作品，所收唐胄之文，共 14 篇。其中，疏 3 篇，分别是《谏讨安南疏》《驳郭英配享庙祀疏》《明堂享礼疏》。序 4 篇，分别是：《琼台志序》《三祠录序》《崔清献公全录序》《王桐乡摘稿序》。记 2 篇，分别是：《重修儋州儒学记》《重建万州儒学记》。论 4 篇，分别是：《节录平黎事以备后论》《节录抚黎土官事以备后论》《节录征黎事以备后论》《平黎总论》。墓碑 1 篇：《重修赵考古先生墓碑》。《传芳集》虽开列了疏、序、记、论、墓碑等名目，但每种文体只有寥寥数篇，聊备一格而已。从中只能略窥唐胄文章面貌之一斑。

诗歌部分，为唐胄与唐穆、唐秩父子三人的合集。其中，“西洲公诗”（唐胄作品）共 43 首，“养吾公诗”（唐穆作品）共 24 首，“存吾公诗”（唐秩作品）共 30 首。

附录部分，包括：明人黄表衷《西洲先生像赞并引》、清人徐琪《西洲侍郎像赞》、王国宪撰《本传》、明人夏道南《御祭文》、明人王

① 王承烈：《扬斋集》，见周显忠等点校《北泉草堂遗稿等七种》，海南出版社 2004 年版，第 170 页。

弘诲《通议大夫户部左侍郎赠都察院右都御史西洲唐公神道碑》等。末附王国宪《敬题唐西洲公三父子诗集》长诗一首。

从《传芳集》编排体例看，其中除收录唐胄本人的诗文外，还收录了唐胄的两个儿子唐穆、唐秩的诗歌。王国宪在《传芳集》的最后，附有自己创作的一首长诗，题为《敬题唐西洲公三父子诗集》，说明此书的性质乃是家族合集。

《传芳集》作为书名，常用于指家族合集。在《列朝诗集小传》甲集《钱博士宰》小传中，钱谦益曾提及《吴越钱氏传芳集》。《四库全书总目》著录有"《吴越钱氏传芳集》二卷（两淮盐政采进本）"，其"提要"云：

> 是集录钱氏一家之诗，自吴越武肃王镠至明诸生淮，凡六十二人，一百三十一首。初，吴越文穆王元瓘有《锦楼集》，忠懿王俶有《政本集》，俶子惟演因采镠及元瓘、宏佐、倧、俶五王之诗合为一编，名曰《传芳集》。后族子仙芝复益以群从所作，纂为五卷，目曰后集，宋绶为之序。明嘉靖中，筠等又为搜辑增益，锓之于木，仍以宋绶序冠于前。①

可见，《传芳集》之名，多用于家集，且多为后人不断辑佚而成。

唐胄别集原名《西洲存稿》，久已佚失。现在流传的《传芳集》是民国时期王国宪搜辑而成的唐胄、唐穆、唐秩父子三人合集，不应视为唐胄本人别集。

二、《溟南诗选》与《传芳集》

《传芳集》诗歌部分，主要采自晚明陈是集编《溟南诗选》。关于《溟南诗选》的成书和流传情况，前文论王佐《鸡肋集》时已经提

① 永瑢等：《四库全书总目》卷一百九十二·集部四十五，中华书局1965年版，第1753页。

及，兹不赘述。

陈是集《溟南诗选序》对唐胄父子诗作评价颇高：

钟、唐二司徒歌行亦佳，由其学问渊邃，有以使之……唐景夷任诞自废，诗才奔放，师海琼子一派，跨出父兄之上。①

《溟南诗选》唐胄小传云：

（唐胄）字平侯，琼山东厢人。幼颖敏，博通经史百家。弘治壬戌会试会魁，授户部主事。丁外艰归。刘瑾斥诸服除久不赴官者，坐夺职。瑾诛，召用，以母老不出。嘉靖初，起补原官。疏谏差内臣苏杭织造骚扰地方、请为宋死节臣赵汝珞追谥立祠。历官至户部侍郎。谏安南用兵、勋臣不可享祀、明堂大礼议。犯颜敢谏，削职归田，以著书终老。所著有《正德琼台志》《三贤祠录》《江闽湖岭都台志》，校刻《鸡肋集》《海琼子摘稿》《西洲遗集》，崇祀乡贤。②

按，唐胄著述大都是在早年居乡守制和游宦各地时完成，晚年削职归田仅一年便病逝。小传称唐胄"以著书终老"，为臆度之词。琼州并无"三贤祠"，传中提及的《三贤祠录》，应为《三祠录》，祠中所祀共有五十九人，远不止三贤。《三祠录》亦非唐胄本人著述，唐胄仅为该书作序。"校刻《鸡肋集》"，应为《王桐乡摘稿》。《西洲遗集》即《西洲存稿》，非唐胄本人校刻。至于该集刊行时，是题为《西洲遗集》，还是《西洲存稿》？陈是集是否见过该集？这些问题尚有待进一步考证。

晚明陈是集编《溟南诗选》时，还能搜集到不少明人别集。历

---

① 陈是集编：《溟南诗选》，郑行顺点校，海南出版社 2006 年版，第 6 页。
② 同上书，第 134 页。

经明清易代之后，明代海南文献佚失更加严重。近代王国宪整理海南文献时，既未见到唐胄《西洲遗集》，也未见过钟芳《筠溪集》，更不知道《筠溪集》中有唐胄传记和《西洲文集序》等重要资料。但他有幸访得《溟南诗选》。王国宪出版的《海南丛书》，其中有辑佚而成的钟芳别集、唐胄别集，诗歌部分均录自《溟南诗选》。《溟南诗选》中唐胄、唐穆、唐秩三人诗作的编次，与《传芳集》基本相同。作品数量也大体相当，仅略差几首而已。

钟芳《筠溪集》现仍存于世。北京大学图书馆藏有钟允谦刻本，共三十卷，其中诗歌占六卷（卷二十五至卷三十），数量达六百多首，远远超过《溟南诗选》所收。《溟南诗选》所选唐胄诗歌和钟芳诗歌数量相当。据此推测，《西洲遗集》原有诗歌数量也相当可观。

《溟南诗选》作为诗歌选本，刊落者不在少数。王国宪编《海南文献》，力求完备，通过广搜旁绍，发现了不少《溟南诗选》未收之作。

现存《传芳集》与《溟南诗选》所收唐胄作品相比较，增加的部分主要为文。就诗歌而言，增补七言律六首：《红鸡冠花》《和少参陈龙山、金宪张白山游冰井寺诗》《补白沙口哀百姓有序》《瓜州阻风》《寄酬王廷信赠别韵》《忆朱南冈少参》。增补七言绝一首：《访赵忠简墓》。

现存《传芳集》与《溟南诗选》相比，增补唐穆诗三首，分别是：《送周清溪先生福州司训》（从员山周家谱采入）、《送彭密渊别归》《赞文邑韩机训妻朱氏守节诗》。《传芳集》所收唐穆诗，共二十四首。

现存《传芳集》与《溟南诗选》相比，增补唐秩诗四首，分别是：《晦夜双溪兄来访和韵》《月蚀》《与友人乞素馨花》《咏窗前白鸡》。《传芳集》所收唐秩诗，共三十首。另，《溟南诗选》有唐秩七言古《代妓赠别歌》，《传芳集》未收，或者是一时疏漏，又或者是出于为贤者讳的考量而有意摒弃吧。

三、《传芳集》之外的唐胄诗文

《传芳集》仅凭王国宪一己之力搜辑而成，疏漏在所难免。在《传芳集》之外，还可以发现不少散佚的唐胄诗文。

补维波硕士论文《唐胄研究》[①]，搜集到唐胄在广西提学佥事、云南提学副使、南京户部侍郎等任上四篇诗文，分别是：《劝古田诸生归学诗》[②]、《楚雄府新迁儒学记》[③]、《淮安户部分司题名记》[④]、《谨天戒以隆盛治疏》[⑤]。

另，《正德琼台志》中有部分唐胄诗文，未收入《传芳集》，如：

"卷八·土产上·果之属·李"，附唐胄诗一首：

曾甘嘉庆醉房陵，土果羞将向客称。
酒色春浓聊自媚，醯浆腊酿只人憎。
敢于老氏夸宗派，疑与曹公是裔仍。
盛夏令人思京国，玉沉冰碗破烦蒸。[⑥]

"卷八·土产上·果之属·蒲萄"，附唐胄诗《谢张挥使翼翱见惠》：

水晶数颗带枝新，折蜡惊添岛屿春。
色莹紫霞珠帐雾，味空甘落海林珍。
荔枝上馆迎佳客，玳瑁先朝认故人。
却恨口干无得遗，手拈那觉泪沾巾。[⑦]

---

① 补维波：《唐胄研究》，海南师范大学硕士论文，2012 年。
② 见金鉷等：《广西通志》卷一百二十"艺文"，《文渊阁四库全书》本。又见于清初桂林府通判汪森编《粤西诗载》卷五。
③ 张方玉主编，《楚雄历代碑刻》，云南民族出版社 2005 年版，第 51—52 页。
④ 黄训：《名臣经济录》卷二十四，《文渊阁四库全书》本。
⑤ 孙旬：《皇明疏钞》，台湾学生书局 1986 年版，第 1635—1643 页。
⑥ 唐胄等：《正德琼台志》，海南出版社 2006 年版，第 172 页。
⑦ 同上。

“卷九·土产下·饮馔属·晒蚬”，附唐胄诗一首：

一禽戒非孝，罨蜊怜赤族。苟时法不禁，况乃意向属。
平生毛错馋，晒蚬一掬足。水暖溪沙清，趁采供欲逐。
椒盐溅蒜苏，瓦烈风味纳。破齿糟自香，洗尽菜根腹。
珍鼎恐未兼，情私欲献曝。死怪河豚痴，癖笑蟹螯独。
醉乡苟未知，醺旺空醪醁。何劳笑粗人，销帐香羔肉。
人生在适情，秋鲈思乡屋。坡仙向来知，愈厌蒸压玉。①

此外，《正德琼台志》卷五“山川上”有唐胄所作《竹根井铭》一文；卷十二“桥梁”有唐胄所作《青云桥路记》一文；卷十五“学校上”有唐胄所作《重修琼州府学记》一文；卷二十五“坊表”有唐胄所作《吴氏贞节坊记》一文；卷二十六“坛庙”之“景贤祠”条下附有唐胄所作七言律诗一首；卷二十七“寺观”有唐胄所作《老佛庙记》一文；卷二十七“冢墓”之“唐颐庵舟墓”条、“苟夫人墓”条下，各附有唐胄的七言律诗一首，等等。这些诗文均未收入《传芳集》。

今人编《全粤诗》卷一八六，收录唐胄诗一卷，梁基永整理，史洪权补遗。该书所收唐胄诗以《传芳集》为底本，参校了《溟南诗选》，凡有异文处，均一一注明。末附补遗六首：《李》《谢张挥使翼翱见惠》《晒蚬》《和黄芳景贤祠诗韵》《补松》《苟夫人墓》，均摘自《正德琼台志》。②

现存唐胄编刊的《白玉蟾海琼摘稿》卷首，有《海琼摘稿序》。《崔清献公全录》卷首，有《崔清献公全录叙》。明太祖朱元璋《御制文集》卷末，有唐胄《御制文集后序》。此外，唐胄还曾经为云南诗人张含诗文集作序，今已佚。以上皆《传芳集》所未收。

---

① 唐胄等：《正德琼台志》，海南出版社2006年版，第212页。
② 中山大学中国古文献研究所编：《全粤诗》第6册，岭南美术出版社2009年版，第502—520页。

据现代何铭文主编《琼山县志》记载，唐胄临终前曾著有遗书《十戒》，今佚。①

明人张邦翼编《岭南文献》，保存了不少唐胄诗文作品。除去与《传芳集》重复者外，尚有 11 篇文章为《传芳集》所未收，包括：《岭南文献》卷六“奏疏”有 5 篇，分别是《宥言官以答天眷疏》《崇圣德以延国祚无疆疏》《出内象疏》《靖江王府补支疏》《请止差苏杭织造疏》；卷十“序”有 3 篇，分别是《平蛮录序》《赠云南黄少参允吉进表序》《杖策壮游卷序》；卷十九有唐胄所作《青云桥路记》一文；卷二十二有唐胄《复珠崖论》②一文；卷二十三有唐胄所作的《愚窝说》一文。

四、唐胄奏议考辨

唐胄一生不事空文。虽受时代风气影响，难免有应酬之作，但他生前坚持不编刻自己的文集。其文字存世甚少，除《正德琼台志》外，影响最大者，当属奏议。

在今人看来，奏议属于公文，不具文学价值。但在古人看来，奏议事关国体，既要说理明晰，语言得体，又要言之有物，不能以辞害意，属于大手笔。《文心雕龙》有《章表》《奏启》《议对》等篇，专论奏议。

《四库全书总目》将“诏令奏议类”归入史部，云：

> 此政事之枢机，非仅文章类也。抑居词赋，于理为亵。③

由于奏议既可入集，又可入史，所以唐胄本人虽然未编文集，

---

① 何铭文主编；海南省琼山市地方志编纂委员会编：《琼山县志》，中华书局 1999 年版，第 881 页。

② 又题为《论复珠崖地》。

③ 永瑢等：《四库全书总目》卷五十五·史部十一，中华书局 1965 年版，第 492 页。

但他的一些奏议却被收入史部文献，得以保存至今。

近代王国宪搜辑的《传芳集》，收录了唐胄的《谏讨安南疏》《驳郭英配享庙祀疏》《明堂享礼疏》。这三篇奏议，都是唐胄晚年在京任户部侍郎时所作，是唐胄影响最大、流传最广的文章，被不少奏议类总集和史书、方志等文献收录。《传芳集》所收奏议文字不全，可参照其他文献，予以补充、校勘。

此外，地域性总集《岭南文献》，收录了不少《传芳集》之外的唐胄诗文，其中以奏议数量最多，有《宥言官以答天眷疏》《崇圣德以延国祚无疆疏》《出内象疏》《靖江王府补支疏》《请止差苏杭织造疏》等。

唐胄考取进士后长期隐居，后又游宦各地，真正在朝的时间不长。但明清时期的不少奏议类总集，包括清代《御选明臣奏议》等，都收有唐胄文章。

《御选明臣奏议》（又名《钦定明臣奏议》）一书经乾隆审定，体现了清代官方思想。四库馆臣在该书“提要”中，对明代朝堂论争风气有所批评：

> 故二百余年之中，士大夫所敷陈者，君子置国政而论君心，一札动至千万言，有如策论之体。小人舍公事而争私党，一事或至数十疏，全为讦讼之词。迨其末流，弥增诡薄。非惟小人牟利，即君子亦不过争名……盖宋人之弊，犹不过议论多而成功少。明人之弊，则直以议论亡国而已矣。①

同时，也对部分名臣奏议有所肯定：

> 是以众芳芜秽之时，必有名臣硕辅，挺出于其间；群言淆

① 永瑢等：《四库全书总目》卷五十五·史部十一，中华书局1965年版，第502、503页。

乱之日，必有谠论嘉谟，搘拄于其际。所谓披沙简金，在乎谨为持择也。是编禀承训示，辨别瑕瑜。芟薙浮文，简存伟议。研求史传，以后效验其前言。考证情形，以众论归于一是。譬诸童谣妇唱，一经尼山之删定，而列在六经。一代得失之林，即千古政治之鉴也。①

在唐胄存世数量不多的几篇奏议中，《谏讨安南疏》和《昭典礼疏》得以入选《御选明臣奏议》，体现了清代统治者对唐胄政治远见的充分肯定。

此外，许多史志文献在唐胄传记中也大段甚至整篇地引录唐胄奏议。《明实录》和《明史》都大段摘引唐胄的《谏征安南疏》，称赞其“切于事理”。

《明史》称唐胄“立朝有执持”。唐胄的“执持”，在其奏议中有鲜明体现。唐胄自踏上仕途之日起，便敢于言事：

嘉靖初授户部河南司主事，屡疏言事，如差内臣苏杭织造，及欲为宋末死节赵汝珞请谥立祠，皆关政化。②

晚年入京任户部侍郎后，唐胄更是屡屡抗疏直言：

凡廷议大政，先有定画，至期会众联佥，谓各有专职，莫敢折诘，以为常。公独曰：“会以采言，当罄所见。”连抗疏，援据该博，无所顾忌，虽于时义未协，而敢言之气，为人所难，亦伟矣。公外和内劲，以器识忠亮自负，使能少贬，媕阿随俗，名位

① 永瑢等：《四库全书总目》卷五十五·史部十一，中华书局 1965 年版，第 502、503 页。
② 钟芳：《钟筠溪集》卷十七，周济夫点校，海南出版社 2006 年版，第 370 页。

岂止若是。而所志者远，得丧利害无介于中。[①]

钟芳《西洲文集序》称赞唐胄不事空文，在地方为官时，以政绩“泽施于一方”。在京城为官时，则以奏议“功溥于天下”[②]。

唐胄在世的时候，他的一些疏稿就不胫而走，广为流传。唐胄晚年因上《明堂享礼疏》而被罢官，回到故乡后，琼州的青年学子们纷纷登门向唐胄索要疏稿，唐胄只是轻描淡写地应付过去，“子弟求疏稿，唯唯而已”[③]。所以，唐胄疏稿在琼州地区的流传反而并不广。

不同文献中所收唐胄奏议，文字多有出入。下面仅就现存唐胄部分奏议的编年、版本等情况略加考辨。至于这些奏议的具体内容、历史背景等，可参阅拙著《岭海精英 青史传芳：岭南人士之冠唐胄》[④]，限于篇幅，此处不再赘述。

（一）《请止差苏杭提督织造疏》

该文作于嘉靖元年（1522）唐胄重返仕途，出任户部主事之时。收录于《岭南文献》卷六。亦见于明孙旬编《皇明疏钞》卷二十二“修省六”、明张卤编《嘉隆疏钞》卷六“修省　”。在后两部书中，题为《谨天戒以隆盛治疏》。

（二）《出内象疏》

该文作于嘉靖元年（1522）冬，户部委派唐胄负责监管象房饲料之时。见《岭南文献》卷六。

---

① 钟芳：《钟筠溪集》卷十七，周济夫点校，海南出版社2006年版，第370页。
② 钟芳：《钟筠溪集》卷七，周济夫点校，海南出版社2006年版，第128页。
③ 钟芳：《钟筠溪集》卷十七，周济夫点校，海南出版社2006年版，第370页。
④ 郭皓政：《岭海精英 青史传芳：岭南人士之冠唐胄》，南方出版社2015年版。

（三）《崇圣德以延国祚无疆疏》

该文是唐胄在云南为官时所作，收录于《岭南文献》卷六。

（四）《靖江王府补支疏》

该文作于嘉靖十一年（1532），唐胄时任广西左布政使。《岭南文献》卷六收录此文，目录中题为《靖江王府补支疏》，正文题为《靖江王府宗室补支疏》，增加"宗室"二字。

（五）《矜言官以答天眷疏》

该文作于嘉靖十五年（1536）春，唐胄内调到北京，任户部右侍郎之时。收录于《岭南文献》卷六，目录中题为《宥言官以答天眷疏》，正文中题为《矜言官以答天眷疏》。"宥"与"矜"意思相近，都是希望皇帝虚己待人，广开言路。

（六）《谏讨安南疏》

该文作于嘉靖十五年（1536）闰十二月，亦题为《谏征安南疏》或《遵祖训崇内修以隆治安疏》。王国宪编《传芳集》收录此文，但文字不完整。黄佐《广东通志》卷六十二"唐胄传"引录该文长达1 700余字。《明实录》引用近1 000字，《明史》引用近700字。《御选明臣奏议》卷二十三亦收录该文。

《传芳集》与《御选明臣奏议》所收《谏讨安南疏》，文字最为接近，且题目之下均有系年，注明"嘉靖十五年"。

《明世宗实录》卷一百九十五"嘉靖十五年闰十二月壬子朔"条下，引录唐胄此文，与《传芳集》的文字差别较大。《明世宗实录》引录文字如下：

户部左侍郎唐胄上疏谏伐安南曰：比者以安南不庭，遣锦衣卫官问状，诏中外严兵侍发者。臣窃惟今日之事，若欲其修贡而已，非惟兵不必用，虽勘官亦可无遣。若欲讨之，则关系颇大，有不可者七焉。华夷天地自然之限，帝王不以中国之治治之。故高皇帝神武不世出，而以“安南不征”著在《祖训》。陛下所当遵守，一也。太宗讨黎季犛弑主之罪，既克，求陈氏后不得，始郡县之，得不偿费，仁庙每以为恨。宣德初，章皇帝遂成父祖之志，举郡县而弃之，今当率循，二也。往代安南盛时，屡为钦廉连邕之患。自唐高骈徂征之后，历五代至宋，曲、刘、绍、吴、丁、黎、李、陈，八姓迭至，而岭南边海郡县外警遂稀。是夷狄分乱，中国之福，不当与之校问，三也。若以为中国旧地，宜乘乱而取之，臣考马援南征，深历浪泊，士卒死者几半，立铜柱为汉极界，乃近在今思明府耳。永乐五年，张辅平交趾，明年简定遽僭号以叛。八年，陈季扩又叛，诸土皆应，仅余交州一城，至十一年始就擒。十三年，陈月胡又叛。宣德二年，黎利又叛。吾文武臣陷死者，如刘子辅、何忠、易先、李任、顾福等甚众，而士卒物故者以数十万计，竭中国十余年之力，仅得数年郡县之虚名而止。况又有征之不得，如宋太宗、神宗、元世祖、宪宗，皆丧师损威，可为明鉴，四也。夫夷狄入贡，乃彼之利，一则奉正朔以威其邻，一则通贸易以润其国，故今安南虽争乱，尚累累奉表笺，具方物，款关求入。抚按以所封姓名不合符遣去，是欲贡而不得，非负固而不来。以此罪之，于辞不顺，五也。且兴师本于财力，永乐时用兵八十万，自云广分进山海馈饷不绝。今议拟取办附近四省，然川有采木之役，贵有凯口之师，两广粮储久已匮于田州岑猛之征，自大工迭兴，诸省帑藏皆输将作，加以水旱蠲除，视永乐时财力远甚，六也。夫此皆有迹可求者耳。杞人之虑，又有甚者。唐之衰也，自玄宗南诏之役始。宋之衰也，自神宗伐辽之役始。今太仓积余仅四百万，屯政坏而田日荒，盐法阻而商日减，北虏日强，据我河套，边卒屡叛，藩离几撤。北顾之忧方殷，而更启南征之议，卒有意外虞，谁任其咎？七也。况锦衣武人，暗于大体，万一徇私枉实，衅或随之。即令勘报得情，伐之不可，不伐不可，进退无据。且今严兵待发之令初下，而侵渔骚扰之害四出，忧不在四夷，而且在邦域中矣。臣以为不伐便请停遣锦衣卫勘官，并罢一切预饬兵粮之令。疏上，兵部亦以为忠谋。得旨待所遣锦衣官勘奏，更议之。①

按，《御选明臣奏议》和《传芳集》中，将该文所引前代典故和具体细节省略掉一部分，文字更加简洁，乃是在此版本的基础上删减而成。

该文开始部分称征讨安南有“七不可”，有的版本则曰“八不可”，如何乔远《名山藏》卷七十四的唐胄传云：“世宗十五年，议伐安南，胄陈不可者八。”其区别在于，该文最后，论及“锦衣武人，暗于大体”，当时，世宗拿不定主意，便派遣了许多锦衣卫去搜集情报。这些锦衣卫往往徇私枉法，借机搜刮民脂，唐胄主张立刻将这些锦衣卫召回。何乔远《名山藏》将这一条也误解为不征安南的理由之一了。

唐胄的这篇奏议进呈后，得到兵部认同，“兵部亦以为忠谋”。皇帝的意见则是等锦衣卫搜集完情报后再做定夺。《御选明臣奏议》在该文的文末称：“疏下，兵部请从其议，帝不纳。”事实上，皇帝并非完全否定唐胄的意见，只是一时拿不定主意而已。次年，张岳又上《谏征安南疏》（见《御选明臣奏议》卷二十三），条陈“六不可”，基本上是重复唐胄的意见，最终皇帝采纳了其建议，将征讨安南之役暂时压了下来。

这是唐胄较著名的一篇文章，广泛见于唐胄传记和各种总集。钟芳《西洲文集序》论唐胄文章，专门提及此文，称：

① 《明世宗实录》卷一百九十五，上海书店出版社 1984 年版，第 4115—4117 页。

> 其大者如安南一疏，虽与廷议龃龉，卒之兵不黩而交夷服，以成我皇上覆焘无外之仁，孰云无补。①

《明史》唐胄传记之后的论赞亦云："唐胄论安南，切于事理。"②

（七）《驳郭英配享庙祀疏》

该文又题为《遵成宪以昭典礼疏》，简称《昭典礼疏》，或者《请斥添祀疏》。作于嘉靖十六年（1537），唐胄时任户部左侍郎。黄佐《广东通志》卷六十二"唐胄传"全文收录。明张瀚编《明疏议辑略》卷十九"祀典"，明张卤编《嘉隆疏钞》卷十七"议礼"，明顾尔行编《两朝疏钞》卷十一"议礼类"，明万表辑《皇明经济文录》，均收录该文，题为《遵成宪以昭典礼疏》。清乾隆四十六年敕编《御选明臣奏议》卷二十三，题为《昭典礼疏》。黄宗羲编《明文海》卷五十四，题为《请斥添祀疏》③。以上不同版本的文字互有出入。

近代王国宪编《传芳集》，将此文改题为《驳郭英配享庙祀疏》。《传芳集》中的《驳郭英配享庙祀疏》，与《遵成宪以昭典礼疏》相比，前半部分文字基本相同，但在《遵成宪以昭典礼疏》中，唐胄在展开议论之前，还提及邢如默之疏："及都给事中邢如默之疏论已明，而陛下慎重，犹欲礼部看了来说，岂如默之论理虽当，而叙事或未详也。"《驳郭英配享庙祀疏》则未提及此事。文章后半部分，在"岂不尤惑也哉！"一语之后，两个版本差别较大，文字互有出入。《驳郭英配享庙祀疏》提及"前代帝王之举此者，常龙虎风云之会，笃山河带砺之盟，如西汉元功十八之位次，东汉云台三十二，及唐凌烟二十四之图画，至今昭垂青史，然皆托褒扬于位貌"。这段话为《遵成宪以昭典礼疏》所无。从接下来的"况我圣祖之享祀，则以血食寓

---

① 钟芳：《钟筠溪集》卷七，海南出版社2006年版，第128页。
② 张廷玉等：《明史》，中华书局2000年版，第3582页。
③ 见《明文海》卷五十四，《文渊阁四库全书》本。

褒扬，其报尤重，故品尤精”一语看，有转折之意，故上文必不可少。后面，《遵成宪以昭典礼疏》展开议论：“如六王元勋配享庙祀两联，上俎其配享六王以下六人，俞通海、张德胜、桑世杰、耿再成、胡大海、赵德胜，皆取于死战。而当时茅成亦死战者，惟与庙祀，而不得配享庙祀。次于六王，十五人以多功，则于五百九十三人之中，仅取冯国用、丁德兴、叶高、吴良、吴祯、康茂才、吴复、曹良臣、孙兴祖九人，以节功。虽今配享六人之中，惟胡大海、赵德胜、耿再成、俞通海、张德胜得与茅成而六，其桑世杰虽在配享，而不得兼庙祀。其神机独会之妙，非口舌能言、笔墨能尽者。”这段话在《驳郭英配享庙祀疏》中则被省略。

清初徐文驹、罗景泐编《明文远》，选取《明文海》中的《请斥添祀疏》加以点评：

> 武定以平滇得侯，与开国功臣迥别，而当时乃造作小说，至欲比绩于徐、常数公，直不满识者之一笑也。

《万历野获编》云：

> 唐胄之驳郭英也，谓太祖手定配享功臣之后，又十六年郭英始以偏裨从大将傅友德平云南，始封武定，则英之得侯，乃云南之功，而非开国之功也。其他说更辩，而世宗终不听。①

(八)《明堂享礼疏》

《明堂享礼疏》作于嘉靖十七年(1538)夏。该文收录于《明实录·世宗实录》卷二百一十三②，全文上千字。《明史》卷四十八

---

① 沈德符：《万历野获编》卷一，《明代笔记小说大观》，上海古籍出版社2005年版，第1908页。

② 《明世宗实录》卷二百一十三，上海书店出版社1984年版，第4376—4379页。

“礼志二·大飨礼”、《明会要》卷八亦有摘录。

王国宪编《传芳集》收录的《明堂享礼疏》，只有不足 400 字，题下注明“见《明史·礼志》”，但其文字与《明史》略有出入，与《明会要》中的文字更为接近。

该文是唐胄最后一篇奏议。唐胄因进此疏而遭罢官。这篇奏议在《明史》唐胄列传中虽然没有引用，却被收录于《明史·礼志》，可见其在明代政治制度史上的重要地位。

《明实录》中，该文开篇为：

> 宋儒朱熹尝以天地合配宗庙同堂为非礼，谓千五百年无人整理。今我皇上创两郊，建九庙，使三代礼乐涣然复明于世，使熹及见之，不知当如何以为颂也。①

此数语，为《传芳集》所无。接下来的文字与《传芳集》大体相同，但在“明堂之配，不专于父明矣”一语之后，《明实录》较之《传芳集》又增加了一段文字：

> 且昔我皇上入纂大统之初，廷臣讲礼不明，执为人后之说，于时推明一本，力正大伦者，惟习书、张璁、桂萼、方献夫、霍韬数人而已，可谓忠臣矣。及何渊有建庙之议，书等则尽力斥之。其言之最切者，在书则曰：“献皇帝入祀大内者，以止生陛下一人，庙祀不可缺也。不敢祔庙者，以未为天子，大统不可干也。”在璁则曰：“先儒谓孝子心无穷，分有限得为而不为，与不得为而为之，均为不孝。皇上追尊献考，别立庙者，此礼之得而为者也。附献考主于太庙者，此理之不得为者也。”在萼则曰：“仲尼有言，孝子不顺情以违亲，忠臣不兆奸以陷君。

① 《明世宗实录》卷二百一十三，上海书店出版社 1984 年版，第 4376 页。

渊说诚陷君矣。皇上可顺情而信之乎?”夫岂不道而数臣言之,盖爱君之切也。于时陛下嘉答诸臣,亦云:“朕奉天法祖,岂敢有干太庙。”圣明深见,固已超越前代矣。而岂今日乃感于丰坊之说乎?[①]

接下来,有“第恨礼部会议”数语,《传芳集》改为“今礼臣”,后面“不能辨严父之非,不举文、武、成、康之盛,而乃滥引汉、唐、宋不足法之事为言,谓之何哉!”一语,文字大致相同。后面,《明实录》中又有一段文字,为《传芳集》所无:

虽然,丰坊明堂之议,虽未可从,而明堂之礼,则不可废。盖今冬夏南、北两郊皆主尊尊,必季秋一大享帝于奉天殿,而亲亲之义始备。自三代以来,郊与明堂各立所配之帝。太祖、大宗功德并盛,比之于周,太祖则后稷也,太宗则文王也。今两郊及祈谷,皆奉配太祖,而太宗独未有配。甚为缺典。故今奉天殿大享之祭,必奉配太宗,而后我朝之典礼始备。[②]

文章结尾处,《传芳集》为“百世不迁矣”,《明实录》则为“亦足垂亿万世无疆之休矣。伏惟裁察”。

《明实录》所收,也未必是完整的原文。《明实录》中摘录的《谏讨安南疏》,就不及黄佐《广东通志》卷六十二“唐胄传”所收文字完整。但《广东通志》未收入《明堂享礼疏》。就笔者目前所见《明堂享礼疏》的各种版本,仍属《明实录》中的文字较为完整。

唐胄的这篇奏疏,开始部分肯定了恢复“明堂之礼”的合理性,后面又对嘉靖初年“议礼派”诸臣的意见有所肯定。这两段文字,《明史》和《明会要》都没有摘录,《传芳集》也未收录。

① 《明世宗实录》卷二百一十三,上海书店出版社1984年版,第4377、4378页。
② 同上书,第4378、4379页。

另外,《传芳集》注明该文引自《明史・礼志》,但《明史・礼志》该文结尾处还有一段话,《传芳集》中没有收录:

> 故臣谓坊明堂之礼不可废也。若夫我皇考恭穆献皇帝得皇上大圣人为之子,不待称宗,不待议配,而专庙之享,亦足垂亿万世无疆之休矣。

唐胄奏议具有重要的史料价值。其奏议多与重大历史事件相关,不仅有助于研究当时朝廷内部的各种政治斗争,也有助于考察唐胄本人的生平、思想和文学才能。

第四章　唐胄思想考论

本章将唐胄思想置于中原、岭南、海南思想文化史的大背景下，致力于揭示多元文化的交流、碰撞对唐胄思想形成过程的影响。在把握唐胄思想特点的同时，凸显其在岭南及海南文化发展史上的特殊意义。

就地域而言，海南地处中国最南端，独特的地理位置使其成为考察中国传统文化辐射力、影响力、包容力的重要文化样本。历史上，海南文化长期被视为岭南文化的一个组成部分。岭南文化是海南文化与中原文化之间的过渡带。从中原到岭南，再到海南，岭、海阻隔，虽未能阻断文化的交流与传播，但也造成了不同的地域文化特色。因此，研究唐胄思想，既要看到大传统的影响，也要留意小传统的影响，以及不同文化传统之间的比较。其中，岭南是连接中原文明与海南文化的纽带，故本章对岭南思想文化史予以特别关注。

就时代而言，唐胄生活在明代中叶，这一时期，是各种新旧文化思潮激烈碰撞的时代，也是岭南文化、海南文化蓬勃发展的时代。唐胄考取进士后，虽然长期隐居海南，直到年过半百，方才复出为官，但他交游广泛，所交皆为思想文化界的名流，其立身、行事颇受世人推重。《明史》称唐胄“耿介孝友，好学多著述，立朝有执持，为岭南人士之冠”①。或许有人会认为这一评价过高，但《明

---

① 张廷玉等：《明史》卷二百零三，中华书局 2000 年版，第 3570 页。

史》作为官方权威历史著作，对唐胄有如此之高的评价，必定事出有因。本章试图在现存文献的基础上，通过对唐胄思想的深入分析，就此给出自己的答案。

由于唐胄生前坚持不编文集，诗文传世较少，增加了其思想研究的难度。考察唐胄思想，可以从三个方面入手：一是主流文化传统与地域文化传统的比较；二是唐胄与其友人及同时代文化名流的比较；三是唐胄本人著述及其整理的前贤诗文集等。这三个方面，大体与本书前面三章的内容相对应。本章将在前三章考证研究的基础上，力求深化对唐胄思想及其文化意义的认识。

唐胄思想体系中，较值得重视的有如下几个方面：一、儒学思想。儒学在长期发展过程中，内部形成了不同流派。明代中叶，白沙心学和阳明心学的崛起，尤其引人注目。唐胄面对不同学派之间的激烈论争，如何取舍，值得关注。儒家强调经世致用，唐胄一生不尚空谈，注重践履，在政治、经济、军事、教育、民族、外交等方面都颇具卓识远见，其儒学思想值得认真总结。二、史学思想。唐胄曾经参编过多部方志，这些方志大都是现存时代较早的明代方志，在体例、内容等方面颇具特色，为后世方志续修奠定了坚实基础，影响深远，因此其史学思想值得我们重视。三、文学思想。唐胄生活的时代，恰逢明代文学复古运动和文学流派论争初兴之时，唐胄与不少文坛名流都有交往，虽然其本人生前坚持不编文集，诗文传世数量不多，但其文学思想也值得予以适当关注。四、宗教思想。唐胄是正统的儒家知识分子，但他笃嗜白玉蟾诗文，还将广西晚唐诗人曹唐的游仙诗编辑成集，体现了其思想中也有出世的一面。自中古以来，儒、释、道三教合流，将入世精神与出世精神相结合，追求天人合一，已成为大多数士人的修身、养心、处世之道。对于宗教，唐胄既不盲目崇信，也不一概贬斥。在这一方面，同样体现出他宽容博大的文化心胸。

总体而言，唐胄的博学观、会通观、天人观、知行观、乡土观、天下观等都值得关注。这些思想特点的形成，既与海南和岭南的地域文化传统的滋养有关，也是中华传统文化强大向心力、包容力的体现。唐胄的思想虽然并无多少标新立异之处，但却打消了中原地区对海南士人固有的种种成见，成为海南文化与中原文化在漫长的历史发展进程中日趋融合的有力见证。

第一节 唐胄儒学思想

唐胄是海南士人阶层的杰出代表人物，对其思想影响最大的首推儒学。唐胄儒学思想的形成，既与儒学在岭南、海南地区的传播历程有关，也受到同时代思想家如丘濬、陈献章、湛若水、王守仁、吕柟等的影响。在讲学之风盛行、儒学内部流派纷呈、思想日趋分化的时代，唐胄以礼学为立足点，对作为官方思想的程朱理学、复兴的关学、新兴的湛王心学，持兼容并蓄的态度，在与同时代思想家的交往中，表现出有容乃大的文化胸怀。

一、唐胄与岭南儒学传统

从先秦时期孔子创立儒家学派算起，至明代中叶，儒学已经走过了两千年的发展历程。在不同的历史阶段，儒学具有不同的时代特点。岭南僻处一隅，在接受中原文化沾溉的同时，形成了相对稳定又较具包容性的儒学传统。

先秦时期，儒家为私学，和道家、法家等并列，均为诸子百家之一。孔子创立儒家学派，目的是要恢复周礼。在儒家思想体系中，礼学占有重要位置。孔子为教育弟子，曾删定六经。六经即《诗》《书》《礼》《易》《乐》《春秋》。秦始皇统一六国后，焚书坑儒，《乐经》失传，流传于世的只有五经。秦汉时期，中原人为了躲避战乱，开始大规模南迁，促进了中原制度文明和礼乐文化在岭南地区的传播。秦汉之际，赵佗建立南越国，对岭南地区制度文化的确立和发展起了重要作用。

汉代，董仲舒倡导“罢黜百家，独尊儒术”，儒家始成为官方统治思想。汉代设五经博士，形成经学。经学又称汉学，分为今文经学、古文经学。今文经学重经世致用，古文经学重训诂考证。汉代经学家陈钦等在岭南苍梧一带著书立说，成为岭南学术史的一个发端。由汉至唐，经学在儒学发展史上一直占据主流。

由于地理位置偏远、交通阻隔等原因，岭南儒学发展相对迟缓，直至唐宋时期，始见起色。唐代，一代名相张九龄（广东韶州人）的出现，标志着岭南本土士人正式走向中国政治、思想、文化大舞台的中心。张九龄凿通大庾岭，为岭南与中土的沟通提供了极大的便利。明代名相丘濬于《唐丞相张文献公开凿大庾岭碑阴记》中称赞：

> 兹路既开，然后五岭以南之人才出矣，财货通矣，中朝之声教日逮矣，遐陬之风俗日变矣。公之功于是为大。①

唐宋时期，大批贬谪文人来到岭南，进一步推动了儒学在岭南地区的传播。阮元《广东通志・谪宦录》云：“唐以前得罪至岭南，皆迁徙为民。至唐始谪为宦，有责授左授之分。”可见，唐代贬谪官员的文化影响力，与前代不可同日而语。贬谪官员对海南儒学发展的带动作用尤为明显。唐代至少有十一位宰相先后被贬谪至海南。中下层官员被贬至海南的更多。唐代贞观末，王义方被贬谪至海南儋州，任吉安县丞。“吉安介蛮夷，素梗悍不驯。义方乃召首领，稍选生徒，为之开陈经书，行释奠礼。清歌吹籥，登降跽立，

① 丘濬：《琼台诗文会稿》卷十七，见周伟民等点校《丘濬集》，海南出版社 2006 年版，第 4286 页。

人人悦顺。"[①]后人将王义方誉为"开创海南儒学教育的第一人"。

就思想史而言,对整个岭南地区儒学发展影响较大的,当属唐代的韩愈。韩愈不仅"文起八代之衰",而且确立了儒学的道统。清代岭南人屈大均将韩愈视为"理学"的开创者。韩愈曾被贬谪至潮州,带动了"潮学"的兴起。唐代岭南人赵德在潮州大力宣扬韩愈的性理之学。明人郭棐《粤大记》卷十四"理学正传",梳理岭南理学发展历程,以唐人赵德冠首。清人屈大均亦称"吾乡理学,自唐赵德先生始"。

唐宋贬谪官员中,对海南文化史影响最大者,首推苏轼。苏轼的文化影响力,源自其高尚的文化人格和独特的文化魅力。苏轼是在人生遭遇挫折后,依旧怀抱着坚定的儒家理想信念来到海南的:

> 苏轼与弟辙相别渡海,既登舟,谓曰:"岂所谓道不行,乘桴桴于海者耶?"[②]

苏轼来到海南,在作兴士气、培育人才方面确实有极大贡献,海南见于史载的第一位举人姜唐佐,就出自苏轼门下。

宋代,士人"摆落汉唐,独研义理"[③],人人竞以己意解经,儒学发展到一个新的阶段,史称"宋学""道学"或"理学"。理学是探讨儒家经典义理的学问。

苏轼的思想被称为"蜀学",具有宋学的特征,但并非典型的理学。北宋时期,理学已有许多流派。如周敦颐的"濂溪之学"(或"濂学")、张载的"关学"、邵雍的象数之学、二程为代表的"洛学"、王安石的"新学"、司马光的"朔学"等。南宋时期,朱熹成为理学的

---

① 唐胄等:《正德琼台志》,彭静中点校,海南出版社2006年版,第693页。
② 同上书,第861页。
③ 永瑢等:《四库全书总目》卷一,中华书局1965年版,第1页。

集大成者。朱熹将儒家经典，从传统的"五经"扩展至"四书"。与朱熹思想渊源较为密切的周敦颐、张载、二程、邵雍被尊称为"北宋五子"。朱熹的思想被称为"闽学"，"濂、洛、关、闽"四家被视为理学正统。

南宋时，程朱理学仍属一家之言。与朱熹同时代，也有不少学派，彼此相互辩难，如陆九渊为代表的"心学"，陈亮、叶适为代表的事功学派等。吕祖谦的"婺学"，则力图调和朱陆之争。当时，朱熹思想的官方统治地位尚未得以确立，甚至还一度遭到朝廷禁止。

宋代，在岭南地区，程朱理学、陆九渊心学等学派均有传人。岭南本地也出现了一些影响较大的学派，如"菊坡学派"，创始人为南宋名臣崔与之，其思想特点是不空谈义理，而是将儒家思想落实到政治、经济、军事、修身等各个方面。唐胄曾经编刊《宋丞相崔清献公全录》，对崔与之极为推崇。

与岭南其他地区相比，位于中国最南端的海南岛，地理位置更为偏僻。但理学传入海南的时代并不算太晚。南宋淳熙年间，朱熹曾经为琼州府学明伦堂书匾、作记，可视为理学传入海南之始。

据《正德琼台志》记载，南宋淳熙九年(1182)，琼州帅守韩壁重修府学明伦堂，修书给朱熹，请朱熹为之书匾并作记。韩壁在信中说：

> 吾州在中国西南万里，炎天涨海之外，其民之能为士者既少，幸而有其记诵文词之习，又不能有以先于北方之学者，故其功名事业遂无以自白于当世，仆窃悲之。今其公堂序室则既修矣，然尚惧其未能知所兴起也，是以愿有谒焉，子其有以振之。①

所谓"记诵文词之习"，就儒学而言，当指传统经学。可见，在南宋

① 唐胄等：《正德琼台志》，彭静中点校，海南出版社 2006 年版，第 336 页。

时，海南文士虽久有向学之心，但理学尚未成为官方思想，在海南影响甚微。

朱熹应韩璧之请，作《明伦堂记》，文中指出：

> 熹窃惟国家教学之意，不为不广，斯人蒙化之日，不为不深，然犹有如侯之所虑者，岂前日之所以教者，未尝导之以其身心之所固有，而徒强之以其外，是以若彼其难欤？因为之书其所闻于古者以告之，使琼之士知夫所以为学者，不外于身心之所固有，而用其一日之力焉。则其德成行修，而无所疑于天下之理，将无难者。而凡所谓功名事业云者，其本已在是矣。若彼记诵文词之末，则本非吾事之所急，而又何足为重轻乎？呜呼！琼士勉旃！①

朱熹的这篇文章，可视为海南理学起步的一个重要标志。

元明时期，程朱理学被正式推尊为官方统治思想。明代科举考试规定，士子可以从《诗》《书》《礼》《易》《春秋》五经中，任选一经，作为经义（即“八股文”）专攻对象。对经义的解读，专以程朱传注为主。

借助科举的魔力，程朱理学影响日益加深。同时，理学也面临沦为应试俗学之危险。许多读书人将理学视为求取功名富贵的敲门砖、垫脚石，整日空谈义理性命，实则于身心毫无得益之处。明代中叶，部分不甘堕落的文人开始大力提倡关学、心学，以救时弊。

程朱理主“敬”，关学倡“气”，心学倡“自得”，虽然宗旨各异，但亦有相通之处。如明代心学代表人物陈献章《和杨龟山此日不再得韵》诗中有句：

---

① 唐胄等：《正德琼台志》，彭静中点校，海南出版社2006年版，第336页。

吾道有宗主，千秋朱紫阳。说敬不离口，示我入德方。
义利分两途，析之极毫芒。圣心信匪难，要在用心藏。
善端日培养，庶免物欲栽。道德乃膏腴，文辞固秕糠。①

白沙身后从祀孔庙。万历年间，朝廷下诏建祠，赐联曰："道传孔孟三千载，学绍程朱第一支。"

唐胄的师长、友人中，有恪守程朱理学者，也有弘扬关学、提倡心学者。唐胄与他们都保持着密切的交往，其思想具有兼容并蓄的特色。

二、唐胄与礼学

唐胄因习礼而步入仕途，晚年又因为"明堂议礼"耿介直言而落职。礼学是唐胄儒学思想的核心。在海南、岭南乃至整个中国的思想文化发展史上，礼学的传播作为文明、开化的象征，也具有十分重要的意义。

中国素有"礼仪之邦"的美誉。儒家大力倡导礼乐文明，使得"礼"在中国传统文化中占据了极为重要的位置。钱穆先生曾经指出，"要了解中国文化，必须站到更高来看到中国之心。中国的核心思想就是'礼'"；"它是整个中国人世界里一切习俗行为的准则，标志着中国的特殊性"②。

中国礼乐文明的发端，可追溯至西周时期。夏人尊命，殷人重鬼，周人尊礼。周公"制礼作乐"，实现了从重视天命鬼神向建立传统人文精神的过渡，被视为儒学先驱，后世推尊其为"元圣"。西周时期，已出现了专门的教育机构，"学在官府"，其教育对象以贵族子弟为主，教育内容有"六艺"，即：礼、乐、射、御、书、数。其中，礼居其首，乐次之。礼的思想核心是"中"，乐的思想核心是"和"。王

---

① 陈献章：《陈献章集》，孙通海点校，中华书局1987年版，第279页。
② 邓尔麟：《钱穆与七房桥世界》，社会科学文献出版社1995年版，第7页。

国维《殷周制度论》指出，“周之制度、典礼，实皆为道德而设”①，“其旨则在纳上下于道德，而合天子、诸侯、卿大夫、士、庶民以成一道德之团体，周公制作之本意，实在于此”②。

春秋时期，礼崩乐坏，孔子毕生致力于恢复周礼。孔子曾删订“六经”，包括《诗》《书》《礼》《易》《乐》《春秋》。秦始皇焚书坑儒，导致《乐》经失传。西汉“罢黜百家，独尊儒术”，“五经”成为汉王朝政治文化的基础。《礼经》最初专指《仪礼》。战国至秦汉年间，儒家学者解释《仪礼》的著作，被汇集为《礼记》。汉成帝时，刘向、刘歆父子校理秘府藏书，又发现了《周礼》。东汉末年，《周礼》《仪礼》《礼记》被并称“三礼”。唐代，“五经”体系扩展成九种文本，“三礼”“《春秋》三传”与《诗经》《易经》《尚书》合称“九经”，其中，《礼记》《周礼》与《仪礼》共同构成《礼经》的概念。后世又加入《孝经》《尔雅》《论语》《孟子》，合称“十三经”。

汉唐时期，对儒家经典的发掘、整理高度重视，经学成为儒学主流。经学内部也存在不少纷争，汉代有今文经学、古文经学之争。今文经学重视《礼记》，古文经学重视《周礼》。关于《周礼》，刘歆认为是周公本人所作，但学界至今仍颇多争议。

宋代，理学取代经学，成为儒学主流。《礼记》中的《大学》和《中庸》两篇被抽出单列，与《论语》《孟子》合称“四书”。元、明、清时期，《礼记》作为科举指定用书，成为《礼经》的代表。

唐宋以来，科举成为儒学传播的重要途径。科举考试始于隋末唐初。“科举”，乃“分科举士”之意。唐代科举有明经、进士等诸科。明经偏重经义，进士兼考诗赋。当时，进士科得人为盛，士子争以考取进士为荣，明经科渐受轻视。延及后世，所谓“分科举士”已名存实亡，“科举”事实上已成为进士科的代名词。历代进士科

---

① 王国维：《王国维文集》，姚淦铭、王燕编，中国文史出版社1997年版，第55页。
② 同上书，第43页。

的考试内容也不尽相同。北宋王安石为相时，废黜诗、赋，专以经义、论、策取士。士子可专治一经，不必五经皆通。

明代承宋、元之后，科举只设进士一科，每一应试士子只考《五经》中的一《经》。除《五经》义外，又增加了《四书》义，合称制义或八股文。

明洪武二年(1369)，令郡县皆立学校，生员专治一经。科举考试每三年举行一次，士子先就乡试。中试者为举人。次年，以举人试之京师，曰会试。中试者，天子亲策于廷，曰廷试，亦曰殿试。乡试以八月，会试以二月，皆初九日为第一场，又三日为第二场，又三日为第三场。初设科举时，初场试经义二道，《四书》义一道；二场论一道；三场策一道。中试后十日，复以骑、射、书、算、律五事试之。后颁科举定式，初场试《四书》义三道，经义四道。《四书》主朱子《集注》，《易》主程《传》、朱子《本义》，《书》主蔡氏《传》及古注疏，《诗》主朱子《集传》，《春秋》主《左氏》《公羊》《谷梁》三传及胡安国、张洽《传》，《礼记》主古注疏。永乐间，颁《四书五经大全》，废注疏不用。其后，《春秋》亦不用张洽《传》，礼记止用陈澔《集说》。二场试论一道，判五道，诏、诰、表、内科一道。三场试经史时务策五道。

八股文并非明代科举考试的唯一应试文体，但却是最重要的文体。只有八股文合式，士子才有中举的可能。称"明以八股取士"，并不为过。八股文只能代圣贤立言，不能随意发挥。官方指定的科举用书，对明代经学的发展具有不容小觑的影响。

唐胄在科举考试中专治《礼记》，官方指定的参考书是陈澔《云庄礼记集说》。据《四库全书总目》卷二十一"云庄礼记集说·提要"：

> 是书成于至治壬戌(1322)，朱彝尊《经义考》作三十卷，今本十卷，通行本，坊贾所合并也。初，延佑科举之制，《易》《书》《诗》《春秋》，皆以宋儒新说与古注疏相参。惟《礼记》则专用

> 古注疏。盖其时老师宿儒犹有存者,知《礼》不可以空言解也。澔成是书又在延佑之后,亦未为儒者所称。胡广等修《五经大全》,《礼记》亦以澔《注》为主,用以取士,遂诵习相沿。盖说《礼记》者,汉、唐莫善于郑、孔,而郑《注》简奥,孔《疏》典赡,皆不似澔《注》之浅显;宋代莫善于卫提,而卷帙繁富,亦不似澔《注》之简便。又南宋宝庆(1225—1227)以后,朱子之学大行,而澔父大献师饶鲁,鲁师黄干,干为朱子之婿,遂借考亭之余荫得独列学官。

可见,陈澔《集说》之所以成为官方指定用书,一是取其浅易简洁,二是其礼学思想与朱子一脉相承。

五经之中,《礼》经较为繁复,所以习《礼》者并不多。这一点,从各房同考官数量变化中也可以看出。明代科举考试,五经分房阅卷。《明史·选举志》云:

> 初制,会试同考八人,三人用翰林,五人用教职。景泰五年从礼部尚书胡淡请,俱用翰林、部曹。其后房考渐增。至正德六年,命用十七人,翰林十一人,科部各三人。分《诗经》房五,《易经》《书经》各四,《春秋》《礼记》各二。……万历十一年,以《易》卷多,减《书》之一以增于《易》。十四年,《书》卷复多,乃增翰林一人,以补《书》之缺。至四十四年,用给事中余懋孳奏,《诗》《易》各增一房,共为二十房,翰林十二人,科部各四人,至明末不变。①

可见,明代科举考试中,《诗经》最为热门,考生数量最多。其次为《易经》《书经》,治《春秋》《礼记》者最少。

---

① 张廷玉等:《明史》,中华书局2000年版,第1135页。

这一点，在海南进士数量中也可以得到验证。以明前期广东琼州府琼山县进士为例，治《诗经》者占了绝大部分，如：景泰五年甲戌（1454）进士林杰、成化五年己丑（1469）进士唐绢、弘治十五年壬戌（1502）进士陈实、嘉靖二年癸未（1523）进士杨恺、嘉靖十四年乙未（1535）进士陈天然、嘉靖十四年乙未（1535）进士周世昭、嘉靖二十年辛丑（1541）进士黄显、嘉靖三十八年（1559）进士黄宏宇、嘉靖四十四年乙丑（1565）进士张学颜等，均是治《诗经》出身。

明前期琼山县治《礼记》考取进士者，则有景泰五年甲戌（1454）进士丘濬、弘治十五年壬戌（1502）进士唐胄、嘉靖二年癸未（1523）进士吴会期、嘉靖十七年戊戌（1538）进士唐穆等。

受资料所限，以上统计并不全面。但治《诗经》者数量远远超过治《礼记》者，是显而易见的。不过，治《礼记》者人数虽少，但造诣颇深。

丘濬于正统九年（1444）参加广东乡试，以《礼记》夺魁，在五经魁首中也名列第一，俗称解元。次年进士不第，后入国子监进修，于景泰五年甲戌（1454）考取进士，会试名列第三十四，殿试名列二甲第一。后曾任礼部侍郎、国子监祭酒、礼部尚书等职，官至大学士，著有《家礼仪节》等。

丘濬的学生、海南临高人王佐，也专治《礼记》。唐胄《王桐乡摘稿序》曰："盖先生自少颖迈，正统末弱冠以礼经魁乡闱，与陈石翁（陈白沙）同庚，俱英妙，榜中称为二俊。"①王佐与陈献章同岁，俱生于宣德三年（1428），于正统十二年（1447）同领乡荐，王佐为礼魁，陈献章则名列第九。次年会试皆不中，俱入国子监读书。王佐在北京国子监游学多年，颇受祭酒吴节、司业阎禹锡器重，太学考试屡夺第一。

王佐的业师除丘濬外，还有唐舟。据此推测，唐舟、唐亮这对

---

① 王佐：《鸡肋集》，刘剑三点校，海南出版社2006年版，第173页。

父子进士，也是治《礼记》出身。由于没查到确切资料，不敢妄断，只能姑且存疑。礼学大概是“攀丹唐氏”的家传之学。唐胄、唐穆这对父子进士，皆治《礼记》。唐胄是广东乡试第二名，会试第五名。在乡试、会试中均夺得“礼魁”。唐穆是广东乡试第四名，也是“礼魁”，会试名列第六十。

明代，在海南乃至整个岭南地区，礼学较为兴盛。《正德琼台志》引王佐《文集》记载，明永乐年间，琼州西厢人吴坦斋曾经在乡里大力推行礼学，“明初琼俗敦朴，礼文苟简，坦斋始以诗书倡导。乡邑凡冠昏丧祭，多所取则”。坦斋门人将其思想传播至京师，“当时莫不景仰琼为海外邹鲁，然后知坦斋天下士也”[①]。另，定安人吴敬，字汝逊，“尚礼好学，专以读书教子为事，士夫咸敬重之。尝与王惠友善，欲结乡约以善琼俗，未果而卒。子姓受遗教者，掇科登仕不绝，邑之文风自此渐盛”[②]。凡此种种，都可见出明初海南礼学渐兴的气象。

成化十年（1474），大学士丘濬著《家礼仪节》，其自序云：

> 礼之在天下，不可一日无也。人类所以异于禽兽，以其有礼也。礼其可一日无乎？成周以礼持世，上自王朝，以至于士庶人之家，莫不有其礼。秦火之厄，所余无几。汉魏以来，王朝郡国之礼，虽或有所施行，而民庶之家，则荡然无余矣。士夫之好礼者，在唐有孟诜，在宋有韩琦，诸人虽或有所著述，然皆略而未备，驳而未纯。文公先生，因《温公书仪》，参以程、张二家之说，而为《家礼》一书，实万世人家通行之典也。议者乃谓此书初成，为人所窃去，虽文公亦未尽行。隐！文公之身，动容周旋，无非礼者。方其存时，固无俟乎此书，今其既没之

① 唐胄等：《正德琼台志》，海南出版社2006年版，第769页。
② 同上书，第762页。

后，有志欲行古礼者，舍此将何据哉！①

在强调了礼学之于儒学的重要性，并简要回顾了礼学发展史之后，丘濬有感于儒教礼学之渐衰，欲重倡朱子《家礼》，有以振之：

> 濬生遐方，自少有志于礼学，意谓海内文献所在，其于是礼，必能家行而人习之也。及出而北仕于中朝，然后知世之行是礼者，盖亦鲜焉。询其所以不行之故，咸曰礼文深奥，而其事未易以行也。是以不揆愚陋，窃取文公《家礼》本注，约为仪节，而易以浅近之言，使人易晓而可行，将以均诸穷乡浅学之士，若夫通都巨邑明经学古之士，自当考文公全书，又由是而上进于古仪礼云。②

是书行世，"家庭孝友，乡党服其化"③。

学校是推广儒学、礼学的重要场所。唐胄主持编撰的《正德琼台志》卷十五"学校上"有一段题序，云：

> 学校，人材风化所关。琼，广藩属郡。汉锡光建学，导之礼义。唐岭南州县学仅四五十人，虽旧与诸郡同，其后人材之盛则独与广、潮齐声。至近岁以名儒大拜，则虽广亦不能及，造就宁无自耶？至于所谓习礼义之教，衣冠礼乐班班然，如圣祖玉音、宋名贤所赏者，则不能无赖于今日上之人培植而长养焉。④

所谓"名儒大拜"，是指丘濬入阁对海南文化发展的带动作用。"上

① 丘濬：《丘濬集》，周伟民等点校，海南出版社2006年版，第4039—4040页。
② 同上书，第4041页。
③ 同上书，第3695页。
④ 唐胄等：《正德琼台志》，海南出版社2006年版，第355页。

之人”，则强调了明朝统治者对海南教育事业发展的重视。

唐胄出身于文化世家，家学渊源，对礼学尤其重视。唐胄“治家严而有方。冠婚丧祭，一遵古礼行之”①。

唐胄曾经为海南琼州府学、琼山县学、儋州官学、万州官学等题文作记，均收入《正德琼台志》中，文中体现了对礼的重视。唐胄反对将科举作为利禄之具，他在《重修琼州府学记》一文中，曾经勉励琼州学子“要必实以儒行，使后之为德、为民、为忠、为良，则是学之于海内，不但建与同时，而中之所出者，常与天下相颉颃，使海滨邹鲁之誉有所征”②。他用自己的言行，为琼州士子作出了表率。

在《重修儋州儒学记》一文中，唐胄感叹北宋王安石改革科举制度：“未几《新经》行，而《周礼》《春秋》又废，则其所以为教者何物？痛哉！”③可见，唐胄不独研习明代科举考试指定的《礼记》，对于作为古文经学的《周礼》也同样重视。明人王应电曾撰《周礼传》十卷、《图说》二卷、《翼传》二卷。《四库全书总目·提要》载，此三书“其经传讹字则于《周礼》以外，兼涉群经，非惟以篆改隶，并欲以籀改篆，则拾其师魏校《六书精蕴》之说，而不知其流于诡诞矣。大抵三书之中，多参臆说，不尽可从。《周礼》《仪礼》至明几为绝学，故取长弃短，略采数家，以姑备一朝之经术，所谓不得已而思其次也”④。四库馆臣从汉学角度着眼，对明代经学、礼学提出批评，指出明代科举只重《礼记》，导致《周礼》《仪礼》几乎沦为绝学。由此可见，唐胄对《周礼》的重视，在当时是非常难能可贵的。

宋代以来，士子为应付科举考试，专治一经，不及其余，学风日渐空疏。明代八股文的流行，加剧了这一趋势。明中叶以来，不少有识之士已经注意到这种现象，并予以严厉的批判。

---

① 王弘诲：《通议大夫户部左侍郎赠都察院右都御史西洲唐公神道碑》，见王力平点校《天池草》卷十九，海南出版社 2006 年版，第 416 页。
② 唐胄等：《正德琼台志》卷十五，彭静中点校，海南出版社 2006 年版，第 352 页。
③ 同上书，第 372 页。
④ 永瑢等：《四库全书总目》卷十九，中华书局 1965 年版，第 154 页。

正德初年的内阁大学士王鏊提及：

至宋王安石为相，黜诗、赋，崇经学，科场以《经》义、论、策取士，可谓一扫历代之陋也。然士专一《经》，白首莫究其余，经史付之度外，谓非已事，其学诚专，其识日陋，其才日下，盖不过当时明经一科耳！……今科场虽兼策、论，而百年之间，主司所重，惟在《经》义，士子所习，亦惟《经》义，以为《经》既通，则策、论可无俟乎习矣。近年，颇重策、论，而士习既成，亦难猝变。夫古之通《经》者，通其义焉耳；今也，割裂、装缀、穿凿、支离，以希合主司之求，穷年毕力，莫有底止，偶得科目，弃如弁髦，始欲从事于学，而精力竭矣，不复能有进矣。①

嘉靖时，以博学著称的大才子杨慎也有同感：

本朝以经学取人，士子自一经之外，罕所通贯。近日稍知务博以哗名苟进，而不究本原，徒事末节。《五经》诸子，则割取其碎语而诵之，谓之"蠡测"；历代诸史，则抄节其碎事而缀之，谓之"策套"。其割取抄节之人，已不通经涉史，而章句血脉皆失其真，有以汉人为唐人，唐事为宋事者，有以一人析为二人，二事合为一事者……近日书坊刻布其书，士子珍之，以为秘宝，转相差讹，殆同无目人说词话。噫！士习至此，卑下极矣。②

清代顾炎武将批判的矛头指向《四书五经大全》，认为：

---

① 王鏊：《震泽集》卷三十三"杂著"，《文渊阁四库全书》本。
② 杨慎著，王大淳笺证：《丹铅总录笺证》卷十"举业之陋"，浙江古籍出版社 2013 年版，第 354 页。

当日儒臣奉旨修《四书五经大全》，颁餐钱，给笔札，书成之日，赐金迁秩，所费于国家者不知凡几。将谓此书既成，可以章一代教学之功，启百世儒林之绪。而仅取已成之书，抄誊一过，上欺朝廷，下诳士子，唐、宋之时有是事乎？岂非骨鲠之臣已空于建文之代，而制义初行，一时人士尽弃宋、元以来所传之实学，上下相蒙，以饕禄利，而莫之问也。呜呼！经学之废，实自此始。后之君子，欲扫而更之，亦难乎其为力矣！①

又谓：

自宋之末造以至有明之初年，经术人材于斯为盛。自八股行而古学弃，《大全》出而经说亡，十族诛而臣节变。洪武、永乐之间，亦世道升降之一会矣。②

引用上述诸家评论，意在说明科举考试对经学、礼学的负面影响。在明代科举制度下，士子专治一经，经义固守一家，不仅导致学风空疏，而且诱使士子竞逐于功名利禄之途，丧失了儒学教育的初衷。

唐胄习礼，不仅仅是为了应付科举考试，更重要的是要把礼的法则和精神贯彻落实到生活当中去，以此振作士风，改良世道人心。他考取进士后，恪守孝道，为侍奉严母，弃官隐居，敦亲睦族，以身作则。复出为官后，在任广西提学期间，严格督导学校的师生练习冠射诸礼，以端正士风的趋向。桂林府学南侧榕树门之上，有一个亭子，过去叫应奎楼。嘉靖四年（1525），在唐胄的建议下，改

① 顾炎武著，黄汝成集释：《日知录集释》卷十八“四书五经大全”，上海古籍出版社2006年版，第1043页。

② 顾炎武著，黄汝成集释：《日知录集释》卷十八“书传会选”，上海古籍出版社2006年版，第1045页。

为仰高亭。应奎只是就科举而言，仰高则是针对人品道德而发。从亭子名称的变化中，也可以看出唐胄端正士风的良苦用心。

唐胄在乡试、会试中两夺礼魁，却无缘在礼部任职，当时许多人都为之感到惋惜。后由南京迁调北京户部侍郎，友人为其送行，有人以户部公务繁杂为忧，友人林文俊云："古称户部为金部，又为民部。夫司徒所职，不专金谷而已。民力之困尤其所当防者也……况今制，六卿虽分职，至有大事下廷臣集议，则不限职守，皆得抗论而极言之。公之往也，偕在廷诸老，雍容庙堂，参陪国论，将见发一言而天下阴受其赐，不但财赋一事而已。然则公之在朝，其所裨益，不多于在此乎？"①

唐胄晚年在京期间，虽任职于户部，但对朝廷礼仪方面的大事也十分关心，先后上《昭典礼疏》和《明堂享礼疏》，引经据典，侃侃直言，反对让权臣武定侯郭勋的祖先郭英配享宗庙，反对明世宗生父配享明堂，虽然他的主张没有被皇帝采纳，但其持论之正，颇受时人及后人推重。

明堂之礼，作为"大礼议"的余波，成为明代礼学史上的一个重要事件。《明史》卷四十八"礼志二"专设"大飨礼"条目，详细介绍了明堂议礼事件的来龙去脉。当时议礼诸臣见解纷纭，《明史》独以唐胄之见为"正议"，大段引用唐胄《明堂享礼疏》，批评明世宗"排正议，崇私亲"。②

儒家礼学并非一味追求繁文缛节，也不是为了迎合帝王权贵的私欲，其核心思想是"中"，通过建立一套恰当的礼仪规范，让社会有序运转，培养人们心中的道德自律意识。

唐胄在礼学方面确有精深造诣。他虽然没有留下专门的礼学著作，入仕之后，也没有像丘濬那样有在礼部任职的经历，而是长期居乡守礼，后又在地方行政机构和户部任职，但唐胄念念不忘贯

---

① 林文俊：《送少司徒西洲唐公序》，《方斋存稿》卷五，《文渊阁四库全书》本。
② 张廷玉等：《明史》，中华书局 2000 年版，第 840 页。

彻、传播礼的精神，在大礼议、明堂议礼、郭英配享宗庙等事件中，敢于挺身而出，据理力争。唐胄的礼学，并不仅仅是科举之学，也不是纸面上的学问，而是真正将礼学思想用于修身、齐家、治国平天下，是身体力行、施之政事的践履之学。

在儒学逐渐沦为俗学的科举时代，唐胄不为功名利禄所牵，不忘儒学本义，以德事君，振作士风，深受时人推重。钟芳称其："盖处而有养，则畜以文德，恒需于郊；出而有为，则渐乎天逵，用仪于羽。志与身而并达，行与宦而俱成，既享荣名，益光晚节。若夫连魁首荐，科第承休，是特公之绪余，而不系乎轩轾也。呜呼！舍事而言道则离，泥地而论人则失。善厥故事，匪道伊何，岭海精英，公评端在。"①确为千古公论。

三、唐胄与理学

明代，海南理学最重要的代表人物是丘濬。丘濬的思想属于比较正统的程朱理学。"先生之学，以紫阳为宗，读书穷理，以究极圣贤之蕴，其志以身致太平为己任。著书必事事求其可行，立朝不干名誉，介然以清节自励。"②

丘濬的代表著作为《大学衍义补》，该书在南宋理学家真德秀《大学衍义》的基础上，对"四书"之一《大学》的思想作了进一步发挥。《大学》有"八条目"，即"格物、致知、诚意、正心、修身、齐家、治国、平天下"。宋代理学偏重于"格物、致知"，以此为根基。丘濬《大学衍义补》则突出了"治国、平天下"的重要性。缘此之故，丘濬对同时代的岭南理学家陈献章也多有不满，认为陈献章的思想是为己之学，未能施之于治理国家。丘濬与陈献章在学术上持见不

① 钟芳：《祭唐西洲文》，见周济夫点校《钟筠溪集》卷十六，海南出版社 2006 年版，第 345 页。

② 郑廷鹄：《琼台会稿后序》，见周伟民等点校《丘濬集》，海南出版社 2006 年版，第 3695 页。

同,这属于正常现象。但丘濬没有处理好与陈献章在学术分歧之外的关系,遭受了不少非议。唐胄作为海南人,对琼州先贤丘濬自然十分崇敬,但他并不轻视陈献章的心学思想,且与陈献章的弟子湛若水结为终身至交。

唐胄对朱熹的理学思想有较深刻的领会,且能够施之于政事。嘉靖五年(1526),明世宗自诩好学,作《敬一箴(并序)》,颁之太学及各郡邑学校,与《程子四箴》《范子心箴》并刻于石碑。明世宗自称:

> 朕以冲人,缵承丕绪,自谅德寡,昧勉而行之。欲尽持敬之功,以驯致乎一德。其先务又在虚心寡欲,驱除邪逸,信任耆德,为之匡辅。敷求善人布列庶位,斯可行纯王之道,以坐致太平雍熙之至治也。朕因读书而有得焉,乃述此以自勖。其《箴》云:"人有此心,万理咸具,体而行之,惟德是据。敬焉一焉,所当先务;匪一弗纯,匪敬弗聚。元后奉天,长此万夫;发政施仁,期保鸿图。敬怠纯驳,应验顿殊。征诸天人,如鼓答桴。朕荷天眷,为民之主。德或不类,以为大惧。惟敬惟一,执之甚固。畏天勤民,不遑宁处。曰敬惟何,怠荒必除。郊则恭诚,庙严孝趋。肃于明庭,慎于闲居。省躬察咎,儆戒无虞。曰一维何,纯乎天理,弗三以三,弗二以二。行顾其言,终如其始。静虚无欲,日新不已。圣贤法言,备见诸经。我其究之,择善必精。左右辅弼,贵于忠贞。我其任之,鉴别必明。斯之谓一,斯之谓敬。君德既修,万邦则正。天亲民怀,永延厥庆。光前裕后,绵衍蕃盛。咨尔诸侯,卿与大夫,以至士庶,一遵斯谟。主敬协一,罔敢或渝,以保禄位,以完其躯。古有盘铭,目接心警。汤敬日跻,一德受命。朕为斯箴,拳拳希圣。庶几汤孙,底于嘉靖。"

明世宗大概是有感于"大礼议"事件中,群臣对其"不敬",所以才作此《箴》,要求大臣们:"主敬协一,罔敢或渝,以保禄位,以完其躯。"当然,明世宗对自己也提出了要求:"惟敬惟一,执之甚固。畏天勤民,不遑宁处。曰敬惟何,怠荒必除。郊则恭诚,庙严孝趋。肃于明庭,慎于闲居。"但明世宗并未真正履行自己的诺言,他晚年崇信道教,怠于朝政。

明世宗作《敬一箴》,自己作出敬天保民的样子,其实这并非重点,他真正要强调的是"为臣以敬"。唐胄则借着明世宗的理学话头,用"为君以德"劝诫明世宗。嘉靖八年(1529),唐胄上《崇圣德以延国祚无疆疏》,借朱子之言,对《敬一箴》作了阐发,委婉地对世宗提出忠告:

> 盖宋大儒朱熹推《书》"惟精惟一、允执厥中"之说,有曰:"尧舜禹天下之大圣也,以天下相传,天下之大事也。以天下之大圣行天下之大事,而授受之际,丁宁告戒,不过如此。则天下之理,岂有以加于此哉?是帝王必此之务,乃谓之学。若但如儒生以之资口耳,益词翰之末,则虽劳岁月,忘寝食,亦何益于治?"然其本又在于敬,故朱熹又谓:"敬者,圣学成始成终之要。"盖精一即大学之格物致知,允执即大学之诚意正心,故始焉非敬,则此心不敛,而沦于昏,无以为格致之本。终焉非敬,则此心或杂而失于固,无以收诚正之功。①

嘉靖十七年(1538),唐胄在《明堂享礼疏》中,也以朱子理学为主要依据,与世宗进行抗争。朱子思想在明代为官方统治思想,加上唐胄持议之正,令明世宗无可辩驳。

四、唐胄与关学

关学是宋明理学的一个重要分支,主要流行于河南、陕西一

① 张邦翼:《岭南文献》卷六,《四库全书存目丛书补编》第 21 册,齐鲁书社 2001 年版,第 148 页。

带。其奠基人是北宋理学家张载(1020—1077)。张载祖籍大梁(今河南开封),生于长安(今陕西西安),长期在横渠讲学,世称"横渠先生"。他的名言"为天地立心,为生民立命,为往圣继绝学,为万世开太平",被称作"横渠四句",对后世影响深远。

南宋岭南名臣崔与之对"横渠四句"非常欣赏。崔与之也有四句座右铭:"无以嗜欲杀身,无以财货杀子孙,无以政事杀民,无以学术杀天下后世。"其门客临江人萧人山书"横渠四句"以为对,崔与之甚喜之。[①] 在宋代理学思想体系中,关学是较具经世精神的一个分支。

张载与周敦颐、邵雍、程颐、程颢合称"北宋五子",其思想在明代也属于官方儒学思想。关学的特点是重"气",主张"理在气中"。明代中期,当程朱理学逐渐沦为科举俗学之际,关学的价值便逐渐突现出来了。

明中叶,关学人才辈出,代表人物有理学名臣王恕(1416—1508)、刘健(1433—1526)、吕柟(1479—1542)等。

王恕是陕西三原人,与其子王承裕并为关学分支"三原学派"的代表人物。王恕历仕英宗、代宗、宪宗、孝宗、武宗五朝,官至吏部尚书,为人刚正清严,在当时享有重望。成化、弘治年间,王恕与丘濬同朝为官,但两人在思想、性格等方面不合,在政治上也有许多矛盾。这也影响了后人对丘濬的评价。

刘健是河南洛阳人,曾经与丘濬一同在内阁任职,与丘濬在学术上也存在一定分歧。在刘健看来,丘濬虽然博学,但思想缺乏纲领。丘濬则反唇相讥,认为刘健的关学思想虽有纲领,没有学问,也是枉然。

弘治年间,刘健任内阁首辅,与湖南茶陵人、当时的文坛领袖李东阳同在内阁为官。当时,政坛上存在南北之争,影响波及文坛。

---

① 崔与之:《宋丞相崔清献公全录》,广东人民出版社 2008 年版,第 20 页。

继以李东阳为领袖的茶陵派之后，前七子崛起。前七子大部分为北方人，李梦阳、何景明是河南人，康海、王九思是陕西人，他们受关学思想影响较深。前七子高倡“文必秦汉，诗必盛唐”，秦、汉、盛唐的政治文化中心均在北方，其文学主张含有为北方文化争胜的意味。

刘健为人刚正不阿，李东阳为官则较为圆滑。正德初，大太监刘瑾把持朝政。刘瑾是陕西人，对陕西同乡极力拉拢，以壮大自己的政治势力。刘健不肯与刘瑾为伍，欲铲除之，失败后，被迫辞官。李东阳接任内阁首辅后，采取明哲保身的态度，与刘瑾虚与委蛇。在与刘瑾的斗争中，理学名臣刘健与文学家李东阳形成鲜明对照。

前七子作为年轻的进士群体，不仅以诗文著称于世，其政治气节同样受到世人推重。前七子中，康海与李东阳的矛盾和斗争最为激烈。李梦阳、何景明等人与李东阳虽有师生之谊，但也对李东阳在政治上的软弱颇为不满。

唐胄与前七子中的何景明、康海是同年进士。正德年间，唐胄始终隐居不出，直至嘉靖初年始出仕。此时何景明已经去世。康海也早已罢官还乡。但康海的好友、著名理学家吕柟，当时也与唐胄一起应召复出为官。两人志同道合，结为至交。

吕柟初受业于渭南薛敬之，以河东理学家薛瑄为宗。吕柟自幼“不妄语，不苟交。夙夜居一矮屋，危坐诵读，虽炎暑不废衣冠”①。传说吕柟十七八岁时，梦见宋代理学家程颢、吕祖谦，向他们请教，从此学问大进。正德、嘉靖间，在心学流行的时代，吕柟不为潮流所左右，发扬关学传统，自成一家。他在思想界十分活跃，著述颇丰，有《泾野集》三十六卷，及《周易说翼》《尚书说要》《毛诗说序》《礼问》《春秋说志》《四书因问》《泾野子内篇》《周子抄释》《张子抄释》《二程子抄释》《朱子抄释》等。

从唐胄与何景明、吕柟等人的交往中，可以看出，唐胄虽然是

---

① 冯从吾：《关学编》卷四，陈俊民、徐兴海点校，中华书局1987年版，第41页。

岭南人,但他不受地域限制,对流行于北方地区的关学也很重视。这是唐胄与丘濬的不同之处。与丘濬相比,唐胄不仅勤敏好学,而且思想更加兼容并蓄。关学重气节,唐胄也以耿介孝悌、忠直节义著称。唐胄立身之谨严、胸怀之博大、识见之高远,与关学的影响有一定关系。

五、唐胄与心学

明代中叶,不论在岭南地区,还是在中原地区,影响最大的社会思潮,非心学莫属。心学的传播与流行,为当时沉闷的思想界吹进了一股清风。心学作为宋明理学的一个分支,在阐发儒家经典义理的同时,更加注重发明本心。

明代心学,影响最大者有两家,一是白沙心学,一是阳明心学。《明史・儒林传序》谈及明代理学与心学之分:"原大明初诸儒,皆朱子门人之支流余裔,师承有自,矩镬秩然。曹端、胡居仁笃践履,谨绳墨,守先儒之正传,无敢改错。学术之分,则自陈献章、王守仁始。"①《明儒学案・白沙学案》则指出白沙心学与阳明心学的异同:"有明之学,至白沙始入精微。其吃紧工夫,全在涵养。喜怒未发而非空,万感交集而不动,至阳明而后大。"②

白沙心学的代表人物是岭南人陈献章及其弟子湛若水。陈献章(1428—1500),字公甫,号石斋,广东新会之白沙里人,世称"白沙先生"。正统十二年(1447)举广东乡试,次年会试中乙榜,入国子监读书。曾访学于江西学者吴与弼,学问大进。成化二年(1466),复游太学,和宋儒杨时《此日不再得》诗,名动京师。成化五年(1469),再赴会试,不中,从此绝意科举,讲学于江门。白沙之学主静、贵疑,倡导"以自然为宗"和"学贵乎自得"。其诗学造诣也颇高。作为理学家,陈献章将诗歌与哲学思想完美地结合在一起,

---

① 张廷玉等:《明史》,中华书局 2000 年版,第 4827 页。
② 黄宗羲:《明儒学案》,《文渊阁四库全书》本。

其诗与同时代学者庄昶齐名，世称“陈庄体”。

白沙心学在岭南乃至中原地区都有较大影响，在海南的传播却遇到一些阻力。当时，在海南地区，丘濬思想影响极大。丘濬重视经济，陈献章主静坐养心，两者治学路向相反。成化十九年(1483)，应有司推荐，陈献章被征召至京师，却没有直接被授予官职，而是“令就试吏部”。陈献章屡辞疾不赴。最后授翰林检讨而归。陈献章应召未果，有说为重臣尹旻所沮者。丘濬时任礼部侍郎，与陈献章为岭南同乡。陈献章至京后，与丘濬也有过一席交谈，但两人话不投机。在丘濬看来，陈献章有沽名钓誉之嫌。

丘濬与陈献章在学术上有分歧。丘濬恪守程、朱理学，反对于理学之外别立心学名目。这一点，从丘濬任国子监祭酒时给诸生出的一道策问中也可以看出来：

> 我祖宗准古制，立进士科，以《五经》《四书》取士，一主程、朱之说，今日士子所习以应科者，是即先儒所谓道学也。但学者假此以出身，谓其无得于身心则有之矣，若谓此外又别有所谓向上一著，而后谓之道学，吾不知其何说也。自洪武、永乐以来，一上之养于学校，进于科目，仕于中外并无异议。今世士子，乃有辄于举业之外，别立门户，而自谓为道学者，然彼自相称谓草泽之中可也，而吾士夫由科目以仕中外者，亦从而张大之。何耶？岂习见宋人凡攻道学者，即谓之邪党而为此邪，鸣呼！凝人必于其伦，兹岂其伦邪说者，有谓朱子道问学之功多，陆氏尊德性之功多，斯人之徒盖专主陆氏尊德性之学，措其心于言语文字之外，其然，岂其然哉？且《中庸》谓君子尊德性，而道问学二者之功，其可偏废欤？朱子之学，其果一偏之学欤？或者之言是欤？非欤？①

① 丘濬：《丘濬集》，周伟民等点校，海南出版社2006年版，第4017页。

策问中提到的“于举业之外，别立门户，而自谓为道学者”和“斯人之徒盖专主陆氏尊德性之学，措其心于言语文字之外”，明显是针对心学而发。丘濬任国子监祭酒是在成化年间，当时阳明心学尚未诞生，所以只能是针对白沙心学而发。

虽然丘濬与陈献章只是学术上有分歧，但作为岭南同乡，丘濬在陈献章仕途受阻时，没有为陈献章扬誉，反而予以贬斥，时人因此对丘濬也颇有微词。

在丘濬的故乡海南，崇拜陈献章者也不乏其人。弘治年间，湖广人汪廷贞任海北盐课提举，游宦海南。公务繁忙之余，汪廷贞在沿海诸场大力兴办社学，以教俊秀。他还修建了乐古书院，专使延请陈献章赴琼州讲学，被陈献章以老病为由婉拒。汪廷贞建怀沙亭，将陈献章寄来的书信刻于亭中石碑之上，以示纪念。怀沙亭成为海南著名古迹，海南士人到此多有题咏。陈献章的足迹虽然未至海南，但其思想却在琼州大地上逐渐传播开来。

清人王廷傅有一首《怀沙亭怀古》长诗云：

> 岭南理学邦，有明集大成。丘海学元晦，杨薛学阳明。宗旨既纯正，德业胥专精。卓哉白沙子，体道毅力宏。从游康斋门，兼通朱与程。静中养端倪，天理元一诚。飞跃鸢鱼乐，吟弄风月清。入室多高弟，及门罗群英。一代仰山斗，为吾道干城。提举宦琼管，素慕文恭名。诗札频往来，投赠寻旧盟。细葛远相贻，报乏瑶与琼。故人书一纸，感谢见交情。上言遭亲丧，读礼泪纵横。下言焚笔砚，代书烦友生。借此通款曲，临颖心怦怦。恪奉来教言，佩服惟廷贞。思为后学法，特建怀沙亭。刻石垂懿训，学问期深闳。性道闻可得，功利戒兼营。惟求存养密，不与时命争。此是真儒修，可为百世型。我今来瞻仰，时代已变更。摩挲读遗刻，幸获入门庭。窃叹今学者，载籍徒乞灵。文章务时尚，功名盗虚声。所见多孤陋，所邀皆殊

> 荣。叨博过情誉，莫知耻躬行。徒为科举学，外重而内轻。询以粤学派，几等不识丁。其欲何逐逐，其志瞭冥冥。道统叹将绝，谁为传圣经。歧途已误入，纷扰役心形。惟望我同志，信道守硁硁。存诚性自定，去私物莫撄。中怀坦荡荡，内念常惺惺。江门遵遗教，静坐毋将迎。不负名亭意，披书手不停。渊源接往代，仰慕素心倾。俗学扫支离，异学杜争鸣。纵未列门墙，私淑矢迈征。典型今尚在，千载惟德馨。①

不论丘濬、海瑞之学，还是阳明、白沙之学，都重在发挥《大学》之旨。"大学"即"大人之学"，追求博大的人生境界，这与科举时代"文章务时尚，功名盗虚声"的俗学是截然不同的。

唐胄主持编纂的《正德琼台志》中，没有提及乐古书院，也没有提及怀沙亭，可见当时白沙心学在海南的影响还有限。但这并不意味着唐胄排斥心学。唐胄与白沙高弟湛若水保持着长达十几年的深厚友谊，充分证明了唐胄对心学也持开放的、兼容并蓄的态度。关于唐胄与湛若水交往的详细情形，本书第二章已有考论，兹不赘言。

湛若水的心学思想，在承袭师说的基础上，也有自己的发挥，形成了自己的学派，世称"甘泉学派"。他常年四方讲学，进一步扩大了心学的影响。湛若水与王守仁生活在同一时代，两人同时宣扬心学，但学术宗旨也不尽相同。"王、湛两家，各立宗旨，湛氏门人，虽不及王氏之盛，然当时学于湛者，或卒业于王，学于王者，或卒业于湛，亦犹朱、陆之门下，递相出入也。"②

王守仁（1472—1529），字伯安，浙江余姚人。他曾筑室于会稽山阳明洞，自号阳明子，故世人都称其为阳明先生。王守仁是明代

---

① 朱为潮主修，李熙、王国宪总纂；邓玲、邓红点校：《民国琼山县志》，海南出版社2004年版，第683页。

② 黄宗羲：《明儒学案·甘泉学案》前言，《文渊阁四库全书》本。

心学的集大成者。“有明学术，从前习熟先儒之成说，未尝反身理会，推见至隐，所谓‘此亦一述朱，彼亦一述朱’耳。”①王守仁拈出“致良知”一语，为后世学者指明了成圣之道。其“天泉四句教”云：“无善无恶者心之体，有善有恶者意之动，知善知恶是良知，为善去恶是格物。”与朱子主张由格物而致知、先知后行不同，阳明认为，“圣人之道，吾性自足”②，不假外求。不仅要致知，更要“致良知”，做到“知行合一”。这对扭转当时士林言行不一的虚伪风气具有重要意义。

唐胄与王阳明年龄相仿，科举、仕途履历也多有重合，但在现存文献中，却并未发现任何有关两人交往的文字记录。这大概与空间和时间的错位有关。唐胄出生于偏远的海南岛，而王阳明长期活跃在思想文化比较发达的京城、江浙地区。唐胄虽然年轻时便考取了进士，但一直在家乡隐居，嘉靖初始外出为官，而此时王阳明已回乡讲学。两人都曾经在广西、南赣（今江西、广东、福建等省的交界处）、南京、北京等地为官，但时间先后不同，故屡屡阴错阳差，擦身而过，导致两人竟终生未曾谋面。

王守仁是弘治十二年（1499）伦文叙榜的进士。唐胄于弘治十一年（1498）广东乡试中举，次年本应赴京参加会试，但由于距离京师路程遥远，家中父母年迈多病，唐胄没有参加这一年的会试。

弘治十五年（1502），唐胄考取进士后不久，便归乡守制，此后长期隐居海南。但是，对于王守仁的大名，唐胄也有所耳闻。正德十一年（1516）春，唐胄作《老佛庙记》，文中提及：

> 近喜谈道者，有言曰：“今世学者莫不知宗孔孟，摈老释，圣人之道若大明于世。然从而求之圣人，吾不得而见之矣。

① 黄宗羲：《明儒学案·姚江学案》前言，《文渊阁四库全书》本。
② 王守仁：《王阳明全集》，吴光、钱明、董平、姚延福编校，上海古籍出版社1992年版，第1228页。

其能有若老氏清净自守者乎？释氏之究心性命者乎？彼于圣道虽异，然犹有自得，非若今之学者，以仁义为不可学，性命之无益，而从取辨于言辞之间。”①

文中说的“喜谈道者”，即王守仁。引用的文字，出自王守仁《别湛甘泉序》。王守仁认为，佛教和道教都在认真地思考人生问题，都是用其所学来指导人生的。而社会上有很多读书人满口仁义道德，但只是挂在口头上，并没有落实到现实人生当中。从这个角度看，不应盲目地排斥佛教、道教。唐胄在这段文字之后写道：“余喜其见之有似于孔氏也。”②孔子也曾向老子问道，称赞老子“其犹龙也”。唐胄充分肯定了王守仁对佛教和道教的看法，认为这与孔子的观点是一致的。

王守仁不仅仅是一个“喜谈道者”，他在事功方面也卓有建树。正德十一年（1516），王守仁曾经受命以都察院左佥都御史的身份巡抚南赣汀漳等处。南赣位于江西南部，其东、西、南三面与分别福建、湖南、广东三省接壤，地处万山峻岭之中。明初的时候，这里还是一个人烟稀少的地区。明代中期以后，农民税负日趋加重，加上自然灾害等原因，迫使大批农民背井离乡，沦为流民。到英宗正统年间，出现了全国性的流民运动。赣南有大量未开垦的荒地，一时有大量流民涌入这一地区。这些流民成分复杂，不受官府管束，白天下山耕种，夜则各遁山寨，于是，在高山大谷，接岭连峰的江湖闽广边界处，形成了众多的“贼区”。王守仁到任后，招抚并用，率领手下的一班文吏及偏裨小校，“平数十年巨寇，远近惊为神”③。王守仁还在当地推行“南赣乡约”，移风易俗，立社学、修书院，亲自

① 潘廷侯、佟世南修，吴南杰纂：《康熙琼山县志》（康熙二十六年本），海南出版社2006年版，第565页。

② 同上。

③ 张廷玉等：《明史》卷一百九十五，中华书局2000年版，第3439页。

讲学,带动了赣南文化的发展。后来,王守仁又从这里带兵出发,平定了江西宁王朱宸濠的叛乱,挽救了大明江山,被封为“新建伯”。后辞官回乡讲学,嘉靖六年(1527)年复出,任两广巡抚,平定了广西思恩、田州地区的“叛乱”后,返乡途中,病逝于江西南安府。

王守仁出仕的时候,唐胄还在琼州隐居。等到唐胄复出,在广西任提学佥事的时候,王守仁已经辞了官在浙江一带讲学。唐胄于嘉靖元年(1522)重返政坛。次年春天,适逢人比之年,唐胄被委任为会试同考官。明代思想界的激烈斗争,在这一年的科举考试中集中地体现出来。当时,王守仁正在东南地区讲学,当道者对王守仁十分嫉恨,在会试策论题目中暗中诋毁王守仁,有焚书禁学之议。唐胄对王学不存偏见,录取了很多支持王守仁学说的考生,其中包括王守仁弟子欧阳德(1496—1554)。欧阳德本无意参加科举考试,在王守仁的一再督促下,方才赴试。他在策问中不肯迎合主考官,极力阐明王阳明的思想,本以为会落榜,不想最终被录取为二甲进士。欧阳德考取进士之后,与唐胄一直保持着亲密的友谊。

嘉靖年间的“大礼议”事件,是明代思想界的一块试金石。就政治立场而言,当时朝中可分为两派,一是拥护明世宗追尊生父的“议礼派”,二是持反对意见的“护礼派”。各派内部,思想也不尽相同。“议礼派”成员中有两位广东人——霍韬和方献夫。他们都因议礼而骤贵。霍韬的思想偏于正统的程朱理学,指斥陆九渊心学“似是而非”,认为王阳明心学浅薄。方献夫是王守仁弟子,官至礼部尚书,多次在朝中为王守仁仗义执言。

王守仁、湛若水等心学家在“大礼议”事件中,思想其实是偏向于“议礼派”的。但是在当时的政治形势下,他们又不好发表自己的见解,于是选择了沉默,不肯因“议礼”而骤贵。唐胄在“大礼议”中,持论也不那么偏激。在其晚年的《明堂享礼疏》中,唐胄对“议礼”派诸臣并没有彻底否定,而是客观地指陈其得失。

隆庆初年,薛侃上《辨明功罚疏》,提及嘉靖间功高应赏者一共五人，除唐胄外，还有：已故原任刑部尚书林俊，已故原任南京兵部尚书新建伯王守仁，已故原任南京兵部尚书湛若水，已故原任南京工部尚书吴廷举。这五人，在当时都大名鼎鼎、深孚众望。“以上五臣，其任职先后虽稍不同，而负忠良重望则无二致。明诏所谓应得恤典而未得者，此其最也。”①薛侃请求将这五位名臣一起追补赠谥、祭葬、荫子等项，以示奖劝。

虽然唐胄与王阳明本人没有直接的交往，但两人生活在同一时代，面临着共同的政治环境，呼吸着相同的思想空气，有不少共同的友人，如湛若水、吕柟、欧阳德等。王阳明代表了当时思想界的新动向，唐胄身上则体现出岭南士人对传统儒学和新兴儒学思想主动地、有选择地接受的过程。这一过程，亦是中原文化在海南地区传播情形的一个缩影。

第二节　唐胄实学思想

唐胄儒学造诣颇深，但未留下任何学术著作，而是将儒学贯穿于立身行事、经世济民，这恰恰是其实学精神的体现。

重视践履，经世致用，是儒家思想的重要特色。儒学在发展过程中，产生了众多学派。其中，南宋陈亮、叶适为代表的事功学派，晚明泰州学派，明末清初的颜李学派等，往往被视为实学的代表。其实，不论是传统的礼学、经学，还是后起的理学、心学，都含有实学的成分。

就经学而言，今文经学重视经世致用，是实学；古文经学求真务实的治学精神，又何尝不是实学？

就理学而言，程颐说：“治经，实学也……如国家有九经，及历

① 王守仁：《王阳明全集》卷三十九，吴光、钱明、董平、姚延福编校，上海古籍出版社1992年版，第1491页。

代圣人之迹，莫非实学也。”①朱熹在《中庸章句题解》中说：“其书始言一理，中散为万事，末复合为一理，放之则弥六合，卷之则退藏于密，其味无穷，皆实学也。”②

就心学而言，南宋陆九渊主张“为学有讲明、有践履”“一意实学，不事空言”，认为“躬行践履”即是“唐虞三代实学”。明代，王阳明提倡“实地用功”“切实用力”“人须在事上磨炼做工夫乃有益”“钱谷兵甲，搬柴运水，何往而非实学”。阳明大弟子王畿指出：“夫儒者之学，务为经世，但患不得其要耳。”③“学不足以经世，非儒也。”④“随其力所及，在家仁家，在国仁国，在天下仁天下，所谓格物致知，儒者有用之实学也。”⑤

关于实学的含义，可以从不同角度加以解读。一是指学风，脚踏实地做学问，是实学；二是指心性之学，有益于个体身心道德的学问，是实学；三是指经世之学，有用于国家、社会、民生的学问，更是实学。这三个方面，分别涉及学统、道统、政统，既有区别，也有内在联系。

当代新儒家代表人物熊十力认为：

> 实学一词，约言以二：一、指经世有用之学言。二、心性之学，为人极之所由立，尤为实学之大者。⑥

张学智则认为：

---

① 程颢、程颐著：《二程集》，王孝鱼点校，中华书局1981年版，第2页。
② 朱熹撰：《朱子全书》(第6册)，朱杰人、严佐之、刘永翔编，上海古籍出版社2010年版，第32页。
③ 王畿：《阳明先生年谱序》，见吴震编校整理《王畿集》卷十三，凤凰出版社2007年版，第340页。
④ 王畿：《王瑶湖文集序》，见吴震编校整理《王畿集》卷十三，凤凰出版社2007年版，第350页。
⑤ 同上书，第351页。
⑥ 熊十力：《读经示要》，《熊十力全集》第三卷，湖北教育出版社2001年版，第849页。

> 从中国古代典籍对实学内容的界定,从历史上实际发生的思想潮流的变迁来看,实学实际上是一个标志学术转型的价值性名称,不是一个有确定内容并因之与他种思潮区别开来的学术概念。它以它所贬斥的思潮或学风为虚见,以自己所认可的学术内容为实学。究其大端,中国历史上的实学概念主要包含人格修养上的实有诸己,经学上的通经致用和笃实解经学风,以及事功上的经世致用。可以概括地说,它的主要内容是修德、通经、致用三个方面。①

"实学"往往被古人用于批判"俗儒",即科举之学。有时,也用于批评对立的思想学派。譬如,丘濬反对陈献章的心学,认为心学无补于世,并非实学。但是,在科举时代,陈献章不汲汲于功名,于身心性命之际确有所得,对纠正士风不无裨益。由此观之,白沙心学亦可视为实学。丘濬作《大学衍义补》,追求经世致用。思想倾向于关学的刘健,却认为丘濬的学问就像一屋子散钱,学无根基,不能一以贯之。丘濬则认为刘健只有串钱的绳索,没有铜钱,绳索又有何用?丘濬、陈献章和刘健,学术路径不同,"实学"观念也各不相同。

唐胄学有根基,对各家思想也能够兼容并蓄,就是因为他认识到,各个学派都含有一定的实学成分,虽然治学取径不同,最终都能殊途同归。

以上是就治学路径而言。就实学的具体研究对象而言,凡礼、乐、兵、农,包括田制、水利、漕运、赋税、荒政、兵制、边防、吏治、科举等诸多领域存在的现实问题,都在士人关注的范围之内。在儒家看来,这些都是治平之学。

唐胄善于向古人和时贤学习,究心经史、时事。钟芳《故户部

---

① 张学智:《中国实学的义涵及其现代架构》,《北京大学学报(哲学社会科学版)》2003 年第 6 期。

左侍郎唐公墓志铭》称唐胄“外和内劲，以器识忠亮自负”①。唐胄的自负，不是盲目自信，而是建立在深厚学养的基础之上。同时，唐胄实学思想的形成，与岭南地区悠久的实学传统也密不可分。

一、唐胄与岭南实学传统

历史上，岭南地区由于地理位置偏远，交通相对闭塞，虽然中原学术风气屡变，岭南学术传统则相对稳定。与中原地区相比，由于岭南开化较晚，经济、文化长期滞后，这也形成了岭南学术较为务实的特色。既重视心性之学，也注重经世之学，并且将两者相结合，气节与事功并重，是岭南实学精神的具体呈现方式。

岭南实学精神的代表人物，可以从唐代名相张九龄谈起。张九龄是第一个走上国家政治舞台中心的岭南人，对后世影响深远。张九龄的儒学思想受今文经学影响较为明显，他继承了董仲舒的“天人感应”论，好以天人关系联系时政，劝说君主以德治国，强调君主要“以大道为原，以至仁为根”②“王者务德……务德者昌，务广地者亡”③。在此基础上，他还兼容法家思想，“用商君耕战之图，修充国羌胡之具”④。张九龄在政治上极具远见卓识，很早就察觉安禄山的野心，多次奏请唐玄宗除掉安禄山：“禄山狼子野心，面有逆相，臣请因罪戮之，冀绝后患。”“夫阳者发生之道，阴者肃杀之义。必肃杀而后能发生者，势也。苟秋肃不行，必为姑息之患……是以率直犯颜，望行天怒，深听守硅之奏，立斩禄山之叛。”⑤张九龄还以直言敢谏著称，他自称“苟效用之得所，虽杀身

---

① 钟芳：《钟筠溪集》，周济夫点校，海南出版社2006年版，第370页。
② 张九龄：《龙池圣德颂》，《曲江集》卷一，《文渊阁四库全书》本。
③ 张九龄：《策问·第二道》，《曲江集》卷十六，《文渊阁四库全书》本。
④ 张九龄：《大唐赠使持节泾州诸军事泾州刺史牛公碑铭并序》，《曲江集》卷二十，《文渊阁四库全书》本。
⑤ 张九龄：《请诛安禄山疏》，《曲江集》卷十，《文渊阁四库全书》本。

而何忘！”[①]开元二十五年(737)，张九龄遭罢免，成为盛唐治乱的分水岭。杜甫的《八哀诗》组诗以《故右仆射相国张公九龄》收束，开篇云：“相国生南纪，金璞无留矿。仙鹤下人间，独立霜毛整。矫然江海思，复与云路永。”[②]诗中主要是赞美张九龄的人品与诗歌成就，但也包含着对开元盛世的怀念。张九龄以风度著称，唐玄宗曾称赞他是“王佐之才”，有相臣“风度”，宰相每引荐公卿，帝必问：“风度能若九龄否？”[③]今广东韶关筑有“风度楼”以纪念张九龄。司马光《资治通鉴》评价玄宗朝宰相，称张九龄“尚直”。明清之际的思想家王夫之在《读通鉴论》中说张九龄“生于教衰行薄之日”，但能“清节不染于浊流，高蹈不伤于钳网”，堪称“一代泰山乔岳之风标”。[④] 张九龄的政治远见、直言敢谏、高风亮节，成为后世岭南士人学习的楷模。

北宋名臣余靖也是岭南实学精神的重要代表人物。就心性之学而言，余靖在从政之初，便立下《从政六箴》[⑤]，以“清”“公”“勤”“明”“和”“慎”六字作为自己的为官准则。他直言敢谏，曾参与范仲淹为首的“庆历新政”，与欧阳修、蔡襄、王素并称“庆历四谏官”。蔡襄作《四贤一不肖》诗，称余靖“崭然安道生头角，气虹万丈横天衢。臣靖胸中有屈语，举嗌不避萧斧诛”，其气概可见一斑。诗中还赞美余靖：“好竭谋猷居帝右，直须风采动朝端。”[⑥]后来，人们便把“风采”二字专门用来赞颂余靖的为人和品格。宋仁宗为他御笔亲题：“风采第一，广南定乱，经略无双。”明朝弘治十年(1497)春，韶州知府钱镛为纪念余靖在朝为官之风采，在韶关建“风采楼”，以

---

① 张九龄：《白羽扇赋并序》，《曲江集》卷一，《文渊阁四库全书》本。

② 杜甫：《杜甫全集校注》，萧涤非主编，廖仲安、张忠纲、李华副主编，人民文学出版社2014年版，第4083页。

③ 欧阳修、宋祁：《新唐书》卷一百二十六，中华书局2000年版，第3496页。

④ 王夫之：《船山全书》，岳麓书社2018年版，第829、830页。

⑤ 余靖：《武溪集》卷十八，《文渊阁四库全书》本。

⑥ 蔡襄：《端明集》卷一，《文渊阁四库全书》本。

示纪念。

就经世之学而言，余靖作为庆历改革的中坚力量，积极向朝廷进言献策，内容涉及学校、科举、用人、马政、赋役、礼乐、灾异、外交、边防、平乱等诸多方面，大都切中时弊。欧阳修为余靖所撰之《神道碑》铭曰："左右献纳，奸谀屏息，庆历之治，实多补益。"①(《居士集》卷二十三"赠刑部尚书余襄公神道碑铭并序")余靖政治思想中，最值得关注的是"安民""宽民""重民"的民本思想。他指出："治国之要，安民为本。地有常产，不外其求；民有定赋，不尽其力。男耕于野，女蚕于家，各输所有，以待国用。自尧、舜以来，守为彝制。"②"衣食不足，虽尧舜在上，不能命名民不为盗贼。"③"安民之术，则但不夺其时，不伤其财。"④宋皇祐四年(1052)，岭南侬智高叛乱，余靖协助狄青平乱之后，留守广西，恢复经济，"抚辑完复，岭海肃然"⑤。

在军事、外交等领域，余靖也表现出卓越的战略远见。北宋时，西夏、契丹都对中原构成严重威胁。庆历三年(1043)，与大宋交战多年的西夏国主元昊提出议和，但附加了许多无理要求。余靖连上奏疏，指出西夏并非诚心议和，"若元昊使还，益有所许，契丹闻之，宁不生心？无厌之求，自此始矣。傥移西而备北，为祸更深。但思和与不和，皆有后患，则不必曲意俯徇，以贻国羞"⑥。后西夏与契丹关系恶化，西夏腹背受敌，终于愿意向宋称臣，此时契丹却又向宋廷示好，让宋朝陷入两难。余靖再次上书，主张同意西

① 欧阳修：《刑部尚书余襄公神道碑铭》，《欧阳修全集》卷二十三，李逸安点校，中华书局2001年版，第369页。

② 赵汝愚：《宋名臣奏议》卷一百零四"上仁宗论两税折纳见钱"，《文渊阁四库全书》本。

③ 赵汝愚：《宋名臣奏议》卷一百零六"上仁宗乞宽租赋防盗贼"，《文渊阁四库全书》本。

④ 赵汝愚：《宋名臣奏议》卷一百四十四"上仁宗论御盗之策莫先安民"，《文渊阁四库全书》本。

⑤ 欧阳修：《刑部尚书余襄公神道碑铭》，《欧阳修全集》卷二十三，李逸安点校，中华书局2001年版，第369页。

⑥ 脱脱等：《宋史》卷三百二十，中华书局2000年版，第8373页。

夏请求，册封元昊。同时，余靖还不顾个人安危，出使辽国，安抚契丹，并一探虚实。最终，宋与西夏休战。契丹与西夏征战连年，宋朝得以暂安。

余靖晚年以尚书左丞之职，主管广州，使得广州成为重要的贸易港口，经济持续繁荣。王安石所拟之御制称其"政事之材，艺文之学，践更中外，光显有声。济登大官，镇抚荒服，能率厥职，相时休成"①。唐胄为官时，随身携带并重刊余靖《武溪集》，余靖的民本思想、战略远见等，对唐胄有深刻影响。

同样对唐胄实学思想产生深刻影响的，还有南宋名臣崔与之。唐胄也曾编刊崔与之《崔清献公全录》，并为之作序，称"菊坡公吾乡先民，史称晚出番禺，屹然有大臣风，竟与唐张文献公异代齐名。予少知慕之"②。

就心性之学而论，唐胄称赞崔与之"公平生以博大端纯之学，而励之以严霜烈日之操，故清明在躬，日底深造，而不可量""噫，公何修而得此哉！文文山一代伟人，独称公德之盛，辉映一代，则知士之无本，徒欲乘机会智术以取耀于一时者难矣"。③ 和唐胄一样，崔与之也不喜空谈，没有留下太多讲学论道的著述。从其诗文奏疏中，我们可以一窥其思想宗旨。崔与之尝删改处士刘皋语四句，为座右铭："无以嗜欲杀身，无以财货杀子孙，无以政事杀民，无以学术杀天下后世。"④他为学主敬："毋不敬则内敬常存，思无邪则外邪难入。"⑤重视心性修养："其视宇宙之大，无一物足以动其心。"⑥

---

① 王安石：《尚书左丞余靖制》，《王安石全集》卷十，秦克、巩军校点，上海古籍出版社1999年版，第86页。

② 唐胄等：《传芳集》，刘美新点校，海南出版社2006年版，第171页。

③ 同上书，第172页。

④ 崔与之：《宋丞相崔清献公全录》卷二，张其凡、孙志章整理，广东人民出版社2008年版，第20页。

⑤ 崔与之：《宋丞相崔清献公全录》卷三，张其凡、孙志章整理，广东人民出版社2008年版，第25页。

⑥ 吴泳：《与崔菊坡尚书书》，见崔与之《宋丞相崔清献公全录》卷九，孙其凡、孙志章整理，广东人民出版社2008年版，第115页。

游侣《跋合斋房大书》云：

> 故丞相清献崔公，居今行古，每以前哲之微言懿行自度，大书深刻，环列斋房。所书凡十二条：六经格言，则如“九思九容”等事；先正格言，则如司马温公言“所为事未尝不可对人言”；赵清献公言“旦所为事，夜必焚香告天下。不可告者，不敢为”等语。朝夕顾瞻，周旋罔坠。温文正公之清如水，而澄之不已，直如矢，而端之不止，公实有焉。其施之政，无非仁民爱物之事，影响本于形声，固宜然也。及敌手足前数月，乃复取王文正、邵康节语，合而书之，以示其心之所存。然则公平日之学，盖以治己之严形，为恤民之宽也。今日所书，非以身教有时而穷，言传无时而尽乎！①

崔与之的心性功夫，对其成就事功有重要影响。在宾州时，“其折奸萌不动声色。宪使杨公方，为时名流，按部至宾，见公处事识大体，爱民有实惠，期以经济事业。诸郡邑狱讼，久不决者，悉归之，剖决如神，一道称快，遂特荐之”②。

就经世之学而论，唐胄称赞崔与之“以朝署则謇谔，以郡县则字牧，以刑宪则风采，识者已以经济望之。及选抚淮也，力阻和议，大备内修，遂截然长城淮左，金人不敢深入。以蜀变而推帅也，至则叛者帖然。首睦将帅，凡附循储积捍蔽之敷张，既宏且要，全蜀之命脉精神遂倍，二虏不敢窥西蜀，蜀人比祠于忠定清献为三贤。及归乡郡，惊变于摧锋，登陴一谕，罗拜远遁”③。

崔与之一生功业彪炳，他任广西提点刑狱时，“遍历所部，至浮

---

① 崔与之：《宋丞相崔清献公全录》卷九，张其凡、孙志章整理，广东人民出版社 2008 年版，第 117 页。

② 崔与之：《宋丞相崔清献公全录》卷一，张其凡、孙志章整理，广东人民出版社 2008 年版，第 3 页。

③ 唐胄等：《传芳集》，刘美新点校，海南出版社，2006 年版，第 171 页。

海巡朱崖，秋毫无扰州县，而停车裁决，奖廉劾贪，风采凛然”①。由于岭南地理位置偏僻，山高皇帝远，官吏更加肆无忌惮，贪赃枉法。崔与之上任之初，便贴出《岭海澄清榜》，“其榜，一曰狱囚充斥之弊，二曰鞠勘不法之弊，三曰死囚免杻之弊，四曰赃物供摊之弊，五曰户长科役不均，六曰弓手土军骚扰，七曰催科泛追，八曰缉捕生事，九曰奸猾健讼，十曰州县病民等事。后真守高惟肖、广舶赵汝楷见之，服为吏师，梓行于世”②。

在为政方面，崔与之重视选才任能，为国家推荐了不少人才。他还主张广开言路，“以用人听言为立国之本”。崔与之关心民生疾苦，其临终绝笔有言：“东南民力竭矣，诸贤宽得一分，民受一分之赐。”③爱民之心，令人动容。

崔与之的言传身教，带动了岭南实学的发展，他开创的“菊坡学派”，以重视事功为特色，在岭南学术史上占有重要地位。

明代，岭南学术的代表人物是丘濬和陈献章。与唐胄同时代的著名岭南学者，则有湛若水和黄佐等。

丘濬的思想明显具有经世致用的倾向。其《愿丰轩记》云：

> 予少有志用世，于凡天下户口、边塞、兵马、盐铁之事，无不究诸心意，谓一旦出而见售于时，随所任使，庶几有以借手致用。及登进士第，选读书中秘，即预修《寰宇通志》。又于天下地理远近，山川险易，物产登耗，赋税多少，风俗谧恶，一一得以寓目焉，是时年少气锐，谓天下事无不可为者，顾无为之之地耳。既登名仕版，旦暮授官，可以行吾志矣。④

---

① 唐胄等：《正德琼台志》，彭静中点校，海南出版社 2006 年版，第 697 页。

② 崔与之：《宋丞相崔清献公全录》卷一，张其凡、孙志章整理，广东人民出版社 2008 年版，第 3 页。

③ 崔与之：《宋丞相崔清献公全录》卷九，张其凡、孙志章整理，广东人民出版社 2008 年版，第 117 页。

④ 丘濬：《丘濬集》，周伟民等点校，海南出版社 2006 年版，第 4354 页。

《送蒋生归省诗》序文亦曰：

> 予自幼有志于学，凡身之所至，耳目之所见闻，心思之所注想，苟有益于身心，有资于学识，有可用于斯世斯民者，无一而不究诸心焉。筮仕以来，即以文字为职业，凡其平日所学，而似有所得者，随事以应用，或用之而验，或用之而不验，或未及用，用之不知其验与否，今头童齿豁，去死期不远矣。欲一一笔之书以候后世，冀或有知我者焉。然精力衰而笔路荒，不能如素志矣，独奈何哉！每于中夜兴思，抚枕发叹，一世士子，汲汲功利，惟举子业是务，可与告语者，谁欤！①

对于明代科举考试制度下士子汲汲于功名，而忽视儒学本义的倾向，丘濬也深表忧虑。成化十一年(1475)，丘濬为《会试录》作序云：

> 尔诸士子，生当经学大明之时，业经而为儒，学成而获荐于乡，今又登名是录，将进对于天子之庭，以享有禄位，其尚毋忘其所学，必推而用之，以见于处己行事之间，为臣则忠，为子则孝，暴白儒者之效于天下，毋使世之议者，概谓程文之士，大言无当也。苟问其所业则曰：吾《易》，吾《书》，吾《诗》，吾《春秋》，吾《礼》，而兼《乐》也，及考其所存所行，乃至无一事与所学相当者，呜呼！尔其自幼至长，习于学校，而试于有司者，果何事？一旦施于有政，乃惟簿书法比是事，而略不及尔平昔所学之经，何也？诸士子发轫仕途，兹其初也，谨于其初而预以闻焉！俾知所戒。②

---

① 丘濬：《丘濬集》，周伟民等点校，海南出版社2006年版，第4223页。
② 同上书，第4035页。

丘濬有感于宋儒真德秀所撰之《大学衍义》，于《大学》“八条目”中，有格物、致知、诚意、正心、修身、齐家之要，而缺少治国、平天下之要，遂作《大学衍义补》。关于两书的关系，丘濬在《进〈大学衍义补〉奏》中说：“前书主于理，而不出乎身家之外，故其所衍之义大而简。臣之此书主于事，而有以包乎天地之大，故所衍之义细而详。其详其简，各惟其宜。若合二书言之，前书其体，此书其用也。”①

对于心性之学，丘濬并不轻视，但并未深究，所以与当时流行的心学、关学思潮多有抵触，遭到了时人不少批判。丘濬对此大概也有所反思，其《入阁辞任第三奏》云：

> 臣学本空疏，实无定见，方年少气锐之时，亦欲奋发有为，今则阅世久而历事多，始知天下之事，思之非不烂熟，但恐做时不似说时，人心不似我心，机务之来，苟非熟思而审处之，一言失当，或以贻四海之忧，一事误处，或以为无穷之害。然事务头绪多端，章奏字画细渺，有非老人心志摧颓，目力昏耗者之所能干也。②

陈献章以“白沙心学”闻名于世，是岭南心性之学的代表人物。白沙曾言：“文章、功业、气节，果皆自吾涵养中来，三者皆实学也。”③其实学精神的一个突出表现，是注重气节。陈献章是广东新会人。新会南部的崖门，历史上曾发生过崖门海战，是南宋最后覆亡之地。陈献章与友人在此倡建大忠祠，以纪念文天祥、陆秀夫、张世杰。可见，白沙心学并非不问世事的逃禅之学。但“白沙心学”也有不足之处。《明儒学案》云：“盖先生识趣近濂溪，而穷理

---

① 丘濬：《丘濬集》，周伟民等点校，海南出版社2006年版，第3955、3956页。
② 同上书，第3961页。
③ 陈献章：《书漫笔后》，《陈献章集》卷一，孙通海点校，中华书局1987年版，第66页。

不逮；学术类康节，而受用太早。质之圣门，难免欲速见小之病者也。似禅非禅，不必论矣。"①

唐胄的至交、白沙弟子湛若水，也很重视经世致用。他反对将心性之学与经世之学割裂，其有言曰："治事，所以明其心之用以达诸事者也。体用一原也，而可以贰乎哉？"②又曰："吾儒学要有用，自综理家务，至于兵农钱谷水利马政之类，无一不是性分内事，皆有至理，处处皆是格物功夫，以此涵养成就，他日用世，凿凿可行。"③

黄佐比唐胄年轻约二十岁，思想受到唐胄的一定影响，其经世精神主要体现在礼学、史学等领域。黄佐所著《泰泉乡礼》，是明代岭南礼学下移的重要标志性著作。

综上所述，岭南实学传统可以归纳为以下特点：就学风而言，岭南士人大都勤奋好学，博览群书，崇尚学问，特别是宋代以后，每每以"海滨邹鲁"自居；就心性之学而言，岭南士人人都强调自得，反对空谈，刚直不阿，注重气节，崇尚风度、风采；就经世之学而言，岭南文人大都重视学以致用，关心国计民生，直言敢谏，考虑问题能够从大局出发，具有独到的政治见解。

以上特点，在唐胄身上也鲜明地体现出来。唐胄自幼颖敏，博通经史百家，考取进士后，又隐居乡间近二十载，建养优书院，凡经史子集，以及"今之御制，时王一代之法"，无不精研深探。唐胄的母亲勉励他："汝学优而仕，宁仕优而学，岂徒闾里之荣，当出而事君，以平生蕴蓄，冀复用于他日，为邦家之光。"唐胄好友王弘也深知其志向，曰："是将移孝于忠，出而建久大功业，将谋琰庙堂，或经营四方，畏天命而悲人穷，以天下豪杰自负，必天下苍生是望，使匹夫匹妇得蒙至治之泽。是则大丈夫所以扫除天下者在是，安事一

---

① 黄宗羲：《明儒学案》，沈芝盈点校，中华书局 1986 年版，第 4 页。
② 湛若水：《泰州胡安定先生祠堂记》，《泉翁大全集》卷二十七，嘉靖十九年刻，万历二十一年修补本。
③ 同上。

室乎?”①

唐胄居乡期间,还继王佐之后,主持修纂了《正德琼台志》。纂修地方志对广泛了解一个地区的社会现实、历史沿革、风俗民情、政治、经济、军事、教育乃至整个国计民生,都大有裨益。唐胄《正德琼台志序》云:

> 如地切倭、岐而述海道、黎情之详,急讨御而具平乱、兵防之备。隐逸附以耆旧,不遗善而且以诱善;罪放别于流寓,不混恶且因以惩恶。田赋及于杂需,额役以书民隐;纪异及于灾异、祯祥,以显天心。首表以括邦纲,殿杂以尽乡细。非徒例史以备事,而且欲微仿史以寓义。②

可见,唐胄修志,有着明确的指导思想,即经世致用。

嘉靖改元,唐胄复出为官。在赴京任职的途中,他接触到更加广阔的现实,留意调查各种社会问题。在户部上任伊始,便不顾人微言轻,屡屡上疏言事,如《请止差苏杭提督织造疏》《出内象疏》等,都切中时弊。后外放广西,转迁云南、南赣、山东等地,历任提学副使、兵备副使、参政、布政使、提督、巡抚等职,先后主管一方学校、军事、政务,皆有突出政绩,为官一任,造福一方。公务繁忙之余,唐胄还参与修纂了多部方志,并刊刻了明太祖《御制文集》《武溪集》《宋丞相崔清献公全录》等,以北宋名相余靖、南宋名臣崔与之等为榜样,不断提高为官施政才能。嘉靖十五年(1536),唐胄升任户部侍郎,在京两年多,先后上《谏讨安南疏》《驳郭英配享庙祀疏》《明堂享礼疏》等,表现出卓越不凡的政治远见,并与权臣郭勋展开针锋相对的斗争,最后因忤旨被罢官。

---

① 唐胄等:《正德琼台志》,彭静中点校,海南出版社 2006 年版,第 394、395 页。
② 同上书,第 4 页。

纵观唐胄一生，不论是处江湖之远，还是居庙堂之高，都表现出高尚的品格、坚定的信念、务实的精神。钟芳《故户部左侍郎唐公墓志铭》称其“外和内劲，以器识忠亮自负，使能少贬，媕阿随俗，名位岂止若是。而所志者远，得丧利害无介于中”①。可谓知音之论。

关于唐胄的心性之学，上一节已经介绍过了。在政治、经济、军事、教育、民族、外交等领域，唐胄都表现出卓越不凡的器识。以下试就这些方面，分而论之。

二、唐胄政治思想

从嘉靖朝政治背景出发，考察唐胄政治思想，有以下几点值得关注：一是德治为先，以民为本；二是广开言路，亲贤远佞；三是勤政务实，反腐倡廉。

（一）德治为先，以民为本

唐胄忠君爱国，但并非一味愚忠。儒家思想重君，更重民。《尚书·五子之歌》云：“皇祖有训，民可近而不可下。民惟邦本，本固邦宁。”孟子更由此发展出“民贵君轻”的思想。汉代董仲舒一方面以“君权神授”维护君主权威，另一方面又用“天人感应”论来制约君主的权力。唐胄在接受上述传统儒学观念的同时，主张“立君为民”。

唐胄主张君主应以德治国。他对荒唐无度的正德皇帝不抱任何幻想，在腐朽黑暗的正德朝拒绝出仕。这也符合儒家“笃信好学，守死善道，危邦不入，乱邦不居。天下有道则见，无道则隐”的政治理念。

正德年间，唐胄虽然隐居在乡，仍时时关注着政局变化。正德

---

① 钟芳：《钟筠溪集》，周济夫点校，海南出版社2006年版，第370页。

十二年(1517),明武宗微行出宫,想到宣府去游玩。当时边境形势比较吃紧,把守居庸关的御史张钦再三谏阻,武宗不听,驾临昌平时,命千户闫岳宣告守关官,张钦闭关不纳,一手捧着敕印,一手持刀,发誓说,如果武宗一定要出关,自己唯有一死。闫岳将这一情形禀报明武宗,明武宗没有办法,只好銮驾回朝。唐胄听说这件事情后,写了一首诗,名为《题守关忠节卷》,前面有一篇小序,记载了事件经过。诗中赞美张钦:"御史不贵铁为冠,所贵七窍心孔丹。闭关手持三寸铁,誓死不纳披忠肝。精诚感激动天听,六龙倏忽旋回銮。舍生臣节不足异,回天力大惊天颜。"同时,唐胄也在诗中对政局深表忧虑:"追思十六年来事,转危原未易为安。几事破犁谁小犊,失身何惜天几翻。披肝泣血非无士,百川既决难回澜。"①

儒家的政治理想,是建立一套"君君,臣臣,父父,子子"的社会秩序,皇帝要有皇帝的样子,大臣要有大臣的样子,每个人都谨守自己的本分,才能保持社会的和谐运转。明武宗朱厚照以其荒唐行径,带头破坏了这套秩序,搞得皇帝不像皇帝,大臣不像大臣,使得整个社会陷入混乱。

唐胄本人十分关心民生疾苦,他在琼州隐居时,主修《正德琼台志》,"田赋及于杂需,额役以书民隐"②。《正德琼台志》卷十一"田赋"前有按语曰:

> 然天下税粮,大概至元经理八则之法行,而始加重于古。然当时琼田只一万五千余顷,粮亦不过一万六千有奇而已。至我国朝洪武间定造,虽顷只加余四千,而粮乃至九万六千有奇,凡五倍于元。吁!海外土产瘠薄,自宋明著于史,今在官者如此,则在下者可知矣。此法外一分之宽,吾民不能不引领

① 唐胄等:《传芳集》,刘美新点校,海南出版社2006年版,第191页。
② 唐胄等:《正德琼台志》,彭静中点校,海南出版社2006年版,第4页。

于吾牧者今日之赐也。①

这不仅让我们联想到南宋崔与之“东南民力竭矣，诸贤宽得一分，民受一分之赐”的临终绝笔。

正德十六年（1521）三月十四日，明武宗朱厚照驾崩，终年三十一岁。武宗生前纵情声色，死后没有留下子嗣。皇太后与内阁首辅杨廷和等大臣商议后，决定立朱厚照的堂兄弟、兴献王之子朱厚熜为帝。正德十六年（1521）四月，朱厚熜正式登基，是为明世宗，次年，改元“嘉靖”。朱厚熜十三岁时继承了兴献王之位，十五岁又登基做了皇帝。别看他年轻，在朱厚照的堂兄弟当中，朱厚熜算是比较英敏、颇有主见的一位。首辅杨廷和协助朱厚熜起草并颁发了《即位诏》，宣布兴革事宜八十条，使正德期间若干弊政得以厘抉。在经历了正德年间的无比黑暗之后，人们终于看到了黎明的曙光，看到了太平盛世的希望。

对于明世宗朱厚熜，唐胄一度寄予厚望，希望在嘉靖朝能够实现自己“致君尧舜”的政治理想。嘉靖元年（1522）春，朝廷下诏重新起用唐胄，任命他为户部河南司主事。这一年，唐胄已经五十二岁，但内心依旧欢欣鼓舞，从他当时所作《新春有感》一诗中，不难感受到他当时的喜悦心情：“太平触处麦连歧，吹鬓东风又此期。深喜轮台丹诏早，不妨渭水钓竿迟。漏梅泄柳窥天意，问舍求田敢自遗。把镜朝来还独笑，一春花鸟瘦添诗。”②诗中洋溢着春天的欢快气息。“问舍求田敢自遗”，唐胄不想再像田舍翁一样，过那种只图自己安乐的生活，而是想抓紧生命中剩余的时光，争取为国家多效力。

嘉靖初，唐胄复出为官，赴任途中，注意访察民生疾苦。入京

① 唐胄等：《正德琼台志》，彭静中点校，海南出版社 2006 年版，第 235 页。
② 唐胄等：《传芳集》，刘美新点校，海南出版社 2006 年版，第 195 页。

不久，便上《止差苏杭织造疏》云："臣闻上天之为民也，必因时而生大非常之君。"在将君德与民生联系在一起的基础上，他向明世宗极陈民间疾苦，"臣往岁经过江北地方，闻军民谈及造织官船之苦，已不忍闻。近检部牍，见有前差干及文移内称有假扬赐黄棍之威，肆欲醃御史之横，暴殄平民，而道路骚然，逼官死窜，而州县连逮，附带至于千船私货，挟余巨万。百孽千殃，不可悉数"①。呼吁明世宗停止遣派内臣督收苏杭织造产品。

在广西任职期间，唐胄上《靖江王府补支疏》，揭露靖江王府宗室的腐败行为，指出："夫以天下有额之粮，时以水旱灾伤，岁征有减而无增。宗支之盛，岁禄日增而无减。而广西又独苦以盗贼，疆里日蹙。禄外又有房价丧礼祭礼县乡君宾等费，民已不堪其岁禄之歉。昔既权请助之军饷，今军饷又不能继，借贷支持似将无计，不知日后终何以处，其势实为可忧。"②忧国忧民之情，溢于言表。

从关心民生出发，唐胄任云南金腾兵备副使期间，"土官莽信横虐，民群诉，公秘不发，阴遣壮士计擒之，逮其党八人伏辜。保山县知县赵九皋贪狠，其子明挟逆贼刘七残党承檄征敛，民苦之，公械系狱，覆九皋盗边储有迹，与子明等皆处死"③。

嘉靖五年(1526)，唐胄任云南按察司副使，时官兵征讨田州，"所过横扰，民多迁避。公迓于义宁，榜谕禁戢，择楼居十余所聚少艾闭之，令民随贫富宰牲置酒食迎主其家，去则具数给官钱以偿兵，众欢感，比去晏然。父老咸曰：'县自国初三过土兵，未有若此肃者。'"④

明世宗即位不久，便爆发了"大礼议"之争，从此君臣冲突愈演

① 张邦翼：《岭南文献》卷六，《四库全书存目丛书补编》第21册，齐鲁书社2001年版，第151页。
② 同上书，第150页。
③ 钟芳：《故户部左侍郎唐公墓志铭》，《钟筠溪集》卷十七，周济夫点校，海南出版社2006年版，第368页。
④ 同上书，第369页。

愈烈。绵延日久的“大礼议”事件及其种种余波，使得政治中兴的梦想再度成为泡影。嘉靖八年(1529)，唐胄在广西任职，借进京朝贺之机，上《崇圣德以延国祚无疆疏》，指出“盖天之立君，本以为民”①。从“立君为民”出发，唐胄劝明世宗重视民心向背，多关心民生疾苦：

> 民心向背，天命之去留所系，甚为可畏。皇上保民之政，不可枚举，如近日官革冗差，以省给爵，禁滥希以省禄与夫军匠、马房、马快、船只、府藏、收纳诸弊，无不清理，尤为痛快人心。内外忠谨之臣，莫不欢欣盛举。但积年惯便之奸幸，其久偷欲乘间龃龉而望仍复如顷之夤缘僭荫者，恐不无人。愿皇上于已清者固守之，而不使再启觊觎之门。其清之未尽者，再命中外知大体之臣条举之，虽欲有方而不骤，亦不可有遗而不尽。盖民黎之有害，犹衣被之有虮虱，一除不尽，终为搔痒不安。②

疏中针对明世宗刚愎自用的性格特点，劝其以宽仁为主，敬天法祖，修学进德，成为“大有为之君”。文中提及的重材、恤刑、宽贷等，皆是就当时因“大礼议”获罪之臣而发的有感之论，并非泛泛空谈。

唐胄返京任户部侍郎期间，屡次上疏直谏。在《遵祖训崇内修以隆治安疏》(即《谏征安南疏》)中，唐胄从民生安定等角度出发，力主止战，指出：“盖吾民，赤子也，夷狄，犬羊也，殃赤子以事犬羊，汉人所谓割心腹以补四支者，是知所重者乎?”“各省整兵待发之令一下，人心惊动。且奸雄乘之射利，偕简集而行差放之私，因洒派

① 张邦翼：《岭南文献》卷六，《四库全书存目丛书补编》第21册，齐鲁书社2001年版，第142页。
② 同上书，第146页。

而肆侵渔之毒,骚扰之害,不可胜言。"[①]唐胄还与权臣郭勋等展开针锋相对的斗争,并将斗争的矛头指向明世宗,最终因议"明堂之礼"被罢官。

"大礼议"的根源,在于明世宗出身藩王,打着"孝"的旗号,一味尊崇私亲,不顾公议,缺乏君主应有的胸怀,导致政治形势紧张。"孝"固然是一种美德,但身为君主,应该顾全大局,以天下为己任。

嘉靖十七年(1538)冬,朝廷降诏,赦免了唐胄的"罪行",恢复唐胄的冠带(即官职)。这一年,明世宗的生母章圣皇太后蒋氏去世。明世宗本来打算将母亲葬于北京附近的昌平天寿山陵区,并将生父兴献皇帝的梓宫也迁至北京,后来又觉得这样做欠妥,因为兴献皇帝已经去世将近二十年,再将他的棺材挖出来,千里跋涉,运到北京,惊动尸骨,多有不便。于是,嘉靖皇帝亲自前往兴献皇帝的葬身之处——承天府(今湖北安陆)视察显陵的风水,认为该地的风水胜过了天寿山陵区,遂罢迁陵念头,决定将献皇帝与献皇后梓宫合葬于显陵。唐胄这时已经身患重疾,卧病在床。听到这一消息后,唐胄挣扎着爬起来,北向叩首说:"此我皇上神圣之见,万世永赖。"[②]明世宗没有将兴献皇帝的梓宫迁到北京,而是留在了湖北老家。唐胄认为,这一决定是十分英明的:一来可避免因迁陵而劳民伤财;二来兴献皇帝毕竟是藩王,如果迁陵至京,"大礼议"必将再起风波。明世宗终于做了一件合乎礼法的事情。其实,明世宗考虑陵墓选址问题的时候,只是从风水角度出发。明世宗视天下为一家之天下,又何尝真正地从大局出发,顾及国体呢?黄佐称唐胄"可谓畎亩不忘君矣",其实,真正令唐胄念念不忘的,并非君主本人,而是国家的治乱前途。

---

① 黄佐纂修:《嘉靖广东通志》卷六十二"唐胄传",嘉靖四十年刊本,广东省地方史志办公室 1997 年誊印版。

② 钟芳:《钟筠溪集》,周济夫点校,海南出版社 2006 年版,第 370 页。

(二) 广开言路，亲贤远佞

唐胄主张为君者应广开言路，屈己纳谏。针对明世宗喜好逢迎的特点，唐胄多次在奏疏中，劝明世宗亲贤臣，远小人。

在因“大礼议”事件导致君臣关系极度紧张的嘉靖朝，广开言路是针对明世宗的独断专行而发，具有特殊的现实意义。唐胄本人很讲究进言的方式、方法，措辞尽量委婉，但是在重大问题上，唐胄也绝不妥协，敢于逆批龙鳞。

唐胄在上《止差苏杭织造疏》之前，朝中已有很多大臣进谏，未被明世宗采纳。唐胄再度上疏，他首先揣摩明世宗的心理，指出：“抑圣心亦已觉此差之可止，但触于诸言之过激，而耻屈欤?”接着劝明世宗：“自古君德莫不以屈己纳谏为先，故称古圣王之德，必曰舍己从人，必曰改过不吝。后世英主至有于补进既裂之牍，而终从其言者。况此事既争朝堂，势必闻后。陛下将使后世以己终从谏为美乎？……凡近有过举，曾为言官论列而未纳者，皆警省悔悟易视。朝廷之余，日玩经史，便殿之间，时接儒臣。经筵日讲，虚心听问。言路谏章，屈己容纳。以成大非常之治。”同时，他还提醒世宗汲取武宗的教训，防微杜渐，远离佞臣：“今外人皆谓圣心寡欲，何事于此，但无奈于宫掖左右之请托尔。诚若此，则又大可惧者。盖此辈亲昵，易于诱引。成汤于桑林必以女谒谗夫为责。先帝十六年，权奸海内之祸，其机实始于此。故古称君德之养，居寝必有暬御之箴，侍御仆从罔非正人。凡出入起居，周卫左右之侍，宜选老实厚重小心之人。若此营诱，即为谗佞，宜亟去之，以免近鉴之悔。”①

在《崇圣德以延国祚无疆疏》中，唐胄借入京上贺表之机，反复劝谏世宗广开言路：“臣近睹御批渎犯之奏，亦有念系言官且饶之旨，因感宋臣苏轼告其主曰：‘祖宗委任台谏，未尝罪一言者。纵有薄责，旋即超迁，许以风闻，而无官长。言及乘舆，则天子改容；事

---

① 张邦翼：《岭南文献》，《四库全书存目丛书补编》第 21 册，齐鲁书社 2001 年版，第 152 页。

关廊庙，则宰相待罪。台谏固未必皆贤，所言亦未必皆是，然须养其锐气而借之重权者，将以折奸臣之萌也。'尤愿皇上追念及此。又，臣伏读《明伦大典》，见以争礼罪者虽成议，大臣亦有为请曲宥之者，情辞最为欵切。又大狱及诸犯废退中有可用者，近日诸臣亦次举为皇上言之，然皆未见尽于施行。天下皆知皇上之仁孝久必有处。臣第念此辈抱罪已久，惩艾已深，当圣明之世，而使老迫于年，不终其用，死迫于瘴，不生其还，万一九重他日有矜及此，而其人消磨渐尽，独不伤圣念乎？望体虞舜灾眚肆赦之意急为区别录宥，使天下皆知圣世之无弃人，如天之无弃物也。"[①]唐胄还引经据典，劝世宗远离小人："宋儒真德秀称人主之持心，当临朝而接缙绅也易，及深宫暮夜而接貂珰嫔御也难。故其言曰：惟亲近君子，可以维持此心。程颐亦谓人君接贤士大夫之时多，亲寺人宦官之时少，则气质自化，德气自成。臣愿皇上临朝经幄之余，虽左右侍御仆从，亦皆精选谨厚之人，待之严而有恩，务不时召入大臣，又精择中外第一等学行素著臣僚耆逸数人，常直便殿，不必加以官职，凡朝廷政治得失，四方民黎利病古今经史旨义，日与访论，或至夜分，盖上下相得于文字笔札之间者浅，而相感于精神意气之外者深，此自古贤君及我祖宗已行之盛节，虽以尧舜之圣，内外岳牧之官数十人，无时不都俞吁咈于其前。以皇上卓冠之圣，宁可缓此。"[②]凡此种种，都是针对明世宗的性格特点以及嘉靖朝的政治现实，有感而发，有的放矢，并非泛泛之谈。

在《宥言官以答天眷疏》中，唐胄指出，天道远，人道迩，"今之言官，陛下近臣也，呼召奔走于辇毂之下，非若天人相去之远矣，然愚忠虽蓄，而纳约无由，一言辄以取罪。夫圣明在上，与天同德，岂使一夫不获自尽意者。诸臣之诚有未至故耶？不然，何其直而弗

---

① 张邦翼：《岭南文献》，《四库全书存目丛书补编》第21册，齐鲁书社2001年版，第147页。

② 同上书，第145页。

见信也?”①

虽然唐胄抓住一切机会反复劝谏世宗,但世宗独断专行的个性难以改变。在嘉靖朝,正直的大臣要么被贬谪,要么主动归隐,留在皇帝身边的大都是逢迎软滑的角色,如郭勋、严嵩等。唐胄长期在地方为官,返京后任户部侍郎,仅仅过了两年,便因为直言敢谏而遭罢免。

唐胄曾上《遵成宪以昭典礼疏》(又名《驳郭英配享庙祀疏》)等,与深受皇帝宠信的权臣郭勋展开针锋相对的斗争。明堂议礼,本非唐胄分内之事,但在人皆噤声之时,唐胄独挺身而出。据钟芳《故户部左侍郎唐公墓志铭》:“凡廷议大政,先有定画,至期会众联佥,谓各有专职,莫敢折诘,以为常。公独曰:‘会以采言,当罄所见。’连抗疏,援据该博,无所顾忌,虽于时义未协,而敢言之气,为人所难,亦伟矣。”②

张萱《西园闻见录》记载了一桩轶事,生动形象地刻画出唐胄的风采:“兵部侍郎唐公胄有所论谏,触犯忌讳。科道官诣而谢曰:‘此生辈事,至烦公乎?’唐曰:‘诸君职卑,如不当旨,或被笞挞。老夫蒙谴,不过罢免而已。’唐果得旨致仕。”③唐胄时任户部侍郎,并非兵部侍郎,张萱大概是因为唐胄曾上《谏征安南疏》,误将唐胄记为兵部侍郎。谏征安南亦非唐胄分内之事,但事关重大,在国家需要他的时候,唐胄总是敢于挺身而出。

唐胄的直节风采,上承北宋名臣余靖、崔与之,下启明代清官海瑞。在建言方式上,唐胄受余靖影响,多借“天人感应”论来规劝国君。在主张国君应重视用人、听言方面,其受崔与之影响最为明显。崔与之在前线抗金多年,后应诏返京,上朝面奏:“臣自外来,

---

① 张邦翼:《岭南文献》,《四库全书存目丛书补编》第21册,齐鲁书社2001年版,第141页。
② 钟芳:《钟筠溪集》,周济夫点校,海南出版社2006年版,第370页。
③ 张萱:《西园见闻录》,见周骏富编《明代传记丛刊》第124册,明文书局1991年版。

但知外患未息之为可忧。致身内地,始知内治未立之为可虑。盖内外之情不通,最为今日大患。人才之进退,言路之通塞,国势之安危系焉。用人必亲其人,听言必行其言。事之巨细,必有良规而后可以独运;事之利害,必有真见而后可以独断。愿于用人听言之际,付公论,诏大臣首清中书之务,力为外御之图。廷接诸贤,参稽众论,凡大施设大经画,合谋而参订之,以求至当之归。"①当时有人诋毁直言敢谏者是在为给自己博取好名声,崔与之上疏反驳道:"人才,国之元气,进退消长之机,乃治乱安危之候。涵养元气,而寿其脉,有国者所当加意。而人才之消长,由士气之屈伸;士气之屈伸,由言路之通塞。"②崔与之晚年屡辞相位,宋理宗知其不可勉强,乃下御札请崔与之为朝廷出谋划策。崔与之遂上疏建言,大意谓:"国家圣圣相承,惟用人听言为立国之本。自任则用人不广,自是则听言不专。而用人听言之本,又皆归之清心寡欲。"③崔与之的这些言论,虽然是针对南宋时局而发,在"大礼议"事件闹得沸沸扬扬的嘉靖朝,也不啻为一剂救时的良药。

明代海南进士王弘诲曰:"自予髫时,见父老谈西洲唐公立朝节概,私心向往之。比长,入仕中朝,与修国史,因读公先后建白诸疏,乃击节叹曰:嗟夫!若西洲公者,岂不毅然大丈夫哉!尝观缙绅士夫,平居矢口言天下事,即引裾折槛,见若无难为者;至当国家利害事变之冲,辄相率鼠首两端,甚则卷舌固位。嗟乎!此其人视公何如哉!"④

(三)勤政务实,反腐倡廉

唐胄在主张"为君以德",对明世宗多所劝诫的同时,也主张

① 崔与之:《宋丞相崔清献公全录》卷二,张其凡、孙志章整理,广东人民出版社 2008 年版,第 12 页。
② 同上书,第 14 页。
③ 同上书,第 20 页。
④ 王弘诲:《天池草》,海南出版社 2006 年版,第 412 页。

"为臣以敬"。但敬的对象不只是国君,更是敬德、敬民、敬业。

因为有正德朝明武宗荒淫误国的前车之鉴,唐胄重返仕途不久,便上《奏出内象疏》,论及"为罢无益以昭圣德事",指出"古昔帝王之治天下必以禽荒为戒"。按理说,皇宫中饲养几头大象,并非大事,但唐胄借题发挥,旁征博引,意在劝导世宗勤政务实,不为无益之事。

唐胄本人在乡隐居近二十年,五十余岁始重返仕途,后又在偏远的广西、云南等地为官,但不论主管学政、兵政乃至一省事务,他总是能够有所作为,为官一任,造福一方。在广西任提学佥事时,他"历郡邑,无惮遐僻"①,跋山涉水,足迹踏遍广西各地,深入少数民族地区,大力兴学。提督南赣汀漳等处军务时,他高筑城墙,使得这一"四省重镇"能够真正发挥军事要塞的保障作用。在山东任巡抚时间虽短,但唐胄"访寻黄河故道,以疏三郡水灾,核通省荒田,给民牛种垦之,为世世永利"②。

唐胄转任各地,屡获升迁,从最基层的官员到成为朝廷大员,只用了短短十余年的时间,用现代的话讲,就如同"火箭升迁"。原因无他,就是勤政、务实而已。

海南盛产清官,这是许多人都注意到的一个历史现象。唐胄不但本人为官清廉,而且敢于和腐败现象作斗争。

唐胄曾上《止差苏杭织造疏》,劝皇帝节省用度,不要劳民伤财。疏中借太祖朱元璋故事以讽世宗,云:

> 岂以两宫之进用为急欤?则自古贤妃皆以俭德为美。我太祖尝谓侍臣曰:"今富有四海,何欲不得,然检制其心,惟恐骄

---

① 钟芳:《故户部左侍郎唐公墓志铭》,见周济夫点校《钟筠溪集》卷十七,海南出版社 2006 年版,第 367 页。

② 王弘诲:《通议大夫户部左侍郎赠都察院右都御史西洲唐公神道碑》,见王力平点校《天池草》卷十九,海南出版社 2006 年版,第 415 页。

盈。宫壸之间，皇后亦能俭以率下，躬服浣濯之衣，皆非故为矫饰，实恐暴殄天物，剥伤民财。”大哉言乎！实万世之鉴矣。①

唐胄任云南金腾兵备副使时，严惩贪官保山县知县赵九皋。任广西左布政使时，“藏吏与镇戍官相倚为奸，赏猺鱼盐银及军器局工费月皆不赀。公谓洞首能戢诸猺不出掠乃赏，今警报无时，赏何为，局造有年额，今元年分造未讫工，而支粮已至十二年几万石，何也？皆禁绝之”②。又上《靖江王府补支疏》，大胆地揭露宗室腐败现象，人皆为之咋舌。其建议后被朝廷采纳，通行天下王府，尽革其弊。唐胄在京任户部侍郎时，武定侯郭勋负责修建两宫、七陵，大兴土木，借机中饱私囊。唐胄始终坚定地与户部尚书梁材站在同一阵线，与郭勋展开正面交锋。郭勋因为在“大礼议”中迎合世宗而得宠，仗着皇帝的恩宠，大肆弄权，搜刮民财，仅在京城中的房产，就有上千处之多。郭勋还让他的叔叔郭宪理刑东厂，肆虐无辜。多行不义必自毙，后来，郭勋的所作所为激发众怒，群臣纷纷起来揭发他的罪行。嘉靖二十年(1541)，诏郭勋下锦衣卫狱。次年，郭勋死于狱中。

唐胄本人为官清廉。任云南右参政时，唐胄进京上贺表。按照惯例，进京之前，各郡县都要派仆夫随从，凑份子出路费，因为当时交通主要走水路，所以称之为“水手银”。到了京城，还有机会拜谒达官显贵，送上很多礼物，借机疏通门路。然而，对于同僚和各郡县的馈赠，唐胄都一一谢绝了。到了京城，唐胄见到京中的达官显贵，也没有送任何礼物，而是给皇帝呈上一篇《崇圣德以延国祚无疆疏》，规劝明世宗自我修省，亲贤远佞。

---

① 张邦翼：《岭南文献》卷六，《四库全书存目丛书补编》第21册，齐鲁书社2001年版，第152页。

② 钟芳：《故户部左侍郎唐公墓志铭》，见周济夫点校《钟筠溪集》卷十七，海南出版社2006年版，第368页。

唐胄曾在多地为官,“每去任,供账什器纤毫皆案委籍记,事事不苟如此”①。其“素性俭,衣履不择敝好,处滇中数年,珍宝之物一无所携”②。“家居服食澹泊,足振靡俗”③。

唐胄的清廉,与其家风有关。其叔祖唐舟为官30余年,光明磊落,清正廉明。唐舟曾自题门联:“雪霜自染中年鬓,天地应知暮夜心。”④见者无不叹服。辞官归家后,家无担石之储。而唐舟的清廉,又得益于唐胄曾祖父“榕树公”唐逊的教导有方。唐舟为官期间,曾经写家书向唐逊问安,唐逊写诗回复,诗中有句云:“勿忧吾有病,且喜汝无钱。”⑤

唐胄的勤政、廉政思想,也深受余靖、崔与之、丘濬等岭南先贤影响。余靖有《从政六箴》,分别为《清箴》《公箴》《勤箴》《明箴》《和箴》《慎箴》。崔与之在四川为官时,“省费薄敛,公私裕如。将去,举羡余三十万缗,归之有司,以佐边用,一无私焉。代者辄干没。虏攻三关,调度无以继。仕于蜀者鲜不为奇玉美锦所动。公至官,争以为馈,悉却之。去之日,至蜀口,四路制领举所尝却者以献,有加焉,俗谓之大送,公却愈力”⑥。丘濬在京为官时,以廉介著称,“所居邸第极湫隘,四十年不易”⑦。

三、其他卓识远见

唐胄“素以器识自负”,在经济、军事、教育、民族、外交等许多

① 钟芳:《故户部左侍郎唐公墓志铭》,见周济夫点校《钟筠溪集》卷十七,海南出版社2006年版,第370页。

② 王弘诲:《通议大夫户部左侍郎赠都察院右都御史西洲唐公神道碑》,见王力平点校《天池草》卷十九,海南出版社2006年版,第416页。

③ 黄佐:《户部左侍郎唐公胄传》,见焦竑《国朝献征录》(二),《明代传记丛刊》第110册,综录类26,周骏富编,明文书局1991年版,第421页。

④ 唐胄等:《正德琼台志》卷三十六“人物一”,彭静中点校,海南出版社2006年版,第741页。

⑤ 同上书,第742页。

⑥ 崔与之:《宋丞相崔清献公全录》卷二,张其凡、孙志章整理,广东人民出版社2008年版,第17页。

⑦ 张廷玉等:《明史》,中华书局2000年版,第3200页。

方面，都有卓然出众的见识。唐胄的器识，可以从两个方面进行考察：一是其为官从政的经历，即立身行事；二是其奏疏。正如钟芳《西洲文集序》所云：

是故外观政，内观议，政以建事，泽施于一方，议以赞制，功溥于天下，岂曰娱人耳目已乎，务实胜也。①

就立身行事而言，唐胄考取进士后，在正德年间选择归隐，可谓明哲。嘉靖初，唐胄复出，在各地为官期间，不仅多有建树，政绩卓著，而且解决过许多棘手的问题。例如，唐胄在任云南金腾兵备副使时，“土官莽信横虐，民群诉，公秘不发，阴遣壮士计擒之，逮其党八人伏辜”。又，“木邦、孟养二宣慰岁构兵争蛮莫十三村地，镇巡议征，公谓蛮夷相仇，不烦攻讨，乃考木邦先世以地充奁所由，谕以国恩，木邦遂献地解兵”。②

当时，在云南边境的一些少数民族地区，土司众多，最边远的地区有木邦宣慰使司、孟养宣慰使司、缅甸宣慰使司、孟密安抚司等。这些土司为争夺地盘，经常互相借兵仇杀。岁长月久，恩怨世代相传，越积越深，几乎成了一团乱麻。因为关系错综复杂，明政府也不好插手干涉。战乱长达几十年，不得平息，地方政府疲于应对，当地老百姓也深受其害。

在嘉靖五年(1526)前后，木邦宣慰使司首领罕烈和孟养宣慰使司首领思伦结为姻亲，纠合军队，兴兵攻伐缅甸、陇川、孟琏等地，将蛮莫等十三处地方吞并。缅甸宣慰使司、孟密安抚司、陇川宣抚司纷纷派使者向明政府告状，木邦宣慰使司也派使者进贡土物并自我辩解。当时，有人主张调集云南及周边等四省的兵力讨伐木邦，唐胄不赞同，他认为，这是一些少数民族内部的矛盾，明政

① 钟芳：《钟筠溪集》，周济夫点校，海南出版社2006年版，第128页。
② 同上书，第368页。

府没有必要兴师动众，完全可以不费一兵一卒，化解这场干戈。木邦抢占的那些地盘，过去也曾经属于木邦所有，是历史遗留的问题，应当从长计议，妥善解决。

黔国公沐绍勋也认同唐胄的建议，他在上报给朝廷的奏折中建议暂缓发兵征讨。朝廷下旨，命令沐绍勋召集地方军政长官，分头深入调查，在尽量摸清事实的基础上，集中审议此事处理办法，尽快将结果上报朝廷。同时，要向木邦、孟养土司晓谕朝廷恩威杀伐之利害，恩威并重，令其改过自新。

由于木邦、孟养构乱一事，事关重大，头绪纷杂，朝廷又催促得紧，云南很多官员都参与了此事的调查和处理。当时，朝廷已有命，将唐胄由兵备副使改为提学副使，按理说，唐胄可以不必再参与此事。但上级因为人手紧张，加上看重唐胄的见识和才能，遂挽留他料理完此事后，再转任新职。

上级首先派永昌知府严时泰等官员前往孟养、木邦、陇川、孟密各处，晓谕安抚之命，将各地土官等相关人员都带了回来，交由分守参政王汝舟、分巡副使唐胄、兵备佥事郭钦、都指挥胡章等人审议，共同勘处。各处土官在自诉仇杀的原因和经过时，各执一词，百般掩饰。唐胄等人将详情记录下来，鉴于事态错综复杂，难以穷究，主张以安抚为主，不加深责。其中，审得陇川土司多鲸弑母杀兄，罪恶昭彰，建议另行议处。木邦土司罕烈、孟养土司思伦知罪纳赎，建议从轻发落。对于蛮莫十三处地方的归属以及今后如何治理等问题，唐胄等人也都作出了详细的汇报和建议。

审议结果呈报给沐绍勋。沐绍勋先和镇守太监杜唐、前云南巡抚沈教、现任云南巡抚欧阳重商议，因事关重大，又召集布政使司、按察司、都指挥司等三司会议。布政使吕经、按察使徐瓒、都指挥方仲商议之后，在唐胄等人建议的基础之上，拿出了一个最终的处理意见，上报给朝廷。其中提及："守巡王汝舟，佥事王叙、唐胄，都指挥胡章，亲诣夷方，图惟边务，集兵粮以振先声，督抚处而收后效。三司掌印官吕经、陶照、徐瓒、李润、方仲用集众思,共成王事,解诸夷之结祸,了积案之连辞,岂徒议论,均著勤劳。"奏上,兵部议称,此事处理得非常妥当,"抚处周详,格诸酋而咸归王化,上纾皇上南顾之忧,下除边方久积之祸。伏望降敕奖励,以彰其忠"。并建议:"绍勋等抚处事宜区画周尽,俱宜如议。而知府严时泰、通判殷相、周昆、参政王汝舟、佥事郭叙、副使唐胄、指挥马鸣凤、王训等与有劳绩,宜各叙录,以劝忠勤。"于是,朝廷下诏,"严时泰吏部擢用,通判指挥等官镇巡官酌量勤劳多寡,各加奖劝,有奇功的指实另行具奏。三司官员王汝舟等该部记着应擢用的遇缺举用"。①

经过这一番整治之后,云南土司人人敬服。此后数十年间,虽然偶尔也有土司之间相互仇杀的情形,但再也没有像这一次这样大动刀兵了。云南地区的边患和战乱从此少了很多。

唐胄在处理木邦、孟养构乱一事的时候,积极出谋划策,做出了重要的贡献。但事后论功时,他把功劳都推给了共事者。指挥使方仲曾将共事者诗文编成一集,请唐胄作序,唐胄在文章最后指出:"南且庶几,而西北则多事矣。"南方算是暂时安定了,但西北地区自古以来就是多事之区。他勉励同事们不要自满:"诸公器负台鼎,且有处台省以待之者,其尚辅矢文,德于四洽,使兵革不用,守在四夷,播明明令闻于无疆,谅勿自功于一隅,而曰平南平南焉。"②不能因为云南一隅的暂时太平而沾沾自喜。只有天下全都太平了,才是真正的太平。

唐胄非常重视发展少数民族教育事业。他曾在广西担任提学佥事,在古田等少数民族地区大力兴学。其《劝古田诸生归学诗》云:"嗟唐吉安丞,欢笑入夷落。清歌与籥吹,夷俗为变革。化予夷未几,遣子再入学。蓝衫舞春风,酋父侧笑跃。今去大弦歌,刁斗

---

① 《明实录世宗实录》卷九十三,线装书局 2005 年版。

② 张邦翼:《岭南文献》卷十,《四库全书存目丛书补编》第 21 册,齐鲁书社 2001 年版,第 337 页。

声应伏。绕垣摆岭平，取径都狼速。笑歌长去来，忠信无蛮貊。忧戚天汝成，居夷孔亦欲。”①唐胄的故乡海南，亦是少数民族聚居地，唐代王义方被贬谪到海南儋州，担任吉安丞。吉安原为“蛮荒之地”，王义方召集当地少数民族首领，商议创办学校，亲自讲经传学，教授礼乐。一时文风大变，“清歌吹籥，登降跽立，人人悦顺”。② 王义方是第一个在海南少数民族地区兴办教育者，被称为海南的“文化先师”。王义方的事迹，让唐胄认识到教育对保持社会稳定、促进民族团结的重要性。

由于不满官府压迫，古田地区经常爆发少数民族农民起义。在唐胄调离广西后，这里又爆发了起义。古田凤凰寨的少数民族首领韦尤兄弟两人不服官府管束，官兵多次去征讨他们，都无功而返。

嘉靖十一年(1532)，唐胄被擢升为广西左布政使，又回到了阔别六年之久的广西。在了解古田农民起义的情况后，唐胄将古田知县刘朝辅召来，说：“广西司属惟我与尔旧官也，尔往谕我意，天兵不可再干，宜急来，吾能生之。”③刘朝辅奉命前往凤凰寨，将唐胄的话告诉韦尤。韦尤一听，非常高兴，问：“是前提学诲及吾子弟者乎？吾得所归矣。”④于是先将儿子交给官府作为人质，然后自己和弟弟一起去拜见唐胄和巡按御史。巡按御史大喜，给了韦尤兄弟许多赏赐，如牛羊、酒食、衣帽等，让他们好好约束自己的族人。于是，古田境内又呈现了许久不见的太平景象。

嘉靖十二年(1533)六月，唐胄在广西任左布政使还不到一年，就被擢升为“都察院右副都御史，提督南赣汀漳等处军务”，简称为

---

① 汪森编：《粤西诗载》卷五，《文渊阁四库全书》本。

② 唐胄等：《正德琼台志》卷三十三“名宦”，彭静中点校，海南出版社 2006 年版，第 693 页。

③ 钟芳：《故户部左侍郎唐公墓志铭》，见周济夫点校《钟筠溪集》卷十七，海南出版社 2006 年版，第 369 页。

④ 同上。

"南赣巡抚"。南赣地处江西、福建、两广、湖广等省交界处,有众多官府无法管束的"贼区"。

正德十一年(1516),王守仁曾经受命出任南赣巡抚。他招抚并用,平数十年巨寇,在当地推行"南赣乡约",移风易俗,立社学、修书院,亲自讲学,带动了赣南文化的发展。后来,王守仁又从这里带兵出发,平定了江西宁王朱宸濠的叛乱,挽救了大明江山,被封为"新建伯"。

唐胄任南赣巡抚期间,这一地区已经相对太平无事。但唐胄并未松懈,他首先考虑的是如何让这个地方维持长治久安。

唐胄提督南赣等处军务时,在当地经营盐厂,发展经济,积累了四十余万两白银,以备军需。用这笔钱,唐胄为当地办了不少实事。

南赣巡抚的治所在江西赣州。赣州作为四省重镇,又是南赣巡抚的治所,但城墙不够高大雄伟,一旦发生战争警报,城池很容易被敌人攻破。于是,唐胄命令按照其他都会重镇的标准,增筑赣州城池,将城墙加高加厚,花费了大约上万两银子,使赣州城面貌一新。

唐胄在治军时,参照两广地区的标准,凡兴修、军功皆有赏,做到赏罚分明。他还设置了湖西道。道是明代介于省、府之间的行政区,包括分守道和分巡道。唐胄命令湖西道的分守道长官驻扎在临江府(今江西省樟树市临江镇),分巡道长官驻扎在吉安府(今江西省吉安市),这样一旦发生军情警报,临江、吉安二府可以互为犄角。在唐胄的治理下,官兵不分远近,都服服帖帖。他对南赣地区所作的规划、安排,为后来者所继承,军民上下,人人称便。为加强对南赣这一特殊地区的治理,使其长治久安,唐胄还专门撰修了一部方志,名为《江闽湖岭都台志》,简称《都台志》,供后人借鉴。

唐胄的远见卓识,还体现在其奏议中。他的奏疏,大都切中时弊,行文广征博引,论事周详。本书第三章对其奏议有专门介绍,此处不再赘言。

第三节 唐胄史学思想

中国古代文献分为经、史、子、集四部，史学的地位仅次于经学。国有国史，地有方志，家有家谱，民族精神命脉赖以延续。儒家史学思想在追求实录的同时，还强调经世致用。唐胄的儒学思想、实学思想，对其史学思想也有直接影响。

唐胄的史学贡献，主要体现在方志编纂方面。方志是兼具历史、地理、子部笔记特点的一种著述形式，被称为一方之“百科全书”。方志起源甚早，具有多源性，《周官》中的职方、土训、诵训的职掌，都与后世方志有相似之处。其他如《禹贡》《山海经》《九丘》《吴越春秋》《越绝书》、汉代图经等，都曾经被前人视作方志的开先河之作。方志走向成熟的过程较为漫长，至宋元时期逐渐定型，明清时期才真正走向繁荣。

唐胄对修志十分重视，曾经主持或者参与编纂过多部方志，且这些方志大都是现存较早的明代方志。唐胄在方志体例、编纂思想等方面颇具识见，资料取舍有方，叙事周详，议论精当，具有严谨的史学态度，对后来相关方志的续修具有重要的示范、启发意义。

一、唐胄与岭南史学传统

岭南史学起步较晚，但岭南方志的产生，较之内地，并不算太晚。东汉南海郡人杨孚《异物志》是我国第一部地域性的博物志。晋代南海王范著《交广春秋》，其后黄恭续作《王氏交广春秋补遗》。南方气候、植被、风俗等颇异于中原，成为文人搜奇猎异的对象，汉代以降，介绍岭南风土人情的著作数量已较为可观。

隋大业年间，隋炀帝“普诏天下诸郡，条其风俗、物产、地图，上于尚书”①。隋代地方官员樊子盖造送中央政府《岭南地图》。

唐代，广东已有“图经”。图经以文配图，间亦兼记风土、物产等，已具后世方志雏形，但其叙事之法尚不完善，仍属资料性质。唐建中元年（780）规定各州郡每三年编选一次图经报中央，后又改五年一次。宋代沿袭唐代编造图经的惯例，宋徽宗时期中央政府设立了九域图志局，负责指导全国图志的修纂和掌管各地进呈的图志。南宋范成大帅广右，居桂林，编《桂海虞衡志》，记载广西物产、民族等，颇有考证。

海南岛最早的地方志是东晋人盖泓编纂的《珠崖传》，但此书佚失已久。此后，文献中不见有海南专门志书的记载。至宋代，才有《琼管志》《琼州图经》等全岛性的志书，以及《南宁军志》《万安军图经》《陵水县志》《吉阳军图经》等州县志书。

元代纂《一统志》，命各省先选送图志，开编修省志的先河。元贞二年（1296）颁发的《大一统志·凡例》，对方志内容作了明确规定，涉及建置沿革、坊郭乡镇、里至、名山大川、风俗形胜、古迹、寺观、祠庙、宦迹、人物等。这对方志走向定型和规范化有深远影响。

元代方志数量有限。现在能够查考到的元代海南方志，仅有琼山人蔡微纂《琼海方舆志》和临高县学教谕冼雷纂《临高县志》。二志皆佚。

明清是方志编修的鼎盛时期。方志数量之多，修志范围之广，志书内容之完善，均超越前代。

明代前期，方志成就主要体现在全国性总志纂修方面。明太祖朱元璋称帝后第三年，即纂成《大明志书》。明成祖朱棣曾计划修纂一统志，后虽因故中辍，但于永乐十年（1412）、十六年（1418）两次颁布的《纂修志书·凡例》，立意周详，体系完备，要求具体，目的明确，标志着我国方志纂修事业进入鼎盛阶段。

---

① 魏征等：《隋书》卷三十三“经籍二”，中华书局1973年版，第988页。

明永乐十六年(1418)颁布的纂修志书诏令及《修志凡例》,可分二十二条,规定方志的收录内容应包括建置沿革、分野、疆域、城地、山川、坊郭、镇市、土产、贡赋、风俗、户口、学校、军卫、廨舍、寺观、祠庙、桥梁、古迹、宦绩、人物、仙释、杂志、诗文等项,目的是让志书可裨实用,实现志书的存史、资政、劝诫等功效。如规定“诗文,先以圣朝制诰别汇一卷,所以尊崇也。其次古今名公诗篇纪序之类,其有关于政教风俗、题咏山川者,并收录之。浮文不醇正者,勿录”①。

明代宗景泰七年(1456),大学士陈循修成《寰宇通志》,凡一百一十九卷,是志侧重于名胜景物,而缺少实用性强的地图、道里、户口等。明英宗复辟后,命翰林院学士李贤在《寰宇通志》的基础上增补、删并,修成《大明一统志》九十六卷,以两京、十三布政司分区,以府州为单位,下设建置沿革、郡名、形胜、风俗、山川、土产、公署、学校、书院、宫室、关梁、寺观、祠庙、陵墓、古迹、名宦、流寓、人物、列女、仙释等二十门,最后殿以“外夷”各国。《大明一统志》成书后,曾多次增补、修订。

作为纂修、增订总志的基础性工作,各地方志纂修也受到重视。明廷多次下诏,“敕天下郡县纂辑志书”“遍征天下郡邑志书”,因而明代修志之风极为盛行。明代正德以后,地方志纂修进入新阶段,数量和质量均有较大提升。明前期方志保存不善,佚失较为严重,现存明代方志,大部分为正德以后所修。

以海南方志为例,据初步考证,明代海南方志共 29 种,现存 3 种,分别是《正德琼台志》《万历琼州府志》《万历儋州志》。《正德琼台志》问世前,琼州府亦有旧志,但较为简陋。旧志及王佐《琼台外纪》均为十二卷,《正德琼台志》增至四十四卷。《正德琼台志》不仅是现存海南最早的方志,在整个岭南乃至全国都是现存时代较早

① 黄苇主编:《中国地方志词典》,黄山书社 1986 年版,第 677 页。

的明代方志之一，对后来续修的琼州府志、州县志以及《广东通志》有重要影响。

明代曾八修《广东通志》，现存世三种，其中以黄佐修《嘉靖广东通志》最为著名。黄佐是正德五年(1510)广东乡试解元，正德十六年(1521)中进士，入选庶吉士，期满授翰林编修。嘉靖三年(1524)归乡，嘉靖六年(1527)修成《广州府志》。后外放江西按察司佥事，嘉靖八年(1529)改任广西督学，在任期间，继唐胄之后重修《广西通志》。嘉靖九年(1530)冬，因母病弃职回乡，遭御史弹劾，被免职。嘉靖十七年(1538)起复为翰林编修兼左春坊左司谏，累迁至南京国子监祭酒。嘉靖二十五年(1546)，黄佐丁母忧居乡期间，修《香山县志》。服除，起为少詹事兼翰林院侍读学士，后因与大学士夏言论河套事不合，决意致仕，归乡著书讲学。嘉靖三十八年(1559)，重修《广东通志》，嘉靖四十年(1561)《广东通志》修成，刊刻面世。

黄佐曾在翰林院任史职，一生著述极丰，史学方面的著作有《通历》三十六卷、《革除遗事》六卷、《翰林记》二十卷、《广西通志》六十卷、《广东通志》七十卷、《广州府志》七十卷、《香山志》八卷、《广州人物志》二十四卷、《罗浮山志》十二卷、《南雍志》二十四卷等。

黄佐早年修《广州府志》时，方志学思想还不够成熟。后在广西任职期间，继唐胄之后重修《广西通志》，受唐胄影响，方志学思想始趋于成熟。蒋冕与黄佐有师生之谊，在为《广西通志》作序时，对黄佐评价极高，对唐胄的贡献则轻描淡写。《广东通志》代表了黄佐修志的最高成就。黄佐修《广东通志》时，对唐胄编纂的《正德琼台志》及其影响下的《嘉靖琼州府志》，也多有借鉴。

二、唐胄方志思想

唐胄曾参与编纂多部方志。其中以《正德琼台志》对后世影响最大。嘉靖年间，唐胄复出为官后，每至一地，政务之暇，便翻阅方志，以了解当地风土人情、政事得失。有方志未备者，则设法为之补足。他曾重修《广西通志》，创修《江闽湖岭都台志》（佚），安排同乡下属吴诚编纂《柳城志》（佚）。唐胄的方志思想在这些方志中同样有所体现，但唐胄并不居功自高，其功绩往往为后来者所掩。从现存《正德琼台志》及《广西通志》看，唐胄对方志的性质、体例、功用、史法、史德等都有独到见解，主要体现在以下方面：

（一）例史备事，经世致用

方志是史学著作的一种类型，具有时代性、连续性等史学特征，可为国史纂修提供资料。同时，方志又带有地理学、博物学的色彩，内容广博，涵盖自然地理、人文地理，具有地方性、广泛性、资料性等特征。方志不仅仅是国史的附庸，其本身亦有不可取代的独立学术价值和实用价值。

早期的方志，虽然被视为"外史"，但在具体纂修过程中，内容往往偏重于地理学、博物学，以空间视野中的"事"为主，时间线索中的"史"的特色尚不明晰。元明以后，方志在不断重修的过程中，历史沿革、人物传记等不断叠加的新内容受到重视，修志重心逐渐向史倾斜，方志的史学色彩日益鲜明。

中国古代史学发达，历史著作类型众多。其中，以《春秋》为代表的"编年体"和西汉司马迁《史纪》开创的"纪传体"最受重视。班固的《汉书》，使"纪传体"体例更加完善。"纪传体"以人物传记为主，以书（志）、表等为辅，对人物评价、制度沿革等高度重视，为统治者治国施政提供了较为完整的、宝贵的、可资借鉴的历史教材，成为历代"正史""国史"的标准著述形式。

明代修志之风盛行，在如何处理志与史、特别是地方志与纪传体正史、国史的关系上，也存在一些不同见解。承认志与史相关、方志为"外史"，在明代基本已形成普遍共识。但就方志与正史的具体关系而言，仍存在不少分歧，有方志补史、方志为史之支流、方志即史等许多不同见解。这些见解之间的差别虽然细微，但对方志编纂思想、凡例设计、内容详略等却有深刻影响，不容忽视。

唐胄认为，方志具有史的性质，但与正史又有所不同。他修志的基本思想是："余惟志史事也，例以史而事必尽乎郡""非徒例史以备事，而且欲微仿史以寓义"。①

所谓"例史"，即以史为例，将正史作为师法对象，学习其史法、史德，事俱按实，书写"信史"。《正德琼台志·凡例》第一条云："沿革既仿《史记》作表，括要而考，复逐注辨者，以旧志、《外纪》沿祖他书，故极证以合乎史尔。"②唐胄不仅学习《史记》为代表的纪传体，将正史中的记载视为最权威的资料，对于司马光《资治通鉴》、朱熹编《资治通鉴纲目》等也很看重，《正德琼台志·凡例》云："叙名宦、流寓等贤，有依史本传或《纲目》全文者，有节取者，或旧志已载而酌定者，惟欲事迹之切于郡尔。间有事言干郡而不系出处大纲，则后附于《杂事》。"③在追求"事"之可信的同时，唐胄还强调"仿史以寓义"。《正德琼台志·凡例》云："事有可议者僭于条末，小为'按'，大为'论'，法史'论''赞'之例。"④除了条末的按语和评论外，《正德琼台志》的不少条目之前，都有小序。这些序语、按语、议论，大都阐发了与该条目相关的经世致用之意。

正史与方志都重视经世致用，但侧重点有所不同。正史服务于一国之治，方志服务于一方之治。正史记一国之史，不可能面面俱到，记事要详略得当。对于事关国家政体、政治得失的重大历史事件，正史记载较为详细，其他方面则从略。方志作为正史的补充，记事力求详备完整。除建置沿革外，地理、山川、物产、风俗、人

① 唐胄等：《正德琼台志》，彭静中点校，海南出版社2006年版，第4页。
② 同上书，第6页。
③ 同上书，第7页。
④ 同上。

情等，都是地方官员应该了解的内容。

在“例史”的同时，唐胄也注意到正史与方志的不同，提出“备事”说。他在《正德琼台志序》中说：“郡志自国初至是亦编矣，而必须此焉者，欲备也。”为了达到“事必尽乎郡”的目标，《正德琼台志》在取材方面，广采博收，“故以《外纪》备旧志，以史传备《外纪》，以诸类书备史传，以碑刻、小说备类书，以父老刍荛备文籍”①。但《正德琼台志》在材料取舍上，也是有所甄别的。史传、类书、碑刻、小说、父老刍荛的排列次序，是以史料的可信度为标准。此外，地方性、时代性、实用性也是唐胄择取材料的重要标准。《正德琼台志·凡例》云：“土产独有者详，概有者略。旧志有而今不产，或已偶未见者必注。及今有而旧志不书者必补。”②这是就地方性、时代性而言。“如地切倭、岐而述海道、黎情之详，急讨御而具平乱、兵防之备。”③这是就地方性、实用性而言，突出了海南的地域特色。“丁粮，民治之要，古人入关而先收图籍者以此。今于户口、田赋独不厌繁者，体孔孟式负版，叹去其籍意尔。”④这一条是就实用性而言，对地方志编纂具有普遍指导意义。在叙事方面，唐胄也注意到史与志的区别，没有盲目拔高方志的史学地位，而是实事求是地指出“然辞必详尽者，以备外史欲合之书自处，而不敢效国史之谨严”⑤。

为求“备事”，唐胄在“《旧志》《外纪》皆十二卷”的基础上，将《正德琼台志》的条目、内容加以扩充，“今多增目至四十四卷者，非故烦谍也，意欲无遗郡之事尔”⑥。当然，唐胄也认识到，修志者主观上虽有求备之意，客观上却未必能够实现尽善尽美。地方志需

① 唐胄等：《正德琼台志》，彭静中点校，海南出版社 2006 年版，第 4 页。
② 同上书，第 6 页。
③ 同上。
④ 同上。
⑤ 同上书，第 7 页。
⑥ 同上。

要在不断重修的过程中，渐臻完善。历来修志者都有与旧志争胜的雄心。《正德琼台志》在重修之初，也以求全、求备为目标。《正德琼台志》最初由王佐主持修纂。王佐《东岳行祠会修志序》云：

> 自郡县建置沿革至于山川、形胜、军卫、城池、学校、人物、户口、贡赋等事，与凡事有关涉风化、利益军民者，一一修举，俱要事无遗漏，人无遗憾，为一代全书，以副郡守朝夕忧勤报国之心。①

这种“俱要事无遗漏，人无遗憾，为一代全书”的雄心固然值得赞许，但客观上未必能够达到。唐胄《正德琼台志序》则较为冷静地指出：

> 第愧浅陋，常感古人扫尘之喻，谓尘扫矣，而即随有，况有之而未能尽扫乎？凡书皆然，况志又古人之尤难者乎……后之同志者，感今日欲备之意，则非惟纪将来之事，必如炎汉前后共成二书，赤城新旧各为一志，以体桐乡《外纪》名书之意。或于此书而有恨焉，亦安忍不为之补遗考异，以续其别哉？则古人所谓欲俟备于后，而反愈不备于今者，不惟无虑，而且有所望矣。②

唐胄没有否定旧志、王佐《琼台外纪》的价值，也没有拔高《正德琼台志》，而是将“备事”作为修志的精神加以揄扬，并对后来者寄予厚望。

唐胄与王佐的修志思想并不完全一致。王佐也视志为史，指出：

---

① 唐胄等：《正德琼台志》，彭静中点校，海南出版社 2006 年版，第 2 页。
② 同上书，第 5 页。

> 郡志之书，岂惟今日为然？观之《周官》，外史合四方之志，则四方郡国皆有志书，而外史所稽，合以为史者，古今通义也。是志行与天下郡国集合外史褒善贬恶。①

王佐一方面继承了司马迁“欲成一家之言”的精神，另一方面也有混淆正史与方志的倾向。受纪传体正史影响，王佐将人物传记视为方志的首要内容：

> 志中事目虽多，而古今人物、风俗最为切要……致感圣祖之深如昊天悯下，褒赏海南地方则比于甸服之美，海南民俗则谓有华夏之风。圣制两出，掀揭乾坤，未及百年，而人才俗化之盛，媲美隆古。②

其所谓风俗，也与人才辈出、移风易俗有关。所以，王佐将“褒善贬恶”视为方志的首要任务。

在唐胄看来，“褒善贬恶”固然重要，但只是方志的作用之一，而非全部。就《正德琼台志》而言，“如地切倭、岐而述海道、黎情之详，急讨御而具平乱、兵防之备。隐逸附以耆旧，不遗善而且以诱善；罪放别于流寓，不混恶且因以惩恶。田赋及于杂需，额役以书民隐；纪异及于灾异、祯祥，以显天心。首表以括邦纲，殿杂以尽乡细。非徒例史以备事，而且欲微仿史以寓义”③。琼州地理位置独特，海防、黎情、田赋等都很重要，经世致用不限于“褒善贬恶”。唐胄也重视方志的史学价值，重视学习司马迁《史记》，但他在“例史”的同时，更注重“备事”，突出方志的特色。唐胄在“仿史以寓义”之

---

① 王佐：《东岳行祠会修志序》，见唐胄等著《正德琼台志》，彭静中点校，海南出版社 2006 年版，第 3 页。
② 同上书，第 2 页。
③ 唐胄等：《正德琼台志》，彭静中点校，海南出版社 2006 年版，第 4 页。

前，加一"微"字，也是意在强调正史与方志的不同。

唐胄的方志思想，在重修《广西通志》时也体现出来。例如，他在《一统志·凡例》的基础上，于"流寓"之外，另立"罪放"一目。这是唐胄主编《正德琼台志》时的首创。黄佐在《嘉靖广西通志·凡例》中亦云："流寓专录迁谪寓公之贤者，非贤虽贵不书。旧有罪放一类，今分注其后，所以惩恶也。"①"罪放"一目，显然是唐胄所加。黄佐虽然取消了"罪放"一目，但在叙事过程中也注意将"罪放"与其他"流寓"人物加以区别。可见，唐胄"罪放别于流寓，不混恶且因以惩恶"的思想，也得到了黄佐认同。

和唐胄不同，黄佐"昔为史官"，有在翰林院任职的经历，翰林院是主持国史编修的地方，因此黄佐更加看重方志与国史的关系。黄佐在《嘉靖广西通志·凡例》第一条中就指出："古者列国有史亦谓之志，如郑志、三国志是也。故今大书以叙事务简而尽，分注以载言务核而详，法《史记》也。凡大书及分注，每遇本朝，惟空一字者，仿古碑刻例也。讲武事，修文德，正风俗，得贤才，四者关系政体最大，必详书之，此修志之大旨也。"②黄佐纂修《香山县志》时，亦强调方志乃"肇诸周官"，自称修志是"忝从太史氏后"。③ 其主持编纂的《嘉靖广东通志·凡例》也强调"通志犹列国之史"④。

唐胄的"备事"思想，对黄佐也有一定影响。黄佐也主张在修志之前，应广泛搜集资料，除参考府县旧志和各种档案外，还要尽量访求地方耆老，力求人言与文献两者皆具。黄佐也曾经指出："郡乘乃史之支流，具体而微小者，其所裒集，唯恐文献不足，又焉用约哉。"⑤这大概是为他人府志作序时说的客套话。黄佐自己修

---

① 黄佐等：《嘉靖广西通志》卷首"凡例"，嘉靖十一年刊本。
② 同上。
③ 黄佐：《嘉靖香山县志序》，《嘉靖香山县志》卷首，嘉靖六年刊本。
④ 黄佐等：《嘉靖广东通志》卷首"凡例"，嘉靖四十年刊本，广东省地方史志办公室1997年誊印版。
⑤ 黄佐：《肇庆府志序》，《广东文征》第二册，香港中文大学出版部1973年版，第400页。

志时，大到一省之志，小到一县之志，都鲜明地体现出以史官自命的特点。他在《广西通志·凡例》中列出："故今大书以叙事，务简而尽，分注以载言，务核而详，法《史记》也。"①其《广东通志·序》云："天下之志，苟润泽而时措之，岂但备一方文献而已哉!"②可见，"史官"出身的黄佐，更加关注的是史才、史学，将修志作为展现其史才的机会。而长期在地方隐居、为官的唐胄，对地方治理和国计民生更加关注。

黄佐将修志事业等同于修史，在提高方志史学地位的同时，也模糊了方志与正史的界限，淡化了方志兼具地理之书、博物之书的特色。

（二）善用图表，体例完善

唐胄在修志过程中，还广泛吸收前代史学成果，充分利用图、表等形式，使某些复杂的、烦琐的内容一目了然。其条目设计合理，内容详略得当，在《一统志·凡例》的基础上予以适当调整，体例较为完善。

方志是在图经的基础上发展而来的。图经以图为主，以文字为辅。方志则以文字为主，但图亦不可忽略。《正德琼台志》卷一为"郡州邑疆域图"，其小序曰：

> 地理之书，肇自《禹贡》，至于成周，又别之为图为志，各建官设属以掌之。图以知山川形势，地之所生，则大司徒职方司佥之所掌。志以知语言、土俗，博古久远之事，则小史内史之所掌。盖图者，志之权舆，志则济图之不足，可相有而不可相无。琼之山川，外海内黎，险易广狭之势，境各不同，若非图以

---

① 黄佐等：《嘉靖广西通志》卷首"凡例"，嘉靖十一年刊本。
② 黄佐等：《嘉靖广东通志》卷首，嘉靖四十年刊本，广东省地方史志办公室 1997 年誊印版。

> 彰之，徒据志以悉，亦难矣。故绘府境、府城于其首，次州境、县境于其后，庶观者因图考志，以见诸所纪载者，皆于是乎出，则不必一一亲历，而三千里区宜之政在胸中矣。①

唐胄对图经的重视，为黄佐所继承。《嘉靖广西通志》首二卷为图经，其“凡例”云：

> 志何以首图经？周官舆地必有图，以知险阻，掌于士训。图必有志，以知地俗，掌于诵训。广西严邑也，尤不可以缺焉者也。图于前，而括其要于后者，凡以便经略也。②

《嘉靖广西通志》将沿革、气候、形胜、疆域等旧志中别自为类的条目全部删去，而将相关内容附于图后。在某种程度上，使得方志又倒退到图经状态。黄佐修《广东通志》，亦以图经二卷居首。唐胄主持编纂的《正德琼台志》，首卷只取图，相关文字内容仍别立条目，体现了方志与图经的不同。

唐胄修《正德琼台志》卷二为“沿革表”，这是仿《史记》“十表”之例。“凡例”第一条便明确指出：“沿革既仿《史记》作表，括要而考。”③卷二小序曰：

> 古者，郡县之置，多因山川、形势。形势之参连有断续，故州县之分割无常。吾土环海为郡，势无裒益，但自汉以来，或州郡分列，或管司总领。远隶都统，有交、扬、广东西之别，下分支属，有州、军、县、镇、寨之殊，非错综始终以为之谱，则一览安得以尽其要乎？故仿《史记》，表郡表邑于其前，复按表标

---

① 唐胄等：《正德琼台志》，彭静中点校，海南出版社2006年版，第9页。
② 黄佐等：《嘉靖广西通志》卷首“凡例”，嘉靖十一年刊本。
③ 唐胄等：《正德琼台志》，彭静中点校，海南出版社2006年版，第6页。

叙州叙县于其后，使重图籍者，一开卷之间而吾郡千百年之颠末指诸掌矣。①

《史纪》“十表”为人物年表，《正德琼台志》则改为建置沿革年表，作为对卷一“郡州邑疆域图”的补充。卷一“疆域图”，与卷二“沿革表”，分别从空间、时间两个方面，对海南岛的地理、历史作了整体概括。卷三又有“沿革考”，以文字的形式加以考订。图、表、文字相互配合，相得益彰。此外，《正德琼台志》卷十“户口”，亦采取列表形式，一目了然。

唐胄对表格的灵活运用，也被黄佐继承并发扬。《嘉靖广西通志》卷三为“历代州郡府县沿革”表，卷四为“分野”表，卷五至卷八为“秩官”表，卷九和卷十为“选举”表。其“凡例”云：“历代郡县纷而难辨，荆扬分野错而难定，秩官科第繁而难纪，故皆为表。表者，明也。表著之则易明也，亦《史记》体也。”《四库全书总目·提要》对其设表予以肯定：“其沿革、分野、职官、选举皆作表，以省简牍，体例亦善。”②黄佐修《广东通志》，亦设职官表三卷、选举表两卷；与《广西通志》不同之处在于，《广东通志》在图与表之间，还增设了事纪五卷，凡建置沿革、治乱祥异等，仍以文字呈现。

唐胄编《正德琼台志》，基本是沿用《一统志》的凡例，细目并列，只是在细目分类方面，因地而异，略加调整。《嘉靖广西通志》在目录编排上，则有模仿正史的倾向。其细目之前，设有纲目，分为图经二卷、表八卷、志三十卷、列传九卷、外志十一卷。这明显是模仿纪传体正史“本纪、表、志、列传”的次序，并别出心裁地设立“外志”。黄佐修《香山县志》共八卷，分为风土志、民物志、政事志、教化志、官师志、黎献志、艺文志、杂志八类，下分七十细目。在黄佐纂《广东通志》中，模仿正史的痕迹尤为明显。《广东通志》首分

① 唐胄等：《正德琼台志》，彭静中点校，海南出版社 2006 年版，第 27 页。
② 永瑢等：《四库全书总目》卷七十三，中华书局 1965 年版，第 641 页。

图经、事纪、表、志、列传、外志六大类。其中，志共三十一卷，又分为舆地志三卷、民物志八卷、政事志八卷、礼乐志六卷、艺文志两卷，以下才是具体细目。列传共二十卷，包括名宦七卷、流寓三卷、人物九卷、列女一卷。外志共七卷，包括仙释一卷、寺观一卷、夷情三卷、杂事二卷。这一体例创新看似更加简明扼要，但在具体分类上却存在不少问题。“外志”不合理之处尤多。《四库全书总目》的《嘉靖广西通志·提要》指出：“惟土官已隶职方，命以爵秩而列之外纪，非大一统之义。寺观亦列外纪，云辟异端，然仙释则入之列传中，不外其人而外其人之所居，傎矣。艺文苟无关于土风，则可不录，既以其有关录之，而列之于外纪中，尤不允也。”①黄佐自己也察觉到不妥，后来在修《广东通志》时，在“外志”中去掉了土官，增加了“仙释”。

与黄佐相比，唐胄比较尊重方志传统，在体例上只是因地制宜，略加调整，没有刻意地标新立异，存在的问题也比较少。现存《正德琼台志》不完整，缺少卷二十二、卷二十三“黎情”，以及卷四十三“文类”、卷四十四“诗类”。佚失原因不明。巧合的是，唐胄修订的《广西通志》，也有土官沿革、夷情编年及诗、文卷，后被黄佐归入“外志”。《嘉靖广西通志·凡例》将旧志中的土官沿革、夷情编年加以删节，“存其可备经略者为外志”。“叙事之法要在删润，有事相干涉不可类附者，总之曰杂事；诗文亦有之，总之曰杂著，附之外志。”②《广西通志》最后两卷分别为“杂著文”和“杂著诗”。

《正德琼台志》除最后两卷“文类”“诗类”外，在其他各卷中，也附录了大量诗文。这一特点，在《嘉靖广西通志》中也体现出来。《嘉靖广西通志》最后两卷为“杂著文”和“杂著诗”，在其他各卷中，也附录了不少诗文：“诗文各以类附，分注其下，有全取者，有节录

---

① 永瑢等：《四库全书总目》卷七十三，中华书局1965年版，第641页。

② 黄佐等：《嘉靖广西通志》卷首“凡例”，嘉靖十一年刊本，广东省地方史志办公室1997年誊印版。

者，有篇删其句者，有名删其字者，贵传远也。”[①]从这些方面，都可以看出唐胄修订《广西通志》时，在体例、内容方面曾经做出过重要贡献，其功不可没。

黄佐将各卷收录诗文的意图理解为“贵传远也”。其实，按照唐胄的本意，各卷类附、分注的诗文，皆有关土风，主要作用是以资考证，并非“贵传远也”。而无关土风，但有传世价值的诗文，则归入“文类”“诗类”，单独成卷。黄佐将各卷类附、分注的诗文视为传世之作，“外志”中另立的“杂著文”和“杂著诗”二目，就显得有点多余了，因而才遭到了四库馆臣的指摘。

黄佐本人大概也意识到，“外志”中的“杂著文”和“杂著诗”分类标准有问题。在修《嘉靖香山县志》时，黄佐将文、辞、赋、诗全部归入“艺文志”。修《嘉靖广东通志》时，黄佐将旧志所录诗文杂著分注各类之下，同时另立“艺文志”，以书目为主，不再收具体作品，“艺文志惟书著述篇目，其有关系者分注序文，以纪刊行之由。旧志惟录诗文杂著，今已分注各类之下，故止记书目，以经史为次序，法前史也。至于金石碑刻，亦择其有关系者详载之”[②]。这样的调整，也让《嘉靖广东通志》的体例更接近于国史。

《嘉靖广东通志》中，有关琼州府部分，主要采自《正德琼台志》。自万历三十三年(1605)琼州大地震后，《正德琼台志》便湮没无闻。万历四十五年(1617)重修的《琼州府志》，体例上模仿《嘉靖广东通志》。《正德琼台志》的不少史料，赖《嘉靖广东通志》得以保存。《正德琼台志》已散佚的“黎情”卷和“文类”“诗类”，也可从《嘉靖广东通志》略窥一斑。

---

① 黄佐等：《嘉靖广西通志》卷首“凡例”，嘉靖十一年刊本，广东省地方史志办公室1997年誊印版。

② 黄佐等：《嘉靖广东通志》卷首“凡例”，嘉靖四十年刊本，广东省地方史志办公室1997年誊印版。

(三) 事理纯当，史德高尚

唐胄在修志过程中，广征博引，凡引用资料，必注明出处。这样做，一方面做到了其文直、其事核，使得叙事更加详尽、可信；另一方面也不掩前人之美。在品评人物时，也能够做到不虚美、不隐恶，表现出高尚的史德。

明代修志之风盛行，一方面与中央政府的倡导有关，另一方也与地方官员的考评有关。修志是地方官员政绩的直接体现，因而备受关注。同时，也引发了一些不良风气。如有些官员在修志过程中粗制滥造，急于求成；为彰显己功，刻意贬低旧志，甚至擅毁、隐瞒旧志，攘善掠美；在为名宦、乡贤等人物立传时，假公济私，全凭一己之好恶，不顾公议；等等。

唐胄在重修《正德琼台志》的过程中，表现出严谨的学术态度。在《正德琼台志》之前，海南已有旧志。据王佐《东岳行祠会修志序》记载，琼州知府王子成到任三年，萌生重修郡志之意，“而国朝旧志亦多蠹落”①，适逢王佐著有《琼台外纪》，可补旧志之缺，遂延请王佐主持重修郡志事宜，唐胄等辅之。王佐序中所谓“旧志亦多蠹落”云云，当为套语。明代重修的方志中，常常可以看到旧志“未见”“不存”“残缺”“蠹损”“漶漫”之类的话语。王佐称旧志“多蠹落”，主要是为了迎合知府王子成好大喜功的心理，突出重修方志的重要意义。王佐当时已年逾八旬，并未打算在修志上耗费太多心力，只是想将旧志与自己的《琼台外纪》合为一书，这也符合王子成急于求成的心态。王佐《琼台外纪》本来就是在旧志基础上修成的，旧志与王佐《琼台外纪》均为十二卷，合为一书是很容易的事情。

但参与修志的唐胄并不这样想。唐胄将修志看成是和修史一样神圣的事业。为了修志，他不仅广泛搜集资料，而且对资料价值

---

① 唐胄等：《正德琼台志》卷首，彭静中点校，海南出版社 2006 年版，第 1 页。

进行考辨。对于引用的资料，唐胄都注明出处。在学风空虚的明代，唐胄的这种著书态度，实属难能可贵。在修订《广西通志》时，唐胄延续了这种严谨的治学精神，并为黄佐所继承。《嘉靖广西通志》《嘉靖广东通志》均仿照《正德琼台志》，于相关条目下注录诗文及出处。黄佐也重视考辨史料，提出要“据历代史书及本朝实录为主，然后采及他省均郡县诸志、诸家文集”；至于“谱牒附会者”，因为往往错漏颇多，所以不予收录。①

唐胄的史德，还体现在人物品评方面。人物志是方志中最受关注的内容，因其涉及人物的品评，最能体现修志者的史识、史德。唐胄对《一统志》的凡例有所调整：“隐逸附以耆旧，不遗善而且以诱善；罪放别于流寓，不混恶且因以惩恶。”②(《正德琼台志序》)在《正德琼台志・凡例》中，对人物志的编纂作了详细规范，如：“名宦不论破荒启土，按部秩官，平乱平黎兵官等门，凡有功德超等者，即进之。稍劣者，只于本门名下，随著所善。”“官守见任与见在仕途者，但书履历，不敢辄加褒贬。本土人物见在者亦然。”③这些规范，有效地杜绝了滥收人物、肆意吹捧等不良现象。

史家追求实录，但在现实中，往往会遇到许多阻力。因此，北宋名臣余靖就曾经提出，史官可以见君，但君主不得见当代之史书。其《姚畴论》曰：

古者帝王不得见当代之史何？则史之为书不隐恶，不虚美，谓之实录。史而可见，则其臣不敢以实书，书而不实，为已录矣；实而不讳，为已戮矣。不得见史者，以此也……语曰：

---

① 黄佐等：《嘉靖广东通志》卷首，嘉靖四十年刊本，广东省地方史志办公室 1997 年誊印版。
② 唐胄等：《正德琼台志》卷首，彭静中点校，海南出版社 2006 年版，第 4 页。
③ 同上书，第 6 页。

> 使廉士守藏，不如扃钥之固也。使义士分财，不如投钩之平也。何则？有情之与无情也夫？①

唐胄对现任官员，不肯妄加褒贬，用意也在于此。

唐胄增修《广西通志》时，也贯彻了这一主张，因此得罪了蒋冕等地方士绅。蒋冕是广西全州人，全州修名宦、乡贤祠，入祠者同时也可载入方志。蒋冕要求唐胄在考虑入祠人选时，应充分尊重当地人的意见。但唐胄坚持自己的择选标准。后黄佐来广西督学政，在名宦、乡贤入祠人选问题上接纳了蒋冕的意见。所以，蒋冕为《广西通志》作序时，对唐胄的贡献淡而化之，对黄佐则极尽赞美之词。

唐胄、黄佐等人制订的《广西通志·凡例》，为后世续修者奠定了良好基础。特别是清代谢启昆纂修的《嘉庆广西通志》，"体例完备，载述宏富，久负盛名，梁启超称之为'省志楷模'。谢启昆所撰叙例，立论尤为周备精辟，历来为世所重，被奉为以前旧志理论总结"②。如果我们将谢启昆的《嘉庆广西通志》叙例与唐胄方志思想作一比较，就会发现两者一脉相承，谢启昆方志思想明显受唐胄影响。如谢氏认为，方志"本于图经"，但又与之有别；认为"志录为地理专书，其要尤在郡县沿革""方志为国史之取材""作志自以详备为宗，而不敢以冗滥讥也"。认为范成大《吴郡志》以诗文分注各条之下，"其例最善"。认为宋高似孙《剡录》先贤各传，每事必注所据之书；《临安志》征引尤富，开地志引书之例，故"采择群书"，"详注书名"，以求"考古征信"。③ 谢启昆的这些方志思想，都能在《正德琼台志》中找到端倪。

---

① 余靖：《武溪集》卷四，《文渊阁四库全书》本。
② 黄苇主编：《中国地方志词典》，黄山书社 1986 年版，第 634、635 页。
③ 同上。

第四节　唐胄文学思想

唐胄的文学思想，一是受到岭南和海南地域文学传统的滋养，二是受中原文学流行思潮的影响。必须承认，不论在岭南文学史上，还是在整个明代文学史上，唐胄都不占有突出地位。这一方面与唐胄较为务实的人生态度有关；另一方面，也是因为唐胄不肯随波逐流、无意于借文学沽名钓誉。但这并不意味着唐胄缺乏审美观念，也不代表唐胄文学思想没有研究价值。从唐胄编刊的先贤诗文别集、他与同时代文人的交游酬唱、他对文坛人物的品题以及其传世的诗文作品中，我们可以对其文学思想略窥一二。将唐胄文学思想置于传统和时代的大背景下，可以看出其既独立又包容的文化品格。

一、唐胄与岭南文学传统

唐胄曾重刊或编刊过岭南文学史上一些重要作家的别集，如晚唐广西诗人曹邺和曹唐的别集、北宋余靖《武溪集》、南宋白玉蟾《海琼摘稿》、崔与之《崔清献公全录》等。余靖《武溪集》由丘濬在明代首刊。如果再加上丘濬刊行过的唐代大诗人张九龄的《曲江集》，明代之前岭南文学史上公认的最重要的作家基本上都已囊括在内。而丘濬本人的《琼台会稿》，再加上唐胄编刊的海南临高诗人王佐的《王桐乡摘稿》，则代表了明前期海南本岛士人文学创作的最高成就。

岭南士人文学起步较晚。“由于独特的地理环境，岭南文化和诗歌诗学的发展，有自身的独特性和阶段性。汉唐时期，民风淳朴，人文风气未盛，唐代除张九龄以诗闻名外，只有晚唐邵谒、陈陶一二人而已；宋代则余靖、崔与之、李昴英、赵必瑑等人物外，杰出者寥寥可数。”[①]南宋李昴英等，是崔与之的门生。这是仅就广东一省而言。此外，还可以加上广西诗人曹邺、曹唐。

唐代诗人张九龄在岭南文学史上占有特殊地位。近人汪辟疆论及岭南诗史，便指出“岭南一派，肇自曲江”[②]。张九龄是唐诗繁荣的奠基者之一，其诗直接汉魏，骨峻神疏，思深力遒，为扭转梁陈宫廷诗的颓靡之风做出了重要贡献。现存《曲江集》有诗二百三十多首，《全唐诗》录其诗为三卷。《感遇》诗十二首是张九龄的代表作，诗风清雅而富有余韵。

张九龄为岭南诗风开辟了两种路向：一是关注现实，有入世精神；二是清逸、古雅，有出尘之思。晚唐诗人曹邺、曹唐分别代表了这两种诗学路向。曹邺、曹唐都是晚唐桂林著名诗人，但诗风不同，在唐胄之前，很少有人将其并称。曹邺以五言古诗和乐府诗见长，格调高古，意深语健，内容贴近现实。曹唐则以游仙诗闻名于世，才华横溢，读其诗，令人有飘然出尘之想。唐胄任广西提学佥事时，刊行曹邺《曹祠部集》，并将曹唐诗附录于后。这不仅是为了表彰“桂林二唐”，更体现出唐胄言志、缘情并重的诗学主张和多元审美取向。

余靖是北宋岭南诗坛的代表人物。《粤东诗海》称余靖诗“骨格清苍，吾粤宋诗无出其右”[③]。“骨格清苍”，显然是受张九龄影响。余靖与张九龄同为曲江人，被时人誉为“异代曲江”。余靖生当北宋欧阳修领导的诗文革新运动之时，其诗文亦受其影响，具有宋人特色。

余靖思想受佛学影响较深，富有“通趣”。张海鸥《余靖诗学及其诗之通趣》注意到这一点，指出余靖“论诗倡通趣，作诗亦有通趣”，认为“有宋一代，士人普遍崇尚通达，余靖当是首倡者之一”。

---

① 吴承学、程中山：《岭南诗话与岭南诗学》，《学术研究》2020 年第 6 期。

② 汪辟疆：《汪辟疆说近代诗》，上海古籍出版社 2001 年版，第 39 页。

③ 温汝能：《粤东诗海》卷五，中山大学出版社 1999 年版，第 71 页。

但张文认为，“宋诗之趣，多关乎山水”，不同于“严羽以禅悟论诗，是唐而非宋”，进而否认余靖“通趣”主要得之于禅悟，与事实不符。[1] 严羽“以禅论诗”，是其独创的一种评诗话语方式，严羽本人也颇以此自负，这与唐宋诗风本身无关。唐诗主“意”，宋诗主“思”，但都不妨害与禅相通。

佛学的影响，使余靖在政治失意的时候，依然能够保持一种乐观旷达的精神。这一点，在稍后的苏轼身上体现得更加鲜明。苏轼虽是贬谪到岭南的客贤，但他对岭南诗学的影响不容忽视，有待深入研究。苏轼诗歌将“清”与“雄”融为一体。而“清雄”同样也是岭南诗学传统崇尚的美学风格。

南宋岭南诗仙白玉蟾的诗歌，同样具有清逸绝尘、雄奇豪迈两种风格，并将其完美地融合于一体。南宋潘牥曾目睹白玉蟾作诗的情景：

> 仆顷未识琼山，一日会于鹤林彭征君座上，时饮半酣，见其掀髯抵掌，伸纸运墨疾如风，中心疑焉。旁适有纸数百幅，因取穷之，随叩随响，愈探愈深，犹河决昆仑注之海，昼夜汹涌有声，童子隅坐研墨，腕几脱。顷刻数千万言，取而读之，放言高论，闳肆诡奇，出入三氏，笼罩百家，有非世俗所能者，始大惊异。是所谓不由纪律，不击刁斗，而转斗千里外者也。[2]

其豪迈之状，令人印象深刻。潘牥还引用苏轼之语：“天下之至文也，言其得之以无心，而成之于自然也。”认为以此观白玉蟾诗文，方能识其端倪。[3]

---

① 张海鸥：《余靖诗学及其诗之通趣》，《文学遗产》2001 年第 4 期。
② 朱为潮主修，李熙、王国宪总纂：《民国琼山县志》，邓玲、邓红点校，海南出版社 2004 年版，第 1188 页。
③ 同上。

唐胄《海琼摘稿序》认为白玉蟾诗有“超宇宙而凌万物”①的气概，并将其归因于白玉蟾的志趣与学养。重视志趣与学养，也是岭南文学传统的一大特色。

岭南文人重学养，富才情，这也体现在南宋名臣崔与之的诗文中。崔与之出身寒门，自幼刻苦向学，“读书务通大义，不事章句，为文务得大体，不事缀辑。少倜傥有大志，应接事物，动有机警”②。其诗文虽不多作，但成就不低。值得一提的是，崔与之还是岭南词风的开创者，被誉为“粤词之祖”。其词风雄奇雅健，如名篇《水调歌头・题剑阁》：

> 万里云间戍，立马剑门关。乱山极目无际，直北是长安。人苦百年涂炭，鬼泣三边锋镝，天道久应还。手写留屯奏，炯炯寸心丹。　　对青灯，搔白发，漏声残。老来勋业未就，妨却一身闲。蒲涧清泉白石，梅岭绿阴青子，怪我旧盟寒。烽火平安夜，归梦绕家山。

崔与之的弟子李昂英将该词与诸葛亮《出师表》相提并论。③

明初，岭南诗文创作步入繁荣阶段。文人结社、相互酬唱之风，也在岭南地区流行起来。唐胄编《正德琼台志》中，对这一时期琼州地区的一些诗社活动有所记载。而在整个岭南地区，影响最大的文人社群，当属“南园五先生”。明初，孙蕡、王佐、赵介、李德、黄哲等五位诗人，在广州南园组织诗社，号称“南园五子”，后人又称之为“南园五先生”。他们的诗作，上追唐人格调，力矫元末诗坛纤弱萎靡之风。五子之中，以孙蕡成就最高，其诗气象雄浑，清圆

① 葛长庚撰，唐胄编：《白玉蟾海琼摘稿》卷首，嘉靖十二年刻本。
② 崔与之：《宋丞相崔清献公全录》，张其凡、孙志章整理，广东人民出版社2008年版，第2页。
③ 同上书，第211页。

流丽。明人胡应麟《诗薮》云：

> 国初吴诗派昉于高季迪，越诗派昉于刘伯温，闽诗派昉于林子羽，岭南诗派昉于孙蕡仲衍，江右诗派昉于刘崧子高。五家才力，咸足雄据一方，先驱当代。[①]

从此，岭南诗派异军突起，成为明清诗坛不可忽视的一支生力军。

继"南园五先生"之后，对岭南文坛影响最大的人物当属政治家丘濬和思想家陈献章，两人在诗学方面也有较高造诣。但丘濬因与当时主流诗学相左而受到忽视，陈献章则因心学思想而遭到不少批评。清代四库馆臣从正统观念出发，略过丘濬和陈献章，直接将与唐胄同时稍晚的黄佐接续"南园五先生"，认为"岭南自南园五子以后，风雅中坠，至佐始力为提倡……广中文学复盛，论者谓佐有功焉"[②]。

黄佐晚年在广州泰泉书院讲学，门人弟子众多。受其影响，明代中期岭南文坛又有"南园后五先生"崛起，包括欧大任、梁有誉、黎民表、吴旦、李时行等，梁有誉还是明代"后七子"之一。清初，屈大均、梁佩兰、陈恭尹号称"岭南三大家"，足以与中原诗坛颉颃。清中叶以后，岭南诗坛名家辈出，日益引人注目。

纵观岭南文学史，以诗歌成就最为突出。自唐初以来，岭南诗歌在不断接受、融汇中原诗学的同时，形成了相对稳定的地域文学传统，"沉雄清丽，蔚为正声"[③]。清人洪亮吉评价岭南诗："尚得古贤雄直气，岭南犹以胜江南。"[④]黄钊《诗纫》以"雄丽"概括岭南诗

---

① 胡应麟：《诗薮》续编卷一，上海古籍出版社 1979 年，第 342 页。

② 永瑢等：《四库全书总目》卷一百七十二"泰泉集·提要"，中华书局 1965 年版，第 1503 页。

③ 汪辟疆：《汪辟疆说近代诗》，上海古籍出版社，2001 年版，第 39 页。

④ 洪亮吉：《更生斋诗》卷二"道中无事偶作论诗截句二十首之五"，《洪亮吉集》，刘德权点校，中华书局 2001 年版，第 1244 页。

风,称“粤中诗多以雄丽为称题”①。

关于岭南诗风的成因,王士禛《池北偶谈》认为:“东粤人才最盛,正以僻在岭海,不为中原江左习气熏陶,故尚存古风耳。”②刘熽芬《小苏斋诗话》云:“昔渔洋先生谓明季竟陵派盛行,惟岭南人不染此恶习;而姚石甫先生又谓岭南诗人,多不为外间传播。盖岭南僻处一隅,故诗人名难及远,而亦不为风俗所移。观两公所论,然则吾粤文风,犹为近古也。”③

然而,岭南诗风在保持古意的同时,并未完全与世隔绝,也在与时俱进,只是不那么激进而已。宋代诗文革新运动、明代文学复古运动、晚明性灵文学思潮等,都在岭南文学史上留下了不可磨灭的印迹。

董上德《岭南文学艺术》一书《前言》中指出:“岭南文学艺术不宜简单理解为‘岭南的文学艺术’,而是由历代岭南人创造出来的,以中国主流文化为‘核心’,灵活结合着岭南原生文化元素的各类文学作品和各类艺术样式。”“我们应该对岭南文学艺术的‘中国价值’有充分的认知。”岭南文学艺术的“中国价值”,既受到中原移民的影响,也与岭南士人北上为官有关,“他们创作的文学作品颇有‘南人北相’的气度和风神,显得厚重、深沉,又不失灵动和清醇”④。

二、唐胄与海南文学传统

作为岭南的一部分,海南具有与岭南相近的文学传统。不过,明清时期,比起整个岭南文坛的繁荣景象,海南文坛略显冷清。这一方面与海南岛孤悬海外有关,另一方面,也与本书《绪论》部分提及的万历三十三年(1605)琼州大地震有关。这次大地震,给海南

---

① 黄钊:《诗纫》卷二,咸丰三年雁红馆刊巾箱本,第 20b 页。
② 王士禛:《池北偶谈》,勒斯仁点校,中华书局 1982 年版,第 251 页。
③ 刘熽芬:《小苏斋诗话》,黄绍昌、刘熽芬纂辑,何文广校勘,李浩音释:《香山诗略》上册,中山诗社 1987 年版,第 150 页。
④ 董上德:《岭南文学艺术》,广东人民出版社 2019 年版,第 1—19 页。

文献带来一场浩劫，使得许多明前期海南文人的文学成就不为世人所知悉。

晚明陈是集编纂《溟南诗选》，存诗十卷，对保存明代海南诗歌做出了重要贡献。当时，有人认为海南蕞尔之地，工诗者寥寥数十家，选诗多达十卷，未免过滥。陈是集反驳道：

> 子其易吾选，将易于奇句之前称诗者乎？称诗自宋玉蟾子始。古来仙子未必能诗。即能诗，亦带铅汞中语尔。玉蟾子能为诗，又不尽为仙诗，诗所以佳也。明兴以来，文庄先生淹通少两，人或以浅率目之，不知其才自赡，笔下无迹可摸，古体尤胜，使与青莲对垒，未必屈座也。王汝学诗老而益工，近体冲澹隽远，步武唐人。钟、唐二司徒歌行亦佳，由其学问渊邃，有以使之。郑篁溪赡丽多姿。王宗伯归田所作，远胜于馆阁诸篇。唐景夷任诞自废，诗才奔放，师海琼子一派，跨出父兄之上。余或人有数篇，间止一律，犹必采而收之。间有散轶未获者，犹思购之以嗣吾选。①

这段话相当于一部明代海南诗歌简史。陈是集对明代海南诗坛评价甚高，认为丘濬古体诗可与李白比肩，王佐近体诗可“步武唐人”。此外，钟芳、唐胄的“歌行亦佳”，郑廷鹄、王弘诲等人的诗也各具特色。唐胄之子唐秩，师法白玉蟾，诗歌创作成就尤高。

从唐胄主编的《正德琼台志》看，明前期海南文风之盛，并不亚于内陆地区。《正德琼台志》卷三十七“文学”目下，记载了当时海南琼山的一些诗人，并对他们的诗文加以点评。如弘治癸丑进士陈缵，“性旷达。诗歌信口而成，虽不经意，而飘逸清新，人不能道”。布衣诗人杨碧“自少工诗，清响飘逸”。周奇健“诗文少作，作

---

① 陈是集：《溟南诗选》，郑行顺点校，海南出版社 2006 年版，第 5、6 页。

必精简有奇趣。后令靖江归，纵酒自任，所至提壶以随，有晋人风致”。可见，《正德琼台志》品评作家的重要标准，是“清”“逸”“晋人风致”。①

唐胄家族中也出过许多才华横溢的诗人，如本书第一章第四节介绍过的有“岭南秀士无双”之称唐濂伯，唐胄的堂嫂、女诗人冯银，唐胄的父亲唐正，唐胄的二弟唐冕等。

明前期海南文坛成就最高、影响最大者，当属丘濬及其弟子王佐。丘濬才高位显，其诗文受到时人重视，流传较广。王佐的诗文，则全赖唐胄保存、刊刻，才得以流传至今。

(一) 丘濬文学思想对唐胄的影响

相传丘濬少时曾作“琼台八景”诗，其中有一首《五指参天》，咏五指山：

五峰如指翠相连，撑起炎州半壁天。
夜盥银河摘星斗，朝探碧落弄云烟。
雨余玉笋空中现，月出明珠掌上悬。
岂是巨灵伸一臂，遥从海外数中原。②

此诗颇能体现岭南诗风的雄丽特色。

正统十二年(1447)，丘濬赴京参加会试，不第，后留在北京，就读于国子监。考取进士后，长期在翰林、内阁任职。其文学思想，难免会受到明前期馆阁流行文风的影响。但岭南地域文学传统对丘濬的影响也不容忽视。

作为岭南人，丘濬有极强的地域观念。他在诗文中一再强调自己是“南人”，刻意为“南人”张目。正统七年(1442)，年仅 21 岁

---

① 唐胄等：《正德琼台志》，彭静中点校，海南出版社 2006 年版，第 759、760 页。
② 丘濬：《丘濬集》，周伟民等点校，海南出版社 2006 年版，第 3864 页。

的丘濬于县学肄业，获得参加乡试的资格。年轻的他壮志满怀，写了一篇《雁集琼庠记》，表达对未来的憧憬之情。文中有言：

> 昔者地气自南而北，果有南人以文字乱天下。今也地气自北而南，安知无南人以文字治天下耶。①

文中的"南人以文字乱天下"，指北宋王安石变法。这里化用了宋代理学家邵雍的一个典故：

> （邵雍）与客散步天津桥上，闻杜鹃声，惨然不乐……曰："天下将治，地气自北而南；将乱，自南而北。今南方地气至矣。禽鸟飞类，得气之先者也。《春秋》书六鹢退飞、鸲鹆来巢，气使之也。自此南方草木皆可移，南方疾病瘴虐之类，北人皆苦之矣。"②

后果有南人王安石入相，实行变法。丘濬也是南人，但他认为时代不同，如今是"地气自北而南"，自己日后如果登上宰相之位，必将天下大治。

丘濬对岭南先贤、唐代名相张九龄极为推重，曾多年访其遗集而未果，后在翰林任职期间，始于馆阁群书中觅得张九龄《曲江集》，手自抄录，后刊行并为之作序，盛赞张九龄的相业和文学成就。明代岭南文学的勃兴，与丘濬对张九龄的大力宣扬不无关系。丘濬也曾抄录、刊行余靖《武溪集》并为之作序，序中反驳了柳宗元、曾巩等对岭南人的偏见，借宣扬张九龄、余靖，"用以为越之人士解嘲云"③。

① 丘濬：《丘濬集》，周伟民等点校，海南出版社2006年版，第4353页。
② 邵伯温：《邵氏闻见录》卷十九，王根林校点，上海古籍出版社2012年版，第110页。
③ 丘濬：《丘濬集》，周伟民等点校，海南出版社2006年版，第4023页。

丘濬的诗中也包含着强烈的地域意识。如作于成化十五年(1479)的《杂诗四首》其三开篇云:“南国有珍木,中含要妙音。匠氏一顾之,斫削为素琴。”[①]诗中以“南国珍木”暗喻南方人才。其四开篇云:“冀北产良马,未必皆騊駼。乘之惟其良,何必以地拘。”[②]以冀北之马暗喻北人。

当时的政坛,南北之争较为激烈。丘濬作为岭南人,既受到北人排斥,在南人中也不占文化优势,更加有受歧视的感觉。于是,他便产生了用诗文来证明自己才学的强烈欲望。丘濬后来位极人臣,其地域意识对激发岭南文士的文化自信,带动岭南文化的发展,具有一定的促进作用。同时,他以岭南文学补救馆阁文学之弊,对明前期日益沉闷的馆阁文学而言,也不啻吹进了一股清风。

丘濬个性有褊狭之处。他强烈的地域身份意识,以及对岭南文化传统的大力宣扬,容易招致朝中同僚大臣的不满。毕竟,当时岭南地区在经济、文化等方面,与中原、江南等地相比,还是有一定差距的。时人对丘濬有许多负面评价,这也影响了丘濬在明代文学史上的地位。

另外,丘濬诗文成就虽然不低,但带有太强的功利性,这在其文章中体现得更加明显。如《梅轩记》论梅曰:“且冷蕊疏枝,何有于吾之性情,淡香疏影,何预于吾之身心,折枝以赠,何似乎简书,踏雪以寻,何资乎日用,巡檐索笑何为也,竹外一枝何好也。”[③]《竹坡记》论竹,欲“本《六经》以取竹,一洗晋、唐以来词人、墨客之陋”[④]。《爱竹居记》亦云:“古之人以竹为用,至后世始以竹为玩焉。”文中称赞庐陵刘章爱竹是“不忘先祖之所好”“非若晋人之爱也”。[⑤] 古代文人喜爱梅、兰、竹、菊,多是为遣情怡性,丘濬偏偏从实

① 丘濬:《丘濬集》,周伟民等点校,海南出版社2006年版,第3714页。
② 同上书,第3715页。
③ 同上书,第4326页。
④ 同上书,第4342页。
⑤ 同上书,第4345—4346页。

用主义角度出发，大发议论，其说虽不无道理，但很难令人心悦诚服。

丘濬站在理学家立场上，对晋、唐风致的批评，与他对白沙心学的批评是一致的。丘濬本人文学成就虽高，但在处理文与道的关系时，过于重道轻文，与明代中期文学艺术复兴的时代潮流不合拍，这也无形中削弱了其在明代文坛上的影响力。

丘濬与当时中原地区的主流文化虽然有些不太合拍，但在岭南文人心目中却占有崇高地位。琼州有景贤祠，专祀苏轼、丘濬。唐胄曾作《景贤祠》诗：

> 鸿名今古并风翔，过化生身一地芳。
> 经纬文章星斗丽，主宾英爽海山光。
> 四朝俞咈尧还舜，九死荒退惠更黄。
> 此日瓣香祠下拜，渊珠冈玉共难量。[①]

诗中将苏轼、丘濬并称，赞美他们的“经纬文章”如天上的北斗星一般璀璨。

对丘濬的文学思想，唐胄并非全盘接受。一方面，唐胄对丘濬以文章经世的功绩予以肯定；另一方面，对于丘濬批判的晋唐风致，唐胄却表示欣赏。与丘濬相比，唐胄的文学思想更加开明、更具包容性。

（二）王佐文学思想对唐胄的影响

继丘濬之后，海南最杰出的文学家是临高人王佐。王佐以诗闻名于世。明清两代，王佐和丘濬、海瑞、张岳崧等并称“海南四绝”，王佐被推为“诗绝”。

唐胄年轻时曾拜访王佐，作五言古诗《谒桐乡王汝学先生》，称

---

① 唐胄等：《正德琼台志》，彭静中点校，海南出版社2006年版，第533页。

赞王佐学养深厚，“汲古修绠深，董马在伯季”。并盛赞其文章，“所以南丰老，终与欧苏俪”。① 将王佐比作宋代文学家曾巩。王佐曾主持编修《正德琼台志》，因年老体衰，且与他人意见不合，遂辞归，由唐胄接任主编。唐胄视王佐为师，复出为官后，一直将王佐文集带在身边，一有闲暇便翻阅，后编成《王桐乡摘稿》，为之作序云：

> 文章自六经以后，作者多矣。间有称为大家者，岂特监（按：原文如此，疑为“滥”或“鉴”）其辞哉！文运与世运相关，豪杰应时而生者，天资既遇，而其趋向之专，积累之厚，宏博蕴蓄，遂肆所发，大则熔经以伸理，小则阐道以论事，在己若不经意，而旁观者已若星斗江汉之不可探矣。②

文中盛赞王佐之文，认为“其词之平易温雅，气之光明俊伟”③可与唐宋八大家比肩，但未论及其诗。

唐胄于诗，更偏爱南宋诗仙白玉蟾。王佐亦喜爱白玉蟾之诗，他在福建为官时，夜宿武夷止庵，偶得白玉蟾集，携归海南。《正德琼台志》的白玉蟾小传中附录了王佐的《夜宿止庵诗并序》，诗中对白玉蟾的修炼过程和神奇传说津津乐道。唐胄则对白玉蟾诗歌更感兴趣，称赞白玉蟾“平生诗韵清绝，非食烟火者所能道”④。

唐胄复出为官后，将白玉蟾别集也常年携带在身边，编刊《海琼摘稿》并为之作序，文中认为“仙于诗不相及”⑤，修道与作诗是两回事，两者没有必然的联系。唐胄虽然喜爱白玉蟾诗歌，但反对将其神化。在他看来，白玉蟾的诗主要得益于性灵与学养。与王佐相比，唐胄识见更高一筹。

---

① 唐胄等：《传芳集》，刘美新点校，海南出版社 2006 年版，第 185、186 页。
② 同上书，第 173 页。
③ 同上。
④ 唐胄等：《正德琼台志》，彭静中点校，海南出版社 2006 年版，第 839 页。
⑤ 葛长庚撰，唐胄编：《白玉蟾海琼摘稿》卷首，嘉靖十二年刻本。

(三) 唐胄文学思想及其创作成就

唐胄本人诗文创作,以学问见长。其文章往往旁征博引,不论是经史子集,还是本朝典故,都信手拈来。钟芳在《西洲文集序》中评价唐胄的奏疏"皆实胜也""援经据传,时有新得"。① 诗歌方面也是如此,晚明陈是集《溟南诗选序》评价唐胄"歌行亦佳,由其学问渊邃,有以使之"②。

然而,学问也只是表象,更根本的是道德修养。唐胄的学问,是以六经为根本,兼采诸子百家之长。对于各家学说,唐胄都能兼收并蓄,用以变化气质,提升心灵境界与品德修养。

唐胄在《王桐乡摘稿》一文中,将韩愈与司马迁并列,视为文章最高典范。韩愈以建立道统闻名于世,强调文以载道。对于后世学习韩文有成就者,唐胄分别用"深""醇""博大"等字眼予以肯定,可见道德学问在唐胄心目中的重要性。

重视道德、学问的同时,唐胄还认为文章应经世致用,有补于时。在为明太祖《御制文集》所作《后序》中,唐胄指出:

> 闻论圣学者谓非徒雕锼,词艺为书生之末技,在得其要,措之事业。③

他在《琼山县学记》中也强调立德、立功对于立言的重要意义:

> 至其本,则在吾师之所以教,弟子之所以学,体崇乎帝王敬毅于桀之意,笃吾身心伦理之越,使积之为德行,发之为文章,行之为事业,非徒取益乎礼文,摩论于外而已。④

唐胄的文学思想,不仅体现在对他人的品评上,在其本人创作

① 钟芳:《钟筠溪集》卷七,周济夫点校,海南出版社2006年版,第128页。
② 陈是集:《溟南诗选》,郑行顺点校,海南出版社2006年版,第6页。
③ 朱元璋:《御制文集》卷末,唐胄嘉靖八年刻,国家图书馆藏残本。
④ 唐胄等:《正德琼台志》卷十五,彭静中点校,海南出版社2006年版,第355页。

中也充分体现出来。王弘诲《通议大夫户部左侍郎赠都察院右都御史西洲唐公神道碑》评价唐胄“为文章根本六经，不务绮丽”①。钟芳《故户部左侍郎唐公墓志铭》、黄佐《户部左侍郎唐公胄传》等俱称赞唐胄为文“有源委理致，不尚浮靡”②。

所谓“不务绮丽”“不尚浮靡”云云，并不代表唐胄轻视文章的审美价值。如唐胄在云南时所作《赠云南黄少参进表序》一文，是为云南布政司参议黄祺赴京进呈表章而作。这类友情赠别文字，很容易写成泛泛的应酬之作。但唐胄经过巧妙的运思，将山水之灵秀与人的气质结合在一起，不仅在文中写出了自己入滇之后的感受，充分吐露了自己的心声，还以山水名胜为喻，对来自全国各地、五湖四海的僚友们，一一作了点评，读来令人颇有美不胜收之感。

既重视实用价值，也不轻视审美价值，唐胄文学思想的这一特点，在其诗歌创作中体现得更加鲜明。

现存唐胄诗，以应酬之作居多。这是明代社会风气使然，唐胄本人对这些应酬文字并不重视，所以他虽然刊刻过不少岭南先贤别集，但一直不肯自编文集。清人凌扬藻《岭海诗钞·凡例》云：

> 岭海士习喜实行，耻浮名，故有著作等身、裒然成集者，亦取自怡悦，未尝辄付剞劂以问世，若篇什无几，积经岁月，必耗蠹而不可复留，居恒硁硁孳孳，而身后抱不言之痛者，比比矣。③

岭南文人的这一特点，在唐胄身上体现得最为典型。

唐胄诗学思想具有鲜明的儒家特色。《论语·泰伯》有言：“兴

---

① 王弘诲：《天池草》卷十九，王力平点校，海南出版社2006年版，第416页。

② 焦竑：《国朝献征录》卷三十，见周骏富编《明代传记丛刊》第110册，综录类26，明文书局1991年版，第420页。

③ 凌扬藻编：《国朝岭海诗钞》卷首，道光六年刊本，第1页。

于诗，立于礼，成于乐。”儒家自创立之初，就对文学十分重视，将《诗经》列为六经之一。在儒家看来，诗的价值不仅在于“兴”，还可以“观、群、怨”。“兴”只是学诗的起点，可以调动起学诗的兴趣和动机，儒家更看重的是诗歌的社会功能。

唐胄喜爱作诗，但并不以诗人自居。对于那些真正有才华的诗人，他从不吝惜赞美之词。对于自己的诗，则表现得比较低调。他借诗吟咏性情，抒发抱负，反映现实，广交良朋，写过不少作品，但随作随弃，因而流传于世的不多。

从实用主义角度出发，唐胄对文的重视程度，远高于诗。这从其西洲书院中图书的安置次序也可以看出来：

> 此东西向者，子史之所以羽翼乎《六经》《语》《孟》。杂然而前陈者，诗辞、翰墨之类，又所以让乎子史。[1]

从经、子、史、集的排列顺序，可对唐胄的文学观略窥一斑。唐胄的知己钟芳作《西洲文集序》，只论唐胄之文，而不及其诗，不为无见。

其实，唐胄的诗也不乏佳作。其中有一些关注社会现实、表现重大题材的作品，如《藤作》《白沙口哀百姓》《题守关忠节卷》等。

《藤作》诗前小序云：

> 《隋书》“昌化县”注“藤山”：唐振州贡藤盘，未闻为害。万州藤作名天下，始于近代。官役劳及妇人，连年不得休息。正德初有王氏女，尤妙手工，官派多且细，过限父累被责。女伤怨，遂雉经。

诗曰：

---

① 唐胄等：《正德琼台志》，彭静中点校，海南出版社 2006 年版，第 395 页。

剑门藤丝如发细，纤巧争先出新意。万安土瘠民多贫，家家藉业为生计。

纤纤闺指称绝奇，牡丹在染凤交嬉。官工家派多精致，细迟过限爹遭笞。

十八嫁裙无一幅，朝朝暮暮劳官役。岂知生业反为魔，遂甘自尽家难息。

满城感泣增悲恫，祸州尤物何时穷。英灵胡不上诉帝，条蔓枯尽山为童。

九州厥贡古来有，篚荐随方那敢后。交州荔枝建州茶，惊尘溅血民始咎。

珠崖地在大海中，汉因玳瑁始开通。未几祸起广幅布，东都复县伏波功。

永平滥觞儋耳贡，后启缤纷非土任。瑁宫珠殿尤苦刘，紫贝鼊皮聊缓宋。

惟我祖宗怜远土，两朝优诏特矜楚。公使逾法许具闻，气焰权奸犹敛限。

后至先皇弘治初，大禁贡献民熙和。振儋金香罢唐例，南宁银姜无宋科。

民赖优游三十载，肇此厉阶谁复再。公贿私贡恐已迟，谁体圣心存海外。

妻号儿哭无朝夕，催吏那知更下石。谁能临武叫天阍，守有徐方留郡迹。

君不见女苦吉贝男苦簦，停车请免崔相公。

前朝旧事数百载，至今青史扬清风。福星监司贤太守，民殃至是公知否？①

① 唐胄等：《传芳集》，刘美新点校，海南出版社 2006 年版，第 187、188 页。

万州（今海南万宁）的藤织闻名天下。正德年间，有一名王氏女，擅长藤织，被官府摊派了大量任务，不能按时交差，连累父亲受到责罚，这名女子怨愤之极，遂上吊自杀了。唐胄深感痛心。在全诗的最后，唐胄以讽刺的口吻，责问“福星监司”“贤太守”，表达了对贪官污吏的痛恨。

唐胄还有一些诗作，或描写田园山水风光，或借物抒怀，均情感真挚，耐人寻味。如《新春咏》《关索岭》《红鸡冠花》《鸦小岗》《闲中漫兴二首》《瓜州阻风》《果化州》等。

《新春咏》作于嘉靖改元之际：

太平触处麦连歧，吹鬓东风又此期。
深喜轮台丹诏早，不妨渭水钓竿迟。
漏梅泄柳窥天意，问舍求田敢自遗。
把镜朝来还独笑，一春花鸟瘦添诗。①

诗中洋溢着春天的喜悦之情。在经历了正德年间的政治黑暗之后，百废待兴，唐胄也接到朝廷诏书，准备复出为官。虽然唐胄当时已经年过五旬，但仍满怀报国热情，对未来充满憧憬。

在《关索岭》一诗中，唐胄策马扬鞭，奔驰在险要的滇南道上，在老当益壮的豪迈之余，透出淡淡的感伤：

万里滇南道，驱驰当此危。
榆瞻栽汉近，鸟俯落云迟。
自怪乘风疾，旁惊叱驭痴。
嗟来还独笑，莫遣鬓毛知。②

---

① 唐胄等：《传芳集》，刘美新点校，海南出版社 2006 年版，第 195 页。
② 同上书，第 192 页。

《红鸡冠花》是一首咏物诗：

花名不解作花妍，花似鸡冠像可怜。
文帻偏妆丹点蜜，斗鳌再接血痕鲜。
甘陪菊淡阶梅瘦，不惹蜂狂与蝶颠。
岁晚朱颜谁更在，寒盟如此共年年。①

在唐胄笔下，红鸡冠花是战斗精神的象征。它与秋菊、冬梅为伴，清高自守。“菊淡”代表一种隐逸情怀，让我们联想到唐胄家族中的“榕隐公”唐逊、唐胄的父亲唐正等。唐胄考中进士后，曾家居近二十年，也充分体现了他性格中“菊淡”的一面。“梅瘦”代表一种清高自守的精神，让我们联想到北宋“直声动天下”的唐氏远祖唐介，以“雪霜半染中年鬓，天地应知暮夜心”自勉的唐胄伯祖御史唐舟，还有唐胄平生敬仰的北宋“庆历四谏臣”之一余靖，南宋名臣崔与之，宋末抗元英雄赵与珞，等等。当然，“梅瘦”也是唐胄晚年在京为官时期的真实写照。

抛开上述作品不论，就算是唐胄诗中那些应酬之作，也不乏生活情趣和艺术匠心。唐胄诗文，不论就其思想价值、文学价值还是史料价值而言，都是海南文学史上的一笔宝贵财富。唐胄生前坚持不编文集，其诗文传世数量不多，是一件令后人深感遗憾的事情。

三、唐胄与馆阁山林文学之争

馆阁文学与山林文学之分，早在宋代就已有之。但前人只是将其视为两种不同政治身份作家的创作活动，并未强分轩轾。至明代，馆阁、山林文学之争始成为引人注目的文坛现象。明代前

① 唐胄等：《传芳集》，刘美新点校，海南出版社2006年版，第195页。

期，被称为“台阁体”的馆阁文风，曾经笼罩文坛长达百余年之久。直到明中叶弘治、正德年间，“前七子”领导的文学复古运动兴起后，馆阁文学才逐渐趋于没落。

关于明代“台阁体”兴起的原因，过去比较关注永乐年间明成祖朱棣及“三杨”（杨士奇、杨荣、杨溥）等的倡导。近年来，明初洪武君臣特别是宋濂等人对馆阁文学的提倡，也开始受到学界关注。

唐胄在科举考试中，以“礼魁”考中进士，会试、殿试也名列前茅，本来很有希望被选拔为庶吉士，进入翰林院，成为馆阁文人中的一员。但他刚考取进士，便接到父亲去世的噩耗，回乡守制，错过了庶吉士选拔的机会。

唐胄曾经重刊明太祖朱元璋《御制文集》。这部文集中，有朱元璋的一篇文章，题为《设大官毕职馆阁山林辩》，对于了解朱元璋文学思想以及明代台阁体兴起的原因很有帮助，以前鲜有人提及，兹引录全文如下：

唐参政蒙恩，字名耐久道人，其耐久，昔本山野之士，太宗闻名召至授以武昌参知政事，为年逾六十，令致仕。其人居京师，官民知其人平昔以儒业立身，遂得高位，今又善始而善终，是谓难得，所以求文者盈门，本官德不择贫贵，概从所求，日不停笔，凡文必以耐久道人为美。俗者不知，亦以为奇。识者将以为非，所以求文者，求人之名以为贵，今乃忘高爵而书山野，不如求俗者之志欤。因有此说，人皆罢求本官之文，已得者，甚有毁之。同年内黄县令沈仁亦年迈而致仕，家京师，平日所授之职不过七品而已，学通孔孟，人从求文，亦如耐久，不择贵贱，凡与人之文务以内黄县令书作首，故欲文者如流之趋下，其户门之限每三日而一换更之，犹为踏碎。傍曰：“何欲文者如是？”曰：“美也。”曰：“前耐久道人文安不实耶，何今日之门径人绝行纵？”曰：“未知。”又傍一人颇能视听，特以耐久、沈仁

> 二文为一目嗅，乃辩其人矣。何以知之？曰："耐久之文虽好，乃有黄精蕨薇之气盈章。其沈仁之文，嗅之则御炉烟霭，尚有御馔之气芬芳。山林馆阁晓然矣。"正评论间，俄而耐久偶过其门，见欲文者如是，乃曰："夺从吾者在斯。"特临门而问仁，曰："君子不夺人之所好，此欲文者即吾之生，尔独有之可乎？"仁曰："此何人？行非礼之言。"傍曰："此即耐久也。"仁曰："我虽卑职，终曾受官。彼山人敢临门而侮。"仁遂呼仆以叱之。其耐久昂昂然愈刚，遂被仁辱。傍谓仁："所辱者致仕之参将，必上闻。"仁曰："若如此，则加辱之。"曰："何故？"曰："彼轻君爵而美山野，文书耐久，诚可辱。"良久遇解纷。耐久果欲闻上，家人曰："不可，公平日不变，若欲闻上为必然，恐招重辱以及身。""何故有此？"曰："公忘君爵而书耐久，所以不敢闻也。"时耐久自骇而自觉非。家人曰："公今既省，岂仁辱教欤？何止辱而觉之，今后凡文列爵于前，人既得之而久藏，将垂贵名于不朽。若以耐久奇之，则耐久道人四字是谓自矜之辞，古君子德不自彰，今公自言耐而又久，且擅称道人，是谓自上也。其道之说居《老子》中'四大'者，内道大居第三，古圣贤尚永尽其道，今擅称之，可谓不度，公将信乎？"曰："然。"朕观耐久之错，将永矣。不期家人有善者能相之，其人信服之，则可谓善矣。①

这篇文章明显带有寓言性质。故事背景被安排在唐太宗时期。唐太宗是中国历史上著名的明君。按照儒家传统观念，上有明君，士人自当以报国为本，不应有归隐之思。故事的主人公，一个叫蒙恩，另一个叫沈仁。蒙恩者，蒙沐君恩也。唐太宗待蒙恩确实不薄，将六十岁的蒙恩招至京师，授以参政之职；又念其年老，令其致

① 朱元璋：《明太祖文集》卷十六，《文渊阁四库全书》本。

仕，留在京中安度晚年。蒙恩本是山野之士，善属文，入京后脾性依然未改，每为人作文，辄署名耐久道人，不署官衔。沈仁官职不及蒙恩高，只是一个小小的七品县令，与蒙恩同年致仕，家住京师，亦善属文。沈仁每为人作文，署名必题官衔“内黄县令”。某人颇具见识，能够观其文而识其人。众人请他评鉴，其人指出，蒙恩与沈仁的文章，味道不同。蒙恩官职虽高，所作乃山林之文，“有黄精蕨薇之气盈章”。沈仁官阶虽低，所作乃馆阁之文，嗅之“则御炉烟霭，尚有御馔之气芬芳”。两相比较，高下立判。朱元璋本人明显是站在沈仁一方，让沈仁狠狠地羞辱了蒙恩一番。而蒙恩经家人劝解，也恍然大悟，意识到了自己的“错误”。这篇文章，不由让我们联想起清代蒲松龄《聊斋志异》中的《司文郎》，其中也有一位盲僧，能够用鼻子闻出文章好坏。蒲松龄写《司文郎》，大概也是受到了朱元璋这篇文章的启发。

朱元璋写这篇文章，是有针对性的。元代隐逸之风盛行，至明初，仍有许多文人不乐仕进，其中尤以吴中地区文人为最，如杨维桢、高启等。朱元璋认为，这些文人貌似清高，其实不识大体。朱元璋在这篇文章的最后，让蒙恩醒悟，也是对明初文人的一种暗示。朱元璋希望他们放弃消极的、不合作的态度，为新王朝效力。

朱元璋要求文学必须为政治服务的思想，后经宋濂、“三杨”等文臣的发扬，逐渐形成一种固定的文风，世称“台阁体”。台阁体以文为主，思想上继承韩愈提倡的“道统”，文学上主要学习欧阳修、曾巩的文风。至明代中叶，馆阁文学单调、肤廓、平庸的文风，渐为世人厌弃。

明代成化年间，以陈献章、庄昶为代表的“陈庄体”，追求山林隐逸之趣，是对明代馆阁文学的一种反拨。而丘濬对陈献章心学思想和山林文学的抨击，则与明太祖朱元璋的文学思想一脉相承。

唐胄生活时代略晚于丘濬和陈献章。明代海南隶属广东，丘濬和陈献章都是唐胄乡贤。从现存唐胄著述看，唐胄对两人都比较尊敬，并未介入丘濬和陈献章之争。丘濬是琼山人，和唐胄乡缘关系更加密切，唐胄对其有不少赞美之词。唐胄在广西为官时，与丘濬的得意门生、曾任内阁大学士的广西人蒋冕也有不少交往，但蒋冕对唐胄这位来自丘濬家乡的后辈似乎并未表现出太多热情。而唐胄对当时山林文学的代表人物庄昶、陈献章也并不排斥，唐胄的至交好友中，有庄昶的女婿王弘、陈献章的弟子湛若水等。

唐胄本人考中进士后，曾隐居海南近二十年，不肯出仕。对于故乡和家族中的一些山野隐逸之士，唐胄也在《正德琼台志》等著述中予以赞美、表彰，体现出他性格中淡泊名利的一面。而在嘉靖改元之后，唐胄不顾年过五旬，复出为官，宦游四方，勤政有为，体现出他忧国忧民的一面。在唐胄推崇的岭南先贤张九龄、余靖、崔与之、王佐等人的诗文中，也不存在山林与馆阁的冲突、对立。唐胄继承唐代张九龄以来的岭南文学传统，以道为基，以德为本，弥合了山林文学与馆阁文学的分歧。

四、唐胄与明代文学复古运动

唐胄生活的时代，还存在郎署文人与馆阁文人的对立。在明代前期，馆阁文人长期把持着主流文坛的话语权。明代中期，以“前七子”中李梦阳、何景明等为代表的郎署文人阶层开始崛起。他们以复古为旗帜，向馆阁文学发起挑战，成功地夺取了主流文坛的话语权。

唐胄于弘治十五年(1502)赴京参加会试，考取进士。是科状元为康海，同榜进士中，还有何景明、王廷相等。康海、何景明、王廷相都是“前七子”的主要成员。在此之前，李梦阳于弘治六年(1493)考中进士。王九思、边贡、顾璘等于弘治九年(1496)考中进士。李梦阳成名最早，在弘治年间经常组织诗社。但直到弘治十五年(1502)康海、何景明等加入之后，复古运动的声势才真正壮大起来。

“前七子”中，李梦阳以诗闻名，康海以文著称。康海是明代陕西的第一位状元，思想受关学影响较深，其殿试策得到内阁首辅刘健的欣赏，称其“词意高古，娴于政理”。孝宗皇帝见到康海的殿试对策，亦云：“我明百五十年无此文体，是可以变今追古矣。”①康海进入翰林院后，对以李东阳为首的馆阁文人极为不满，大力倡导秦汉古文。时人受其影响，文风为之一变。

前七子中，有些成员属于馆阁阶层，有些属于郎署阶层。当时，馆阁文人的领袖是李东阳。李东阳在诗学上有较高造诣，但文章基本上还是延续“三杨”以来的台阁体。康海身为馆阁文人，公然与李东阳作对，让李东阳十分恼火。正德年间，康海为营救李梦阳，和大太监刘瑾扯上了关系。刘瑾垮台后，康海也被指为瑾党，遭罢官还乡。轰轰烈烈的文学复古运动，也逐渐走向消沉。直到嘉靖年间，后七子登上文坛后，文学复古运动才再度复兴。

当然，“前七子”文学复古运动的消沉，原因是多方面的。政治因素只是其中之一。此外，阳明心学的崛起，以及前七子文学理论内在的缺陷，也是不容忽视的因素。

唐胄与康海虽然是同年进士，但从现存文献中，尚未发现两人交往的记载。倒是康海的同乡好友、著名理学家、正德三年（1508）状元吕柟，与唐胄关系甚笃。此外，唐胄的同乡好友钟芳也曾致书康海。②

唐胄甫中进士，便丁忧返乡，丁忧期满，又逢正德改元，刘瑾弄权。在前七子复古运动高涨期间，唐胄长期隐居于乡。现存文献中，亦不见唐胄与李梦阳交往的记载。

在唐胄生平交游中，不乏文学复古之士，如何景明、顾璘、张含

---

① 张治道：《翰林院修撰对山康先生状》，见金宁芬著《康海研究》附录，崇文书局2004年版，第354页。

② 钟芳：《奉康对山》，见周济夫点校《钟筠溪集》卷十四，海南出版社2006年版，第298页。

等。其具体交往过程，详见本书第二章，此不赘述。

需要指出的一点是，与李梦阳相比，何景明等人的诗学观点相对不那么偏激。李梦阳才华横溢，诗歌创作成就较高，诗学思想也有独到之处，但过于极端。正因为如此，他在当时颇受瞩目，王守仁、杨慎等都曾经受其影响。但时过境迁，李梦阳受到的非议也最多。王守仁从心学角度，杨慎从六朝诗角度，分别对李梦阳展开批评。何景明也因为复古的方法问题，与李梦阳展开过激烈的论争。

唐胄诗文存世数量较少。从其现存诗文可以看出，唐胄也曾经一度受到复古文风的影响。

唐胄年轻时崇拜司马迁。其《赠云南黄少参允吉进表序》开篇即云："余少慕司马子长之游。"[①]其《杖策壮游序》亦云："故古有善游者，遍历衡、华、恒、岱、洞庭、云梦、鄱阳、九疑、苍梧之区，以尽天下大观，一求助吾气以成名世之文。"[②]这里所说的"善游者"，亦指司马迁。

司马迁的古文，是复古派师法的主要对象。康海以善于学习司马迁古文而著称，朱孟震《刊对山先生全集序》云：

> 文自司马氏以来，作者代起，盖千有余年，而无能得其似。先生崛起弘正间，逸才天授，不假人力，遂升子长之堂而入其室，与李何王马彬彬然朋炳交映，斯亦间世之杰哉。[③]

唐胄的一些古文，也带有学习司马迁文的复古痕迹，如《杖策壮游序》(《岭南文献》卷十)、《青云桥路记》(《岭南文献》卷十九)、《愚窝说》(《岭南文献》卷二十三)等。

---

① 张邦翼：《岭南文献》卷十，《四库全书存目丛书补编》第 21 册，齐鲁书社 2001 年版，第 337 页。

② 同上书，第 339 页。

③ 康海：《康对山先生集》，贾三强、余春柯点校，三秦出版社 2015 年版，第 20 页。

然而，唐胄后期文学思想受到新兴的阳明心学及唐宋派古文影响，较前期明显有所转变。其文风变得较为平易，且更加关注“道”对于文的重要意义。

前七子代表人物李梦阳虽以气节著称于世，但在古文观念上，却有重文轻道的倾向。李梦阳《论学》云：

> 宋儒兴而古文之文废矣。非宋儒废之也，文者自废之也。古之文，文其人，便了如画焉，似而已矣，是故贤者不讳过，愚者不窃美，而今之文，文其人，无美恶皆欲合道，志传其甚矣。是故考实则无人，抽华则无文，故曰宋儒兴而古之文废。或问何谓？空同子曰：嗟，宋儒言理，不烂然欤？童稚能谈焉，渠尚知性行有不必合耶？①

复古派反对的是“假道学”，力图挣脱道对文的控制，这对于纠正台阁体文风之偏是有积极意义的。但李梦阳将理（道）与文对立，称“宋儒兴而古文之文废矣”，在当时可谓惊世骇俗之论。虽然他后面作了补充，称“非宋儒废之也，文者自废之也”，但将儒与文视为两回事，却是不争的事实。

复古派其他成员亦有类似论调。如顾璘《赠吕泾野先生序》一文曰：

> 今天下之师三：曰文辞，曰经义，曰道学。文辞者，选辞炼文，拟量作者，掞国家之章采，诚不可缺，然其务华失实，不底于大义，使人荡而忘本，君子所惧也。经义者，抱六艺之遗，寻绎衍说，步猎支肤，不为无助，然破裂圣真，假荃蹄以干利禄，一切不求之身，徒美口耳而已。道学者，谈性命之微，别天

① 李梦阳：《空同集》卷六十六，《文渊阁四库全书》本。

人之分，虽未必实有诸己，然指示门户，分析幽眇，庶几究大道之实际，及其弊也，立异尚新，不遵先圣之途轨，概执玄论，渎诸濡孺，失区别之教，悖善诱之法，使人躐意高远，废下学而希上达，视二前端，取利差大，其害亦随以甚。①

顾璘和吕柟都与唐胄有交游。吕柟虽与康海关系甚密，但身为理学家，更重视经义、道学，有轻视文辞的倾向。顾璘则替复古派辩护，主张华实相兼。

唐胄的另一位好友何景明《汉纪序》则云：

夫形理者事也，宰事者理也。故事顺则理得，事逆则理失。天下皆事也，而理微焉。是以经、史者皆纪事之书也，但圣哲之言为经尔。故纪事者，苟非察于性命之奥，以尽事物之情者，亦难与论于作者之门矣。②

何景明拈出“事”，作为理(道)与文之间过渡的桥梁。

相对于李梦阳而言，顾璘与何景明的持论较为缓和。李梦阳意在打破文章与道学之间的联系，顾璘强调文学之士、经学之士与道学之士各有得失，何景明则在区分理学与文学的基础上，企图以“事”重建两者之间的联系。

阳明心学的兴起，打破了道与事、事与文之间的界限，以心为纽带，让道与文再度融为一体。王阳明认为：

以事言之谓之史，以道言之谓之经。事即道，道即事。《春秋》亦经，《五经》亦史。《易》是包牺氏之史，《书》是尧、舜以下史，《礼》《乐》是三代史。其事同，其道同，安有

① 顾璘：《息园存稿》文卷一，见《顾华玉集》，《文渊阁四库全书》本。
② 何景明：《何大复集》卷三十四，中州古籍出版社 1989 年版，第 598 页。

所谓异乎?[①]

在阳明心学的影响下,道与文的关系重新受到关注。以唐顺之、王慎中等为代表的唐宋派继之而起,对复古派文风加以反拨。唐宋派领袖人物唐顺之是嘉靖八年(1529)会元,后丁忧返乡,嘉靖十一年(1532)复出为官,在京中结识王慎中及阳明后学王畿、罗洪先等人。唐顺之早年亦曾追随"前七子"复古运动,此时受到阳明心学及王慎中文学思想影响,对"文必秦汉"的复古主张产生了怀疑,开始大力鼓吹唐宋古文。

嘉靖十一年(1532)之后,唐胄陆续刊行王佐《王桐乡摘稿》、白玉蟾《海琼摘稿》、崔与之《崔清献公全录》、余靖《武溪集》等,体现了他在这一时期文学观念的转变。

关于唐胄刊刻《王桐乡摘稿》并为之作序的时间,近代王国宪编《传芳集》,误将《王桐乡摘稿序》一文系于嘉靖四年(1525)。该文应作于嘉靖十二年(1533)之后(详见本书第三章第二节"《王桐乡摘稿序》系年考辨"),正当唐宋派崛起之时。

唐胄对王佐的文章评价极高,认为王佐既有天资,又有学养,"天资既遇,而其趋向之专,积累之厚,宏博蕴蓄,遂肆所发,大则熔经以伸理,小则阐道以论事,在己若不经意,而旁观者已若星斗江汉之不可探矣"[②]。唐胄在称赞王佐的同时,也批评了当时的文风。他说:"近世于作者,莫不鄙其相习于浅小,未足及乎古人,殊不知既欲负其名,而所学不博,所见不高,则借艰深以文其浅陋,亦岂势之得哉!"[③]这是针对"前七子"复古主张而发。

王佐是丘濬弟子,受丘濬文学思想及当时仍在流行的台阁体

① 王守仁:《王阳明全集》卷一"语录一",吴光、钱明、董平、姚延福编校,上海古籍出版社1992年版,第10页。
② 唐胄等:《传芳集》,刘美新点校,海南出版社2006年版,第172页。
③ 同上。

文风影响，学习的是欧、曾古文。王佐之文，“读之若寻常，无可惊异，而大方家每服其词之平易温雅，气之光明俊伟，当比拟于古诸大家”。唐胄所说的“古诸大家”，既包括汉代司马迁，也包括唐宋八大家。他说：

> 余尝叹后世文章，自汉司马子长，至唐始有韩昌黎，可谓难矣。逮宋文人酷嗜韩文，莫深于穆伯，莫醇于欧阳，莫博大于眉山、临川。先生生乎其后，师法有年，其内蕴阂深，而外则无一字相袭，有续我皇明文冲之作者，谅不能遗此，而独具卓识。论文者必能辨其家数之所自，谓非一时之杰出，岂公论乎？①

唐胄将司马迁的文章与唐宋古文相提并论，可见他已摆脱前七子“文必秦汉”的论调，对唐宋古文的价值予以充分肯定。

唐胄对唐宋古文的肯定，不仅仅是受到阳明心学和唐宋派的影响，更多的还是对岭南文学传统的传承。北宋名臣余靖、南宋名臣崔与之、诗仙白玉蟾的诗文，都是文道结合的典范。

就唐胄本人创作而言，后期文风也转向平易。后人称其“为文章根本六经，不务绮丽”、为文“有源委理致，不尚浮靡”云云，主要是就其后期诗文特色而言。

第五节　唐胄宗教思想

唐胄的宗教思想，一是受传统儒学影响；二是受岭南宗教文化传统影响；三是受明代官方宗教观念影响。余靖《武溪集》、崔与之《宋丞相崔清献公全录》、白玉蟾《海琼摘稿》等岭南先贤别集，以及

① 唐胄等：《传芳集》，刘美新点校，海南出版社 2006 年版，第 172 页。

明太祖朱元璋《御制文集》蕴含的宗教观，对唐胄影响较为明显。

唐胄思想以礼学为主，受传统儒家思想影响较深。其宗教态度也是如此。孔子《论语·八佾》第十二曰："祭如在，祭神如神在。"在对待鬼神的问题上，孔子既不言其有，也不言其无。孔子更看重的，是礼的形式，以及内心的诚与敬。

先秦时期，儒家、道家均为诸子百家之一。至汉代，儒家思想逐渐占据了社会主流位置，成为官方统治思想。道家则与神仙家合流，形成道教。佛教亦于东汉时期传入中国。从此，道教、佛教与儒教并存，成为中国传统文化的重要组成部分。三教之间，有过抗衡，但总体而言，是互相渗透，趋于融合。魏晋玄学，唐代的禅宗，宋明的理学和心学，宋元时期鼎盛一时的全真教，都是三教合流的产物。

宋、明理学家大都研习过佛老经典。张岱年认为：

> 理学乃依据孔孟的基本观点，汲取了佛老的一些思想资料，回答了佛教道家所提出的理论问题，从而丰富了儒家学说的内容。①

儒家思想的入世精神，与宗教思想的出世态度，并非绝对矛盾，两者其实是有调和余地的。苏轼就曾经言道："乃知经世士，出世或乘龙。"②

儒家士人思想以孔孟为本位，但大都有"出入"佛老的经历，只是涉足的程度不同而已。唐胄也是如此。对于道教和佛教，唐胄有较为深刻、清醒的认识，能够在批判的同时有所借鉴。

---

① 张岱年：《中国传统文化的形成演变及其发展规律》，《张岱年全集》第六卷，河北人民出版社1996年版。

② 苏轼：《安期生》，见王文诰辑注，孔凡礼点校《苏轼诗集》卷四十三，中华书局1982年版，第2349页。

一、唐胄与岭南宗教传统

唐胄对佛、老思想的认识，离不开岭南宗教文化传统的熏染。岭南虽然地理位置较为偏僻，但在宗教史上也出现过不少名人，如佛教史上的牟子、惠能，道教史上的葛洪、白玉蟾等。他们的思想，都具有融通“三教”的色彩。

岭南地区是中国的南大门，是中外宗教文化交流的重要桥梁。东汉末年，岭南的佛教已经相当兴盛。这从《牟子理惑论》一书的记载中可见一斑。

牟子（170—?）是苍梧郡广信（今广西梧州）人，自幼博览群书，精通诸子百家。《牟子理惑论》被认为是中国第一部佛学专著。该书的序文部分，介绍了牟子生平和思想：

> 牟子既修经传诸子，书无大小靡不好之。虽不乐兵法。然犹读焉。虽读神仙不死之书，抑而不信，以为虚诞。是时灵帝崩后，天下扰乱，独交州差安，北方异人咸来在焉，多为神仙辟谷长生之术，时人多有学者。牟子常以五经难之，道家术士莫敢对焉……方世扰攘非显己之秋也。乃叹曰：“老子绝圣弃智，修身保真，万物不干其志，天下不易其乐，天子不得臣，诸侯不得友，故可贵也。”于是锐志于佛道。兼研老子五千文。①

《牟子理惑论》的正文部分，主要是引圣贤之言，以证解佛学。牟子认为：

> 佛者，号谥也。犹名三皇神五帝圣也。佛乃道德之元祖，神明之宗绪。②

① 牟融：《牟子》，湖北崇文书局1875年刻本。
② 同上。

牟子对老子道家思想也十分重视,但他对东汉以来流行的神仙道教评价不高:

> 神仙之书,听之则洋洋盈耳,求其效犹握风而捕影,是以大道之所不取,无为之所不贵。①

岭南神仙道教的代表人物是东晋葛洪(283—363)。葛洪是丹阳郡句容(今江苏句容市)人,曾师事南海郡太守鲍靓修道,后留居广州,入罗浮山炼丹,终其一生。葛洪早年以儒学知名。对儒、墨、道、法、名诸家,葛洪兼收并蓄。其代表著作有《抱朴子》内外篇、《神仙传》等。《抱朴子》内篇属道家,外篇属儒家。葛洪将神仙方术与儒家的纲常名教相结合,主张文章、德行并重,立言当有助于教化。

海南作为海外孤岛,虽未与世隔绝,但与中原文明相比,其发展脚步较为迟缓。关于道教流播于海南的记载,始见于唐代。唐代皇帝姓李,奉道家祖师老子李耳为祖先,大力抬高道教地位。唐高宗乾封年间,在海南岛上的昌化县建景昌观,这是见于方志记载的海南最早的道观。

佛教传入海南的具体时间尚有待考证。唐玄宗天宝年间,鉴真东渡日本时,曾经在海上遇到狂风,漂流至海南,在振州(今三亚)登陆,受到当地官员礼遇。鉴真师徒在海南淹留了一年多,重修了三亚的开元寺,积极传播佛教文化,在海南文化史上书写了珍贵的一页。

佛教禅宗的南宗,是佛学中国化的典型宗派。岭南在禅宗发展史上,也曾书写过辉煌的一页。早在南朝梁武帝时期,南天竺国王子菩提达摩泛海到达广州,创西来庵(今华林寺)传教,又于光孝

---

① 牟融:《牟子》,湖北崇文书局1875年刻本。

寺传播禅法。后来，达摩北上面见梁武帝，话不投机，遂入嵩山少林寺面壁十年，成为中国禅宗初祖。至唐代，岭南人惠能（638—713）成为禅宗六祖，将禅宗发扬光大。惠能在韶州（今广东韶关）曹溪一带弘法四十余年，声名远播。曹溪位于广东曲江，这里还诞生过唐代名臣张九龄、北宋名臣余靖。

惠能提倡“顿悟”，体现了中国传统思维模式重直觉、重感悟的特色，扩大了禅宗思想的影响。唐代以后的文人，大都受禅宗泽溉。

值得一提的是，曾大力排佛的唐代文人韩愈被贬至潮州后，听说潮阳灵山寺有一位高僧大颠（732—824），承传六祖惠能南禅宗风，弟子达千余人，遂致书邀其相见。韩愈对大颠颇为赏识，两人结下深厚友谊。韩愈调离潮州时，还专程到灵山寺与大颠告别，并脱下官服相赠，后世建“留衣亭”以纪念之。

岭南地区开化较晚，文化相对落后。佛教虽然很早就传入岭南，并出现过一些高僧大德，但整体发展较为缓慢。《太平广记》卷四百八十三“南中僧”条，引唐末高州刺史房千里《投荒杂录》云：

> 南人率不信释氏，虽有一二佛寺，吏课其为僧，以督责释之土田及施财。间有一二僧，喜拥妇食肉，但居其家，不能少解佛事。土人以女配僧，呼之为师郎。①

又引唐末广州司马刘询《岭表录异》云：

> 又南中小郡，多无缁流。每宣德音，须假作僧道陪位。②

民国时期的《海南岛志》亦云：

---

① 李昉等：《太平广记》，中华书局 1961 年版，第 3982 页。
② 同上。

> 佛教在海南，不甚普遍。自昔名师大德，南渡者少，丛林刹宇，至为寥落。东北诸县，接近大陆，风气较开，城厢之间，偶有禅刹。春秋佳日，士女礼拜者，尚不乏其人。琼城北郊天宁寺，最为宏敞。万宁之东山岭潮音寺风景独胜。但岛中僧侣，不重戒律，饮食酒肉，与常人无异。①

宋元时期，海南道教、佛教有较大发展。宋真宗时，全国大修道教宫观。海南的琼州、万州、儋州等地都建有天庆观，成为海南最早的官立道观。宋徽宗自称教主道君皇帝，下《神霄玉清万寿宫诏》，琼州也修建了万寿宫。

宋代文人对佛教和道教持更为包容的态度。唐胄曾重刊北宋名臣余靖《武溪集》二十卷。余靖是曲江人，曲江曹溪一带是六祖惠能弘法之地。余靖《韶州善化院记》云：

> 仲尼居鲁，而儒学之风隆于洙泗。秦皇好兵，而将帅之材出于山西。六祖开化曹溪，而塔庙之兴布于曲江。盖圣贤特出，熏而炙之，故跂高慕远者，与习俱盛也。②

余靖一生好游名刹，多方外之交。《武溪集》卷七至卷九为"寺记"，计 31 篇。《全宋诗》中收入余靖 140 首诗作，其中与僧侣有关的诗达 33 首之多。

余靖认为儒、释二教有相通之处：

> 儒以礼法御当世，使人迁善而去恶，佛以因果诲未来，使

① 陈铭枢总纂，曾蹇主编，郑行顺校订：《海南岛志》，海南出版社 2004 年版，第 206 页。

② 余靖：《武溪集》卷九"韶州善化院记"，《文渊阁四库全书》本。

> 人修福而避祸。[①]
>
> 上古圣人以中道御物，反于经制，然后济之以权。西方之教以大权诱俗，涉其津涯，然后受之于道。西教所以浸淫国土千载弥盛者，以其权胜者也。[②]
>
> 佛之示权也大矣，人之起信也久矣！察荣悴者知其果，视祸福者存乎应……是知民之闾井，不可一日而违塔庙也。[③]

余靖虽然认可佛教有扶持世道人心的功用，但反对盲目崇佛。开宝寺舍利塔火灾，他上疏给仁宗：

> 臣闻帝王之道，能勤俭厥德，感动人心，则虽有危难，后必安济……陛下若勤劳罪己，忧人之忧，则四民安居，海内蒙福。如不恤民病，广事浮费，奉佛求福，非天下所望也。[④]

所以，韩璜《书余襄公集后》称余靖"以儒为正，以释为权"[⑤]。

北宋时期，被贬至岭南惠州、海南儋州的大文豪苏轼，也对释、道表现出浓厚的兴趣。入仕之前，年轻的苏轼曾从眉山道士张易简学习过三年，很早便受到道教的熏陶。在被贬至黄州、惠州、儋州期间，苏轼一方面埋首研读儒家经典，重新阐释《周易》《尚书》《论语》等；另一方面与不少宗教界人士保持密切交往，黄州定惠院、儋州天庆观等寺观都是他常游之地。这一时期，苏轼的人生观和文学创作均步入了更高境界。苏轼对海南文化影响深远，其宗教观对唐胄有一定影响。

对唐胄思想影响最大、最直接的岭南宗教界人士，当属南宋时

---

① 余靖：《筠州新砌街记》，《武溪集》卷七，《文渊阁四库全书》本。
② 余靖：《南安军兴福院慈氏观音堂阁碑铭》，《武溪集》卷八，《文渊阁四库全书》本。
③ 余靖：《韶州翁源县净源山耽石院记》，《武溪集》卷七，《文渊阁四库全书》本。
④ 脱脱等：《宋史》卷三百二十，中华书局 2000 年版，第 8372 页。
⑤ 余靖：《武溪集》卷末，《文渊阁四库全书》本。

期的道教内丹派南宗创始人白玉蟾。白玉蟾师从道教南宗四祖陈楠。陈楠为广东博罗县人，学道有成，后归隐罗浮，以道法行于世。至白玉蟾，道教南宗始发扬光大。南宗五祖白玉蟾在道教史上的地位，类似于禅宗史上的六祖惠能。白玉蟾的思想也受到惠能南禅思想的沾溉。白玉蟾著有《蟾仙解老》一书，用禅偈来注解《道德经》，力求佛老互证，强调道与心合。白玉蟾将儒释道三教的教法精辟地概括为：

> 孔氏之教，惟一字之诚而已；释氏之教，惟一字之定而已；老氏则清静而已。①

南宋嘉定年间，宋宁宗诏白玉蟾入太乙宫讲道，赐封其为紫清明道真人。后漫游天下，行踪莫测。相传白玉蟾晚年回到家乡，于绍定二年(1229)，羽化于今海南省定安县文笔峰。

元代多种信仰并存，最盛行的是佛教。元文宗图帖睦尔为亲王时，曾谪居琼州，他汉文化修养很高，崇尚佛教，在海南兴建了不少寺庙和宫观。追随元文宗一起来海南的，还有撒迪。据《正德琼台志》载，撒迪"从潜邸及廉访两至琼，最喜修造丛林，见海南僧皆有家，意甚不怿，尝曰何物蛮菩萨，无一人天花不着身也"②。海南僧侣不持戒，与常人无异，自昔已然。这大概与岭南地区长期流行禅宗思想有关。

禅宗思想对岭南文化有重要影响，明代以陈献章为代表的心学在广东地区广泛流行，也与禅宗思想影响有关。整体而言，岭南学人和岭南宗教界的杰出代表人物，都能够打破儒、释、道三教的

---

① 白玉蟾著，盖建民辑校：《白玉蟾文集新编》，社会科学文献出版社 2013 年版，第 84 页。

② 唐胄等：《正德琼台志》卷四十二，彭静中点校，海南出版社 2006 年版，第 867、868 页。

形式束缚，更重精神实质。

当然，明代岭南地区也有一些儒家学者，从程朱理学正统观念出发，对宗教持贬斥态度，如丘濬、黄佐等。与唐胄同一时代而稍晚的黄佐，曾主持编纂《广东通志》。他在书中追述岭南以往的历史，指出岭南民风因前代“天竺之教”而“中华道污”，又因“妖气召之……达摩驻广”，而宋代王安石、苏辙等“喜其自见本性出乎六籍之外”，故“吾人染焉，自是尧舜周孔之道驯而不纯矣”。[①] 他认为岭南士风重禅是离经叛道，对此颇为不满，欲借修志教化“愚民”，纠正缙绅先生喜佛之误。在《嘉靖广西通志》中，黄佐将寺观列入“外志”，但仙释仍入列传。在《嘉靖广东通志》中，则将仙释与寺观统统列入“外志”，显示了其排异的思想。

二、唐胄与官方宗教思想

唐宋以来，国家及地方均设专职机构，掌管宗教事务。明洪武十五年(1382)，置僧录司、道录司，掌管全国僧、道事务。地方上则府设僧纲司、道纪司，州设僧正司、道正司，县设僧会司、道会司。这对海南佛教、道教的发展，起了一定推动作用。

明太祖朱元璋幼时贫穷，元至正四年(1344)，十六岁的朱元璋父母双亡，入皇觉寺出家为僧，一度云游四方，托钵化缘，二十五岁时方加入起义军抗元。由于有这段特殊的经历，朱元璋对宗教问题有独到的认识。

唐胄在云南期间，曾刊行明太祖朱元璋《御制文集》二十卷。现存二十卷本《明太祖文集》中，有不少涉及佛教、道教的篇章。

《明太祖文集》卷十为“敕”，有《谕神乐观敕》《建昌僧官敕文》《谕僧纯一敕》《命道士祭岳镇海渎敕》《神乐观提点敕》《谕僧》《谕天界寺僧》《谕天界寺不律僧戒泐复》《谕正一嗣教真人张宇初》等。

① 黄佐等：《广东通志》卷首，嘉靖四十年刊本，广东省地方史志办公室 1997 年誊印版。

明洪武十五年(1382)四月,朱元璋诏令天下,中央置道录司,由正一道天师总领道教,为掌管道士之最高机构,隶属于礼部。由神乐观沿袭前代太乐署的职责,首次以道士乐舞生负责国家祭祀之事。同时,朱元璋对禅僧优渥亦甚,命临济宗法嗣宗泐开僧录司,居天界寺,掌管天下僧人事务。

《明太祖文集》卷十收"策问"和"论"两种文体。"策问"有《问佛仙》两道,"论"有《诵经论》《释道论》《三教论》《明施论》《拔儒僧入仕论》《宦释论》《修教论》等。

《问佛仙》①是为策问僧道而作,其一云:"道盈庵而僧满寺,以百人为数,九十九人失道迷宗。"其二云,如来"妙觉之灵",效之者"莫知至微"。道祖老子,后世沉迷于神仙之说,效之者"亦莫知源何"。孔子立教,效之者"可以探其趣,诚知夫子者鲜矣"。朱元璋认为,释、道、儒三教思想各有精妙之处,沿及后世,渐迷本源。

《释道论》②认为,"佛虽空,道虽玄,于内奇天机而人未识",譬如儒教,虽设文庙礼孔子,而"除儒官叩仰,愚民未知所从夫子之奇"。佛教和道教亦可用于治理国家,"释迦与老子虽玄奇过万世,时人未知其的,每所化处,宫室殿阁与国相齐,人民焚香叩祷,无时不至,二教初显化时,所求必应,飞悟有之,于是乎感动化外蛮夷及中国。假处山薮之愚民,未知国法,先知虑生死之罪,以至于善者多而恶者少,暗理王纲,于国有补无亏,谁能知识。凡国家常则吉,泥则误国甚焉。本非实相,妄求其真,祸生有日矣。惟常至吉"。但宗教界亦有欺世盗名者,"近代以来,凡释道者不闻谈精进般若虚无实相之论,每有欢妻抚子,暗地思欲,散居尘世,污甚于民,反累宗门,不如俗者时刻精至也"。③

---

① 朱元璋:《明太祖文集》卷十,《文渊阁四库全书》本。
② 同上。
③ 同上。

《三教论》[1]认为,“老子之道非金丹黄冠之术,乃有国有家者日用常行有不可阙者是也”。“其老子之道,密三皇五帝之仁,法天正已,动以时而举合宜,又非升霞禅定之机,实与仲尼之志齐。言简而意深,时人不识,故弗用为前好仙佛者假之若果必欲称三教者,儒以仲尼,佛以释迦,仙以赤松子辈,则可以为教之名称无瑕疵。”三教之道,“幽而灵,张而固,世人无不益其事而行于世者,此天道也。古今人固有不同,贪生怕死而非聪明,求长生不死者,故有为帝兴之,为民富者尚之慕之有等。愚昧罔知所以,将谓佛仙有所误国扇民,特敕令以灭之,是以兴灭无常。此盖二教遇小聪明而大愚者,故如是”。古代帝王有崇教者,如梁武帝好佛,而“终不遇佛证果”。汉武帝、魏武帝、唐明皇“皆好神仙,足世而不霞举”。古人有灭教者,如韩愈。“若崇尚者从而有之,则世人皆虚无,非时王之治。若绝弃之而杳然,则世无鬼神,人无畏天。”朱元璋主张“王纲力用焉,于斯三教,除仲尼之道,祖尧舜,率三王,删诗制典,万世永赖,其佛仙之幽灵暗助王纲,益世无穷,惟常是吉。尝闻天下无二道,圣人无两心,三教之立,虽持身荣俭之不同,其所济给之理一,然于斯世之愚人,于斯三教有不可缺者”。

《明太祖文集》卷十三有《拔儒僧文》;卷十四有《游新庵记》《僧智辉牛首山庵记》《游寺记》《灵谷寺记》等;卷十五有《道德经序》《习唐太宗圣教序》《心经序》《赐宗泐免官说》《僧道衡说》《僧道竺隐说》《僧玘太朴说》《天界寺花架说》《僧犯宪说》《命道士杨宗玄住持万寿宫说》《道患说》《佛教利济说》《钟山僧妙云》《还经示僧》等;卷十六有《毗沙门天王赞》《莲花菩萨赞》《佛母赞》《维摩居士赞》《华藏世界赞》《定光塔赞》《老子赞》《禅海罗汉赞》《十六罗汉赞》《龙虎山二十代天师赞》《王亨十六罗汉图赞》《天王图赞》《吴道子释迦出山像赞》《钟离衣草莱玩丹芝赞》《赞五十三参》《空实论》《戒

① 朱元璋:《明太祖文集》卷十,《文渊阁四库全书》本。

僧陶冶》等；卷十八有《祭保志法师文》《祭真人张正常文》等。

《道德经序》[①]云，朱元璋"自即位以来，罔知前代哲王之道，宵昼遑遑，虑穹苍之切鉴，于是问道诸人，人皆我见，未达先贤。一日试览群书，检间有《道德经》一册，因便但观，见数章中尽皆明理，其文浅而意奥，莫知可通"。后人对《道德经》有各种解读，"人各异见，因有如是，朕悉视之，用神盘桓其书久之"。朱元璋对《道德经》颇有会心之处，意欲注之而未果。当时天下初定，民顽吏弊，朱元璋立极刑以慑之，但收效甚微。受《道德经》中"民不畏死，奈何以死而惧之"一语启发，乃罢极刑而囚役之。洪武七年，朱元璋悟该书"外虚而内实"之旨，"朕虽菲材，惟知斯经乃万物之至根，王者之上师，臣民之极宝，非金丹之术也"。遂注之，并为之序。

《心经序》[②]认为，《心经》所言之空，"非真相之空，乃妄想之相，为之空相。是空相愚及世人，祸及古今，往往愈堕弥深，不知其几。斯空相，前代帝王被所惑而几丧天下者，周之穆王、汉之武帝、唐之玄宗、萧梁武帝、元魏主焘、李后主、宋徽宗。此数帝废国怠政，惟萧梁武帝、宋之徽宗，以及杀身，皆由妄想飞升及入佛天之地"。"斯空相，富者被缠，则淫欲并生，丧富矣。贫者被缠，则诸诈并作，殒身矣。其将贤未贤之人被缠，则非仁人君子也。其僧道被缠，则不能立本性而见宗旨者也。所以本经题云《心经》者，正欲去心之邪念，以归正道，岂佛教之妄耶！"

朱元璋还作有《解攻乎异端章说》[③]，云："攻如攻城之攻，已止也。孔子之意，盖谓攻去异端，则邪说之害自止，而正道可行。宋儒乃以攻为治，而欲精之，为害也甚，岂不谬哉。"但这里所说的异端，只是就相对于正道的邪说而言，并非指佛教和道教。

《明太祖文集》卷十九"古诗"有《天竺僧》《赓僧韵》《善世禅师》

---

① 朱元璋：《明太祖文集》卷十五，《文渊阁四库全书》本。
② 同上。
③ 同上。

《宝光废塔》等,“歌行”有《赓僧锡杖歌》《寺中猫食肉》等。卷二十“五言律诗”有《题老君废朝》,“七言律诗”有《雪山寺》《僧目空山》《命板的达稳禅》《题神乐观道士》《云衲野人》《钟子炼丹》等;“五言绝句”有《思游寺》,“七言绝句”有《寺掩山深(二首)》《云山僧寺》《钟山僧寺赓单仲右韵(三首)》《仙人》《天界寺春雀》《神乐观道士》《示僧谦牧》《不惹庵示僧》等。

从以上诗文中,可见朱元璋作为明朝开国皇帝,在立国之初,便对宗教问题高度重视。正如孔子虽不语怪力乱神,但却主张“祭如在,祭神如神在”一样,朱元璋对于宗教宣扬的妄诞虚幻的一面,既不信其有,也不言其无,认为可以作为治理国家的辅助手段。同时,朱元璋对于宗教外衣下包含的哲学内核,确有较为深刻、独到的领悟。

受明太祖朱元璋影响,明代官方对宗教较为宽容。明成祖朱棣为燕王时,重用道衍,以之为军师,夺得帝位后,于永乐二年封道衍为太子少师,复其俗姓姚,赐名广孝,并令监修《太祖实录》。

沿及后世,明代帝王渐有沉迷于宗教者。在中国历代皇帝中,明世宗朱厚熜大概是对道教最痴迷的一位。在他的皇宫中,聚集了不少道士。严嵩等大臣,都因为写青词受到皇帝宠信,被世人称作“青词宰相”。

嘉靖年间,道教氛围浓厚。加之唐胄本人对白玉蟾的喜爱,影响到他的两个儿子。尤其是唐胄次子唐秩(1502—1567),年轻时出家为道,云游天下,还一度入宫,受到嘉靖皇帝的赏识。唐秩著有《海天孤鹤诗集》一卷,存诗三十首。其诗有仙才,洒落自异。陈是集《溟南诗选序》称:“唐景夷任诞自废,诗才奔放,师海琼子一派,跨出父兄之上。”[①]唐胄一生酷爱海琼子白玉蟾的诗歌,对唐秩起到了潜移默化的影响。

---

① 陈是集编:《溟南诗选》,郑行顺点校,海南出版社 2006 年版,第 6 页。

三、唐胄与道教

唐胄对道教的看法，一方面受朱元璋为代表的官方宗教思想影响，重视其仪式功能；另一方面则深受白玉蟾影响，重视其精神超越性。

世人往往将先秦道家学派与东汉以后产生和道教联系在一起。事实上，二者存在根本的区别。道家追问的是道，追求的是精神上的自由。道教追求的是长生之术，以肉体成仙为目的。朱元璋便主张将道家与道教分开，认为后世道教徒一味追求长生，迷失了本源。但朱元璋对道教并不禁止，且将道教活动与国家祭祀天地鬼神的典礼仪式结合在一起。

道教在发展过程中，衍生出各种支派，其中正一派以修行符箓为主，在民间影响较大。金丹派以自我修炼为主，又分外丹派与内丹派。外丹派追求服食飞升，内丹派更重视精、气、神的修炼。可见，内丹派的思想与先秦道家更为接近。道教内丹派最具影响力的代表人物是白玉蟾。

对于神仙之说，唐胄既不言其有，也不言其无。唐胄喜爱白玉蟾诗文，并非迷信神仙之说，更看重的是其精神超越性。唐胄编刊《海琼摘稿》并为之序云：

> 人而仙，而诗仙，难矣哉。吾琼宋白仙玉蟾以诗名，然嗜酒任性，多信笔，或不羁格律。世谓既超宇宙而凌万物，则此固何俟区区乎？①

白玉蟾的诗歌有一种超越精神，“超宇宙而凌万物”，这是人们的普遍感受。世人一般将其归因于白玉蟾的仙家身份。但是唐胄并不

---

① 葛长庚撰，唐胄编：《白玉蟾海琼摘稿》卷首，嘉靖十二年刻本。

这样看。他指出：

> 殊不知仙于诗不相及。术在轻身，炼阳真以消积沧沧查质；诗则发于志，而神神鬼鬼精英。①

在唐胄看来，修仙和作诗是两回事。诗中描写的神奇境界，是内心思想感情的呈现，与道术修炼无关。唐胄之所以这样说，是为了打破虚幻妄诞的俗见，避免将白玉蟾的文学才能神奇化。对于有关白玉蟾的那些离奇传说，唐胄也没有彻底否定，而是如实转述：

> （白玉蟾）本业于儒者，后因黎母之遇，遂自松林历武夷，得师翠虚，仅九载而道成。故凡赤足蓬头，破褐声眵，若狂呆然。叱风鞭霆，出龙堕月，与凡休咎灾疾之谈，治雷实莫测。既为慧月盱江之解，而楚、越、陇、蜀之踪迹复遍，名动九重而骇四海。咸疑为张虚靖，又自悟本濑垣九皇星之紫清，是皆仙秘。②

传说白玉蟾精通雷法，是张天师转世，白玉蟾自己则声称是上界紫清仙人下凡。这些离奇的传说，唐胄以"仙秘"两字轻轻带过，不言其有，亦不言其无。重要的是，唐胄没有将白玉蟾的离奇传说与其诗歌创作联系在一起，而是强调白玉蟾"出入三氏，笼罩百家"。特别是强调了白玉蟾与儒家的关系：

> 使生终口一致，则践形于至性，得为圣人之徒必矣。惜生溺此，徒不泯于诗，为道之弃余也夫！③

---

① 葛长庚撰，唐胄编：《白玉蟾海琼摘稿》卷首，嘉靖十二年刻本。
② 同上。
③ 同上。

可见，唐胄是立足于儒家立场来评价白玉蟾的，虽然高度肯定白玉蟾的诗歌创作成就，但对其宗教身份并不认同。

当然，白玉蟾的诗歌特点，与其宗教身份不能说全无关系。但这种关系主要体现在精神层面，而并非仙家神通的体现。唐胄从儒家立场出发，主张“诗言志”。在区分诗与仙的同时，也透露出对神仙道教的怀疑。

唐胄在广西时，曾刊行《曹祠部集》，书后附录了晚唐诗人曹唐的作品。曹唐年轻的时候当过道士，其诗多为游仙诗。唐胄看重曹唐的诗，同样也是从精神自由的层面出发，不能因此认定唐胄迷信神仙道教。

钟芳《故户部左侍郎唐公墓志铭》没有提及《海琼摘稿》，更没有评价白玉蟾对唐胄的影响。首先议及此事的，大概是黄佐《户部左侍郎唐公胄传》：

> （唐胄）惟笃嗜白玉蟾诗文，为之精选，名《海琼摘稿》，此其异也。①

在黄佐看来，唐胄笃嗜白玉蟾诗文，似乎与儒家身份不合。这是对唐胄思想的误解。追求精神上的超越，与儒家务实践履的精神，两者并不矛盾。既能够顶天，也能够立地，穷则独善其身，达则兼济天下，这才是儒家追求的完美人格。

四、唐胄与佛教

《正德琼台志》卷二十七“寺观”附有唐胄《老佛庙记》一文②。

① 焦竑：《国朝献征录》卷三十，见周骏富编《明代传记丛刊》第110册，综录类26，明文书局1991年版，第421页。

② 唐胄等：《正德琼台志》卷二十七，彭静中点校，海南出版社2006年版，第565、566页。

在该文中，唐胄表明了自己对佛、老二氏的看法。老佛庙是一座佛教寺庙，位于琼山县境内，供奉的是宋代高僧普庵。唐胄开篇指出："佛，觉也。"佛的本意，是内心的觉悟。"庙焉，由辟以报也。"百姓为佛兴建庙宇，祈求福报。这并非佛的本意，而是中国民间信仰使然。中国自古以来，便重视祭祀以求福报。然而，礼佛果然能获得神灵保佑吗？唐胄指出："自佛入中国以来，汉武、明帝、楚王英、梁武、元魏、唐宪宗诸人信好之，未见获福，且更有祸。岂真如《礼》所谓弭灾兵，远罪疾之可报哉？"礼拜佛祖本身，尚且不一定能获得福报，何况礼拜普庵这样的僧侣？明弘治间，琼州灾疫频仍，唐胄的父亲曾经建议开东河以镇之。与此同时，乡民杨君祥获得普庵铜像，后刻"永镇东关"四字，白之官府，为其建庙，人果大安。这究竟是出于人力还是神佑，谁也不知道。"何放智作经之佛祖不能庇人，当时而佛佛者，乃能觉济于后世哉？岂古称治病以心为主，世俗信佛已久，今借其名以主之，则危者恃以定，来者倚以趋，物聚气昌，阳明胜而阴厉消矣，则虽不必佛之佑人，宁非必佛能定人心之功哉？"唐胄认为，佛虽然未必能佑人，但对佛的信仰能够使民心安定，灾疫自然也就减少了。佛老之学，虽然虚诞，但对修身养性也有一定帮助。"况佛老之学，虽沦虚寂然，皆自以为心性之实，非伪以欺人。孔子非不知老氏之已异也，然亦以犹龙称之，盖以彼虽偏，然亦有自信之实，故其言能变化叵测耳。"孔子不排斥老子的思想，就是因为老子的思想能给人带来很多启迪。不论儒家的入世思想，还是佛老的出世思想，只要内心出发点是好的，能够造福百姓，就有存在的意义。所以，唐胄虽然不迷信佛教，但老佛庙建成后，仍欣然为之作记。

《老佛庙记》中，还提到普庵是禅宗第三十三代衣钵传人。南禅是由六祖惠能发扬光大的。惠能谥号为大鉴禅师。《老佛庙记》云，普庵"自领牧庵竖，拂一归之旨，遂悟《华严》情忘体合之妙，则灵智之契，自大鉴'无树非台'之后，孰能当三十三传之衣钵哉”①。惠能因“菩提本无树，明镜亦非台”的偈语，受到五祖弘忍赏识，得传禅宗衣钵。从文中可见，唐胄对岭南宗教史上代表人物惠能的事迹和思想也非常熟悉。

综上所述，唐胄对宗教并不迷信，但亦不排斥。其宗教观受北宋名臣余靖、明太祖朱元璋等人影响较为明显，而与时代相近的丘濬、黄佐等有明显区别。

第六节 唐胄思想综论

唐胄思想以传统儒学特别是礼学为本位，兼采宋明理学各派之长，对佛、老思想亦兼收并蓄，以此作为心性修养的根基，这让他能够淡泊名利，为官期间，亦能够有所作为，面对权势，亦不折腰摧眉。唐胄继承和发扬了岭南先贤如余靖、崔与之、白玉蟾等人的思想，但并未被地域意识所束缚，对于中原文化，唐胄也敞开怀抱，广泛接纳各种时代思潮。唐胄虽然不如丘濬、黄佐那般著作等身，但却是海南文化、岭南文化乃至中国传统文化传承的典范，其知行观、天人观、天下观值得后人认真研究和借鉴。

一、博学于文，约之以礼

“博学于文，约之以礼”，这是传统儒家对君子的基本要求。这句话用于形容唐胄，可谓恰如其分。

唐胄以博学著称。钟芳《故户部左侍郎唐公墓志铭》称：“公幼颖敏，博通经史百家。”②这并非虚誉。唐胄出身于文化世家，家中藏书甚富。唐胄自幼博览群书，考取进士后，依然好学不辍。他归乡隐居期间，兴建西洲书院。王弘《西洲书院》以唐胄回忆的口吻，

① 唐胄等：《正德琼台志》卷二十七，彭静中点校，海南出版社2006年版，第565页。
② 钟芳：《钟筠溪集》，周济夫点校，海南出版社2006年版，第367页。

记载了唐母与唐胄的一段对话：

> 吾母尝指西洲书院曰："自汝祖至汝父，及今已数世，所积书俾遗汝子若孙，能读否乎？是固汝父多所藏者，欲起书楼未得，但能置书拒，井井有条列，不能不混然中处。汝高大其门闾，复创是书院，中所藏加多于父。吾妇人犹未谙其意义，尊而南面者何？次而东西向者何？又次而杂然前陈者何？汝父殆念不到此也。"吾启告曰："古之《六经》《语》《孟》，圣人垂世立教之典；今之御制，时王一代之法，故南面而尊。若老、庄而下，诸子百家之书，先秦、战国、汉、唐、宋以来之史，他如文人才士诗辞、简札、图志、法帖，及吾父子所自为翰墨，淋漓满卷。此东西向者，子史之所以羽翼乎《六经》《语》《孟》。杂然而前陈者，诗辞、翰墨之类，又所以让乎子史。统而会之，皆尊王之制，亦夫子从周之意云尔。"①

"夫子从周"，出自《论语·八佾第三》："子曰：'周监于二代，郁郁乎文哉！吾从周。'子入大庙，每事问。或曰：'孰谓鄹人之子知礼乎？入大庙，每事问。'子闻之曰：'是礼也。'"夏、商、周三代，夏人尊命，殷人重鬼、周人遵礼。孔子一生对恢复周礼抱有极大的热忱。唐胄博览群书，最终的落脚点仍是儒家倡导的"礼"。

岭南文化史上，以博学著称者不在少数，宗教界如葛洪、白玉蟾，政治家如张九龄、余靖、崔与之、丘濬，思想家如陈献章，学者如黄佐，均十分博学，但思想的落脚点各异。

葛洪、白玉蟾均是儒生出身。葛洪醉心于炼丹术，是道教外丹派奠基人；白玉蟾侧重精、气、神的修炼，是道教内丹派代表人物。世传葛洪、白玉蟾为仙人，唐胄对此不置可否。唐胄赞许白玉蟾

① 唐胄等：《正德琼台志》卷十七，彭静中点校，海南出版社 2006 年版，第 394、395 页。

"出入三氏，笼罩百家"，对其不能"践形于至性，得为圣人之徒"则表示惋惜。①

丘濬、唐胄对张九龄和余靖均十分推崇。丘濬曾重刊张九龄《曲江集》和余靖《武溪集》，将他们视为岭南人的骄傲。丘濬最看重的是张九龄的相业。余靖虽然未至相位，但在北宋政坛上也有相当大的影响力，故同样受到丘濬推重。

然而，丘濬与余靖的思想并不完全一致。欧阳修撰《襄公余靖神道碑》云："（余靖）自少博学强记，至于历代史记、杂家小说、阴阳律历，外暨浮屠老子之书，无所不通。""虽在兵间，手不释卷。"②余靖对佛学很感兴趣，其别集中，有大量寺记。丘濬对佛学则持排斥态度。

对于屡辞相位的南宋名臣崔与之，丘濬较少提及。唐胄则将崔与之视为立身行事的楷模，刊行《崔清献公全录》并为之作序，云："公平生以博大端纯之学，而励之以严霜烈日之操，故清明在躬，日底深造，而不可量。"③

唐胄崇敬的人物，还有明初被贬谪至海南的著名学者赵谦。赵谦"博洽经史，时号考古先生"④。赵谦（1351—1395），字㧑谦，初名古则，浙江余姚人。他曾筑考古台，读书其上，精研音韵学，著有《声音文字通》一百卷，《六书本义》十二卷，其说多采入《洪武正韵》。据唐胄《重修赵考古先生墓碑》记载，洪武二十二年（1389），赵谦被贬谪至琼州，任琼山教谕，"琼海之人，皆知向化，称为'海南夫子'"。受其影响，海南"文风由是丕变，今琼人家尚文公礼而读孔子书，一洗千古介麟之陋"。解缙为赵谦撰墓志铭，称其为学"主敬"。唐胄自幼"慕先生之道"，在重修赵谦墓时，为之撰记，称赵谦

① 葛长庚撰，唐胄编：《白玉蟾海琼摘稿》卷首，嘉靖十二年刻本。
② 余靖：《武溪集》附录，《文渊阁四库全书》本。
③ 唐胄等：《传芳集》，刘美新点校，海南出版社2006年版，第171页。
④ 唐胄等：《正德琼台志》卷三十三"名宦"，彭静中点校，海南出版社2006年版，第703页。

“少摹考亭之学，肇博于六书，而会之于六经百氏，又约之于造化经纶一图，羽翼圣道。当时高皇帝与臣宋濂、解缙，皆知重之”①。可见，唐胄仰慕赵谦，看重的不仅是其韵学成就，更在于其博学与专精的统一。

海南文化史上，最博学的人物首推丘濬。丘濬幼时家贫，酷嗜读书，却苦于无书可读。后入翰林，“既选居中秘，复博极群书，经史百家，旁及医卜老释，无不览观”②。丘濬尝作《博雅轩记》，文中写道：“学不可不博，博而雅焉，斯为可尚。”③但丘濬读书是有选择的。他指出：

> 予惟自有书契以来，文籍之存于世者，日新月盛，出则汗牛马，处则充栋宇，不为不多矣。然而饰邪说，文奸言，矞宇嵬琐者有之矣。纵性情，乱是非，恣睢利岐者有之矣。不法先王，不是礼义，而好怪说，甚至察而不急，辩而无用，多事而寡功者有之矣。刿目铢心，掐擢胄贤，锻炼于一字、一语之间，以为工巧，取黄妃白，神出鬼没，听之则固成章若可嘉，要其归宿，则漠然无所用于世者有之矣。悖逆天理，灭绝人伦，肆为弘阔胜大之说，汗漫不经，妖诞幻惑，不言六合而言其外，不言当世，而言世之未来者，有之矣。若是者，大之不可以理天下，次之不可以理一家，小之不可以理一身，纵无一不通，无一不知，奚以哉！此君子之学，所以贵乎博，博而尤贵乎雅也。是故道阴阳之书，莫雅乎《易》；彼京房焦赣之灾异，非雅也。纪政事之典，莫雅乎《书》；彼《汲冢竹书》之奇怪，非雅也。理性情之辞，莫雅乎《诗》；彼风云月露之芜秽，非雅也。正名分之史，莫雅乎《春秋》；彼击排肩没之偏党，非雅也。谨节文之仪，

① 唐胄等：《传芳集》，刘美新点校，海南出版社2006年版，第184页。
② 丘濬：《丘濬集》，海南出版社2006年版，第3678页。
③ 同上书，第4327页。

莫雅乎《礼》;彼委巷绵蕞之驳杂,非雅也。是五者,雅正之经也,传之万世而可行,行之无弊者也。其他如儒先之驾说,史氏之纪载,诗人之咏歌,亦或有尔雅者焉。于此乎博而求之,求而择之,择而服之,以为身心家国之助,斯不亦尤可尚乎哉。①

从这一立场出发,丘濬对佛学、道家思想及陈献章的心性之学,均持极力排斥的态度。

陈献章早年读书甚多,"尽穷天下古今典籍,旁及释老,稗官小说"②,但却自谓"未得"。他后来总结说:"学劳扰则无由见道,故观书博识不如静坐。"③陈献章强调"自得",与丘濬的苦读形成鲜明对照。

综上所述,岭南历史上博学者虽然不少,但人人所得各有不同。博学并不难,难的是真正有所"自得"。学贵约取,不以泛滥为高。约取还有一个方向的问题。约取的方向不同,所得也不同。

在博与约的问题上,孔子在《论语·雍也第六》中主张:"君子博学于文,约之以礼,亦可以弗畔矣夫。"这里,文是典籍、文化的意思。孔子以六经教育弟子,六经包括《诗》《书》《礼》《易》《乐》《春秋》,涉及范围非常广,但最终是要"约之以礼",这样才不会离经叛道。颜渊在《论语·子罕第九》中亦曰:"夫子循循然善诱人,博我以文,约我以礼。"

在儒家思想中,礼和仁一样,都居于核心地位。《礼记·曲礼上》有曰:"道德仁义,非礼不成;教训正俗,非礼不备;分争辨讼,非礼不决;君臣上下,父子兄弟,非礼不定……祷祠祭祀,供给鬼神,

① 丘濬:《丘濬集》,海南出版社2006年版,第4328—4329页。
② 陈献章:《陈献章集》附录二,孙通海点校,中华书局1987年版,第879页。
③ 张诩:《白沙先生行状》,见孙通海点校陈献章《陈献章集》卷三,中华书局1987年版,第269页。

非礼不诚不庄。”礼是仁的外衣，是仁的外在体现。礼不是繁文缛节，而是源于内心的诚与敬，追求的目标是中与和。正如真德秀《四书集编·论语集编》所云：

> 博学是致知，约礼是践履之实。圣人之教，学者之学，不越于二事。博文乃道问学之事。是欲尽知天下事物之理。约礼乃尊德性之事，是故常存吾心固有之理。①

唐胄在科举考试中以《礼记》为本经，先后在乡试、会试中夺得“礼魁”。唐胄习礼，不单是为了应付科举考试，他真正将礼的精神落实到了修身、齐家的日常生活中，落实到了治国、平天下的事业中。不论是在正德年间，弃官归乡，为父守制，孝养高堂，兴建养优书院；还是嘉靖年间复出为官，置身于“大礼议”的政治漩涡中，最终因明堂议礼而落职。在唐胄一生中，“礼”是贯穿始终的重要线索。

唐胄对明太祖朱元璋也很尊崇。朱元璋虽然称不上博学，但有政治家的大气魄，对儒、释、道三教都有自己的见解。洪武建文年间，乙丑、丁丑、庚辰三科，会试题皆为“天下有道，礼乐征伐自天子出”。清人梁章钜云：

> 洪武、建文间十余年，乙丑、丁丑、庚辰三科，会试皆出此题。信乎！邱琼山先生之言曰：“国初试题皆取经书中大道理、大制度、系人伦治道者，出以试士，故当时题目无多，士皆专心于大且要者，用功有伦序，得以余力及他经子史也。”此论十足遵守，然此十余年后，以通儒硕学宜接踵而出矣，而实不多见，则又何也？②

---

① 真德秀：《四书集编》，陈静点校，福建人民出版社2021年版。

② 梁章钜：《制义丛话》卷四，见陈水云、陈晓红校注《梁章科举文献校注二种》，武汉大学出版社2009年版，第60页。

上文说当时通儒硕学不多见，恐怕也未必。但此后的科举考试中，八股文命题越来越刁钻，成为士人精神的枷锁，士人汲汲于一经，不但博学者越来越少，精神也越来越萎靡，却是不争的事实。在这样的时代中，唐胄能够始终保持博大的心胸，真正将儒学的精神落到实处，是难能可贵的。

与唐胄同时代而稍后的黄佐，也以博而能约著称。黄佐将自己的学术思想概括为“博约”二字。黄宗羲《明儒学案》卷五十“诸儒学案中五·文裕黄泰泉先生佐”称：

> 先生以博约为宗旨。博学于文，知其根而溉之者也；约之以礼，归其根则千枝万叶，受泽而结实者也。博而反约于心，则视听言动之中礼，喜怒哀乐之中节，彝伦经权之中道，一以贯之而无遗矣。①

黄佐提倡博学，矛头指向阳明心学，他批评阳明心学“致良知”的观点，其《答汪方塘思书》称：

> 人喜其直截，遂以知为行，而无复存省察之功。资质高者，又出妙论以助其空疏，而不复读书以求经济，此则弊流于为我，而不自知矣。②

黄佐的思想和丘濬较为相似，两人都重视“读书以求经济”。但心性的修养也是必不可少的，黄佐对佛学和阳明心学的排斥态度，未免有些极端。清人章学诚云：

> 学贵博而能约，未有不博而能约者也。以言陋儒荒，但学

① 黄宗羲：《明儒学案》卷五十一，沈芝盈点校，中华书局1986年版，第1199页。
② 同上书，第1209、1210页。

一先生之言，以自封域，不得谓专家也。[①]

唐胄虽然不像丘濬和黄佐那样著作等身，但其博学的视野更为广阔，立身、处世也以“礼”字贯穿始终，堪称“博学于文，约之以礼”的典范。

二、学究天人，注重践履

“学究天人”一语，今人往往将其解释为学识渊博。这样的理解，虽然意思并不差，容易流于简单化、片面化。考其出处，乃出自司马迁“究天人之际，通古今之变，成一家之言”。司马迁并非自诩学识渊博，而是表现出一种探究精神。他探究的对象，也不是泛指一切学问，而是天人关系，即人与世界的关系问题。

天人合一，是中国古人追求的理想境界。但天人有时候并不能够合一，会产生种种痛苦、迷惘，从而激发人们探究天人关系的热忱。屈原遭放逐之后的《天问》，司马迁受宫刑之后的《史记》，都是在历经痛苦、迷惘之后，对宇宙、人生发出的终极追问。

当然，天人关系涉及的内容极其广泛，一切学问，如哲学、政治、宗教、伦理，乃至整个社会科学、人文科学、自然科学等，都可纳入这一体系。后人也常常将“学究天人”泛泛地用作吹捧之语。事实上，没有人可以洞晓宇宙、人生的一切奥秘。学究天人，重在褒扬探究的精神，而非肯定知识的渊博。否则，便只能视为吹捧。

这里，我们称唐胄学究天人，不是吹捧其博学多识，而是肯定其对学问的探究精神。唐胄以礼学为根基，形成了自己的一套天人观。他以这套天人观来指导自己的学问、人生，真正做到了知行合一。中国传统文化不仅强调天人合一，也重视知行合一。天人

---

① 章学诚著，仓修良编注：《文史通义新编新注》内篇二《博约中》，浙江古籍出版社2005年版，第117页。

合一是最高的理想境界,知行合一则是通往这一理想境界的道路。

唐胄的天人观带有明显的儒家色彩。儒家天人观也是处于不断发展变化之中,先秦儒学、汉代经学、宋明理学,其天人观有不同的时代特色。唐胄以礼学为出发点,对儒家不同发展阶段的天人观,均有所吸收,并在其政治思想、文学思想、宗教思想等方面体现出来。

先秦儒学以孔子为代表。孔子关注现实人生,"不语怪、力、乱、神"(《论语·述而》),对于现实之外的未知世界不作深入探讨,原因是"未知生,焉知死"(《论语·先进》)。但孔子也并不否定鬼神的存在,主张"敬鬼神而远之"(《论语·雍也》),"敬神如神在"(《论语·八佾》)。从礼学出发,孔子对天地鬼神的祭祀极为重视,目的是培养内心的敬、诚、仁、德等美好的品格,同时维护社会秩序的稳定。

所谓"不语怪、力、乱、神",是不作专门的、深入的探讨,而非绝口不提。唐胄修《正德琼台志》时,从史学角度出发,对"怪、力、乱、神"也有所涉及,但只是点到为止,不言其有,也不言其无。《正德琼台志》卷二十六"坛庙"小序云:

> 邦国莫大于祀事,故首列邦邑常祀,而祀典及先贤次之。至于私祀虽多,然亦有死事、御灾之义而不可略,故一依《旧志》录之,而略纪其神出处,以备考览云。①

卷四十一"纪异"小序云:

> 怪,虽夫子不语,然山经海载之奇,吾儒亦当广闻。瑞,虽《春秋》不书,然嘉禾白鱼之异,经传不废。故沿述异纪而比灾

---

① 唐胄等:《正德琼台志》,彭静中点校,海南出版社2006年版,第531页。

异瑞，盖师史记事，而不敢附经立义也。①

汉代经学的天人观以董仲舒为代表。董仲舒一方面用天命论维护君主的统治权威，认为“唯天子受命于天，天下受命于天子”②；另一方面又提出“天人感应论”，用以约束君主的行为，指出“凡灾异之本，尽生于国家之失……惊骇之尚不知畏恐，其殃咎乃至”③。董仲舒认为，天子应当秉承上天的意志，好仁德远暴刑，否则就会触怒上天，招致灾殃。

董仲舒的天人观影响深远，为后世儒家士大夫向君主进言提供了一套固定的话语模式。唐代岭南名相张九龄就经常援引“天人感应论”进谏，如《上封事书》：

臣闻乖政之气，发为水旱。天道虽远，其应甚速……是以亲人之任，宜得其贤，用才之道，宜重其选。④

北宋岭南名臣余靖在继承“天人感应论”的同时，又有所发展。余靖多次给宋仁宗上疏，指出“灾异之来，实由人事。政治阙失，感动天地”。余靖还写过一篇《正瑞论》，大胆地否定“祥瑞”说，认为：“国之兴也在乎德，不在乎瑞；国之亡也在乎乱，不在乎妖”“明君在上，妖不为害矣”“暗主在上，瑞不为美矣”。⑤

唐胄也经常借天人感应论向明世宗进谏。如《止差苏杭织造疏》云：

臣闻上天之为民也，必因时而生大非常之君。大君之乘

---

① 唐胄等：《正德琼台志》，彭静中点校，海南出版社 2006 年版，第 843 页。
② 董仲舒：《春秋繁露・为人者天》，《二十二子》，上海古籍出版社 1986 年版。
③ 董仲舒：《春秋繁露・必仁且知》，《二十二子》，上海古籍出版社 1986 年版。
④ 张九龄：《曲江集》卷十，《文渊阁四库全书》本。
⑤ 余靖：《武溪集》卷四，《文渊阁四库全书》本。

时也，必奉天以成大非常之治……盖天之仁爱人君也，因其修己行，政之失则出变以警之。及其不能悛也，又应灾以怒之。①

《宥言官以答天眷疏》云：

窃惟天道远，人道迩，然远者常此感彼应，其机甚速。而迩者顾迹疏。心疑其势悬，何者？则诚与不诚之所由致也……但天道无喜怒也，亢旱之后，即从以甘雨；风雷之后，即继以晴霁；摧击之，涵育之，无非教也。②

《崇圣德以延国祚无疆疏》云：

臣惟天生万物而不能使自生，遂故生圣人以人以代治之，此上天立君之意也。然君有创业之君，有守成之君。创业之君在膺天命，倡人心，以救一时之祸乱。守成之君在收人心，永天命，以延无疆之国祚。然天命人心，初非二物。故曰天视自我民视，天听自我民听，而天命人心之得，必本于德。其德无他，在乎合天而已。盖人君既受上天之托，则无举而非天，心代天意，口代天言，手代天工，身代天事，使有一息之违，则其所代者，岂能奉天也哉。天之道精奥莫测，其要在大而常中庸。所称曰高明，曰博厚，即所谓大也。曰悠久，即所谓常也。③

① 张邦翼：《岭南文献》卷六，《四库全书存目丛书补编》第21册，齐鲁书社2001年版，第151页。
② 同上书，第141页。
③ 同上书，第142页。

在唐胄的这些奏疏中，天命说、天人感应论只是一种委婉的话语修辞方式，唐胄借此向明世宗提出意见，希望其改善政治，这也符合明世宗刚愎自用且崇信道教的性格。在天人感应论的外衣下，唐胄政治思想的核心仍是儒家的仁治、德治。

宋明理学对天人之学尤为关注。受禅宗、道家思想影响，宋明理学与前代儒学相比，更加具有形而上的哲学色彩。北宋理学家邵雍在《皇极经世·观物外篇》指出："学不际天人，不足以谓之学。"从本体论、认识论到方法论，宋明理学都较前代进一步深化。在天人观方面，宋明理学也有向内转的倾向，从经世之学转向心性之学。

从北宋五子、南宋朱熹到明代王守仁，对内心世界的关注，逐渐取代了对外部世界包括宇宙本体的探索。同时，"心"也成为一个纽带，将宋明理学与禅宗、道家思想更加紧密地联结在一起。儒家强调正心诚意，禅宗主张直明本心，道家主张清心寡欲。在某种程度上，都是放弃了对神秘未知的外部世界(天)的苦苦追问，转而寻求一种自我心灵的安顿方式。

自我心灵的安顿有两种方式，一是放纵自我，二是约束自我。绝对的放纵，和绝对的约束，都是行不通的，无法使心灵得以安顿，只会徒增生命的烦恼。这就需要把握一个度，对度的把握，就是所谓"知"。

《大学》有"八条目"，分别是格物、致知、诚意、正心、修身、齐家、治国、平天下。程朱理学主张先格物，后致知，用外部世界来约束内心世界。王阳明则提出"致良知"，更加重视内心世界的自由。"八条目"的前四项侧重于知，后四项侧重于行，"正心"是联结知与行的纽带。宋明理学与心学的分歧，主要集中于《大学》"八条目"的前四项。后四项"修、齐、治、平"则是儒家所有学派共同的追求。

在"知"的层面，唐胄持比较开放的态度，对理学、心学乃至佛学思想、道家思想都兼容并蓄。在"知"的层面，对唐胄影响比较大的岭南历史人物有白玉蟾、湛若水等。

白玉蟾思想贯穿三教。在后世人看来，白玉蟾是道教神仙中人。唐胄并没有将白玉蟾神化，他敏锐地认识到白玉蟾的仙人形象只是其自由精神世界的外化表现。

湛若水是岭南心学大师陈献章的高足。陈献章写给湛若水的《示湛雨》诗中有句云："天命流行，真机活泼。水到渠成，鸢飞鱼跃。"①陈献章喜欢用"鸢飞鱼跃"这样的意象，来指代他追求的自由、活泼的生命境界。黄宗羲《明儒学案》引罗一峰语，评价陈献章曰：

> 白沙观天人之微，究圣贤之蕴，充道以富，崇德以贵……故出其门者，多清苦自立，不以富贵为意，其高风所激远矣。②

湛若水在继承陈献章心学思想的基础上，又有所发挥，提出"日用间随处体认天理"的主张。他认为：

> 随处体认天理，是圣学大头脑，千圣千贤同此一个头脑……动静内外、隐显常变，无不是随处体认之功，尽之矣。③

湛若水思想与陈献章不同之处在于，陈献章主张"静坐"，湛若水则"主于事"。在湛若水看来：

> 君子之学也，犹之锻金也，不炉不锤则金不精。事也者，学之炉锤也，不历事则仁不熟，不熟，仁之弃也。夫仁也者贵熟之。④

---

① 陈献章：《陈献章集》卷四，孙通海点校，中华书局 1987 年版，第 278 页。
② 黄宗羲：《明儒学案》卷五，沈芝盈点校，中华书局 1986 年版，第 78 页。
③ 湛若水：《新泉问辩录》，《泉翁大全集》卷六十八，嘉靖十九年刻，万历二十一年修补本。
④ 湛若水：《新论》，《泉翁大全集》卷二，嘉靖十九年刻，万历二十一年修补本。

湛若水与王守仁在“良知”问题上也存在分歧，两人在论辩过程中，各自的心学思想都得以不断发展、成熟。

唐胄与湛若水是挚友，两人保持着长达十几年的友谊。此外，唐胄的友人中还有著名思想家吕柟、欧阳德等。明代中叶心学肇兴，讲学之风盛行，但唐胄本人并不热衷于讲学，只是默默地从这些思想见解各不相同的友人中，汲取有益的思想养分，然后应用于实践。

在知行观的问题上，唐胄比较侧重于“行”。务实精神是岭南儒学的一个特色。在这方面，南宋名臣崔与之对唐胄思想有较大影响。唐胄自幼仰慕崔与之，称赞崔与之学术“博大端纯”[①]。崔与之生当宋代讲学风气盛行之时，但他不喜空谈，将“无以学术杀天下后世”作为座右铭。[②] 崔与之的学术，主要是通过“行”来体现的。宋宁宗赞誉他：“擅南海清淑之气，续先儒正大之传。”[③]时人赞扬他：“公以正大学问，发为政事，所至声迹彰灼。”[④]崔与之门生较多，他开创的“菊坡学派”，以重视事功为特色，成为岭南学术史上第一个重要的学术流派。

丘濬平生以经济自负，不喜陈献章辈讲学。但丘濬在馆阁任职期间，以著书立说为主，在事功方面并无多少建树。其著书立说，其实也是在讲学问，只是探讨的并非心性之学而已。这从其《大学衍义补》中可见一斑。宋儒真德秀著《大学衍义》，于《大学》“八条目”中独少治国、平天下，丘濬作《大学衍义补》，指出：“前书主于理，而不出乎身家之外，故其所衍之义大而简。臣之此书主于

① 唐胄等：《传芳集》，刘美新点校，海南出版社 2006 年版，第 172 页。

② 崔与之：《宋丞相崔清献公全录》，张其凡、孙志章整理，广东人民出版社 2008 年版，第 20 页。

③ 崔与之：《转朝请大夫》，见张其凡、孙志章整理《宋丞相崔清献公全录》卷九，广东人民出版社 2008 年版，第 109 页。

④ 崔与之：《洪平斋书赞及跋》，见张其凡、孙志章整理《宋丞相崔清献公全录》卷九，广东人民出版社 2008 年版，第 118 页。

事，而有以包乎天地之大。”①《大学衍义补》偏于实用，不重形而上学。

丘濬的天人观主要体现在政治方面，他也继承了董仲舒的天人感应论，其《世史正纲序》认为，君主承天之意，受天之命，应仁爱生民：

> 君秉诚以事天，天垂象以示君，必致乎精禅感格之诚，必谨夫象纬灾祥之故，如是，则天人合一，天不在天而在君矣。天之心，则仁爱人君，君之心，则仁爱生民。民之生也，性天之理以为其心，形天之气以为其身，心有不明，君必明之，俾天之理不为物所蔽，身有不安，君必安之，俾天之气不为物所栽。②

他还认为，通过修德，人可以胜天。《琼台诗文会稿》卷七“论厘革时政奏”云：

> 天人相与之际，甚可畏也。天不言因其必然之数，而示以显然之象，使人见其象，推其数，尽其当然之人事，而求所以胜天，则能变灾为祥矣。夫人所以能胜天，其道何路？修德而已矣。③

丘濬思想较为保守，他恪守程朱理学，对背离程朱的思想表示反感。对于佛老思想，丘濬更是持极端排斥态度。这是丘濬与唐胄思想的主要不同之处。

唐胄的天人观和知行观，在其文学思想与诗文创作中也有所

---

① 丘濬：《丘濬集》，周伟民等点校，海南出版社 2006 年版，第 3955、3956 页。
② 同上书，第 4043 页。
③ 同上书，第 3970 页。

体现。他生平酷嗜白玉蟾诗文,不是因为迷信道教,而是对白玉蟾追求精神自由的心灵世界有共鸣。出于同样的原因,唐胄在广西时,还编刻了晚唐诗人曹唐的游仙诗。对于佛、道思想,唐胄是在批判的基础上有选择地吸收。唐胄本人的诗文存世数量不多,其中看不出有游仙诗的成分。但在他的作品中,我们也可以感受到一种不以物喜、不以己悲的精神超越力量,如《阻风》:

荡桨顺随流,舵楼高妒风。
去来同一意,那敢怨天公。[①]

此诗作于唐胄晚年罢官还乡之时。诗中体现的坚定信念和无私忘我的情怀,更多地带有儒家色彩。海南文人外出为官,要乘船渡海,最怕遇到风浪。有些海南士子甚至因此不愿意参加科举考试。而唐胄满怀报国之情,顶着疾风险浪出来做官,但政治上的险恶风波,有时候比海上的风涛更加可怕。不论外出为官,还是罢官还乡,唐胄都是志在报国,于心无愧,来去自如。唐胄生前不肯自编文集,他创作这些诗文,无意于传世,而是其高尚人格境界的自然呈现,是其精神层面追求天人合一的生动展示。

三、情系桑梓,胸怀天下

身为海南人,唐胄内心对故乡满怀眷恋,表现出一种对海南以及岭南地域文化的自觉、自信和自豪感。同时,他又不为地域意识所拘,始终胸怀天下。

明代前期,是海南文化的鼎盛期,也是整个岭南文化步入持续繁荣期的标志性阶段。对于这一历史转折点的成因,王佐《东岳行祠会修志序》有所揭示:

---

① 唐胄等:《传芳集》,刘美新点校,海南出版社 2006 年版,第 198 页。

琼州府,海外一郡耳。我太祖高皇帝玉音,用劳海南卫武臣,则以比之侯邦甸服,而曰“南溟浩瀚中,有奇甸数千里”。洪武开国,敕旨谕海南疆域臣民,则以比之邹鲁教化,而曰“海南习礼义之教,有华夏之风”。历观岭南州郡,自入职方以来,皇极敷言,未有如琼州得蒙天语恩宠如是之优渥也。①

琼州文化的发展,因此而有了政治意义,成为明代大一统文化的时代象征。

海南士人渡海北上出仕为官,可上溯至宋代。南宋亡国之际,海南士民表现出高尚的爱国气节。明初,“圣制两出,掀揭乾坤,未及百年,而人才俗化之盛,媲美隆古”②。明前期海南士人影响最大者,当属丘濬。

丘濬有强烈的地域意识,他在诗文中常常以“南人”自命,大力揄扬岭南文化。丘濬晚年尝言已有三恨,“郡牒未修一也”③。所谓“郡牒未修”,并非说琼州当时没有修过地方志,而是旧志过于简陋,不能令人满意。丘濬弟子王佐遂作《琼台外纪》,意在赞美海南人才风俗之盛,以补郡志之不足。

唐胄继王佐之后,主持修纂《正德琼台志》,其修志态度较王佐更为理性、客观。但在《正德琼台志》中,我们也可以感受到唐胄对故乡的热爱。海南的一山一水,一草一木,唐胄无不寄予深情。如《正德琼台志》卷五“山川上”小序云:

山川非但表识疆域、物产,尤赖毓秀……以至一岩一井之微,中亦具有奇趣而不可略。④

---

① 王佐:《东岳行祠会修志序》,见唐胄等著《正德琼台志》,彭静中点校,海南出版社2006年版,第1页。
② 同上书,第2页。
③ 唐胄等:《正德琼台志》,彭静中点校,海南出版社2006年版,第4页。
④ 同上书,第81页。

但唐胄更关心的是故乡的民生疾苦，如《正德琼台志》卷八“土产上”小序云：

琼昔虽以多异产名郡，然不能无古今有无之殊。今质《志》《纪》，参见闻，大举小略而直书之，则古以开郡名郡，如玳瑁、真珠者，必足以遏艳饕之心；而今暖民、饱民如三熟、八登者，亦自足以擅土地之美，而无宋人所谓殖珍怪以祸吾土者矣。①

卷十一“田赋”详列各地田亩数量、赋税情况，小序云：

海外土产瘠薄，自宋明著于史，今在官者如此，则在下者可知矣。此法外一分之宽，否民不能不引领于吾牧者今日之赐也。②

除山川、物产外，唐胄对海南人物、风俗也很看重。《正德琼台志》卷三十六“人物一”小序赞美琼州人杰地灵，云：

近日名公称吾琼谓岭海之灵秀，又水银、丹砂、灵芝、赤箭所不能当者，则自苏门扬誉而盛，至如今日者，岂偏然之故哉？所谓气至迟而发也迟，将大有发，不但如宋人称琼能文者众而已。他如宿艺之擅时，仙翰之名世，妇淑而兼文，亦不可谓非灵气之所泄也。③

明代弘治年间，朝廷令天下郡邑各建名宦乡贤祠，以为世劝。

---

① 唐胄等：《正德琼台志》，彭静中点校，海南出版社2006年版，第153页。
② 同上书，第235页。
③ 同上书，第740页。

一般而言，名宦祠祀客贤，乡贤祠祀主贤。琼州地理位置特殊，在唐宋时为流放之地，许多贬官既不可称为“名宦”，又非“乡贤”，但对琼州文化发展影响深远。于是，琼州遂不分名宦、乡贤，建仰止祠、先贤祠、景贤祠三祠。仰止祠主于崇德，先贤祠主于报功，景贤祠则专祀苏轼、丘濬。三祠均打破了狭隘的地域限制，不分主客，以道德、政绩、著述为入祀标准。琼山府学秀才钟远、张文甫等曾经和唐胄一起修《正德琼台志》，对诸贤生平事迹考索精详，在对入祀者适当调整后，作《三祠录》，请唐胄为之作序。唐胄在序文中对客贤的贡献作了充分肯定，并以此勉励后人，“使知无负于吾地之灵也”①。这既体现出唐胄对家乡的热爱，也展现出其胸怀天下的博大胸襟。

《正德琼台志》卷四十二“杂事”小序云：

> 离国三日而话乡不倦，况乡情里故至于成谈者，可使不闻于后邪？以事无目附，故附卷以尽之。吁！亦岂能事事尽之哉？亦据吾见闻，权雅俗，以尽其所知者尔。②

书中对琼台旧闻如数家珍，娓娓道来，对家乡的热爱之情溢于言表。

唐胄热爱家乡，于正德年间长期隐居不出，他曾作《晒蚬》诗，赞美家乡的一种美味特产，诗中有句曰：“人生在适情，秋鲈思乡屋。”③但是，唐胄并没有因此而忘怀天下。

唐胄对家乡的文教事业十分关注，经常以岭南先贤事迹勉励乡中青年才俊。唐胄对岭南文化充满自信。其《重建万州儒学记》云：

---

① 唐胄等：《传芳集》，刘美新点校，海南出版社 2006 年版，第 170 页。
② 唐胄等：《正德琼台志》，彭静中点校，海南出版社 2006 年版，第 856 页。
③ 同上书，第 212 页。

> 且地气与世运，皆由北而渐南，骆越九郡羁縻于汉武帝，郡国学校立官之令虽未及，而董生诸彦节操已有可观。唐制岭南州属中下学，仅四五十人，宋广南路学官仅一人，而吾粤之张文献、余忠襄、崔清献诸老，已为名德硕辅。琼学始于庆历，至绍兴末始有教官，而郡之姜公弼，州之陈庚辈，继有声场屋。及今数百余年，文教大盛，郡士有贤相名儒声施海内，州士亦继登甲科矣。①

中国儒家传统文化由北渐南，岭南文教事业虽然崛起较晚，但至明代前期，与中原地区相比已毫不逊色。唐胄还勉励琼州士子，要有做“天下士”的雄心，不要困守在地域文化的小圈子内沾沾自喜。其《重修儋州儒学记》云：

> 使州之民俊，游斯者知重六经之教，得身心伦理之大，不为章句利禄之谋，则学而为贤为圣，仕而尧舜其君民，是则天下士矣，岂徒自庆曰琼之有士始乎儋，琼之士亦莫盛乎儋，如苏端明、折枢密辈当时之所称与而已哉！②

其赠友人之作有《杖策壮游序》，云：

> 纨绮苦不宁，竹帛羞不芳。古之人，突不黔，轮不燥。秦关燕壁之皇皇，非无游也，而君子不壮之何？吁！箧有册，技有竽，坚白揣摩有舌，诚自负矣，其如天下何哉？故古有善游者，遍历衡、华、恒、岱、洞庭、云梦、鄱阳、九疑、苍梧之区，以尽天下大观，一求助吾气以成名世之文，当世岌岌之时，建南阳落落之荣，为邺都汲汲之追，以成安世之武，抱之宏而成也大，

① 唐胄等：《传芳集》，刘美新点校，海南出版社2006年版，第177页。
② 同上书，第175页。

则其出也岂小哉！①

明代岭南士子往往因为路途险阻，不愿离乡远行，甚至因此而放弃科举考试。海南因为有海峡之隔，士子弃考之风尤盛。唐胄则鼓励琼州士子走出海南，遍历天下，建功立业。

正德年间，唐胄归乡隐居，一是为父守制、孝养高堂；二是政局黑暗，难有作为。嘉靖改元，唐胄不顾年过五旬，欣然复出为官。他将岭南先贤的诗文别集随身携带，在激励自己的同时，也将其整理刊刻，使之广为传播，扩大了岭南文化的影响力。如《崔清献公全录序》云："菊坡公吾乡先民，史称晚出番禺，屹然有大臣风，竟与唐张文献公异代齐名。予少知慕之。"崔与之的别集，唐胄随身携带，"凡入滇入京复广不离笥。今至赣始出与教官吴诚、杨昱辈校之，而付邵宪副绣梓，以广其全。盖以公非但可师于吾之一乡而已也"。②

唐胄在仕途上并非一帆风顺，但他从不计较个人得失，在游宦生涯中，时时以无愧于家乡人民的厚望勉励自己。《普溯》作于唐胄在云南为官之时：

> 去年过西洴，今年来普溯。青山几万里，应笑人能通。
> 人生苦飘泊，何异云从风。霪霿满中庭，倏然西以东。
> 回看辇毂英，白首何从容。岂不自念惜，皇恩谁终穷。
> 风云碛上恶，沙石关塞重。奋激何家为，髀肉嗟重生。
> 剑未血郅支，老骥终槽腾。平生报主志，岂在金印封。
> 苍生何时宁，白发日夜生。勉旃复勉旃，无愧桑与蓬。③

---

① 张邦翼：《岭南文献》卷十，《四库全书存目丛书补编》第 21 册，齐鲁书社 2001 年版，第 339 页。

② 唐胄等：《传芳集》，刘美新点校，海南出版社 2006 年版，第 172 页。

③ 同上书，第 186 页。

普洲位于云南边陲的崇山峻岭之中，是一个历史悠久的古驿站。唐胄复出后，不顾年事已高，足迹踏遍了祖国西南边陲的山山水水。当年和他一起考中进士的朋友，如今大都登上了高位。唐胄虽然头发已经花白，但内心依旧十分从容。他并不贪图安逸的生活，也不追求飞黄腾达，而是反复激励自己，一定要奋发有为，做到无愧于故乡亲人的桑梓之情，无愧于这段如同风中飘蓬的宦海生涯。

唐胄在云南时，还参与平定边疆战乱，作有《平蛮录序》一文，指出：

> 南且庶几，而西北则多事矣。圣天子方励志迈古之治，诸公器负台鼎，且有虚台省以待之者，其尚辅矢文德于四洽，使兵革不用，守在四夷，播明明令，闻于无疆，谅毋自功于一隅，而曰"平南、平南"焉尔。①

文中勉励同事们不要居功自傲，沾沾自喜，应以平定天下为己任。

唐胄在处理民族关系方面，并不主于征伐，而是提倡在加强兵备的基础上，以"礼"相待，以"文"化之。唐胄在广西任提学佥事时，有《劝古田诸生归学诗》：

> 嗟唐吉安丞，欢笑入夷落。清歌与籥吹，夷俗为变革。
> 化予夷未几，遣子再入学。蓝衫舞春风，酋父侧笑跃。
> 今去大弦歌，刁斗声应伏。绕垣摆岭平，取径都狼逮。
> 笑歌长去来，忠信无蛮貊。忧戚天汝成，居夷孔亦欲。②

---

① 张邦翼：《岭南文献》卷十，《四库全书存目丛书补编》第 21 册，齐鲁书社 2001 年版，第 336 页。

② 汪森编：《粤西诗载》卷五，《文渊阁四库全书》本。

中国古代有华夷之辨。华夏与蛮夷的区别，主要在于是否遵循礼法。遵守礼法，可变蛮夷为华夏。诗中体现出唐胄对民族团结和文化交流的高度重视。

唐胄的天下观，还体现在正确处理与周边国家的关系方面。如在《谏征安南疏》中，唐胄反对动用武力逼迫邻国屈服，认为那样并不能长治久安。唐胄主张在睦邻友好的前提下，让其他国家自主地处理好内部事务。这一观点，在今天看来，仍有其现实意义。

结语：《明史》称唐胄为“岭南人士之冠”的文化意涵

本书的最后，拟结合《明史》唐胄传记中“岭南人士之冠”一语，对唐胄与岭南历史文化、海南历史文化的关系再稍加申论。

海南岛位于中国最南端，孤悬海外，在海洋文明与大陆文明的夹击下，形成独特的海岛文化。岭南文化是海南文化与中原文化的过渡带，明代是岭南文化、特别是海南文化大发展的时代，唐胄研究因此被赋予了特殊的历史文化意义。

《明史》对唐胄有高度评价，称“胄耿介孝友，好学多著述，立朝有执持，为岭南人士之冠”①。这一评价是否恰当，我们姑且不论，但其中包含的文化意蕴，耐人寻味。以下拟从唐胄与中原文化、岭南文化、海南文化三个层面，对此略加探讨。

一、唐胄与中原文化

《明史》对唐胄的评价，是站在中原传统文化、官方思想文化的立场作出的判断。因此，我们有必要对《明史》的思想文化立场先作一番考察。

中原文化、岭南文化和海南文化，都是中国传统文化的重要组成部分，而中原文化更是代表了中国传统文化的主流。“中原”这

① 张廷玉等：《明史》卷二百零三，中华书局2000年版，第3570页。

一概念,有狭义和广义之分。狭义的“中原”,主要指黄河中下游地区,这里是华夏文明的摇篮,是以儒家为代表的中国传统主流文化的发源地。而在岭南人看来,五岭以北的地区,都可以说是广义的“中原”地区。

中原文化在不同历史时期,体现出不同的时代特色。明代讲学之风盛行,不同思想流派通过讲学,促进了学术的发展,同时也夹杂了许多门户之见、意气之争,不利于思想的统一。明末清初的思想家们对宋明理学的利弊进行了深刻反思,清初统治者对门户之见也极为反感,力求通过经学的复兴,使思想界重归统一。正是在这样的时代背景下,唐胄受到清修《明史》的关注,被誉为“岭南人士之冠”。

从现存文献资料看,唐胄为“岭南人士之冠”这一说法,首见于《明史》。清代官方《明史》的修纂,历经康熙、雍正、乾隆三朝,最初由徐乾学主其事,后有王鸿绪《明史稿》(实为万斯同修纂)。乾隆年间,由张廷玉任总纂官,《明史》最终定型。徐乾学《明史》、王鸿绪《明史稿》、张廷玉《明史》对唐胄的评价是一致的,均有“耿介孝友,好学多著述,立朝有执持,为岭南人士之冠”一语。

在《明史》早期编纂者中,徐乾学是顾炎武的外甥,万斯同是黄宗羲的学生,黄宗羲的儿子黄百家也参与了《明史》纂修。他们的思想都受到清初三大思想家影响,具有一种文化反思精神,反对空谈,主张经世致用。全祖望《甬上证人书院记》对黄宗羲有如下评价:

> 先生始谓学必原本于经术而后不为蹈虚,必证明于史籍而后足以应务。①

顾炎武也对明代学风有所批判:

---

① 全祖望:《鲒埼亭文集选注》,黄云眉选注,商务印书馆 2018 年版,第 347 页。

> 孰知今日之清谈有甚于前代者。昔之清谈谈老、庄，今之清谈谈孔、孟，未得其精而已遗其粗，未究其本而先辞其末。不习六艺之文，不考百王之典，不综当代之务，举夫子论学、论政之大端一切不问，而曰"一贯"，曰"无言"，以明心见性之空言，代修己治人之实学。①

他们的思想，都与唐胄实有相通之处，反对"蹈虚""空言"，提倡"应务""修己治人"。

《明史·唐胄传》在"为岭南人士之冠"一语前，有三条具体评价："耿介孝友，好学多著述，立朝有执持。"这三句话，恰好与儒家主张的"三不朽"一一对应。"耿介孝友"是"立德"，"好学多著述"是"立言"，"立朝有执持"是"立功"。

这里，我们重点谈谈"好学多著述"。何为"好学"？《论语》中，孔子在《论语·学而》中对好学的定义是："君子食无求饱，居无求安，敏于事而慎于言，就有道而正焉，可谓好学也已。"元代学者胡炳文对"好学"作了进一步解释：

> 必无求，然后见其有好之之志；必敏慎，然后见其有好之之实；必取正有道，然后不差夫好之之路。此足以见好学者之甚难得也。②

可见，"好学"并不是一件容易做到的事。

《论语》中，孔子多次提到"好学"。如《论语·泰伯》有曰："笃信好学，守死善道，危邦不入，乱邦不居。天下有道则见，无道则隐。邦有道，贫且贱焉，耻也；邦无道，富且贵焉，耻也。"唐胄在正

---

① 顾炎武著，黄汝成集释：《日知录集释》卷七"夫子之言性与天道"条，上海古籍出版社2006年版，第240页。
② 胡广：《四书大全·论语集注大全》卷一，《文渊阁四库全书》本。

德年间隐居故乡，建养优书院，正是“好学”精神的一种体现。

孔子曾一再对弟子强调“好学”的重要性，如《论语·阳货》指出：

> 好仁不好学，其蔽也愚；好知不好学，其蔽也荡；好信不好学，其蔽也贼；好直不好学，其蔽也绞；好勇不好学，其蔽也乱；好刚不好学，其蔽也狂。

在孔子看来，其弟子中能够当得起“好学”二字的，只有颜回一人。

《论语·雍也》中，哀公问孔子：“弟子孰为好学？”孔子对曰：

> 有颜回者好学，不迁怒，不贰过。不幸短命死矣！今也则亡，未闻好学者也。

《论语·先进》中，季康子也提出过同样的问题：“弟子孰为好学？”孔子的回答也是一样的：

> 有颜回者好学，不幸短命死矣！今也则亡。

颜回何以称“好学”？

第一，颜回有强烈的求知欲，如《论语·公冶长》记载：

> 子谓子贡曰：“女与回也孰愈？”对曰：“赐也何敢望回？回也闻一以知十，赐也闻一以知二。”子曰：“弗如也；吾与女弗如也。”

第二，颜回“敏于事而慎于言”，重视学以致用。孔子常称赞颜回具有君子四德，即强于行义，弱于受谏，怵于待禄，慎于治身。

第三，颜回在仕途不得志的情况下，亦不废学。孔子赞其："用之则行，舍之则藏；惟我与尔有是夫！"(《论语·述而》)"一箪食、一瓢饮，在陋巷。人不堪其忧，回也不改其乐！"(《论语·雍也》)。

如果我们将唐胄与颜回比较一下，就会发现两人有许多相似之处。尤其难得的是，唐胄入仕之后，依然好学如初。儒家提倡"仕而优则学，学而优则仕"(《论语·子张》)。自唐代实行科举制度以来，"学而优则仕"被制度化。清人钱曾《读书敏求记》曾提及，宋朝登科录，仅存者惟《绍兴十八年同年小录》及《宝祐四年登科录》。朱熹是绍兴十八年(1148)进士，文天祥是宝祐四年(1256)状元。这两种登科录，都是因人而传。明代以八股取士，在大多数读书人心目中，入仕成为唯一的目标，儒家思想的要义被抛诸脑后。士子皓首穷经，一旦考取举人、进士，便自以为光大门楣，而真正青史流芳者能有几人？钱曾跋《宝祐四年登科录》感叹道：

> 三百年来，灯窗小生，熟烂时艺，影掠论策，刺取荣名利录，自通籍以还，未闻仕优则学之大夫……先正丘文庄(浚)言：士子有登名前列，不知史册名目、朝代先后、字书偏旁者。可不悯哉！可不叹哉！①

在科举时代，唐胄不但能够"学而优则仕"，在科举考试中名列前茅，而且能够"仕而优则学"，实属难能可贵。

唐胄"仕而优则学"，主要表现在三个方面：一是考取进士后在乡间建"养优书院"，刻苦读书；二是嘉靖年间复出为官后，将岭南先贤余靖、崔与之等人的别集带在身边，潜心揣摩前贤修身、治国的经验；三是游宦期间，广交良师益友。其师友中，有人提倡北

---

① 钱曾撰：《读书敏求记校证》卷二之下，管庭芬、章钰校正，佘彦焱标点，上海古籍出版社2019年版，第165页。

方之关学,有人倡导新兴之心学,唐胄都能兼收并蓄,而无门户之见。

至于“多著述”,由于唐胄不务空言,且未自编文集,流传下来的著作不多。但他游宦期间,非常重视地方志的编纂,这大概可以视为其“多著述”的一种表现形式吧。

以上我们重点探讨了唐胄的“好学”精神。他的好学,都能够落实到践履层面。其著述,也多务实效,不事空言。

关于“耿介”,这是海南乃至岭南文人共有的品格。这一点在唐胄身上体现得尤为突出。正如近人王国宪《谒唐侍郎西洲公墓》所云:“介节岭南冠,史册垂定评。”①这一点是不存在任何争议的。值得一提的是,唐胄是丘濬与海瑞之间的过渡人物。丘濬的幸运之处,是他恰逢弘治年间入阁为相,而当时的皇帝明孝宗是明代首屈一指的开明君主,能够虚己纳谏,这也在一定程度上成就了丘濬的相业。而唐胄和海瑞都在嘉靖年间为官,明世宗刚愎自用,导致君臣关系极度紧张,唐胄因进谏而遭免职,海瑞也因进谏而身陷囹圄。如果丘濬也在嘉靖年间为官的话,其仕途能否如此顺利,恐怕也是未知之数。

另外,唐胄的“耿介”是与“孝友”联系在一起的,更加符合中华民族的传统美德。他的出现,打破了世人对海南文人偏执的固有印象。

至于“立朝有执持”,正如《明史》对唐胄的论赞所言:“唐胄论安南,切于事理。”②

总之,唐胄在立德、立功、立言三个方面,都符合儒家“三不朽”的标准。如果单就某一个方面而言,唐胄也许不是最出色的。但综合起来看,唐胄确实是传统儒家士大夫的典范。前人评价唐胄

① 朱为潮主修,李熙、王国宪总纂:《民国琼山县志》卷十三,邓玲、邓红点校,海南出版社2004年版,第735页。

② 张廷玉等:《明史》,中华书局2000年版,第3582页。

时，也屡以“典型”称之。如明人黄表衷《唐西洲公石像赞》中有“典型在兹”之语，民国时期王国宪在《敬题唐西洲公三父子诗集》中也用“百代奉典型”赞美唐胄。①

二、唐胄与岭南文化

就中国传统文化而言，唐胄堪称传统士人的典范。在岭南文化史上，唐胄的文化意义更加值得关注。

岭南地理位置独特，北面有崇山峻岭，东面和南面是汪洋大海。这造就了岭南文化开放与封闭并存的特色。南越文化与中原文化、世界文化在这里汇聚、交融，形成了独特的民风、民俗。在生产力不发达的古代，岭南交通闭塞，近乎与世隔绝，与中原文化存在许多隔膜。其实，岭南对中原文化始终是敞开怀抱的，隔膜主要源自中原地区文人对岭南文化的误解与偏见。自汉代以来，大量中原移民的迁入，已经让中原文化在岭南落地生根，并结出了累累硕果，只是鲜为外界所知而已。近代以来，在海洋文明与大陆文明的碰撞中，岭南一跃而成为中国对外开放的桥头堡，而中国传统文化的深厚积淀，也在“西风”的吹拂下，在岭南放射出异彩。

岭南文化开放与封闭并存的特色十分突出。就开放性而言，它能够冲破门户之见，熔不同思想于一炉，在继承传统的基础上有所创新。这在牟子、葛洪、张九龄、惠能、余靖、白玉蟾等岭南思想家、政治家身上都有所体现。就封闭性而言，受地理条件约束，岭南思想文化相对稳定，不像中原地区那样风气屡迁。岭南文化封闭但并不保守，它总是把传统文化中最精华的部分积淀下来，同时不断地吸收各种异质文化的养分，从而使得岭南文化的根基更加茁壮。

当然，以上特点，只是就岭南文化整体而言。具体到每一位学

① 唐胄等：《传芳集》附录，刘美新点校，海南出版社2006年版，第226页。

者，其思想或偏于开放，或偏于保守，或积极入世，或飘然出世，从传统文化中汲取的思想养分各不相同。

牟子、葛洪、惠能、白玉蟾等，在传统士人眼中，是被视为异端的人物。明代以前，岭南儒学史上，影响最大的人物是张九龄、余靖和崔与之。

丘濬《武溪集序》云：

> 岭南人物，首称唐张文献公、宋余襄公，二公皆韶人也。①

韶即广东韶关。其实，唐代禅宗高僧惠能也曾在韶关曹溪一带传法，佛教史上有“曹溪风月”之说。但丘濬对惠能绝口不提，这与其排斥佛老的思想有关。丘濬也未提及崔与之。一方面，崔与之不是韶人；其次，崔与之晚年屡辞相位，与丘濬积极入世的思想不太合拍。

明代岭南大儒陈献章《韶州风采楼记》一文，则将张九龄、余靖和崔与之相提并论：

> 夫自开辟达唐，自唐达宋至于今，不知其几千万年。吾瞻于前，泰山北斗，曲江公（张九龄）一人而已耳。吾瞻于后，公（余靖）与菊坡公（崔与之）二人而已耳。噫！士生于岭表，历兹年代之久，而何其寥寥也？②

张九龄受到后人推重，不仅与其政治地位和文学成就高有关，更与其人品有关。张九龄以“风度”著称于世。同样，余靖也以“风采”著称，被称为“异代曲江”。后人也以“风采”二字形容崔与之，牟巘《跋崔清献公帖》称：“端平改纪，崔公遂相，白麻一出，天下倾

---

① 丘濬：《丘濬集》，周伟民等点校，海南出版社2006年版，第4022页。
② 陈献章：《陈献章集》卷一，孙通海点校，中华书局1987年版，第26页。

想风采。”①

崔与之信奉“无以学术杀天下后世”，并不一定是反对讲学，而是反对空谈误国。明代的心学家，对崔与之都给予高度评价。如陈献章《祭菊坡像文》云：

> 先生，宋代之名臣，吾乡之前哲。卷舒太空之云，表里秋潭之月。淮蜀委之而有余，疑丞尊之而不屑。故能效力于当年，而全身于晚节。猗欤先生，挺生南越。广厚深沉，清通朗彻。藐予区区，心驰梦谒。稽首丹青，点兹顽铁。庶几百年，不远途辙。秋菊之芳，寒泉之冽。奚而荐之，用表真洁。②

湛若水《新置崔清献菊坡先生祠田记》云：

> 惟宋右相清献公菊坡崔先生，备具人理，曲有众善，曰德、曰义、曰能、曰诚、曰智、曰节、曰勇。是故完养天性，克而有光，非德乎！辞受进退，以宜以决，非义乎！镇蜀而人是绥，抚广而难乃弭，非能乎！一言退贼，非诚乎！宋道日弛，知不可为，见几而作，非智乎！力辞相位，厥志不回，非节乎！七札方殷，急流而退，辞表十三，果毅不疑，非勇乎！惟公道具天民，为人先觉，在天下为天下师，在后世为百世师，在一乡为乡党师，所谓乡先生可祭于社者欤！③

王守仁亦对崔与之深表景仰，称其：

---

① 崔与之：《宋丞相崔清献公全录》卷九，张其凡、孙志章整理，广东人民出版社2008年版，第123页。

② 陈献章：《陈献章集》卷一，孙通海点校，中华书局1987年版，第106页。

③ 湛若水：《泉翁大全集》卷二十六，嘉靖十九年刻，万历二十一年修补本。

申申其容,夭夭其色。温温其恭,矫矫其直。何以似之,寒花晚节。又何似之,碧天一霜。①

唐胄曾刊刻余靖、崔与之、白玉蟾等人的别集。特别是崔与之、白玉蟾的别集,经由唐胄搜集、整理,得以更加完整地流传于世。唐胄对岭南文化的传承做出了不可磨灭的贡献。唐胄推崇这些岭南先贤,更看重的是其人品的高洁,功业还在其次。白玉蟾更是无法以功业来评判。唐胄对岭南文化的理解和接受,较之他人更加全面、深刻。

在儒家提倡的“三不朽”中,立德是第一位的,立功、立言均在其次。以此为标准来衡量,明代岭南虽然人才辈出,但真正当得起“三不朽”,能够与张九龄、余靖、崔与之等前贤媲美的人物,其实并不多见。丘濬和陈献章,是明代岭南文化史上最杰出的代表人物,但两人并不相得,丘濬偏于入世,陈献章偏于出世。唐胄能够在入世和出世之间寻求平衡,从而达到一种接近完美的人格,这或许是《明史》对唐胄评价如此之高的原因。

《明史》称唐胄为“岭南人士之冠”,主要是就明代而言的。当然,《明史》对唐胄的评价未必能够得到广泛认同。但《明史》对唐胄的评价,绝非空穴来风,信口开河,其中包含了儒家对完美人格的追求,也体现了岭南文化与中原文化的交流与隔阂、传统文化与新兴思潮之间的碰撞与反思,其中包含的文化意味,耐人深思。

三、唐胄与海南文化

明代海南文化是岭南文化的一部分。与整个岭南历史文化相比,海南历史文化有其独特之处。明代之前,海南士人文化以流寓、贬官群体为主,本岛士人群体不太受关注。明代前期,海南文

① 参见骆小民:《崔与之研究文集》,广东高等教育出版社 1996 年版,第 196 页。

化呈现出跳跃式大发展的态势。

据粗略统计，明代海南一共产生了 64 名进士，举人数量约有 600 名，占海南历代举人总数的四分之三强，可谓人才济济。这一统计结果，主要依据现存地方志的记载。其实，如果再深入调查的话，明代海南进士数量还不止于此。例如，明太祖洪武十八年(1385)进士有名叶茂者，乃琼山人，现存方志均无记载。

明代海南进士虽多，但能进入《明史》者却屈指可数。据笔者统计，《明史》为之立传的海南人，共有 5 名进士和 1 名举人，分别是：薛远、邢宥、丘濬、廖纪、唐胄和海瑞。另外，有一个名叫荣瑄的琼州普通老百姓，也因为孝义事迹而有幸跻身国史。《明史》记载的荣瑄孝义事迹，采自唐胄主持修纂的《正德琼台志》。没有唐胄的揄扬，荣瑄的事迹恐怕早已湮没无闻了。

荣瑄属于特例，姑且不论。就其他人物而言，薛远、廖纪、王弘诲等海南人均官至尚书，丘濬更是入阁为相，政治地位都在唐胄之上。海瑞与丘濬并称为"海南双璧"，邢宥与丘濬、海瑞并称"奇甸三名贤"，其思想影响和文化意义都不容小觑。邢宥、丘濬的生活年代较唐胄为早，海瑞、王弘诲则比唐胄略晚一些。如果我们将时间范围再缩窄一些，仅就与唐胄同时代的海南人而论，也有不少人可以和唐胄相媲美。例如，比唐胄年龄稍长的临高举人王佐，虽然没能考取进士，官做得不是很大，但不论在当时还是后世，世人对其评价都相当高，唐胄本人也对王佐十分尊重，以师事之。还有钟芳，官至户部右侍郎，被《广东通志》称为"上接文庄，下启忠介"的"岭南巨儒"，虽然《明史》只提及钟芳的名字，没有单独为他立传，但其才学和功名与唐胄相比，也不遑多让。

《明史》中，薛远的传记附在其祖父薛祥的传记之后，不足百字。邢宥的传记全文二百余字，主要是赞其"廉介"。而唐胄的传记有一千一百余字，扣除引用的唐胄《谏征安南疏》近七百字后，还有四百余字。文中对唐胄几乎全是正面赞美之词，没有任何非议。

《明史》中,丘濬的传记也有近千字,但赞美之余,不无微词。如:

> 濬在位,尝以宽大启上心,忠厚变士习。顾性褊隘,尝与刘健议事不合,至投冠于地。言官建白不当意,辄面折之。与王恕不相得,至不交一言。六年大计群吏,恕所奏罢二千人。濬请未及三载者复任,非贪暴有显迹者勿斥,留九十人。恕争之不得,求去。太医院判刘文泰尝往来濬家,以失职讦恕,恕疑文泰受濬指,而言者哗然,言疏稿出濬手。恕竟坐罢,人以是大不直濬。

《明史》还提及丘濬“议论好矫激,闻者骇愕”[①]。

何乔新《丘公神道碑文》称:

> 唐张九龄,宋余靖、崔与之,及濬四人,为岭南人物之首。[②]

在何乔新看来,明代只有丘濬才是真正的“岭南人物之首”。何乔新之语曾经被明代万历《广东通志》等广为引用,然而《明史》却没有转述,这颇耐人寻味。

《明史》中海瑞的传记超过三千字,其中批评嘉靖皇帝的《治安疏》占了一千三百字。抛开《治安疏》不论,海瑞的传记在《明史》海南人物传记中也是最长的。其中提及海瑞“因举太祖法剥皮囊草及洪武三十年定律枉法八十贯论绞,谓今当用此惩贪。其他规切时政,语极剀切。独劝帝虐刑,时议以为非”。文中称海瑞“意主于

① 张廷玉等:《明史》卷一百八十一,中华书局2000年版,第3200页。
② 丘濬:《丘濬集》附录一,周伟民等点校,海南出版社2006年版,第5049页。

利民，而行事不能无偏云”。[1] 可见，《明史》也未将海瑞视作完人。

以上是就《明史》记载而言。《明史》代表的是清代官方的思想认识。从《万历琼州府志》对明前期海南进士的论赞中，我们可以对明人的看法有所了解：

> 岭南甲科屈指至琼，颇盛他郡，然非以其名也，以其人耳。人而诚如丘文庄、唐司徒，尚矣！其次若吴坦斋之礼教，邢湄丘之风猷，钟筠溪之经济，林白泉之名节，俞石台之清白，王忠铭之菁华，许甸南之梗概，亦庶几焉。语云：作法于上，仅得乎中，今而后琼士当起高山之仰矣。[2]

文中将丘濬与唐胄相提并论，视为海南第一流人物。其他人物与丘、唐相比，则略逊一筹。由于海瑞是举人出身，所以此处未提及海瑞。

《万历琼州府志》“人物志”的论赞中，则将丘濬、唐胄、海瑞并提：

> 今之琼非昔之琼也，郁为文章，焕为功业，狎主中夏之盟，其表著在人。则丘文庄乎？能读坟典丘索之书，其博足称也。则唐司徒乎？力正明堂配享之议，其识足称也。则海忠介乎？犯颜不有其身，盛位不有其家，其直亮足称也。他固未易泽量矣。然则步先哲，范来今，意者复有骏发，不愧大圣人之所题为奇甸也者。[3]

文中认为，丘濬以“博”著称，唐胄以“识”著称，海瑞以“直亮”著称，他们都是海南文化的杰出代表。

---

① 张廷玉等：《明史》卷二百二十六，中华书局2000年版，第3958、3959页。

② 戴熺、欧阳灿总裁，蔡光前等纂修：《万历琼州府志》，海南出版社2006年版，第646页。

③ 同上书，第768页。

近代以来,丘濬、海瑞作为海南的文化名片,倍受研究者关注。唐胄研究则在某种程度上受到忽视。丘濬以其超前的经济学思想受到现代学界重视,海瑞则以骂皇帝而闻名天下。相形之下,唐胄的思想略显陈旧,似乎乏善可陈。

其实,唐胄的思想中也有许多亮点。如他的好学精神、修身思想、卓越见识、天下观等,都值得后人学习。在他身上,集中体现了许多中华传统美德。唐胄的思想,更多地源于传统,但并不保守。唐胄从边远的海南,走向中国政治文化舞台的中心。他敞开怀抱,接纳各种不同的思想文化。他用自己的生命,书写了一个大写的“人”,而不是一个小写的“我”。

当然,唐胄的思想也有其时代局限性。笔者无意于拔高唐胄的历史地位,只是希望借助唐胄研究,深化对传统文化的认识和反思。

文化要发展,要创新,也需要传承。文化的传承与创新是辩证统一的关系,两者缺一不可。费孝通先生《关于“文化自觉”的一些自白》指出:

> 文化不仅仅是“除旧开新”,而且也是“推陈出新”或“温故知新”。“现代化”一方面突破了“传统”,另一方面也同时继续并更新了“传统”。①

20世纪的中国,曾经长期在古今文化、中西文化的激烈碰撞中困惑、摸索。21世纪的中国,以充满文化自觉、文化自信的形象,向世界敞开怀抱。21世纪的海南,也被贴上全球化、国际化的标签,继明前期文化大发展之后,迎来了又一个发展的黄金时代。新时代的海南人,如何坚定文化自觉、文化自信,面对多元文化的冲击,做到“美美与共”,协和万邦,从唐胄身上,我们或许可以得到一些启迪。

---

① 费宗惠、张荣华编:《费孝通论文化自觉》,内蒙古人民出版社2009年版,第200页。

后　记

与唐胄研究结缘，始于偶然。2014年，《海南历史文化名人丛书》编纂工程正式启动。承蒙时任海南师范大学文学院院长的阮忠老师信任，邀我参与其中，为唐胄作一部传记。当时花费了不少工夫查找、考辨文献，写成《岭海精英 青史传芳——“岭南人士之冠”唐胄》一书，被列入《丛书》第一辑出版。限于《丛书》要求通俗易读的体例，许多具体学术问题无法展开深入讨论，遂萌生了另写一部学术性较强的研究专著的想法。这一想法搁置了数年，今天终于成为现实。

感谢“天涯文库”的策划者，感谢海南师范大学文学院现任院长王学振教授、科研秘书薛俊芳老师等在科研工作上给予我的支持和帮助。

海南师范大学图书馆刘一梅为本书搜集、整理资料提供了很大帮助，她本人还执笔撰写了本书第二章、第三章的部分内容。

笔者搜集到的唐胄佚文及相关研究资料，经点校整理之后，原拟作为《附录》，附于书末。后因篇幅限制，不得不割爱。希望日后有机会将这些资料单独整理出版，供学界参考。

笔者学殖浅陋，书中错误之处在所难免，恳请读者批评指正。

2022年2月，于海口